मीर की कविता
और
भारतीय सौन्दर्यबोध

('शेर-ए-शोरअंगेज़' का हिन्दी रूपान्तरण)

मीर की कविता और भारतीय सौन्दर्यबोध

(सरस्वती सम्मान से सम्मानित पुस्तक 'शेर-ए-शोरअंगेज़ का हिन्दी रूपान्तरण)

शम्सुर्रहमान फ़ारूक़ी

अनुवाद
सुरेन्द्र राही
दीपक रूहानी

सम्पादन
कृष्ण मोहन

वाणी प्रकाशन ग्रुप | भारतीय ज्ञानपीठ

वाणी प्रकाशन : भारतीय ज्ञानपीठ की पुस्तकों के एकमात्र प्रकाशक एवं वितरक

लोकोदय ग्रन्थमाला : ग्रन्थांक 1227

सजिल्द पहला संस्करण : 2014
सजिल्द दूसरा संस्करण : 2026

वाणी प्रकाशन : भारतीय ज्ञानपीठ की पुस्तकों के एकमात्र प्रकाशक एवं वितरक

वाणी प्रकाशन
4695, 21-ए, दरियागंज, नयी दिल्ली-110 002
दूरभाष : 011-23273167, 23275710
ईमेल : sales@vaniprakashan.in
www.vaniprakashan.com

ISBN : 978-93-263-5257-4

मूल्य : ₹ 695

मीर की कविता और भारतीय सौन्दर्यबोध
(आलोचना)
शम्सुर्रहमान फ़ारूक़ी

MEER KI KAVITA AUR BHARATIYA SAUNDARYABODH
(Criticism)
by Shamsurrahman Faruqi

मुद्रक : आर. टेक ऑफ़सेट प्रिंटर्स, दिल्ली-110 032

उन बुज़ुर्गों के नाम
जिनके उद्धरण आनेवाले
पृष्ठों पर सुशोभित हैं।

अनुक्रम

अनुवाद–सम्बन्धी कुछ बातें

अलग–अलग भाषाओं के साहित्य की आलोचना में कुछ बुनियादी फ़र्क़ होते हैं। आलोचना के वैश्विक मानदंडों का निर्धारण सैद्धान्तिक रूप से भले ही प्रासंगिक और औचित्यपूर्ण हो, परन्तु व्यावहारिकता का तक़ाज़ा कुछ और ही कहता है। फ़ारूक़ी साहब की यह पुस्तक उर्दू–साहित्य–आलोचना की अपनी निजता का प्रतिनिधित्व करती है। फ़रूक़ी साहब ने इस पुस्तक के माध्यम से व्याख्या, टीका, भाष्य तथा निर्वचन जैसे सामान्य समीक्षा–कर्मों को आलोचना की कोटि तक पहुँचा दिया है। इस तरह की स्वस्थ और मेहनती विश्लेषण परम्परा का अभाव हिन्दी और उर्दू, दोनों ही काव्य–आलोचना की परम्परा में है।

इस कृति के हिन्दी–रूपान्तरण में कई दिक़्क़तें आयीं। कोशिश यही रही कि मूल कथ्य में कोई परिवर्तन न आने पाये। यहाँ संक्षेप में उन्हीं दिक़्क़तों को हल करने की प्रक्रिया के दौरान जो तथ्य विकसित हुए हैं, उन्हीं का उल्लेख किया जा रहा है। इसे यहाँ देने का मक़्सद यही है कि इस सम्पूर्ण अनुवाद एवं रूपान्तरण की बुनियादी बातों को जाना जा सके।

जहाँ कहीं भी हिन्दी के अपेक्षाकृत कठिन शब्दों (संस्कृतनिष्ठ) का प्रयोग हुआ है, वहाँ एक संकेत यह है कि जिस प्रकार ये शब्द सामान्य हिन्दी से अपेक्षाकृत कठिन हैं उसी प्रकार यहाँ प्रयुक्त उर्दू–शब्द भी सामान्य उर्दू से अपेक्षाकृत कठिन थे। कई स्थानों पर तो उर्दू के अपेक्षाकृत कठिन शब्दों (फ़ारसी और अरबी के क्लिष्ट शब्द) को आसान और आमफ़ह्म उर्दू अल्फ़ाज़ में तब्दील करके ही सम्प्रेषणीयता बरक़रार रखी गयी है।

काव्यशास्त्रीय और छन्दशास्त्रीय सिद्धान्तों के पारिभाषिक शब्दों को तभी अनूदित किया गया है, जब वे दोनों भाषाओं की आलोचना में उभयनिष्ठ मान्यताओं को ही प्रकट करते हों। इस क्रम में कुछ शब्द अपनी

निजी पहचान रखने के कारण अनूदित न हो सके। ऐसे शब्दों की अति संक्षिप्त व्याख्याएँ यहाँ प्रस्तुत की जा रही हैं—(इनका क्रम देवनागरी वर्णमाला के अनुसार है।)

1. **इस्तिआरा**—"शायरी की परिभाषा में किसी अगोचर वस्तु को साकार मानकर उससे काम लेना, जैसे—'सरे-होश', होश का सिर; और 'पा-ए-फ़िक्र', फ़िक्र के पाँव, इसमें 'होश' और 'फ़िक्र' को आदमी मानकर उसके सिर और पैर बनाये है। 'काव्य में अमूर्त्त का मानवीकरण' रूपक।" इन अर्थों में से यहाँ (इस पुस्तक में) अधिकतर 'रूपक अलंकार' का अर्थ ही प्रयोग में आया है। इसका बहुवचन 'इस्तिआरात' है और इस विशेषण को भाववाचक संज्ञा बनाने के क्रम में कहीं-कहीं 'इस्तिआराती' शब्द का भी प्रयोग किया गया है।

2. **इस्तिफ़्हाम**—इसका शाब्दिक अर्थ होता है—'किसी चीज़ को समझना चाहना, समझने की इच्छा करना।' किसी विषय-वस्तु को समझने के क्रम में सवाल भी किये जाते हैं, इसलिए 'इस्तिफ़्हाम' को कभी-कभी सवाल का पर्यायवाची मान लिया जाता है। 'इस्तिफ़्हाम' से ही 'इस्तिफ़्हामे-सवाली', 'इस्तिफ़्हामे-इक़्रारी', 'इस्तिफ़्हामे-इन्कारी' और 'इस्तिफ़्हामे-तअज्जुब' जैसे पदबन्ध भी बनते है। 'इस्तिफ़्हामे-सवाली' का अर्थ होता है साधारण प्रश्न या कोई निश्चित प्रश्न (certain question or simple question)। 'इस्तफ़्हामे-तअज्जुब' का अर्थ होता है—ऐसा प्रश्न जिसमें कोई तअज्जुब हो।

3. **क़ाफ़ियापैमाई**—जब किसी शेर में मज़्मून कुछ ख़ास न हो और मात्र तुकबन्दी की ख़ानापूर्ति के लिए कोई क़ाफ़िया रख दिया जाय तो इसे 'क़ाफ़ियापैमाई' कहते हैं। ऐसे शेर ग़ज़ल में मात्र तादाद बढ़ाने के दृष्टिकोण से माने जाते हैं।

4. **किनाया**—शब्दकोश के अनुसार—"गुप्त संकेत, छिपा हुआ इशारा; छिपी हुई बात; उर्दू-साहित्य की परिभाषा में उपमेय का वर्णन न करके, केवल उपमान का वर्णन करना, जैसे—कहा जाय कि 'नर्गिस ने मोती बरसाये' और मतलब यह हो कि प्रेयसी की आँखों से आँसू गिरे। यहाँ 'नर्गिस' 'आँख' का उपमान है और 'मोती' 'आँसू' का। प्रस्तुत के स्थान पर अप्रस्तुत की योजना की जाय।" इसी मूल शब्द से अन्य व्याकरणिक रूप भी हैं, जैसे—'किनायत', 'किनायाती' या 'किनायतन्।

5. **कैफ़ीयत, शोर अंगेज़ और शोरिश**—ये ऐसे शब्द हैं, जिनके सामान्य अर्थ शब्दकोश में उपलब्ध हैं, लेकिन इनका विशिष्ट अर्थ जो कि

उर्दू-आलोचना में इस्तेमाल होता है, वो कुछ अलग ही है। इससे बढ़कर यहाँ यह भी आवश्यक है कि फ़ारूक़ी साहब ने स्वयं इन शब्दों के क्या अर्थ ग्रहण किये हैं। ख़ुद उन्हीं के शब्दों में—"शोरिश का आशय है जज़्बात की शिद्दत, लेकिन ऐसी शिद्दत जिसमें गर्मी और गहराई हो, पिलपिलापन या जज़्बातियत न हो, यानी जज़्बे की शिद्दत के लिहाज़ से अल्फ़ाज़ भी हों। ये न हो कि जज़्बा सत्ही या हल्का हो, लेकिन उसे सीना कूट-कूटकर सर फोड़नेवाले अन्दाज़ में बयान किया जाय। 'कैफ़ीयत' का आशय है शेर में ऐसी फ़ज़ा हो जो प्रभावित करे, चाहे शेर का अर्थ सीधे तौर पर या तुरन्त पूरी तरह ज़ाहिर न हो या उसमें कोई ख़ास अर्थ न हो। 'कैफ़ीयत' और 'शोरिश' (या शोरअंगेज़ी) में फ़र्क़ ये है कि शोरिशवाले शेर में शायर किसी इन्सानी सूरते-हाल पर Passionate इज़्हारे-ख़याल करता है। ख़ुद शायर (या शेर में उल्लिखित बात को कहनेवाला) आम तौर पर उस सूरते-हाल में शरीक नहीं होता। 'शोरिश' के शेर में मज़्मून और मानी की अहमियत होती, जबकि 'कैफ़ीयत' वाले शेर में मज़्मून और मानी बहुत कम होते हैं। यानी ऐसे शेर में बुनियादी अहमियत उस फ़ज़ा और प्रभावकारिता की होती है जो शेर से तात्कालिक रूप से प्रकट हो। कैफ़ीयत का शेर फ़ौरन असर करता है।"

6. **जिंस**—इसी मूल शब्द से कई अन्य शब्द, जैसे—जिंसी, जिंसीयत, जिंसीयात भी बनते हैं। इन सब शब्दों का प्रयोग ऐन्द्रिक (इन्द्रियगत) के अर्थ में किया जाता है। इसी क्रम के विस्तार में कभी-कभी यौन (sexual) सन्दर्भों में भी इसका इस्तेमाल होता है।

7. **तर्कीब**—इसका अर्थ कुछ सन्दर्भों में हिन्दी के सामासिक पदों (समास से युक्त) जैसा है। जब दो शब्दों के बीच 'ए' अथवा 'ओ' का इस्तेमाल होता है, तो इसे 'तर्कीब लगाना' कहा जाता है। 'ए' के प्रयोग को 'इज़ाफ़त' कहते हैं, और ये 'का-की-के' में से जो अर्थ उपयुक्त हो वही अर्थ सम्प्रेषित करता है, जैसे—हुस्ने-जानाँ (या 'हुस्न-ए-जानाँ) 'शबे-हिज्र' (शब-ए-हिज्र) आदि। कहीं-कहीं बिना इज़ाफ़त (ए) लगाये भी 'का-की-के' का अर्थ ग्रहण कर लिया जाता है, जैसे—उल्फ़तकुश्तों आदि। इसी प्रकार जब दो शब्दों के दरमियान 'ओ' वर्ण का प्रयोग होता है तो इसे 'अत्फ़' कहते हैं। इसका सीधा-सा अर्थ 'और' होता है, जैसे—शामो—सहर (शाम-ओ-सहर), दैरो-हरम (दैर-ओ-हरम) आदि। कभी-कभी शेर के किसी मिस्रे में 'अत्फ़' और 'इज़ाफ़त' की अधिकता हो जाती है तो इसे 'कस्रा-ए-इज़ाफ़त' कहते हैं। 'तर्कीब' शब्द

का बहुवचन 'तराकीब' होता है। यहाँ कहीं-कहीं 'तर्कीबें' या 'तर्कीबों' शब्द भी प्रयुक्त हुआ है।

8. **तम्सील**—सामान्यतः 'तम्सील' का आशय—'उपमा, तुलना, समानता, बराबरी, मिसाल, दृष्टान्त' आदि होता है। उर्दू-काव्यालोचन में इसका प्रयोग लगभग उपमा अलंकार के समकक्ष होता है। इसी 'तम्सील' (संज्ञा वाचक) से 'तम्सीली' (विशेषण वाचक) शब्द बनता है। 'तम्सीली' लफ़्ज़ का शब्दकोशीय अर्थ है—'जिसमें कोई तम्सील हो, अर्थात् जिसमें किसी असली व्यक्ति के स्थान पर किसी दूसरे व्यक्ति ने उसका पार्ट अदा किया हो।' इस प्रकार ये उपमा अलंकार से कुछ भिन्न है।

9. **तरह**—ग़ज़ल की बह्र, क़ाफ़िया तथा रदीफ़; तीनों मिलकर ग़ज़ल की 'तरह' निर्धारित करते हैं। यदि कोई दो ग़ज़लें बह्र, क़ाफ़िया और रदीफ़ में समानता रखती हैं, तो इन दोनों ग़ज़लों को 'हमतरह' कहते हैं। 'तरही नशिस्त' और 'तरही मुशायरा' किसी ग़ज़ल-विशेष के ख़ास मिस्रे को आधार मानकर आयोजित किये जाते हैं। उस मिस्रे को मिस्रए-तरह (मिस्रा-ए-तरह) कहा जाता है।

10. तर्सीअ—शायरी की एक विशेषता, जिसमें दोनों मिस्रों के तमाम अल्फ़ाज़ क्रमबद्ध रूप से हमवज़्न होते हैं। जैसे—

नाम तेरा है ज़िन्दगी मेरी
काम मेरा है बन्दगी तेरी

सामान्य आशय यह हुआ कि दो मिस्रों (वाक्यों) में जब अधिक से अधिक ऐसे शब्दों का प्रयोग किया जाय जिनका वज़्न (मात्रा) एक ही हो तो इसे 'तर्सीअ' कहते हैं।

11. **फ़साहत एवं बलाग़त**—'फ़साहत' शब्द का अर्थ है—"वह लेखन-शैली जिसमें रोज़मर्रा के सरल और हल्के-फुल्के शब्दों का प्रयोग हो और अलंकार आदि या तो बिल्कुल न हों और हों भी तो बहुत कम और सुन्दर हों।" इसी प्रकार 'बलाग़त' लफ़्ज़ का मतलब है—"गद्य या पद्य की वह शैली जिसमें अलंकारादि का प्रयोग चमत्कारपूर्वक किया जाय, साहित्य की आलंकारिक शैली।" कभी-कभी दोनों का प्रयोग एक साथ ही कर दिया जाता है—फ़साहत-ओ-बलाग़त (फ़साहतो-बलाग़त)

12. **बन्दिश**—'बन्दिश' के कई शाब्दिक अर्थों में से कुछ हैं—बनावट, क्रमबद्धता अथवा बाँधना। शायरी के सम्बन्ध में अक्सर इसका

प्रयोग 'बन्दिशे-अल्फ़ाज़' और 'बन्दिशे-मज़्मून' जैसे पदबन्धों के साथ किया जाता है। 'बन्दिशे-अल्फ़ाज़' को ही 'बन्दिशे-इबारत' भी कहते हैं, इसका अर्थ है—'गद्य या पद्य में शब्दों का यथास्थान उपयोग तथा शुद्ध और चमत्कारपूर्ण विन्यास।' इसी प्रकार 'बन्दिशे-मज़्मून' का आशय है—'किसी प्रबन्ध या मज़्मून का नैसर्गिक और मन को लगनेवाला बयान।'

13. **बह्र तथा मौज़ूँ**—जिस प्रकार हिन्दी-काव्य के अन्तर्गत छन्द विधान होता है, जैसे—दोहा, चौपाई, सोरठा आदि; वैसे ही उर्दू-काव्य (उर्दू-ग़ज़ल) के अन्तर्गत भी एक छन्द व्यवस्था होती है। ग़ज़ल के एक मिस्रे (पंक्ति) की जो आन्तरिक बनावट होती है उसे ही 'बह्र' कहते हैं। किसी भी मिस्रे की आन्तरिक बनावट उसमें प्रयुक्त मात्राओं या वर्णों के आधार पर निश्चित होती है और वे सब मिलकर उस मिस्रे का एक 'वज़्न' निर्धारित करते है। जिस प्रकार हिन्दी में कुछ निर्धारित छन्द हैं, और उनके अलग-अलग नाम हैं, उसी प्रकार उर्दू-ग़ज़ल में कुछ बह्रें हैं, जिनमें कुछ अभी प्रचलित हैं तथा कुछ अप्रचलित हो चली हैं।

शेर के 'मौज़ूँ' होने या मिस्रा 'मौज़ूँ' होने का अर्थ है कि वो निर्धारित छन्द शास्त्रीय नियमों के अनुरूप है। 'मौज़ूँतब्अ' या 'मौज़ूँ-तबीअत' होने का अर्थ है—'जो शेर वज़्न के अन्दर कहता हो।' 'मौज़ूनी' या 'मौज़ूनियत' का अर्थ भी 'मौज़ूँ' होने के भाव में ही है।

14. **मज़्मून और मानी**—'मज़्मून' शब्द का सामान्य अर्थ है—विषय, मामला या दशा। नियमतः इसका बहुवचन 'मज़ामीन' होता है, लेकिन यहाँ (इस पुस्तक में) कहीं-कहीं इसका बहुवचन 'मज़्मूनों' भी लिखा मिल सकता है। शेर के सन्दर्भ में 'मज़्मून' का आशय उस विषयवस्तु या 'थीम' से होता है जो शेर में उल्लिखित हो, या व्याख्याकार को लगे कि इसमें यही 'थीम' है, जिसे शायर कहना चाह रहा है। इसी 'मज़्मून' शब्द से ही 'मज़्मूनआफ़्रीनी' जैसा शब्द-पद भी बनता है।

'मानी' का शब्दकोशीय अर्थ है—'अर्थ, मतलब, आशय, मंशा'। शेर के सन्दर्भ में इसका प्रयोग उस शेर में निहित अर्थ को इंगित करने के लिए किया जाता है। इस 'मानी' शब्द से ही 'मानीआफ़्रीनी' पदबन्ध भी बनता है।

फ़ारूक़ी साहब लिखते हैं—" 'मानी आफ़्रीनी' और 'मज़्मून आफ़्रीनी' अलग-अलग चीज़ें हैं। 'मज़्मूनआफ़्रीनी' का आशय है—(1) कोई नया मज़्मून पैदा करना, (2) किसी पुराने मज़्मून में कोई नया पहलू निकालना, या (3) किसी पुराने मज़्मून को नये ढंग से बयान करना।

'मानीआफ़्रीनी' का मतलब है—(1) किसी वस्तु या हक़ीक़त में नये मानी दर्याफ़्त करना, या (2) कलाम के मानी बज़ाहिर कुछ हों, लेकिन ग़ौर करें तो कुछ और मानी ही निकलें या (3) कलाम के एक मानी ज़ाहिर हों, लकिन ग़ौर करें तो मालूम हो कि उसमें कई अर्थ हैं, या (4) कलाम ज़ाहिर और साफ़ तौर पर बहुअर्थी हो या (5) कलाम में ऐसी रिआयतें हों जिनसे नये मानी का क़रीना निकले।''

15. **मफ़्हूम**—मफ़्हूम (मफ़्हूम) लफ़्ज़ का अर्थ है—'अस्ली मतलब, भाव, मंशा, उद्देश्य, अर्थ, तात्पर्य।' शायरी के सन्दर्भ में शेर का केन्द्रीय भाव (Central Idea) ही मफ़्हूम कहलाता है।

16. **मामलाबन्दी**—उर्दू-वर्तनी (फ़ार्सी-लिपि) के नियमानुसार इसका उच्चारण 'मुआम्लाबन्दी' (मुआम्लाबन्दी) भी किया जाता है। ''कोशीय परिभाषा के अनुसार मामलाबन्दी से तात्पर्य है शेर अथवा कविता में नायक और नायिका के प्रेम के मामलों को इस प्रकार बाँधना कि उनका असल चित्र आँखों के सामने फिर जाय।'' स्वयं फ़ारूक़ी साहब के शब्दों में—''मामलाबन्दी में ख़ुद आशिक़ के हालात-ओ-कैफ़ीयात और आदत का बयान नहीं होता, बल्कि माशूक़ की तरफ़ से कही या की हुई बात का हवाला होता है। माशूक़ को यहाँ भी उपस्थित मान सकते हैं, लेकिन बात माशूक़ के कथन और क्रियाओं की होती है, आशिक़ के कथन और क्रियाओं की नहीं।'' (इसी पुस्तक से) इसके अलावा मामलाबन्दी के सम्बन्ध में विस्तृत चर्चा और उदाहरण (शेरों के) इसी किताब में उपलब्ध हैं।

17. **मुनासबत और रिआयत**—'मुनासबत' का सामान्य अर्थ है—'सम्बन्ध, अनुकूलता, मुआफ़क़त'। कहीं-कहीं इसका प्रयोग 'संगति' या 'औचित्य' के अर्थ में भी किया जाता है। इसी 'मुनासबत' शब्द से ही 'मुनासबते-अल्फ़ाज़' पदबन्ध भी बनता है। इन दोनों का ही इस्तेमाल शेर में प्रयुक्त शब्दों की सुसंगति या औचित्य को निर्धारित करने में किया जाता है। कुछ स्थानों पर इसकी वर्तनी 'मुनासिबत' भी मिल सकती है।

'रिआयत' शब्द का अर्थ इसके अन्य सामान्य अर्थों से हटकर शायरी के सन्दर्भ में—'ध्यान, ख़याल', होता है। इसी 'रिआयत' शब्द से ही 'रिआयते-फ़न', 'रिआयते-लफ़्ज़ी', 'रिआयते-मानवी' और 'रिआयते-अल्फ़ाज़' (या यूँ भी कह दिया जाता है कि—यहाँ लफ़्ज़ों की रिआयत की गयी है।) जैसे पद-बन्ध भी बनते हैं। 'रिआयते-लफ़्ज़ी' का आशय है—''वह शब्दालंकार जिसमें किसी शेर आदि में एक शब्द के अनुकूल

और भी शब्द लाये जाएँ, जैसे—नदी के साथ नाव, कर्णधार, पतवार आदि के शब्द।'' इसके साथ-साथ 'रिआयते-मानवी' का अर्थ है—''वह अर्थालंकार जिसमें किसी शेर आदि में किसी एक अर्थ से सम्बन्धित और भी समानार्थक शब्द लाये जाएँ।''

'मुनासबत' और 'रिआयत' में अन्तर बताते हुए स्वयं फ़ारूक़ी साहब लिखते हैं—''मुनासबत और रिआयत में फ़र्क़ करना चाहिए। रिआयत के ज़रिअे या तो मानी का विस्तार होता है, या ऐसे मानी पैदा होते हैं जो शेर के मज़्मून से सीधे तौर पर सम्बन्धित नहीं होते। इस तरह ज़बान की सम्भावनाएँ अप्रत्याशित रूप से सामने आती हैं और बयान के लुत्फ़ या तनाव में इज़ाफ़ा करती हैं। रिआयत अगर न भी हों तो मानी निश्चित-निर्धारित हो जाते हैं, लेकिन शेर के लुत्फ़ो-ताज़गी और मानी की विस्तीर्णता में कमी आ जाती है। मुनासबत अगर न हो तो शेर में सन्तुलन, हमवारी और चुस्ती नहीं आती, और मानी कमज़ोर रह जाते हैं।''

18. **मुराआतुन्नज़ीर**—''एक शब्दालंकार जिसमें एक चीज़ के वर्णन में उससे सम्बद्ध और चीज़ों को भी लाया जाय, जैसे—धनुष के साथ बाण, निषंग अथवा प्रत्यंचा आदि का उल्लेख हो।'' 'मुराआतुन्नज़ीर' और 'रिआयते-लफ़्ज़ी' लगभग एक जैसी परिभाषा रखते हैं, लेकिन दोनों में एक विशेष फ़र्क़ होता है—'रिआयते-लफ़्ज़ी' में एकत्र किये शब्दों का अर्थ महत्त्वपूर्ण होता है, जबकि 'मुराआतुन्नज़ीर' में अर्थ की महत्ता नहीं होती।

19. **रोज़मर्रा**—'रोज़मर्रा' के बारे में विस्तृत विवेचना इस पुस्तक में उपलब्ध है। 'रोज़मर्रा' का इस्तेमाल विशेष रूप से 'दैनिक जीवन में बोली जानेवाली भाषा' के अर्थ में किया जाता है। कहीं-कहीं 'रोज़मर्रा की ज़बान' के बजाय सिर्फ़ 'रोज़मर्रा' ही कह दिया गया है। कहीं-कहीं 'रोज़मर्रा' का आशय आम आदमी के दैनन्दिन से भी है।

20. **लफ़्फ़ो-नश्र**—इसकी वर्तनी 'लफ़्फ़ो-नस्र' भी प्रयोग होती है। इसकी परिभाषा होती है—''एक शब्दालंकार जिसमें पहले कुछ वस्तुएँ उपमेय के रूप में कही जाती हैं, फिर उन वस्तुओं के लिए उनके उपमान लाते हैं, जैसे पहले 'मुख', 'दाँत' और 'नेत्र' लायें फिर 'चाँद', 'मोती' और 'कमल'।''

''यदि लफ़्फ़ो-नस्र में उपमेय और उपमान क्रम से न आयें तो वह ग़ैर मुरत्तब अर्थात् क्रम विरुद्ध है, जैसे—'मुख', 'दाँत' और 'नेत्र' के साथ 'मोती', 'चन्द्र' और 'कमल'।''

''यदि लफ़्फ़ो-नस्र में उपमेय और उपमान क्रम से आयें तो वह

मुरत्तब अर्थात् क्रमबद्ध है, जैसे—'मुख', 'दाँत' और 'नेत्र' के साथ, 'चाँद', 'मोती' और 'कमल'।''

21. **वाक़िआ अथवा वारदात**—'वाक़िआ' शब्द अत्यन्त प्रचलित है और इसका सामान्यतः अर्थ होता है—'घटना, हादिसा, वृत्तान्त, हाल'। इसका बहुवचन होता है—'वाक़िआत'। शायरी के सन्दर्भ में 'वाक़िआ' शब्द का प्रयोग शेर में उद्धृत-उल्लिखित 'वृत्तान्त-विशेष' से होता है। 'वाक़िआती' शब्द का अर्थ होता है—'घटनाओं से सम्बन्धित, ठीक-ठीक, सच्चा-सच्चा, घटना के मुताबिक़'। इसी प्रकार वाकिआ के एक पर्याय 'वारिद' शब्द के बहुवचन—रूप में 'वारिदात' (वारदात) शब्द भी प्रचलन में है, परन्तु उर्दू में 'वारदात' (वारिदात) एकवचन के रूप में व्यवहृत है। इसका अर्थ भी 'वाक़िआत' के समान ही लिया जाता है।

उपर्युक्त विवेच्य समस्त पारिभाषिक शब्दों के अतिरिक्त भी कई अन्य महत्त्वपूर्ण व्याख्या अथवा निर्वचन-अपेक्षी शब्द पुस्तक में आये हैं। उनका अर्थ सम्बन्धित पृष्ठ पर ही फुटनोट के रूप में दिया गया है। यहाँ (इस पुस्तक में) अनुवादक की ओर से उर्दू से हिन्दी अनुवाद-क्रम में जिन कोशों और शब्दकोशों की मदद ली गयी, उनमें प्रमुख हैं—'फ़रहंगे—आसफ़िया,' 'फ़िरोज़ुललुग़ात', 'वृहद उर्दू-साहित्य-कोश' तथा उ.प्र. हिन्दी संस्थान, लखनऊ से प्रकाशित मु. मुस्तफ़ा ख़ाँ 'मद्दाह' का 'उर्दू-हिन्दी शब्दकोश'। किसी प्रकार की अर्थ-सम्बन्धी त्रुटि अथवा अर्थों के निर्धारण में उत्पन्न व्यतिरेक के लिए अनुवादक स्वयं ज़िम्मेदार है।

—दीपक रूहानी

लालगंज, प्रतापगढ़
28 अक्टूबर, 2012

भूमिका

इस किताब के उद्देश्य निम्नलिखित हैं—

1. मीर की ग़ज़लों का ऐसा स्तरीय संकलन जो दुनिया की बेहतरीन शायरी के सामने बेझिझक रखा जा सके और जो मीर का प्रतिनिधि संकलन हो।
2. उर्दू के क्लासिकी ग़ज़लकारों ख़ास तौर से मीर के हवाले से क्लासिकी ग़ज़ल की काव्यकला की पुनर्व्याख्या।
3. प्राच्य और पाश्चात्य काव्यकला के आलोक में मीर के शेरों की समीक्षा, व्याख्या, निर्वचन और निर्णय-निष्कर्ष।
4. क्लासिकी उर्दू-ग़ज़ल, फार्सी-ग़ज़ल (ख़ास तौर से भारतीय शैली की फ़ार्सी-ग़ज़ल) के परिप्रेक्ष्य में मीर का स्थान-निर्धारण।
5. मीर की भाषागत विशेषताओं का आवश्यकतानुसार उल्लेख।

मैं इन उद्देश्यों को हासिल करने में कहाँ तक कामयाब हुआ हूँ, इसका फ़ैसला अहले-नज़र करेंगे। मैं ये ज़रूर कहना चाहता हूँ कि अपनी क़िस्म की ये उर्दू में शायद पहली कोशिश है।

मीर के संकलन बाज़ार में उपलब्ध हैं, लेकिन मैंने उनमें से किसी को स्वीकार करने के बजाय अपना संकलन ख़ुद व्यवस्थित कर लेना इसलिए ज़रूरी समझा कि मैं यूनिवर्सिटी में पढ़ाये जानेवाले संकलनों से न सिर्फ़ असन्तुष्ट हूँ, बल्कि उनको इस क़दर त्रुटिपूर्ण पाता हूँ, कि मेरे ख़याल में वो मीर की प्रशंसा और स्थान-निर्धारण में सहायक नहीं, बल्कि हानिकारक हैं। असर लखनवी का संकलन 'मज़ा मीर' अपेक्षाकृत बेहतर है, लेकिन वो आसानी से नहीं मिलता। फिर उसमें आलोचनात्मक दृष्टिकोण के बजाय श्रद्धास्पद जैसा भाव है। मुहम्मद हसन अस्करी का संकलन 'साक़ी' के एक ख़ास अंक की शक्ल में था और अब कहीं नहीं मिलता। अस्करी साहब ने एक विशिष्ट और ज़रा सीमित दृष्टिकोण से काम लेते हुए मीर के बेहतरीन शेरों की जगह मीर की मुकम्मल, या अगर

मुकम्मल नहीं तो प्रतिनिधि, तस्वीर पेश करने की कोशिश की है। इस तरह मीर के बहुत-से उम्दा शेरों के साथ कम उम्दा शेर भी संकलन में आ गये हैं। लिहाज़ा इस संकलन के माध्यम से मीर के शायराना मर्तबे के बारे में सही राय क़ायम नहीं हो सकती।

मीर का सबसे अच्छा संकलन सरदार जाफ़री ने किया है। कुछ सीमित और संकीर्ण दृष्टिकोण के बावजूद उनकी भूमिका भी बहुत ख़ूब है। सरदार जाफ़री का पाठ (Text) आम तौर पर विश्वसनीय है और उन्होंने सामने के पृष्ठ पर देवनागरी लिपि में शेरों को देकर, और मुश्किल अल्फ़ाज़ का एक पूरा शब्दकोश शामिल करके एक पूरी जिल्द (देवनागरी में) तैयार करके बहुत बड़ी ख़िद्मत अंजाम दी है। अफ़्सोस कि ये क़ाबिले-क़द्र संकलन अब बाज़ार में नहीं है। ज़रुरत है कि इसका नया संस्करण प्रकाशित किया जाय।

लेकिन सरदार जाफ़री का भी संकलन मेरे मक़्सद के लिए काफ़ी नहीं था। उन्होंने मीर के कई रंगों को नज़रअन्दाज़ कर दिया है और बहुत से कमज़ोर शेर भी शामिल किये हैं। ख़ासकर ऐसे शेर जिनका 'सियासी' या 'इन्क़िलाबी' निर्वचन किसी-न-किसी तरह मुम्किन था। मैं मीर के कलाम को बक़ौल डब्ल्यू.बी. यीट्स 'मसों और मुहासों के साथ' (with warts and all) के साथ पेश करना चाहता हूँ। यानी मैं उन शेरों को नज़रअन्दाज़ नहीं करना चाहता जो मौजूदा तसव्वुरे-ग़ज़ल के प्रतिकूल हैं और जिनमें वो 'गाम्भीर्य', 'नफ़ासत', 'मासूमियत' वग़ैरह नहीं है जो क्लास-रूमवाले मीर के बुद्धि-विवेक की विशिष्टता बतायी जाती है। अगर शेर मेरी नज़र में अच्छा या अहम है तो मैंने उसे ज़रूर शामिल किया है, भले ही उसके ज़रिये मीर की जो तस्वीर बने वो उस मीर से भिन्न हो जिससे हम आलोचकों के लेखों और प्रोफ़ेसरों के लेक्चरों में दो-चार होते हैं।

ये किताब मैंने इस उम्मीद के साथ बनायी है कि अगर इसे विश्वविद्यालयों में बतौर क्लास-रूम पाठ (Text) इस्तेमाल किया जाय तो विद्यार्थी मीर के पूरे काव्य-कला-स्तर और व्यक्तित्त्व से वाक़िफ़ हो सकें और साहित्य के विद्वान् तथा मर्मज्ञ क्लासिकी साहित्य पर नयी नज़र डालने की प्रेरणा हासिल करें।

यहाँ इस सवाल पर विस्तारपूर्वक बहस का मौक़ा नहीं कि क्लासिकी ग़ज़ल का कोई काव्यशास्त्र है भी कि नहीं? और अगर है तो उसको दुबारा प्रचलित करने की ज़ुरूरत क्या है। क्लासिकी ग़ज़ल का

काव्यशास्त्र यक़ीनन् है। (ये और बात है कि वो हमसे खो गया है या छिन गया है।) अगर काव्यशास्त्र न होता तो काव्य भी न होता, और उसकी पुनर्प्राप्ति इसलिए ज़रूरी है कि किसी भी सृजन की मुकम्मल समझ और तारीफ़ उसी वक़्त मुम्किन है जब हम उस शास्त्र से वाक़िफ़ हों जिनके कारण वो सृजन अर्थवत्ता प्राप्त करता है, और जिसके (जाने या अनजाने) अनुभव और अनुभूतियों के आलोक में वो सृजन किया जाता है। इस बात में तो शायद किसी को आपत्ति न हो कि सर्जना या कला, संस्कृति की द्योतक होती है और संस्कृति के किसी भी द्योतक को हम उस वक़्त तक नहीं समझ सकते और न उससे आनन्दित हो सकते हैं जब तक कि हमें उन मूल्यों का ज्ञान न हो जिनका उस संस्कृति में प्रभाव-प्रवाह था। सृजन की सीमा तक वो सांस्कृतिक मूल्य उस शास्त्र में होते हैं, (यानी उन विचारों में होते हैं) जिनको सिद्धान्तबद्ध करने या विमर्श (Discourse) में जिनको प्रचलित करने से विमर्श को उस संस्कृति में सृजन का स्तर प्राप्त होता है।

ये सवाल उठ सकता है कि क्या पाश्चात्य काव्यशास्त्र हमारे क्लासिकी अदब (साहित्य) को समझने और समझाने के लिए काफ़ी नहीं? इसका संक्षिप्त जवाब ये है कि पाश्चात्य काव्यशास्त्र हमारे काम में मददगार ज़ुरूर हो सकता है, बल्कि ये भी कहा जा सकता है कि पाश्चात्य काव्यशास्त्र से मदद हासिल करना हमारे लिए अपरिहार्य है, लेकिन ये काव्यशास्त्र अकेला हमारे मक़्सद के लिए काफ़ी नहीं। अगर सिर्फ़ इसी काव्यशास्त्र का इस्तेमाल किया जाय तो हम अपनी क्लासिकी साहित्यिक भावभूमि का पूरा हक़ न अदा कर सकेंगे। और अगर हम ज़रा बदक़िस्मत हुए या सन्तुलनहीनता का शिकार हुए तो पाश्चात्य काव्यशास्त्र के आलोक में जो निष्कर्ष हम निकालेंगे वो ग़लत, गुमराहकुन और बेइंसाफ़ी पर आधारित होंगे।

अगर मैं पाश्चात्य साहित्य-चिन्तन और पाश्चात्य आलोचना से अनभिज्ञ होता तो ये किताब अस्तित्व में न आती, क्योंकि प्राच्य-साहित्य चिन्तन और प्राच्य-काव्यशास्त्र को समझने और परखने के तरीक़े और इस काव्यशास्त्र को व्यापक परिदृश्य में रखकर दोनों पद्धतियों के सन्तुलनपूर्ण मिश्रण का हौसला मुझे पाश्चात्य आलोचना के सिद्धान्तकारों और पाश्चात्य चिन्तन से ही मिला। लेकिन इतनी ही बुनियादी बात ये है कि अपने अधिकतर पूर्ववर्तियों के बरअक्स (विपरीत) मैंने पाश्चात्य चिन्तन का प्रभाव तो स्वीकार किया, लेकिन उनसे आतंकित न हुआ। और अपने

क्लासिकी काव्यशास्त्र को मैंने पाश्चात्य काव्यशास्त्र पर प्रधानता दी है। इसका अर्थ ये नहीं कि प्राच्य काव्यशास्त्र को पाश्चात्य काव्यशास्त्र से प्रत्येक दशा में और प्रत्येक युग में बेहतर समझता हूँ, लेकिन इसका ये अर्थ अवश्य है कि अपने क्लासिकी साहित्य को समझने के लिए मैं अपने प्राच्य काव्यशास्त्र के सिद्धान्तों को पहले जानता हूँ। यानी अपने क्लासिकी साहित्य में अच्छाई-बुराई का निर्धारण करने के लिए प्राच्य काव्यशास्त्र का मतावलम्बन पहले करता हूँ। पाश्चात्य सिद्धान्तों को सार्वभौमिक सिद्धान्त का दर्जा नहीं देता। हाँ, ये ज़ुरूर है कि उस अच्छाई-बुराई को बयान करने और उस पर बहस करने के लिए तथा उसको पहचानने के दिशा-निर्देश हासिल करने के लिए मैं पाश्चात्य चिन्तन-मनन से बेधड़क और बेखटके लाभान्वित होता हूँ। कोई भी अन्तिम निर्णय लेने की स्थिति में मैं पाश्चात्य काव्यशास्त्र से वहीं तक सहमत हुआ हूँ, जहाँ तक ऐसी सहमति का औचित्य और कारण हमारे काव्य-सिद्धान्त में उद्धृत या अप्रत्यक्ष रूप से उपस्थित है। उदाहरणस्वरूप, अर्थ-निर्धारण का उल्लेख संरचनावादियों में भी है और प्राचीन संस्कृत तथा अरबी काव्यशास्त्र में भी आनन्दवर्द्धन और टॉडारॉफ़ दोनों सहमत हैं कि शब्द का कार्य कई तरह का होता है। संरचनावादी आलोचकों का ये कथन कि काव्यशास्त्र दरअसल 'पठन-सिद्धान्त' (Theory of reading) है, प्राचीन अरबवासियों के उस विचार के अनुरूप है कि किसी पाठ (Text) को पढ़ने के कई तरीक़े हो सकते हैं।

एक अन्य उदाहरण के तौर पर अर्थ निर्धारण के विमर्श में (यानी शब्द या कथन में अर्थ किस तरह पैदा होता है, और कितनी तरह के अर्थ सम्भव हैं।) पाश्चात्य चिन्तकों ने बहुत कुछ कहा है। इनमें से बहुत-सी बातें हमारे यहाँ जर्जानी, सक्काकी, आनन्दवर्द्धन और दूसरों ने कही है। लिहाज़ा मैं पहले अपने यहाँ के लोगों के चिन्तन से अन्तर्दृष्टि प्राप्त करता हूँ। मानवीकरण (Personification) के सन्दर्भ में पाश्चात्य विद्वानों ने बहुत लिखा है। उनके बरअक्स हमारे काव्यशास्त्र में मानवीकरण या रूपक उतना अहम नहीं है। मानवीकरण या रूपक के स्थान पर हमारे यहाँ (यानी संस्कृत काव्यशास्त्र में भी और अरबी-फ़ार्सी काव्यशास्त्र में भी) विषय (मज़्मून) को केन्द्रीय स्थान प्राप्त है। लिहाज़ा आप को इस किताब में मानवीकरण या रूपक की अपेक्षा विषय (मज़्मून) पर अधिक गुफ़्तगू मिलेगी। सृजन के अस्तित्त्व (Ontology) पर पश्चिम में बहुत लिखा गया है, हमारे यहाँ बहुत कम। यहाँ मैंने विवशतः पाश्चात्य पद्धति की ही सहायता ली है। काव्यबोध के तरीक़े क्या हों और क्या-क्या तरीक़े मुम्किन

हैं ? इस सवाल पर पश्चिम में बहुत बहस हुई है और हमारे यहाँ बहुत कम। यहाँ भी मैंने पाश्चात्य पद्धति को अंगीकृत करने में कोई तकल्लुफ़ नहीं किया है। संस्कृत काव्यशास्त्र के अतिरिक्त हमारे प्राच्य काव्यशास्त्र में काव्य के प्रति रवैया आम तौर पर उदारतापूर्ण या विनम्रतापूर्ण नहीं है। (कुछ प्राचीन अरब के चिन्तक भी बड़ी हद तक विनम्र हैं।)। पश्चिम में आलोचना के कुछ बड़े और ताक़तवर रुजहानात इस विचार को प्रतिबिम्बित करते हैं कि सृजन के रू-ब-रू हमें विनम्र होना चाहिए। ये सिद्धान्त मैंने दोनों तरफ़ के शास्त्रज्ञों से सीखा है। इसी तरह 'रूसी रोमैंटिक पसन्द' आलोचकों का ये विचार बहुत अहम है कि सृजन उन तमाम युक्तियुक्त पद्धतियों का संग्रह और पैमाना है जो उसमें बरती गयी है (इश्किलावस्की)। इस विचार के प्राचीन संकेत संस्कृत और फ़ार्सी काव्यशास्त्र में तलाश करना मुश्किल नहीं।

मेरा संकलन-स्तर बहुत सादा लेकिन बहुत मुश्किल था। मैंने मीर के बेहतरीन शेरों के संकलन का बीड़ा उठाया, यानी ऐसे शेर जिन्हें दुनिया की बेहतरीन शायरी के सामने बेतकल्लुफ़ पेश किया जा सके। संकलन यद्यपि बुनियादी तौर पर आलोचनात्मक काररवाई है, लेकिन संकलन में व्यक्तिगत पसन्द-नापसन्द का सामने आना लाज़िमी होता है। यद्यपि व्यक्तिगत पसन्द को विशुद्ध आलोचनात्मक स्तर के अधीन करना असम्भव नहीं है, लेकिन आलोचनात्मक स्तर का प्रयोग भी उसी समय कारगर हो सकता है, जब संकलनकर्ता में 'प्रतिभा या रसज्ञता' भी हो। मैं ये दावा तो नहीं कर सकता कि मैंने 'प्रतिभा या रसज्ञता' और विशुद्ध आलोचनात्मक स्तरों में सम्पूर्ण रूप से सामंजस्य स्थापित कर लिया है, लेकिन ये ज़रूर कह सकता हूँ कि उस सामंजस्य को प्राप्त करने के लिए मैंने अपनी तरफ़ से कोई कोताही नहीं की।

संकलन का तरीक़ा मैंने ये रखा कि पहले हर ग़ज़ल को दस-बारह बार पढ़कर तमाम शेरों की अनुभूतियों और उनके मर्म को आत्मसात करने की कोशिश की। जो शेर समझ में न आये उन पर ग़ौर करके यथासम्भव उनको समझा। (शब्दकोश का सहारा बेतकल्लुफ़ और अधिकतर लिया)। फिर संकलित शेरों को कॉपी में दर्ज किया। शुरू से आख़िर तक पूरा कुल्लियात (पूरी ग्रन्थावली) इस तरह पढ़ लेने और संकलित कर लेने के बाद कॉपी को अलग रख दिया। फिर कुल्लियात को दुबारा इसी तरीक़े से पढ़कर शेरों पर निशान लगाये। ये काम पूरा करके निशानज़दा शेरों को कॉपी में लिखे हुए शेरों से मिलाया। जहाँ-जहाँ फ़र्क़ देखा (कमी या ज़ियादती)

वहाँ दुबारा ग़ौर किया और आख़िरी फ़ैसले के मुताबिक़ शेरों को घटाया या बढ़ाया। फिर व्याख्या लिखते वक़्त संकलित शेरों को दुबारा पूरी ग़ज़ल के परिप्रेक्ष्य में संकलन के दृष्टिकोण से देखा। कुछ शेर कम किये तो कुछ बढ़ाये। इस तरह के संकलन अध्ययन के तीन चरणों का निचोड़ है।

ऊपर मैंने ऐसे शेरों का ज़िक्र किया है जिनको समझने में ख़ासी दिक़्क़त हुई। कुछ बार तो ये मुश्किल पाठ (Text) की ख़राबी के कारण थी तो कुछ जगह ख़याल की पेचीदगी या अल्फ़ाज़ की कठिनता के कारण। मुझे ये कहने में कोई शर्म नहीं कि पन्द्रह-बीस शेर ऐसे निकले जिनका मतलब किसी तरह हल न हुआ। उनको मैंने संकलन में नहीं रखा। हालाँकि किसी शेर को समझे बग़ैर ये फ़ैसला करना कि वो संकलन के योग्य नहीं, इन्साफ़ पर आधारित काररवाई नहीं, लेकिन किसी शेर को समझे बग़ैर ये फ़ैसला करना भी कि वो संकलन के योग्य है, और भी नामुनासिब होता। तथ्यों एवं लक्षणों से अनुमान हुआ कि उन शेरों की कठिनाई सम्भवत: पाठ (Text) की ख़राबी के कारण है और उनमें कोई ख़ास ख़ूबी शायद नहीं है। फिर भी उन शेरों को नज़रअन्दाज़ करने की विवशता के लिए मैं मीर की आत्मा से क्षमा-प्रार्थी हूँ।

इस काम में जिन लोगों ने मेरी मदद की, उनकी फ़ेहरिस्त बहुत लम्बी है। कुछ लोगों ने नुक्ताचीनी भी की, कि मैं मीर को ग़ालिब से भी मुश्किलतर बनाये दे रहा हूँ। मैं सबका शुक्रगुज़ार हूँ। अलीगढ़, दिल्ली, लाहौर, कराची, लखनऊ, इलाहाबाद, श्रीनगर, भोपाल, बनारस, हैदराबाद, कोलम्बिया, पेन्सिलवानिया, शिकागो, बर्कले, मुम्बई, लन्दन, यहाँ कितने ही विद्यार्थी और दोस्त हैं जिन्हें मीर के बारे में मेरी लम्बी-चौड़ी गुफ़्तगू, बर्दाश्त करनी पड़ी। मैं उनका ख़ास तौर से शुक्रगुज़ार हूँ।

—शम्सुर्रहमान फ़ारूक़ी

नयी दिल्ली
11 जनवरी, 1990

हिन्दी संस्करण की भूमिका

'शेर-ए-शोरअंगेज़' के हिन्दी में प्रकाशन के मौक़े पर मैं प्रसन्नता और सन्तोष का अनुभव कर रहा हूँ। 1980 में मैंने इस काम को हाथ में लिया और 84 में बाक़ायदा इसको लिखना भी शुरू कर दिया था। दस साल के वक़्फ़े के बाद लगभग दो दशक पहले जब यह किताब पूरी हुई और उर्दू में छपी तो हिन्दी के अदबी हलकों में भी इसको लेकर उत्सुकता पैदा हुई थी। तब से इसे हिन्दी में लाने की योजना कई बार बनी लेकिन अब ये जिस मुक़ाम पर है वह सुरेन्द्र राही और दीपक रूहानी जैसे प्रतिबद्ध अनुवादकों की वर्षों की मेहनत और कृष्णमोहन; वेद राही और क्रान्ति शुक्ल जैसे दोस्तों की लगातार कोशिशों का नतीजा है। मैं इनका शुक्रिया अदा करता हूँ। इस वक़्त मुझे अपनी शरीकेहयात जमीला की याद बरबस आ रही है जिनकी प्रेरणा और समर्थन के बिना यह भारी पत्थर उठाना मेरे बस की बात नहीं थी।

काव्यचिन्तन की भारतीय परम्परा के सन्दर्भ में रखकर मीर तक़ी मीर की कविता को देखने का मेरा ये प्रयास चार जिल्दों में बँटा हुआ था और उसे एक जिल्द में लाने का मसला क़तई आसान नहीं था। मुझे ख़ुशी है कि इसके लिए कृष्णमोहन ने समूचे काम का सारांश प्रस्तुत करने के बजाय; कुछ बिन्दुओं और तफ़सीलों को फिलहाल छोड़कर; इसके चुनिन्दा अंशों को यथावत प्रस्तुत करने का तरीक़ा अपनाया। इससे किताब का हर वाक्य अपने मूल स्वरूप में क़ायम रहा और और पाठ की अखंडता बनी रही। मीर के कलाम से मैंने जो चुनाव किया था इस दौरान उसकी भी दुबारा छानबीन हो गई।

हिन्दी के पाठकों और मर्मज्ञ विद्वानों ने विगत वर्षों में मेरे काम के प्रति जैसा प्यार और समर्थन व्यक्त किया है मैं उससे अभिभूत हूँ।

मुझे यक़ीन है कि इस किताब के बारे में भी वे अपनी राय से मुझे अवगत कराने की तकलीफ़ ज़रूर उठाएँगे। इस किताब के हिन्दी संस्करण की तैयारी के दौरान अनेक लोगों ने किसी न किसी तरह सहयोग किया; मैं उन सबके प्रति आभार व्यक्त करता हूँ। भारतीय ज्ञानपीठ को मैं विशेष रूप से धन्यवाद देता हूँ कि उन्होंने इस किताब में दिलचस्पी ली और इतनी सुरुचि के साथ इसे प्रकाशित किया।

शम्सुर्रहमान फ़ारूक़ी

जून 2014
शार्लट्सविल, वर्जीनिया, अमरीका

मीर की कविता
और
भारतीय सौन्दर्यबोध

ग़ालिब की मीरपरस्ती

ग़ालिब मीर से बार-बार लाभान्वित हुए हैं। ये इस बात का प्रमाण है कि ग़ालिब और मीर एक ही तरह के शायर थे। कुछ दुनियावी अभिव्यक्तियों और ज़िन्दगी के कुछ अनुभवों को शेर में प्रकट करने के लिए दोनों एक ही तरह के माध्यमों का प्रयोग करना पसन्द करते थे। इसका मतलब ये नहीं कि ग़ालिब की शैली मीर से उधार ली गयी है। इसका मतलब ये भी नहीं कि ज़िन्दगी के किसी मौक़े या मंज़िल पर ग़ालिब ने मीर की शैली को अपनाने की कोशिश की। इसका मतलब सिर्फ़ ये है कि दोनों शायरों की मानसिक संरचना और चिन्तन-शैली में एकरूपता थी। कलात्मक स्तर पर इस संरचना और चिन्तन-शैली की एकरूपता अभिव्यक्ति के तौर-तरीक़ों से अधिक उनके रवैये और उन वस्तुओं के चयन में है जिनके माध्यम से दोनों शायरों ने दुनियावी अभिव्यक्तियों और ज़िन्दगी के अनुभवों को प्रकट किया। मीर ने फ़ार्सी शायरों से लाभ उठाया है, लेकिन उनका लाभ उठाना प्रशंसा करने जैसा है, यानी अगर उन्हें किसी शायर के यहाँ कोई विषय या पहलू पसन्द आया तो उन्होंने भी अपना लिया। इसके बरअक्स ग़ालिब ने मीर के साथ वो बर्ताव किया जो कोई बड़ा शायर अपने किसी पूर्ववर्ती के साथ करता है, यानी उन्होंने मीर के अनुभवों और अभिव्यक्ति-पद्धति को अपना मार्गदर्शक बनाया। ग़ालिब और मीर का वही मामला है जो एज़रा पाउंड और मध्य लैटिनी कवियों का था, यानी पाउंड ने मध्य लैटिनी कवियों की तरह सोचने की कोशिश की, लिखा मगर अपनी तरह। मीर को मौखिक श्रद्धांजलि बहुत पेश की गयी है। उनमें 'नासिख़' भी हैं, जिन्होंने मीर से कुछ ख़ास हासिल न किया। उनमें 'आतिश' के शागिर्द 'रिन्द' भी हैं, जो 'आतिश', 'नासिख़' और ख़ुद को तर्ज़े-मीर का शायर बताते हैं। परिणामत: 'रिन्द' का शेर है—

शैख़ नासिख़, ख़्वाजा आतिश के सिवा बिलफ़ेल रिन्द
शायराने-हिन्द में कहते हैं तर्ज़े-मीर हम

हालाँकि अस्ल सूरते-हाल ये है कि 'रिन्द' के यहाँ एक शेर भी मीर की तरह

का नहीं। 'आतिश' ने मीर के मज़ामीन (मज़्मून का बहुवचन) को बहुत उड़ाया, लेकिन न उनका ज़ेह्न मीर का-सा था, न कल्पना, न स्वभाव। लिहाज़ा 'आतिश' का कलाम मीर के मज़ामीन की क़त्लगाह बन गया है। 'नासिख़' ने ख़ुद मीर की तारीफ़ की है, लेकिन 'नासिख़' ने मीर की शैली नहीं अपनायी। शैली तो बाद की बात है, 'नासिख़' को ज़बान पर उस तरह का अधिकार प्राप्त न था जो कि मीर की विशिष्टता है। ये बात आमतौर पर कही जाती है कि 'नासिख़' या 'रिन्द' या 'ज़ौक़' मीर की तरह के शायर न थे, इसलिए उनकी तारीफ़ों को औपचारिक कहकर नज़रअन्दाज़ कर दिया जाता है, यानी ये समझ लिया जाता है कि उन लोगों ने 'मीर का भारी पत्थर' चूमकर छोड़ दिया और उनके तारीफ़ी शेर मीर की महानता तो साबित करते हैं, लेकिन ख़ुद उन शायरों के बारे में हमें कुछ नहीं बताते।

ये बात एक हद तक सही है, लेकिन 'नासिख़,', 'ज़ौक़', 'रिन्द' वग़ैरह के तारीफ़ी शेर से ये नतीजा भी निकलता है कि इन लोगों की नज़र में इनके अपने रंगे-कलाम का औचित्य या सम्मति मीर के यहाँ मिल जाती होगी। यानी वो ख़ुद को उसी काव्यशास्त्र का पाबन्द समझते होंगे जो मीर का था। ये नतीजा भी निकाला जा सकता है कि इन लोगों ने मीर का ज़िक्र सिर्फ़ ख़ुद को 'इज़्ज़तदार' बनाने के लिए किया है। अगर वो वाक़ई मीर के अनुगामी होते तो मीर का कुछ तो प्रभाव या झलक उनके यहाँ नज़र आती। लुत्फ़ की बात ये है कि ग़ालिब, जिन्होंने मीर से वाक़ई लाभ लिया, उनको भी मीर का औपचारिक प्रशंसक समझ लिया गया, लेकिन ग़ालिब के बारे में ये भी कह दिया गया कि अपने आख़िरी ज़माने में उन्होंने मीर की शैली अपनाने की कोशिश की। ग़ालिब का वो शेर, जिसमें उन्होंने मीर के दीवान को 'कम अज़ गुलशने-कश्मीर नहीं' (कश्मीर के गुलशनों से कम नहीं) कहा था उनके ज़माना-ए-नौजवानी का है, और वो शेर जो गुलशने-कश्मीरवाले शेर से अधिक मशहूर है, मध्य उम्र का है, क्योंकि ये ग़ज़ल 1847 और 1850 के दरमियान की है। इसकी रचना के वक़्त ग़ालिब की उम्र पचास से कुछ कम या ज़ियादा थी। मेरा आशय इस मक़्ते से है—

रेख़्ते के तुम्हीं उस्ताद नहीं हो ग़ालिब
कहते हैं अगले ज़माने में कोई मीर भी था

इन वास्तविकताओं के साथ-साथ हम अगर इस बात का भी ख़याल रखें कि ग़ालिब मीर से दिल खोकर लाभान्वित हुए और जिन ग़ज़लों ने ग़ालिब को ग़ालिब बनाया, उनमें से अक्सर ऐसी हैं जो ग़ालिब ने तीस बरस की उम्र को पहुँचने से पहले लिखी थीं, और ग़ालिब का मीर से लाभान्वित होना अनुकरणात्मक नहीं बल्कि सृजनात्मक है, तो ये बात साबित हो जाती है कि ग़ालिब के सृजनात्मक सोते में जो

धाराएँ आकर मिलती हैं उनमें 'बेदिल' और अन्य भारतीय शैली की फ़ार्सी-ग़ज़ल के 'बदनाम' शायरों के अलावा मीर का उच्छल जलधि भी है। हमें 'हाली' का बयानकर्दा वाक़िआ न भूलना चाहिए जहाँ ग़ालिब ने मीर को 'सौदा' पर तर्जीह दी है और 'ज़ौक' ने 'सौदा' को मीर पर।

इस दृष्टिकोण का बहिर्साक्ष्य काव्य और काव्य-कला से सम्बन्धित उन विचारों में मिल सकता है, जो मीर और ग़ालिब के लेखों में यत्र-तत्र बिखरे हैं, लेकिन उनको एकत्र करके देखा जाय तो इन दोनों शायरों की काव्यदृष्टि व्यवस्थित हो सकती है। मीर ने 'निकातुश्शुअरा' में विभिन्न शायरों के बारे में जो लिखा है, उससे भी उनकी काव्यदृष्टि एक हद तक निर्धारित की जा सकती है, लेकिन वहाँ अन्वेषण-विश्लेषण की आवश्यकता होगी, क्योंकि शेर या शायरी के बारे में स्पष्ट उल्लेख 'निकातुश्शुअरा' में मुश्किल से मिलेगा। इसके बरअक्स मीर के कलाम में शेर और शायरी के बारे में कुछ स्पष्ट बातें मिल जाती हैं। उन शेरों से ये निष्कर्ष निकालना अनावश्यक है (यद्यपि कि ग़लत न होगा) कि मीर के अपने शेरों में वे सब ख़ूबियाँ अवश्य होंगी, जिनका ज़िक्र उन्होंने शेर की प्रशंसा में किया है। लेकिन ये शेर हमें इतना ज़रूर बताते हैं कि मीर के विचार से शेर में क्या गुण और विशेषताएँ होनी चाहिए। यानी मीर के कलाम से उनकी काव्यदृष्टि तो प्राप्त हो सकती है, लेकिन ये साबित नहीं हो सकता कि ख़ुद उनका कलाम उस दृष्टिकोण पर पूरा उतरता है। इसी तरह ग़ालिब के ख़तों में शेर और शायरी के बारे में जो अस्त-व्यस्त इज़्हारे-राय है, उसको एकत्र करके ये मालूम किया जा सकता है कि शेर के गुण एवं विशेषताओं के बारे में ग़ालिब का दृष्टिकोण क्या था, लेकिन ये ज़रूरी नहीं कि ख़ुद ग़ालिब का कलाम उस दृष्टिकोण पर पूरा उतरे। बहरहाल, इस वक़्त इस बात से लेना-देना नहीं कि ग़ालिब और मीर की काव्यदृष्टि ख़ुद उनके कलाम पर कहाँ तक लागू होती है, बहस इस वक़्त ये है कि उनके दृष्टिकोण क्या हैं, और अगर उन दृष्टिकोणों में यथेष्ट एकरूपता है तो हम ये कह सकते हैं कि, चूँकि दोनों शायरों की काव्य-दृष्टि बड़ी हद तक एकरूप थी, इसलिए दोनों की मानसिक संरचना और चिन्तन-शैली में एकरूपता थी और दोनों को शायरी से जो अपेक्षाएँ थीं, वो बड़ी हद तक एकरूप थीं। ग़ालिब ने कुछ दोस्तों और मुलाक़ातियों के कलाम की औपचारिक और अतिशयोक्तिपूर्ण प्रशंसा की है, उनको नज़रअन्दाज़ करके उनके प्रत्यक्ष दृष्टिकोण और विचार पर ध्यान केन्द्रित कीजिए तो मालूम होता है कि वो मानीआफ़रीनी, शोर-अंगेज़ी, मुनासबते-अल्फ़ाज़ और रिआयते-फ़न को बुनियादी अहमीयत देते थे। मीर ने भी इन्हीं विषय-वस्तुओं को महत्त्व दिया है।

'तफ़्ता' के नाम ख़त में ग़ालिब का मशहूर कथन है—"भाई, शायरी मानी आफ़रीनी है, क़ाफ़ियापैमाई नहीं। सैयद मुहम्मद ज़करिया 'ज़की' के नाम सनद में

ग़ालिब लिखते हैं—"मानी (अर्थ) से तबीअत को इलाक़ा अच्छा है।" हातिम अली मेहर की तारीफ़ करते हुए ग़ालिब मानी-ए-नाज़ुक और अछूते विषयों का ज़िक्र करते हैं। अफ़्सोस ये है कि अगर हमने पुराने लोगों की बुराईयाँ छोड़ दीं तो उनकी अच्छाईयाँ भी छोड़ दीं। इसलिए अब 'मानीआफ़्रीनी' जैसा पारिभाषिक शब्द इस क़दर अर्थच्युत हो चुका है कि इसको स्पष्ट करने के लिए कोई प्रामाणिक या विश्वस्त परिभाषा नहीं मिलती। पचास बरस पहले भी लोग इस पारिभाषिक शब्द से कितने बेख़बर थे, इसका अन्दाज़ा इस बात से लगाया जा सकता है कि नियाज़ फ़तेहपुरी ने फ़िराक़ गोरखपुरी जैसे मानीआफ़्रीनी से महरूम शायर को भी मानीआफ़्रीं लिख दिया। दरअस्ल मानीआफ़्रीनी का आशय तो अभिव्यक्ति-शैली है, जिसमें एक ही कथन या उक्ति में कई तरह के अर्थ प्रत्यक्ष या अप्रत्यक्ष रूप से उपस्थित हों।

मानीआफ़्रीनी (अर्थ-सौन्दर्य) और मज़्मूनआफ़्रीनी (विषय-सौन्दर्य) हमारे काव्यशास्त्र की बुनियाद हैं। अठारहवीं और उन्नीसवीं सदी के शायर बार-बार मानी और मज़्मून का ज़िक्र करते हैं—

आबरू :

शेर को मज़्मून सेती क़द्र हो है आबरू
क़ाफ़िया सेती मिलाया क़ाफ़िया तो क्या हुआ

हातिम :

मुत्तफ़िक़ बिल लफ़्ज़ो-बिलमानी कहीं हैं ख़ुशख़याल
मिस्राए-बरजस्ता-ओ-दिलचस्प सर ता पा तुझे

मोमिन :

अगरचे शेर मोमिन भी निहायत ख़ूब कहता है
कहाँ है लेक मानी बन्द-ओ-मज़्मूँयाब अपना-सा

स्पष्ट है कि मानीआफ़्रीनी और नाज़ुकख़याली अलग-अलग चीज़ें हैं, यानी नाज़ुकख़याली और मानीआफ़्रीनी समानार्थी नहीं हैं। हो सकता है कि किसी शेर में नाज़ुकख़याली और मानीआफ़्रीनी दोनों हों या महज़ नाज़ुकख़याली या महज़ मानीआफ़्रीनी हो। ग़ालिब ने 'मोमिन' के बारे में कहा था कि उनकी तबीअत मानीआफ़्रीनी थी। लेकिन वाक़िआ ये है कि 'मोमिन' के यहाँ मानीआफ़्रीनी से ज़ियादा नाज़ुकख़याली हैं। ख़ुद ग़ालिब ने अपने शेर—

क़तरए-मय बसकि हैरत से नफ़स परवर हुआ
ख़ते-जामे-मय सरासर रिश्तए-गौहर हुआ

के बारे में ये कहकर कि इस शेर में ख़याल है तो बहुत नाज़ुक, लेकिन लुत्फ़

कुछ नहीं यानी 'कोह कंदन-ओ-काह बरआवुर्दन,' (पहाड़ खोदना और घास निकालना) मानीआफ़्रीनी और नाज़ुकख़याली का फ़र्क़ इशारों-इशारों में बयान कर दिया था। ये शेर नाज़ुकख़याली का बहुत हद तक उदाहरण है, लेकिन मानीआफ़्रीनी से ख़ाली है। अगर इसमें मानीआफ़्रीनी का असर न होता तो उसका नतीजा 'कोह कंदन-ओ-काह बरआवुर्दन' न होता, जैसा कि मोमिन के शेरों में अक्सर होता है। ग़ालिब ने 'क़द्र बिलगि रामी' के मत्ला पर इस्लाह देते हुए उसका जो स्पष्टीकरण दिया है वो भी मानीआफ़्रीनी को समझने में हमारी मदद करता है। 'क़द्र' का शेर था—

लाके दुनिया में हमें ज़हरे-फ़ना देते हो
हाय इस भूल-भुलैया में दग़ा देते हो

ग़ालिब ने रदीफ़ (देते हो) को बहुवचन (देते हैं) कर दिया और लिखा कि "अब ख़िताब माशूक़ाने-मजाज़ी और क़ज़ा-ओ-क़द्र में मुश्तरक रहा।" (अब सम्बोधन दोनों माशूक़ाओं को हो गया—भौतिक तथा मौत और क़िस्मत।) यानी मानी (अर्थ) का इज़ाफ़ा हो लिया। लिहाज़ा वो बयान जिसमें मानी की ज़ियादा सम्भावनाएँ हों मानीआफ़्रीनी से युक्त कहा जा सकता है।

ग़ालिब की तरह मीर ने भी नाज़ुकख़याली का ज़िक्र नहीं किया है, लेकिन मानीआफ़्रीनी और पेचीदगी का ज़िक्र किया है। मीर के कुछ शेर निम्नलिखित हैं—

न हो क्यूँ रेख़्ता बेशोरिशो-कैफ़ीयतो-माना
गया हो मीर दीवाना रहा सौदा सो मस्ताना

(पहला दीवान)

ज़ुल्फ़-सा पेचदार है हर शेर
है सुख़न मीर का अजब ढब का

(चौथा दीवान)

तर्फ़ें रखे है एक सुख़न चार-चार मीर
क्या-क्या कहा करें हैं ज़बाने-क़लम से हम

(तीसरा दीवान)

हर वरक़ हर सफ़हे में इक शेरे-शोरअंगेज है
अर्सए-महशर है अर्सा मेरे भी दीवान का

(पाँचवा दीवान)

इन शेरों में अर्थबहुलता, पेचदारी और अर्थ की विभिन्न सम्भावनाएँ होने यानी शेर के तहदार होने का ज़िक्र है। ज़ाहिर है कि ये सब विशेषताएँ मानीआफ़्रीनी की हैं। ये भी ज़ाहिर है कि ग़ालिब और मीर में मानीआफ़्रीनी का दृष्टिकोण उभयनिष्ठ

है। पहले और आख़िरी शेर में 'शोरिश' और 'शोरअंगेज़ी' का ज़िक्र आया है। उस पारिभाषिक शब्द के भी मानी हम आज भूल गये हैं। लेकिन ग़ालिब ने भी इसे इस्तेमाल किया है। अलाई के नाम एक ख़त में लिखते हैं : "मग्रिबी, उर्फ़ी में और क़दमा में है, जैसा ईराक़ी। उनका कलाम दक़ाइक़-ओ-हक़ाइक़े-तसव्वुफ़ से लबरेज़, क़ुद्सी, शाहजहानी शुअरा में साब-ओ-कलीम का हमअस्र और हमचश्म, इनका कलाम शोरअंगेज़ है।"* ग़ालिब ने ये पारिभाषिक शब्द जिस तरह इस्तेमाल किया है उससे साफ़ मालूम होता है कि 'शोरअंगेज़ी' से आशय जज़्बात, ख़ास कर शदीद जज़्बात की अधिकता है। शोरअंगेज़ कलाम में सूफ़ियाना सूक्ष्मताएँ और गूढ़ताएँ नहीं बयान होतीं। लिहाज़ा इसमें वो तल्लीनता या सरमस्ती या आध्यात्मिक विषयों की वो बारीकी नहीं होती जो सूफ़ियाना शायरी की ख़ासियत है। इसके बरअक्स शेरे-शोरअंगेज़ में इन्सान, कायनात और इन्सान-ओ-कायनात के पारस्परिक सम्बन्धों पर शदीद जज़्बे के साथ इज़्हारे-ख़याल होता है। इस इज़्हारे-ख़याल में भावुकता नहीं होती, बल्कि जज़्बे या अनुभव या फ़िक्रो-एहसास की शिद्दत होती है। ऐसे शेर की बुनियाद विषय पर तो होती है, लेकिन इसमें अर्थ भी प्रभावी होता है, यद्यपि कि तहदारी नहीं होती।

'तफ़्ता' के एक शेर की तारीफ़ करते हुए ग़ालिब ने लिखा था कि चार लफ़्ज़ हैं और चारों वाक़िअे के मुनासिब। इसी तरह 'फ़सानए-अजायब' के मुखपृष्ठ पर 'मुस्हफ़ी' के शेर का हवाला देकर—

यादगारे-ज़माना हैं हम लोग
याद रखना फ़साना हैं हम लोग

ग़ालिब प्रशंसा के अन्दाज़ में लिखते हैं कि 'याद रखना' 'फ़साना' के वास्ते कितना मुनासिब है। अल्फ़ाज़ को आपस में मुनासिब होना चाहिए। ये मुनासबत लफ़्ज़ी (शाब्दिक) भी हो सकती है और मानवी (अर्थगत) भी। फ़न (कला) की रिआयत से आशय उन चीज़ों से है फ़न जिनका तक़ाज़ा करता है और जिन्हें 'रिआयत' कहा जा सकता है। ज़ाहिर है कि इस रिआयत से आशय उन तमाम फ़न्नी (कलात्मक) हथकंडों और बनाव से है जिससे मुनासबते-लफ़्ज़ी-ओ-मानवी (शब्द-औचित्य और अर्थ-औचित्य) की अभिव्यक्ति होती है। मीर इन बिन्दुओं और बारीकियों को 'उस्लूब' (शैली) शब्द से प्रकट करते हैं। उनके ख़याल में

---

* मग्रिबी (एक कवि का नाम) पुराने ज़माने के सन्त कवियों में से है, जैसा कि ईराक़ी था इनकी कविता तसव्वुफ़ के बारीक बिन्दुओं और सच्चाइयों से भरी हुई है। क़ुद्सी बादशाह शाहजहाँ के ज़माने के शायरों में 'साइब' और 'कलीम' का समकालीन और साथी है इनकी कविता शोर अंगेज़ है।

'उस्लूब' ही फ़न की पहचान है—

मीर शायर भी ज़ोर कोई था
देखते हो न बात का उस्लूब

(पहला दीवान)

पहले और दूसरे दीवान की दो हमतरह ग़ज़लों के मक़्तों में मुनासबत के विचार को मीर ने क्रियान्वित भी किया है। दोनों मक़्तों में 'आब', 'पानी' और 'रवानी' शब्दों की रिआयते-लफ़्ज़ी करके 'आबे-सुख़न' की तारीफ़ एक साथ पहुँचाई है—

दरिया में क़तरा-क़तरा है आबे-गुहर कहीं
है मीर मौजज़न तेरे हर इक सुख़न में आब

(पहला दीवान)

देखो तो किस रवानी से कहते हैं शेर मीर
दुर से हज़ार चन्द है उनके सुख़न में आब

(दूसरा दीवान)

ये सवाल उठ सकता है कि अगर मीर और ग़ालिब के काव्यशास्त्रीय दृष्टिकोण में इतनी समानता है तो उनके शेरों में समानता क्यों नहीं? इसके कई जवाब मुम्किन हैं। एक तो वही जो मैं पहले अर्ज़ कर चुका हूँ कि मीर और ग़ालिब के बहुत-से शेरों में समानता है, ये समानता ग़ालिब के सृजनात्मक अनुग्रहण का प्रमाण है और इसकी अभिव्यक्ति व्यावहारिक रवैये तथा उन वस्तुओं के चयन-संकलन में हुई है जिनके माध्यम से दोनों ने व्यक्ति और ब्रह्मांड के बारे में अपने अनुभवों को बयान किया है। दूसरा जवाब ये है कि काव्यशास्त्रीय दृष्टिकोण में समानता होने के साथ-साथ अगर शैली में भी समानता होती तो फिर ग़ालिब का कारनामा ही क्या होता? तीसरा जवाब ये है कि मीर ने शेर की एक और विशेषता का ज़िक्र किया है जिसे 'कैफ़ीयत' कहते हैं—

न हो क्यूँ रेख़्ता बेशोरिशो-कैफ़ीयतो-मानी

ग़ालिब ने 'कैफ़ीयत' का ज़िक्र कहीं नहीं किया है। इस पारिभाषिक शब्द का भी अर्थ अब गुम हो गया है। लेकिन दरहक़ीक़त कैफ़ीयत उस चीज़ का नाम है जिसको ज़ेह्न में रखकर 'बेदिल' ने अपना मशहूर वाक्य कहा होगा—'शेरे-ख़ूब मानी नदारद' यानी वो सूरते-हाल जब शेर में कोई ख़ास अर्थ न हों, या उसका अर्थ पूरी तरह फ़ौरन ज़ाहिर न हों, लेकिन उसका भावनात्मक प्रभाव या कथानात्मक प्रभाव तात्कालिक हो। कभी-कभी ऐसे शेर के अर्थ शब्दों में बयान भी नहीं हो सकते,

लेकिन अगर उसका भावनात्मक प्रभाव या कथनात्मक प्रभाव दीर्घकालिक न हो, या कुछ विशेष सन्दर्भों-प्रसंगों पर आश्रित-आधारित हो तो उस शेर में कैफ़ीयत नहीं, बल्कि सतहीयत होगी। मीर ने इस नज़रीये को इस तरह भी बयान किया है—

किसने सुन शेरे-मीर ये न कहा
कहियो फिर हाय क्या कहा साहब

(दूसरा दीवान)

'कहियो फिर' में शेर को सिर्फ़ दुहराने की दरख़्वास्त नहीं है, बल्कि ये अन्य अर्थ भी निहित है कि ऐसा शेर और भी कहो। ग़ालिब के यहाँ कैफ़ीयत के शेर यदा-कदा हैं, लेकिन मीर के यहाँ ऐसे शेर बहुतायत हैं। फ़िराक़ साहब के यहाँ कम-कम और नासिर काज़मी के यहाँ अक्सर शेर कैफ़ीयत से युक्त हैं। इसीलिए लोगों को ख़याल होता है कि फ़िराक़ और नासिर काज़मी मीर की शैली के शायर हैं। हक़ीक़त ये है कि कैफ़ीयत के अलावा शेर की तमामतर विशेषताएँ ग़ालिब के यहाँ ग़ालिब की अपनी सृजनात्मक शान के साथ अवतरित हुई हैं। उनके काव्यशास्त्रीय दृष्टिकोण की समानता उनकी मानसिक समानता को प्रदर्शित करनेवाली हैं।

एक नुक्ता ये भी है कि ग़ालिब के काव्य-विषय मीर की अपेक्षा सीमित हैं। ग़ालिब के यहाँ जिज्ञासा या सवाल करने की प्रवृत्ति, अर्थात् चीज़ों को समझने की इच्छा मीर से अधिक है, इसलिए उनका काव्य मीर से ज़ियादा रंगारंग मालूम होता है। लेकिन रोज़मर्रा की ज़िन्दगी और उसके वाक़िआत में जितनी रुचि मीर को है उतनी ग़ालिब को नहीं। ग़ालिब तो असाधारण घटनाओं को भी कभी-कभी एक अन्दाज़े-बेपर्वाई से बयान कर जाते हैं। उनके बरअक्स मीर तमाम वाक़िआत को वाक़िआत की सतह पर बरतते हैं और उनमें भावनात्मक या अनुभवपरक अर्थ-गाम्भीर्य और महत्त्व निहित करते हैं। वाक़िआत की अधिकता और उनके भावनात्मक अर्थ-गाम्भीर्य के आधार पर मीर की दुनिया ग़ालिब की दुनिया से बहुत भिन्न नज़र आती है। इन्तिज़ार हुसैन ने उम्दा बात कही है कि उनको नज़ीर अकबराबादी में एक कहानीकार और मीर में एक उपन्यासकार नज़र आता है। नज़ीर अकबराबादी की हद तक तो उनके कथन पर आपत्ति हो सकती है, लेकिन इसमें कोई शक नहीं कि मीर की दुनिया अपनी व्यापकता, घटनाओं-परिघटनाओं की अधिकता, ग़ज़ल के पारम्परिक चरित्रों-किरदारों को वाक़िआती सतह पर बरतने की विशेषताएँ और आम ज़िन्दगी के मामलों पर विचार-विमर्श के कारण किसी बड़े उपन्यासकार की दुनिया मालूम होती है। मीर का कुल्लियात (समग्र संकलन या ग्रन्थावली) मुझे चार्ल्स डिकेंस की याद दिलाता है। वही अफ़रातफ़री, वही अनोखे, मामूली, रोज़मर्रा और हैरतअंगेज़ का मिश्रण, वही भावनाओं के ज्वार-भाटे, वही बेसाख़्ता मगर हैरतअंगेज़

व्यंग्य, वही भीड़-भाड़। मालूम होता है सारी ज़िन्दगी इस कुल्लियात में लहरें मार रही है। ज़िन्दगी का कोई ऐसा अनुभव नहीं, आध्यात्मिक आनन्दाधिक्य की आत्मविस्मृति और ब्रह्मलीनता से लेकर शराबियों-लम्पटों के नंगेपन तक ऐसा कोई लुत्फ़ नहीं, ज़िल्लत, नाकामी, नफ़्रत, फ़रेबशिकस्तगी (Frustration) फ़रेबख़ुर्दगी (फ़रेब खाया हुआ), फक्कड़पन, ज़ह्रखंद (झेंप या खिसियाहट की हँसी), सीनाज़नी (छाती पीटना अर्थात् मातम करना) से लेकर क़हक़हा, ऐन्द्रिक आनन्द, इश्क़ की ख़ुदसुपुर्दगी महवीयत (प्रेम का आत्मसमर्पण और तल्लीनता) तक ऐसा कोई जज़्बा और कर्म नहीं जिससे मीर ने अपने को वंचित रखा हो। ऐसी स्थिति में उनका काव्य ग़ालिब से प्रत्यक्षत: और स्पष्टत: भिन्न मालूम होना हैरतअंगेज़ नहीं। बक़ौल आले अहमद सुरूर ग़ालिब हमारे सामने वो महफ़िल सजाते हैं जिसमें ज़मीन से आस्मान तक हर चीज़ आ जाती है, लेकिन रहती वो महफ़िल ही है। ग़ालिब का दीवान (काव्यसंग्रह) एक पुरतकल्लुफ़ और तिलिस्मी संग्रहालय है। इस तिलिस्म में हर चीज़ नज़र आती है और अक्सर इस तरह कि एक ही चीज़ में कई-कई चीज़ें दिखाई देती हैं। इसके विपरीत मीर का काव्य वो शह्र है जिसमें हर वो चीज़ आती है जो उस संग्रहालय के तिलिस्म में बन्द है, यहाँ तक कि वो संग्रहालय भी जिस शह्र में है वो मीर का ही काव्य है। ऐसी स्थिति में मानसिक संरचना और व्यवहार की समानता के बावजूद दोनों के काव्य की प्रभावोत्पादकता भिन्न होना लाज़िमी है।

मुम्किन है आपको ख़याल आये कि ग़ालिब और मीर के दरमियान थोड़ा-बहुत काव्यशास्त्रीय एकरूपता होना कोई ख़ास बात नहीं और इसके आधार पर ये राय क़ायम करना कि दोनों की मानसिक संरचना एक तरह की थी, जल्दबाज़ी होगी। आप कह सकते हैं कि हिन्द-ईरानी काव्यशास्त्र उर्दू के तमाम क्लासिकी शायरों में एकसमान है, कोई वज्ह नहीं कि मस्लन् नासिख़ या आतिश का भी काव्यशास्त्र वही न हो जो ग़ालिब और मीर का था। इस बात पर तो कोई आपत्ति नहीं कि शायरी के बारे में बहुत-सी सामान्य बातें उर्दू के तमाम क्लासिकी शायरों में एक समान है, और होनी भी चाहिए। लेकिन आमतौर पर एक समान विवेचनाओं के बावजूद बुनियादी पहलुओं में असमानता या भिन्नता मुम्किन ही नहीं बल्कि ज़रूरी है। ये भिन्नता कई वजूहों के आधार पर हो सकती है। उनमें से एक वज्ह अनभिज्ञता या अल्पज्ञता भी हो सकती है, जैसा कि 'रिन्द' के उस शेर से ज़ाहिर हुआ होगा जो मैंने ऊपर उद्धृत किया है। लेकिन ये भिन्नता मानसिक संरचना के आधार पर भी हो सकती है और बुनियादी समानता के बावजूद शैली-विशेष के चलन के आधार पर भी। 'अतिश' के बारे में मैं कह चुका हूँ कि वो मीर के काव्य-विषय बेतकल्लुफ़ इस्तेमाल करते हैं। इस आधार पर अन्देशा हो सकता है कि शायरी के बारे में उनके ख़यालात मीर के समान होंगे, बात बड़ी हद तक सही है। उनके दो शेर जिनमें से एक बहुत मशहूर है, निम्नलिखित

है—

खींच देता है शबीहए-शेर का ख़ाका ख़याल
फ़िक्रे-रंगी काम उस पर करती है पर्दाज़ का
बंदिशे-अलफ़ाज़ जड़ने से नगों के कम नहीं
शायरी भी काम है 'आतिश' मुरस्सासाज़ का

(दीवाने-अव्वल)

ये 'आतिश' की काव्याभिव्यक्ति की अक्षमता है कि पहले शेर में Concepts यानी विचार अव्यवस्थित और अस्पष्ट है। 'ख़याल' और 'फ़िक्रे-रंगीं' को पारिभाषिक शब्दों के तौर पर बरता गया है। लेकिन 'फ़िक्रे-रंगी' अस्पष्ट है। ये बात तो अहम है कि माशूक़ का चित्रण काल्पनिक होता है, या माशूक़ ही काल्पनिक होता है। लेकिन ये बात स्पष्ट नहीं हुई कि प्रिय-चित्रण में 'पर्दाज़' (यानी चमक और साज-सज्जा) का काम 'फ़िक्रे-रंगीं' किस तरह करती या कर सकती है। क्या 'फ़िक्रे रंगी' का आशय सुन्दर कल्पना है या इससे आशय उस पात्रता से है जो ऐसे अल्फ़ाज़ हासिल कर लेती है जिनकी प्रभावोत्पादकता वाक्विदग्धता या उक्ति-वैचित्र्य जैसी होती है। ये अस्पष्टता 'आतिश' की सोच और कल्पना की है, वर्ना बुनियादी ख़याल (विचार) वही है जो मीर के यहाँ है—

नक़्श किसूका दरूने-सीना गर्म तलब हैं वैसे रंग
जैसी ख़याली पास लिये तस्वीर चितेरे फिरते हैं

(तीसरा दीवान)

दूसरे शेर में 'आतिश' ने औचित्य का सिद्धान्त बयान किया है। नग कितने ही ख़ुशरंग और क़ीमती क्यूँ न हों, अगर वो मुनासिब तर्तीब (क्रम) और मुनासिब मक़ाम (स्थान) पर नहीं हैं और रंग-ढंग के लिहाज़ से एक-दूसरे का तालमेल नहीं है तो ज़ेवर नाकाम और बदसूरत ठहरेगा। यही हाल शेर का है कि अल्फ़ाज़ नगीनों की तरह हैं, ख़ुद क़ीमती और ख़ूबसूरत है, लेकिन उनको औचित्यपूर्ण और सुसंगत ढंग से प्रयोग न किया जाय तो शेर का मर्तबा गिर जाता है।

अब ये और बात है कि 'आतिश' बहुत अच्छे शायर नहीं हैं। लिहाज़ा वो ख़ुद उन सिद्धान्तों की पाबन्दी नहीं करते, लेकिन बुनियादी बात ये है कि 'आतिश' की शायरी को परखने के लिए उसी काव्यशास्त्र की ज़रूरत है जिसको हम 'मीर' के लिए इस्तेमाल करते हैं। अगर ऐसा न किया जाएगा तो 'आतिश' की शायरी के बारे में ग़लत नतीज़े निकलेंगे (जैसा अक्सर हुआ भी है)।

ऊपर मैंने 'ग़ालिब' और मीर के शेर की दुनियाओं का फ़र्क़ ज़ाहिर करने के

लिए लिखा था कि 'मीर' की दुनिया रोज़मर्रा के वाक़िआत से भरी हुई है, और उन वाक़िआत को वो एक संवेदनात्मक अर्थ-गाम्भीर्य प्रदान कर देते हैं। उनके यहाँ भाव-वैविध्य है। ग़ालिब की दुनिया यद्यपि कि मीर के जितनी भरपूर है लेकिन उसमें वाक़िआत और भाव की ये अधिकता नहीं, इसलिए दोनों का प्रभाव अलग मालूम होता है। इस बात को स्पष्ट करने के लिए मीर और गालिब के एक-एक शेर का अध्ययन दिलचस्प और उपयुक्त होगा। दोनों शेरों में केन्द्रीय पात्र, यानी शायर और आशिक़, की मौत का ज़िक्र है—

मीर :

जहाँ में 'मीर' से काहे को होते हैं पैदा
सुना ये वाक़िआ जिनने उसे तअस्सुफ़ था

(तीसरा दीवान)

ग़ालिब :

असदुल्लाह ख़ाँ तमाम हुआ
अय! दिरेग़ा, वो रिन्द शाहिदबाज़

मीर के यहाँ उक्तिवैचित्र्य और व्यंजना, दोनों बहुत ख़ूब हैं। उक्तिवैचित्र्य इसलिए कि 'काहे को होते हैं पैदा' आशय ये भी निकलता है कि मीर जैसे लोग बहुत कम ही पैदा होते हैं, और ये भी कि आख़िर 'मीर' जैसे लोग (यानी इतने बदनसीब और तकलीफ़ से मरने-जीने वाले लोग) पैदा ही क्यूँ होते हैं? 'मीर से' मैं भी उक्तिवैचित्र्य हैं कि 'मीर जैसे ग़ैरमामूली लोग,' या 'मीर जैसे बदनसीब लोग' या 'मीर जैसे आशिक़' वग़ैरह। व्यंजना का सौन्दर्य ये है कि मौत का ज़िक्र सीधे-सीधे नहीं किया, बल्कि 'ये वाक़िआ' कहकर इसको साबित किया, और ये उक्तिवैचित्र भी रख दिया कि मीर की मौत या क़त्ल क़ाबिले-ज़िक्र वाक़िआ है। रोज़मर्रा के एक वाक़िअे में मीर इस तरह भावनात्मक अर्थ-गाम्भीर्य और शिद्दत भर देते हैं। अब किरदारों की अधिकता देखिए—एक तो मीर ख़ुद, एक वो शख़्स, जो इस शेर को कहनेवाला है, और तीसरा बड़ा वर्ग उन लोगों का जिन्होंने ये वाक़िआ सुना और तअस्सुफ़ (अफ़्सोस) किया। फिर कहनेवाले एक नहीं दो हैं। एक तो वो शख़्स जो इस शेर में बोल रहा है, यानी जिसकी ज़बान से पूरा शेर अदा हुआ है। दूसरी सूरत (स्थिति) ये है कि पहला मिस्रा (पंक्ति) किसी और शख़्स ने बोला है, उसको सुनके तस्दीक़ (प्रमाण या सुबूत) के तौर पर दूसरा शख़्स जवाब देता है। बुनियादी तौर पर ये शेर कैफ़ीयत का शेर है, लेकिन ये कैफ़ीयत भी इन तह-दर-तह बारीकियों से पैदा हुई है।

ग़ालिब का शेर भी उनके बेहतरीन शेरों में से एक है। ये शेर भी बुनियादी तौर

पर कैफ़ीयत का शेर है, लेकिन इसकी दुनिया में किरदार सिर्फ़ तीन हैं एक तो ख़ुद ग़ालिब और दूसरे वो शख़्स जो इस शेर को कहने वाले हैं। ग़ालिब की शख़्सीयत 'रिन्द शाहिदबाज़' से क़ायम होती है, और बहुत ख़ूब क़ायम होती है, लेकिन इसमें उत्तरोत्तर सम्भावनाएँ नहीं। 'तमाम हुआ' में गहरी साँस खींचने और दुखान्त की कैफ़ीयत असाधारण क्षमता से युक्त है। ग़ालिब की पूरी ज़िन्दगी सामने आ जाती है। महसूस होता है कि 'रिन्दी' और 'शाहिदबाज़ी' में बचकाना खिलंदड़ेपन के अलावा किसी गहरी अन्दरूनी कमी को छिपाने की कोशिश भी थी। दुखपूर्ण कैफ़ीयत और किरदार की पेचीदगी ने शेर को आम वाक़िअे की सतह से बहुत बुलन्द कर दिया है, लेकिन इसकी दुनिया, इसका लहजा, इसकी ज़बान ये सब एक अपेक्षाकृत सीमित घटनाक्रम से सम्बन्धित हैं। मीर की तरह ग़ालिब ने भी दो वक्ताओं (कहनेवाले) की सम्भावना रख दी है। क्योंकि मुम्किन है पूरा शेर एक ही शख़्स ने बोला हो, या पहला मिस्रा एक शख़्स ने और दूसरा किसी और शख़्स ने, लेकिन दूसरे मिस्रे का लहजा चूँकि रोज़मर्रा से दूर है, इसलिए वक्तव्य की व्यंजना उतनी प्रभावकारी नहीं जितनी मीर के शेर में है।

ग़ालिब के यहाँ रोज़मर्रा से दूरी का ज़िक्र मुझे मीर की उस विशेषता की तरफ़ लाता है जिसे मैं उनके अज़ीमतरीन कारनामों में शुमार करता हूँ। यानी ये कि 'मीर' ने रोज़मर्रा की ज़बान को शायरी की ज़बान बना दिया। ये काम उनके अलावा किसी से न हुआ और इसके कारणों को निर्धारित करना आसान नहीं। 'रोज़मर्रा' की तारीफ़ बज़ाहिर मुश्किल मालूम होती है, क्योंकि रोज़मर्रा शख़्स, तब्क़े (वर्ग) और इलाक़े के साथ थोड़ा या बहुत बदलता रहता है। तारीख़ भी इस पर असरअन्दाज़ होती है, हालाँकि 'मीर' की हद तक तारीख़ कोई अहम बात नहीं, क्योंकि हम उस रोज़मर्रा का ज़िक्र कर रहे हैं, जो 'मीर' के ज़माने में प्रचलित था। कहा जा सकता है कि रोज़मर्रा का इस्तेमाल 'मीर' के बहुत-से समकालीनों के यहाँ भी मिलता है, फिर 'मीर' की ख़ूबी क्या है? इसका जवाब यही है कि 'मीर' के समकालीनों के यहाँ रोज़मर्रा को शायरी की सतह पर नहीं, बल्कि इज़्हारे-ख़याल (विचार-अभिव्यक्ति) की सतह पर बरता गया है। 'जुर्अत', 'मुसहफ़ी' के यहाँ वो तहदारी और पेचीदगी नहीं है जो 'मीर' के यहाँ है। इन लोगों का रोज़मर्रा महज़ रोज़मर्रा है। इसमें ज़बान का सतही लुत्फ़ है, शायरी नहीं है। 'मीर' का जो शेर मैंने ऊपर उद्धृत किया है वो इस बात की मिसाल के तौर पर काफ़ी है कि मीर ने रोज़मर्रा को शायरी किस तरह बना दिया है, लेकिन रोज़मर्रा की तारीफ़ क़ायम करना ज़ुरूरी है, वर्ना 'ग़ालिब' की ज़बान को भी रोज़मर्रा का दर्जा क्यूँ न दिया जाय। ऑडन (Auden) (एक अँग्रेज़ कवि) ने लिखा है कि आम ज़बान तो महज़ इस काम आ सकती है कि उसमें ज़िन्दगी के आम सवाल-जवाब हो सकें। मस्लन ये कि—"इस वक़्त क्या बजा है?" या "स्टेशन

का रास्ता कौन सा है ?'' ऑडन कहता है कि शायर की समस्या ये होती है कि वो इस ज़बान को, जो रोज़मर्रा के कारोबार में लगकर अपनी अर्थवत्ता खो देती है, शायरी के अर्थ-गाम्भीर्य की दिशा में प्रयासरत करे। उर्दू की हद तक ये समस्या उतनी गम्भीर नहीं है, क्योंकि उर्दू में अदबी ज़बान और रोज़मर्रा की ज़बान बड़ी हद तक अलग-अलग वुजूद रखती हैं। महज़ इज़ाफ़तों का इस्तेमाल ही दोनों ज़बानों को अलग करने के लिए काफ़ी है, लेकिन ऑडन के कथन के आलोक में रोज़मर्रा की तारीफ़ निश्चित करने की कोशिश हो सकती है। ऑडन के ख़यालात बड़ी हद तक वॉलेरी (Valery) से मिलते-जुलते हैं। वॉलेरी कहते हैं कि वो ज़बान जो आम ज़ुरूरियात के लिए इस्तेमाल होती है, वो अपना मक़सद पूरा करके ख़त्म हो जाती है, यानी वो बयान जिसमें किसी आम, क्रियाकलाप सम्बन्धी ज़ुरूरत या ख़याल का इज़्हार किया गया हो अपना मन्तव्य अथवा आशय सम्बन्धित व्यक्ति तक पहुँचाने के बाद बेकार हो जाता है। ज़बान के इस इस्तेमाल को वॉलेरी कार्यात्मक या एकार्थी प्रयोग कहते हैं। उनका ख़याल है कि ''ज़बान के कार्यात्मक या एकार्थी प्रयोग में वक्तव्य अस्थायी होता है, यानी ज़बान का रूप या उसका वो स्वाभाविक, ठोस हिस्सा जिसे हम संवाद-कर्म कह सकते हैं, सम्प्रेषण के बाद क़ायम नहीं रहता। ये रोशनी में घुल जाता है (यानी वो रोशनी जो वक्तव्य का आशय समझ लेने के बाद हासिल होती है।) उसका कार्य पूरा हो चुका होता है, उसने अपना काम अंजाम दे लिया होता है। उसने कहनेवाले का मंतव्य स्पष्ट कर दिया होता है। उसकी ज़िन्दगी पूरी हो चुकी होती है।'' यानी वो वक्तव्य जो क्रियाकलाप-सम्बन्धी आवश्यकताओं को पूरा करने के लिए कहे या लिखे जाते हैं, अपना उद्देश्य पूरा करने के बाद अनावश्यक और निरर्थक हो जाते हैं। ज़ाहिर है कि क्रिया कलाप-सम्बन्धी आवश्यकताओं को पूरा करने के लिए जो वक्तव्य कहे या लिखे जाते हैं, उनकी सूरत रोज़मर्रा की होती होगी या उनकी हैसियत रोज़मर्रा की होती होगी। वॉलेरी का कहना है कि ये ज़बान के अन्दर ज़बान की होती है, क्योंकि शायर को आम ज़बान से क़र्ज़ लेकर अपनी ज़बान बनानी पड़ती है। आम ज़बान जिसे वॉलेरी 'पब्लिक की ज़बान' कहते हैं, ''परम्परागत और अबौद्धिक प्रारूप और संरचना का संग्रह होती है। ऐसा संग्रह जो बेढंगेपन और बेक़ायदगी की पैदाइश हो'' मिलावट से भरपूर और ''शब्द-विज्ञान के अर्थ और ध्वनि (स्वन) के परिवर्तन'' का प्रतिबिम्बन होता है।

वॉलेरी इसी आधार पर शायरी और आम ज़बान और गद्य में फ़र्क़ करते हैं। वो इस बात का आग्रह करते हैं कि शायरी में भी विचार और कल्पनाएँ बयान होती हैं। विचार को वो यूँ परिभाषित करते हैं—''विचार या कल्पना वो कारगुज़ारी है जो उन चीज़ों को हमारे अन्दर ज़िन्दा कर देती है जो वुजूद नहीं रखतीं... और हमें ये सामर्थ्य प्रदान करती है कि हम खंड (Part) को कुल (Total), बाह्य रूपाकार को आभ्यन्तरिक

समझ लें; जो हममें ये भ्रम पैदा करती है कि हम अपने बेचारे-प्यारे जिस्म से अलग होकर भी देख सकते हैं, बहुत-से कार्यों को क्रियान्वित कर सकते हैं... ।'' वॉलेरी कहता है कि ये ख़याल ग़लत है कि शायर के चिन्तन की गहराई वैज्ञानिक या दार्शनिक के चिन्तन की गहराई से भिन्न होती है। ये ज़ुरूर है कि शायर की शायराना क्रियान्विति ही में वैचारिक और आलंकारिक चिन्तन उपस्थित रहता है। शेर के बाहर उसे तलाश करना फ़ुज़ूल है।

थोड़ा-सा भी ग़ौर इस बात को स्पष्ट कर देगा कि वॉलेरी जिस क़िस्म के शायर का ज़िक्र कर रहे हैं, वो ग़ालिब की तरह का शायर है। यानी ऐसा शायर जो ऐसी ज़बान से गुरेज़ करता है जो आम ज़ुरूरतों को पूरा करने के लिए इस्तेमाल की जाती है। वॉलेरी का शायर वो शख़्स है जिसकी शायरी ही शुद्धतावादी सोच है। इसलिए उसकी ज़बान हर हाल में उन सतही बयानों के विपरीत कार्य करती है जो ठोस मामलों के आदान-प्रदान में काम आते हैं। दूसरे अल्फ़ाज़ में वॉलेरी का शायर एक ख़ालिस अदबी, बौद्धिक अथवा प्रबुद्ध और अदबी ज़बान इस्तेमाल करता है। ऐसी ज़बान जो शुद्धतावादी सोच से परिपूर्ण हो।

इसका नतीजा ये निकला कि वो ज़बान जो शुद्धतावादी सोच से परिपूर्ण नहीं होती और जिसे वॉलेरी आम ज़ुरूरत को पूरा करने के मक़सद के लिए काम आनेवाली ज़बान कहते हैं, रोज़मर्रा की ज़बान होगी। ऐसी ज़बान विचारों से ख़ाली होगी, इसमें नाज़ुक या बारीक जज़्बात या जज़्बात के नाज़ुक या बारीक पहलुओं के इज़्हार की भी सामर्थ्य न होगी। ऐसी ज़बान में आप चाय-डिनर का ऑर्डर दे सकते हैं। मुम्किन है ये भी कह सकें कि ''मुझे तुमसे मुहब्बत है'', लेकिन इस ज़बान को इस्तेमाल करते हुए आप ईश्वर की अद्वितीयता और एकत्व में अन्तर नहीं स्पष्ट कर सकते। इस ज़बान को इस्तेमाल करते हुए आप ये भी नहीं स्पष्ट कर सकते कि आपकी मुहब्बत और मजनूँ की मुहब्बत में क्या समानता और क्या वैषम्य है। लिहाज़ा रोज़मर्रा की परिभाषाएँ ये हुईं—वो ज़बान जो तसव्वुरात (Concepts) और नाज़ुक या बारीक जज़्बात (Subtle emotions) को व्यक्त करने में कमोबेश अक्षम हो। ज़ाहिर है कि ऐसी ज़बान में बड़ी शायरी नहीं हो सकती, बल्कि शायद शायरी ही नहीं हो सकती।

ध्यान रहे कि वॉलेरी के कल्चर में 'रोज़मर्रा' नाम का कोई अर्थ-विशेष रखनेवाला शब्द नहीं है। वॉलेरी सिर्फ़ शायरी और ग़ैर शायरी की ज़बान में फ़र्क़ कर सकता है। उसने रोज़मर्रा की परिभाषा नहीं दी है। उसके यहाँ रोज़मर्रा था ही नहीं, यानी वो शिष्ट, शालीन और मुहाविरेदार ज़बान जो अवामी बोलचाल से भिन्न और उत्तम है, लेकिन जिसमें वैचारिक और भावनात्मक विभेद यानी Categories को व्यक्त करने की क्षमता नहीं है। इतना अवश्य है कि वॉलेरी और ऑर्डन के ख़यालात की रोशनी में रोज़मर्रा की परिभाषा क़ायम हो सकती है। चूँकि रोज़मर्रा या कमोबेश

रोज़मर्रा में हमारे यहाँ बहुत सारी शायरी लिखी गयी है, इसलिए हमारे यहाँ इसकी ख़ास अहमियत है। ख़ासकर इसलिए कि अक्सर लोगों ने रोज़मर्रा की नाताक़ती को ही इसकी ख़ूबी समझा और इसको 'ज़बान की शायरी' कहा। हालाँकि शायरी तो एक ही होती है, ज़बान की शायरी और वैचारिक शायरी का फ़र्क़ बहुत गूढ़ है। वो पद्य रचनाएँ जो हमारे यहाँ रोज़मर्रा पर आधारित हैं, उसका बड़ा हिस्सा ग़ैर शेर के अन्तर्गत आता है। अगर 'मीर' ने भी उसी ज़बान का अनुसरण किया होता जो 'ज़बान की शायरी' वालों के यहाँ मिलती है तो वो भी 'मुस्हफ़ी', 'जुर्अत', 'क़ायम' और 'यक़ीन' वग़ैरह की तरह दोयम दर्जे के शायर होते। 'मीर' रोज़मर्रा के या 'जबान के शायर' नहीं हैं। उनकी बड़ाई इस बात में है कि उन्होंने रोज़मर्रा को शायरी की ज़ुबान में बदल दिया। यानी उसमें वो क़ुव्वतें दाख़िल की जो वैचारिक और भावनात्मक परिक्षेत्रों में अन्तर कर सकें, लेकिन ज़बान की जड़ें फिर भी रोज़मर्रा ही में पैवस्त रहीं। उन्होंने नामुम्किन को मुम्किन कर दिखाया और इस तरह कि आज तक उसका बदल न हो सका।

यहाँ इस बात को भी स्पष्ट करना ज़ुरूरी है कि यद्यपि रोज़मर्रा में शख़्स, माहौल और युगानुरूप तब्दीली होती रहती है, लेकिन उसकी एक बुनियादी शक्ल हर ज़माने में होती है, चाहे वो आदर्शात्मक और काल्पनिक ही हो। मुम्किन है मीर का रोज़मर्रा 'जुर्अत' और 'इंशा' के रोज़मर्रा से अलग रहा हो, लेकिन ये तीनों एक दूसरे के रोज़मर्रा को रोज़मर्रा की ही हैसियत से तस्लीम करते थे। आज भी मेरा रोज़मर्रा आपसे भिन्न हो सकता है, लेकिन बुनियादी विशेषताओं की एकरूपता के कारण हम दोनों एक दूसरे की ज़बान समझ लेने और उसे रोज़मर्रा क़रार देने में कोई झिझक नहीं होती। लिहाज़ा मीर भी उस मिसाली और ख़याली रोज़मर्रा के दायरे में हैं जो उनके ज़माने में प्रचलित थी। ये और बात है कि मीर ने रोज़मर्रा की बुनियाद पर अपनी शायरी की ज़बान निर्मित की और इस तरह शायरी की ज़बान के बारे में बहुत-से भ्रम तोड़ने का कार्य किया।

मीर के ज़माने में उर्दू में अदबी (साहित्यिक) और इल्मी (ज्ञान-विज्ञान) गद्य का अस्तित्व न था, इसलिए उनकी ज़बान की तुलना सिर्फ़ शायरों की ज़बान से हो सकती है और उनके कारनामे की अज़्मत का पूरा एहसास आसानी से नहीं हो सकता। साहित्यिक गद्य से मेरा आशय वो गद्य है, जिसमें वैचारिक और भावनात्मक अन्तर स्पष्ट करने की क्षमता हो, लेकिन जिसमें भावनात्मक पक्ष का हिस्सा अधिक हो और वैचारिक पक्ष का कम। निबन्ध का गद्य और अधिकांश व्याख्यान का गद्य और थोड़ा-बहुत आलोचना का भी गद्य इसी के अन्तर्गत आता है। इस गद्य में रोज़मर्रा का बहुत कम हस्तक्षेप होता है। साहित्यिक गद्य ज्ञानात्मक या सूचनात्मक भी हो सकता है। इल्मी गद्य में वैचारिक पक्ष का कार्य अधिक होता है, भावनात्मक पक्ष का कम और

रोज़मर्रा इसमें तक़रीबन् नहीं के बराबर होता है। मीर के सामने ज़बान के वही नमूने थे जो शायरी में उपलब्ध थे। मुम्किन है 'कर्बल कथा' (कर्बला-कथा) उन्होंने देखी हो, लेकिन उसमें पुरानी उर्दू, इस क़दर अनमिल-बेजोड़ थी कि वो नमूने का काम न दे सकती थी। 'ग़ालिब' का ज़माना आते-आते उर्दू में अदबी गद्य अस्तित्व में आ चुका था। ये ज़ियादातर दास्तानों की शक्ल में था। इसमें शायरी की ज़बान की समरूपता थी, लेकिन तहदारी न होने की वज्ह से वो शायरी में ठीक उसी रूप में काम न आ सकती थीं। थोड़ा-बहुत इल्मी गद्य भी लिखा जा रहा था। इसमें विभिन्न पक्षों को व्यक्त करने के लिए अस्वाभाविक या बनावटी उर्दू का प्रयोग दृष्टिगोचर था। ग़ालिब का मस्अला ये था कि वो ऐसी ज़बान बनाना चाहते थे, जो शायरी की ज़बान हो, यानी जिसमें इल्मी और अदबी दोनों तरह की ज़बानों की सारी क़ुव्वतें हों और कमज़ोरियाँ कोई न हों, या कम से कम हों। ग़ालिब अपनी कोशिश में बड़ी हद तक कामयाब हुए और उनकी ज़बान आनेवाले तमाम शायरों के लिए ऐसा आइडियल बन गयी जिसको हासिल करना ही उन शायरों की ज़िन्दगी का लक्ष्य हो गया। हस्रत मोहानी, आर्ज़ू लखनवी, दाग़ देहलवी, आज़ाद अंसारी और अज़्मतुल्ला ख़ान जैसे छोटे-बड़े लोगों ने हज़ार ज़ोर मारा। 'यगाना' ने हज़ार मुँह टेढ़ा करके गालियाँ दीं, लेकिन ग़ालिब जो ज़बान निर्मित कर गये वही उर्दू शायरी की ज़बान रही और आज तक है।

'सौदा' ने अपनी मस्नवी 'सबीले-हिदायत' और अब्दुल वली उज़्लत ने अपने दीवान पर जो भूमिकाएँ लिखी थीं वो उस युग के अदबी गद्य के कुछ गिने-चुने नमूने हैं जो हम तक पहुँचे हैं। दोनों की शक्लें बहुत अस्वाभाविक मालूम होती हैं, लेकिन उसका कोई वाक्य ऐसा नहीं जो शायरी में न खप सके। 'इंशा' ने 'दरिया-ए-लताफ़त' में मीर के सम्बन्ध में जो गुफ़्तगू दर्ज की है वो बहुत स्वाभाविक मालूम होती है, लेकिन उसके बहुत कम वाक्य ऐसे हैं जो 'मीर' के कलाम में ठीक उसी रूप में खप सकते हैं। इससे अन्दाज़ा हो सकता है कि उस वक़्त की प्रचलित शेरी ज़बान की अवहेलना और रोज़मर्रा को शायरी बनाने का कार्य जो मीर ने सरअंजाम दिया, वो ग़ालिब के कारनामे से कम श्रेष्ठ न था। 'ग़ालिब' के ज़माने में कम-से-कम इतना तो था कि ज़बान के बहुत-से नमूने मौजूद थे। लिहाज़ा ग़ालिब को स्वीकार-अस्वीकार और सोच-विचार के मौक़े उपलब्ध थे। मीर के सामने तो एक ही नमूना था, यानी उस वक़्त की शेरी ज़बान, जिसकी मिसालें 'सौदा' और 'हातिम' वग़ैरह के यहाँ मिलती हैं। 'सौदा' की ज़बान बेशतर अदबी थी और 'हातिम' वग़ैरह की ज़बान पर रोज़मर्रा का असर ज़ियादा था। लिहाज़ा वो ज़बान अपने प्रचलित रूप में 'मीर' के काम की न थी। 'सौदा' की शायराना हैसियत मीर से पहले क़ायम हो चुकी थी, क्यूँकि वो मीर से कोई दस साल बड़े थे। 'दर्द' अल्बत्ता तक़रीबन् मीर के हमउम्र

थे, लेकिन उन्होंने शायरी सम्भवत: देर में शुरू की और जो रंग 'दर्द' ने अख़्तियार किया वो अन्तत: ग़ालिब के काम आया। मीर को 'सौदा' का रंग मंज़ूर न था, क्यूँकि उनकी विपत्तियों और दुखों से निर्मित उनका स्वभाव तथा उनकी मानसिक संरचना 'सौदा' से बहुत भिन्न थी इसलिए मीर को अपना रास्ता ख़ुद बनाना पड़ा। उनके सामने कोई नमूने न थे। इस वज़ह से मीर का भाषाई कारनामा ग़ालिब के कारनामे से कमतर नहीं, बल्कि कुछ बरतर (अधिक) ही मालूम होता है।

मीर की ज़बान : रोज़मर्रा या इस्तिआरा—I

मीर के बारे में ग़लतफ़हमी, कि वो ख़ालिस ज़बान या रोज़मर्रा के शायर हैं, कई वजूहों से आम हुई। अव्वल तो ये कि मीर और उनके कुछ समकालीनों में एक तरह की सतही और लाज़िमी एकरूपता तो है ही, क्यूँकि बहरहाल उन सब शायरों की बुनियादी ज़बान एक जैसी थी। दूसरी बात ये कि मीर के बारे में इस तरह के वाक़िआत मश्हूर हुए कि उन्होंने कहा मैं वो ज़बान लिखता हूँ, जिसकी सनद जामा मस्जिद की सीढ़ियों पर मिलती है। ज़ाहिर है कि मुहाविरे और उच्चारण वग़ैरह की हद तक तो इस बयान पर विश्वास करना चाहिए, लेकिन शेरी ज़बान के जौहर पर इसको चरितार्थ करना ग़ैर आलोचनात्मक काररवाई है और मीर की रूह से बेख़बरी का पता देती है। फिर, ये ज़ुरूरी नहीं कि शायर को चेतना के स्तर पर मालूम ही हो कि वो क्या कर रहा है, या अगर मालूम भी हो तो वो उसका इज़्हार कर सके या करना चाहे। इसके अलावा, अपनी शायरी के बारे में शायर के बयानों को उसी वक़्त विश्वसनीय जानना चाहिए ज़ब उनका पृष्ठपोषण उसके कलाम से हो सकता हो।

लिहाज़ा मीर आम अर्थ में रोज़मर्रा के शायर नहीं हैं। उन्होंने रोज़मर्रा की ज़बान पर आधारित शायरी लिखी है। ये अज़ीम कारनामा उनसे यूँ अंजाम पाया कि उन्होंने कई तरह के भाषाई और शायराना माध्यम इस्तेमाल किये और इस बुद्धि-विवेक से कि उनका संगम अपनी बेह्तरीन सूरत में अपनी तरह का बेह्तरीन शायराना इज़हार बन गया। इस बुद्धि-विवेक का पता लगाना मुश्किल भी है और ग़ैर ज़ुरूरी भी। ग़ैरज़ुरूरी इसलिए कि वो मानक-निर्धारक (normative) नहीं हो सकता। अगर ऐसा होता तो शायरी का खेल हम सब मीर ही की तरह खेल लेते, लेकिन उन भाषाई और शायराना माध्यमों और साधनों की विवेचना निम्नलिखित है—

1. मीर ने इस्तिआरा और किनाया का प्रयोग बहुतायत किया है। आई.ए. रिचर्ड्स ने बहुत ख़ूब लिखा है कि जज़्बात के नाज़ुक और बारीक पहलुओं का जब इज़हार होगा तो इस्तिआरे के बग़ैर न होगा। क्लींथ ब्रूकस (Cleanth Brookes) इस पर विचार व्यक्त करते हुए लिखता है कि शायर को उपमाओं का सहारा लेना

आवश्यक है, लेकिन सब इस्तिआरे एक ही सतह पर नहीं होते, न ही हर इस्तिआरा एक-दूसरे के साथ सफ़ाई से चिपक सकता है। इस्तिआरों की सतहें आगे-पीछे, ऊपर-नीचे होती रहती हैं और प्रतिकूलता बल्कि विरोधाभास को राह देती हैं। इस्तिआरों के इस कृत्य (क्रिया) को ब्रूक्स बहुत उम्दा क़रार देते हैं और इसे उक्ति-वैचित्र्य और व्यंग्य (व्यंजना) का नाम देते हैं। अपने कुछ लेखों में ब्रूक्स इस विचार को बहुत आगे ले गये हैं, यहाँ तक कि उन्होंने 'ग्रे की नज़्म' (जिसका अनुवाद हमारे यहाँ 'शामे-ग़रीबाँ' के नाम से नज़्म तबातबाई* ने किया) में भी व्यंग्य का प्रभाव देख लिया है। लेकिन इसमें कोई शक नहीं कि बुनियादी तौर पर ब्रूक्स का ख़याल बिल्कुल दुरुस्त है। मीर के इस्तिआरों में व्यंग्य और उक्ति-वैचित्र्य का प्रभाव नज़र आता है। पाश्चात्य काव्यशास्त्र या आलोचना किनाया की परिभाषा से बेख़बर है, लेकिन किनाया भी इस्तिआरे का ही एक प्रकार है, क्यूँकि किनाया की एक विशेषता ये भी है कि किसी अर्थ को सीधे-सीधे अभिव्यंजित न किया जाय, बल्कि कोई ऐसा काव्य या शब्द कलाम में हो जिससे उस अर्थ की ओर संकेत हो सके। वाल्टर आँग (Walter Ong) का ख़याल है कि सत्रहवीं और अठारहवीं सदी में अँग्रेज़ी शायरी को रैमस (Ramus) के इस नज़रिये से बहुत नुक़्सान पहुँचा कि इस्तिआरा महज़ शृंगारिक चीज़ है, शायरी की विशेषता या कला नहीं। ये सही है कि इस्तिआरे के बारे में कुछ सूक्ष्म बातें जो आधुनिक पाश्चात्य चिन्तकों के हाथ आयी हैं, हमारे पुराने आलोचकों-समीक्षकों की पहुँच में नहीं हैं, लेकिन हमारे यहाँ ये ख़याल शुरू ही से आम रहा है कि इस्तिआरा शायरी का गुण है। इसीलिए इस्तिआरे को अलंकारों की फ़ेहरिस्त में नहीं रखा गया, बल्कि इसका अध्ययन इल्मे-बयान (वक्तृत्व-कला) जैसे विषय के अन्तर्गत किया जाता है कि इस्तिआरा वो तरीक़ा है जिसके ज़रिये हम एक ही अर्थ को कई तरीक़े से बयान कर सकते हैं। मीर का ज़माना आते-आते इस्तिआरे की हैसियत लेखों में व्यक्त विचार से इस तरह सम्बद्ध हो गयी थी कि उसका अलग से ज़िक्र बहुत कम होता था, लेकिन ज़ाहिर है कि इस्तिआरा हर एक के बस का रोग नहीं। अरस्तू ने यूँ ही नहीं कहा था कि इस्तिआरे पर अधिकार होना सब पात्रताओं से बढ़कर है। ''ये जीनियस व्यक्तियों का लक्षण है, क्योंकि इस्तिआरों को ख़ूबी से इस्तेमाल करने की योग्यता एकरूपताओं को अनुभूत करने की क्षमता को सिद्ध करती है।''

2. इस्तिआरा स्वतः ही अर्थपूर्ण सम्भावनाओं से युक्त होता है, लेकिन वो इस्तिआरे जो प्रयोगाधिक्य के आधार पर मुहाविरा या आम ज़बान का हिस्सा हो जाते हैं, उनके आन्तरिक अर्थ हमारे लिए बेकार हो जाते हैं, क्योंकि अक्सर उनको सिर्फ़ एक या दो ही अर्थों के लिए प्रयोग किया जाता है, और बाक़ी अर्थ-सम्भावनाएँ

---

* एक कवि का नाम।

मुअत्तल या ग़ैर कारगर रहती हैं। ज़बान चूँकि ऐसे इस्तिआरों से भरी पड़ी है, इसलिए शायर नये इस्तिआरे तलाश करता है और नये-पुराने दोनों तरह के इस्तिआरों पर बल देता है। ''मीर ने ये कार्य मुनासबत के ज़रिए अंजाम दिया। मुनासबते-अल्फ़ाज यानी अल्फ़ाज़ में पारस्परिक मुनासबत होना, या शब्द, अर्थ और मज़्मून में मुनासबत होना रिआयते-मानवी अक्सर सीधे तौर पर इस्तिआरा होती है। रिआयते-लफ़्जी इस्तिआरे में रिआयत उत्पन्न करती है (ध्यातव्य हो कि इस्तिआरे का बुनियादी काम समरूपों की खोज करना है।)

3. रिआयत चूँकि विचारों या कल्पनाओं की सुसंगतता से उत्पन्न होती है, इसलिए वो विशुद्ध इस्तिआरे, उपमा (अलंकार), मुहाविरे या कहावतों के साथ आती है तो दोहरा इस्तिआरा क़ायम होता है क्यूँकि उपमा भी इस्तिआरे की तरफ़ इशारा करती है। मुहाविरा तो अस्लन इस्तिआरा होता ही है और कहावत इस्तिआरे की स्थिर स्थिति होती है। रिआयत के माध्यम से मुहाविरे और कहावतों में नये अर्थों की सम्भावना अपने-आप पैदा हो जाती है।

4. मीर ने रिआयत को अक्सर इस तरह भी बरता है कि इसकी वजह से शेर में दुरूहता या व्यंग्योक्ति (Irony) की स्थिति भी पैदा हो जाती है।

5. मुनासबत पैदा करने के लिए मीर ने रिआयत को कभी-कभी एक सतही अन्दाज़ में भी बरता है, कि शेर में कोई तो नवीनता पैदा हो जाय। मीर के यहाँ मुनासबत की अनिवार्यता इस अधिकता से है कि वो ग़ालिब और मीर अनीस के साथ उर्दू में रिआयतों के सबसे बड़े शायर हैं। मीर की रिआयतें विभिन्न प्रकार के शब्दालंकार और अर्थालंकार का सीमांकन करती हैं। मुनासबत की अधिकता ने मीर की ज़बान को बेइन्तिहा चौंचाल, पुरलुत्फ़, अभिव्यक्ति-वैविध्य, ताज़ाकार और तहदार बना दिया है। मीर के किसी समकालीन को ये प्रतिभा नसीब नहीं।

ऊपर की गुफ़्तगू में जिन दृष्टिकोणों, विमर्शों और सिद्धान्तों की तरफ़ इशारा है उनका प्रत्यक्ष-अप्रत्यक्ष बोध मीर और उनके समकालीनों को ज़ुरूर रहा होगा। लेकिन हमारे ज़माने में ये विमर्श और सिद्धान्त बड़ी हद तक भुला दिए ग़ये हैं। इस विस्मरण से नुक़्सान मीर का नहीं हुआ, बल्कि हमारा हुआ, क्योंकि हम मीर की प्रशंसनीय विशिष्टता के कुछ अहमतरीन पहलुओं से वंचित रह गये। मैंने शुरू में जगह-जगह उन समानताओं और रिआयतों की विवेचना की है, जिनसे मीर का कलाम जगमगा रहा है। यहाँ महज़ नमूने के तौर पर एक दो मिसालें पेश करता हूँ। अश्आर की व्याख्या न करूँगा, सिर्फ़ इस्तिआरे और मुनासबते-लफ़्ज़ी के पारस्परिक संयोग (Interaction) के नतीजे में उन सिद्धान्तों की क्रियाशीलता एवं प्रभाव दिखाऊँगा जो मैंने ऊपर बयान किये हैं। ध्यान रहे कि ये ग़ज़ल बड़ी हद तक इस पद्धति का नमूना है, जिसे हम अज्ञानतावश रोज़मर्रा की पद्धति कहते हैं। ये ज़बान

इस हद तक तो रोज़मर्रा है कि इसमें कल्पनाशीलता नहीं है, लेकिन अगर ये महज़ रोज़मर्रा होती तो इसमें शायरी बहुत कम होती, विचार-अभिव्यक्ति अधिक होती। ये ज़बान शायरी की ज़बान इसलिए बन गयी है कि मीर ने उन उसूलों पर अमल किया है, जो मैंने ऊपर बयान किये हैं। तीसरे दीवान की ग़ज़ल है, मैं चन्द अश्‌आर पेश करता हूँ—

दस्तो-दामन, जैबो-आग़ोश अपने इस लायक़ न थे
फूल मैं इस बाग़े-ख़ूबी से जो लूँ तो लूँ कहाँ

दूसरे मिस्रे में मामूली-सा इस्तिआरा है। दुनिया को 'बाग़े-ख़ूबी' कहा गया है और माशूक़ों या हसीनों को 'फूल'। लेकिन 'ख़ूब' का अर्थ 'माशूक़' भी होता है, इसलिए 'बाग़े-ख़ूबी' दुनिया के बजाय किसी महफ़िल या जगह का इस्तिआरा भी बन जाता है। चूँकि माशूक़ के जिस्म को भी 'बाग़' कहते हैं, और उसके जिस्म के विभिन्न (अलग-अलग) हिस्सों को 'गुले-हुस्न' या 'फूल' कहा जाता है। इसलिए 'बाग़े-ख़ूबी' महज़ माशूक़ का इस्तिआरा भी बन जाता है। अब 'फूल' का अर्थ 'माशूक़' नहीं, बल्कि माशूक़ के जिस्म का कोई हिस्सा या उसके जिस्म के किसी हिस्से का बोसा भी हो सकता है। इस तरह 'बाग़े-ख़ूबी' और 'फूल' एक मामूली इस्तिआरा नहीं, बल्कि एक पेचीदा इस्तिआरा बन जाता है, जो एक शख़्स, एक महफ़िल और एक आलम के व्यापक अर्थ तक विस्तृत है।

पहले मिस्रे में 'फूल' की समानता से 'दस्तोदामन, जैबो-आग़ोश' कहा गया है, क्योंकि फूल रखने की यही जगह होती है। दस्त (हाथ) और दामन में समानता ज़ाहिर कि दामन को हाथों से पकड़ते हैं। इसी तरह जैबो-आग़ोश में भी मुनासबत ज़ाहिर है, क्योंकि गिरेबान सीने पर होता है और आग़ोश में लेने का अर्थ है—'सीने से लगाकर भींचना'। फिर दस्त और आग़ोश में भी मुनासबत है, क्योंकि आग़ोश में लेते वक़्त हाथों को काम में लाते है। लिहाज़ा ये जगहें जो फूल रखने के लिए मुनासिब है, यूँ ही नहीं जमा कर दी गयी हैं। इनमें आपस में भी मुनासबत है। अब इस्तिआरा देखिए—'दस्तो-दामन, जैबो आग़ोश' वक्ता की योग्यता का इस्तिआरा है। ये योग्यता आध्यात्मिक भी हो सकती है और शारीरिक भी। दस्त (हाथ) और आग़ोश का ताल्लुक़ सीधे-सीधे जिस्म से है, इसलिए शेर में ऐहिक अनिवार्यता स्थापित होती है, और दूसरे मिस्रे का 'बाग़े-ख़ूबी' इस दुनिया का इस्तिआरा नज़र आता है, या 'बाग़े-ख़ूबी' माशूक़ का जिस्म और 'फूल' उसके जिस्म का हिस्सा या जिस्म के हिस्से का स्पर्श या निकटस्थ होने का इस्तिआरा दिख ी देता है। लिहाज़ा दोनों मिस्रों से जिंसी मुनासबत निर्धारित हो जाती है। ये भी मुम्किन है कि 'बाग़े-ख़ूबी' से आशय आध्यात्मिक अनुभूतियों से हो और 'फूल' से आशय अध्यात्म का फूल हो। दामन

और जैब (वस्त्र) के अल्फ़ाज़ इन अर्थों से विलग नहीं हैं, क्योंकि बुनियादी लफ़्ज 'फूल' है, जो बज़ाहिर 'बागे-ख़ूबी' से भी कम पुरज़ोर है लेकिन ये बुनियादी लफ़्ज़ इसलिए है कि पहला मिस्रा सम्पूर्ण रूप से इसकी मुनासबत से कहा गया है। इस मुनासबत से एक फ़ायदा और हुआ कि पहले मिस्रे में ठोस और चाक्षुष चीज़ों का ज़िक्र है, यानी 'दस्तो-दामन, जैबो-आग़ोश। इस वजह से जिंसी परिस्थिति तो निर्धारित हुई ही, शेर में अमूर्तता की जगह मूर्तता आ गयी है। अगर मुनासबत का ख़याल न होता दिल, जान, रूह वग़ैरह क़िस्म के अल्फ़ाज़ रख सकते थे, फिर शेर अमूर्त हो जाता और हाथ, दामन, आग़ोश में भर लेने की इनसानी और तत्काल होनेवाली प्रतिक्रिया की गुंजाइश न रहती। इस वक़्त इनसानी और तत्काल प्रभाव के आधार पर शेर में शौक़ की अत्यावश्यकता (Urgency) और उत्कंठा (Eagerness) बहुत ख़ूबी से आ गयी है। अगर आँख वग़ैरह क़िस्म का लफ़्ज़ रखते तो स्पर्श के जिंसी औचित्य से हाथ धोना पड़ता। अब लफ़्ज़ 'कहाँ' पर ग़ौर कीजिए। ये द्विअर्थी है। 'कहाँ' इस आशय में कि 'किसी जगह' यानी हाथ, जेब, दामन, आग़ोश, जो जगहें मुनासिब थीं, वो तो इस लायक़ न निकलीं, अब मैं इन फूलों को किस जगह लूँ। 'कहाँ' का दूसरा अर्थ—एक ऐसा प्रश्न जिससे किसी बात की अस्वीकृति प्रकट हो। इससे प्रतिध्वनित होता है कि मैं फूल को नहीं ले सकता। अब 'फूल' के गूढ़ार्थ का एक और पहलू देखिए। कई जगहों का ज़िक्र करने से ये सम्भावना पैदा होती है कि 'फूल' एक वचन में नहीं बल्कि बहुवचन में है। यानी वार्तालाप करने वाला बहुत से फूलों का इच्छुक है और एक को भी हासिल करने का पात्र नहीं है।

सैर की रंगीं बयाज़े-बाग़ की हमने बहुत
सर्व का मिस्रा कहाँ, वो कामते-मौज़ूँ कहाँ

सर्व (एक सीधा और सुन्दर पेड़) को क़ामते-यार (प्रियतम का क़द) की उपमा देते हैं। चूँकि क़ामते-यार को 'मौज़ूँ' भी कहते हैं, और मिस्रा' भी 'मौज़ूँ' कहलाता है, इसलिए सर्व के लिए 'मिस्रा' का इस्तिआरा रखा है, जो बहुत बढ़िया नहीं, लेकिन दिलचस्प है। अब यहाँ से मुनासबत का खेल शुरू होता है। सर्व चूँकि मिस्रा है और सर्व बाग़ में होता है, इसलिए बाग़ को 'बयाज़' (कविता या कविता-संग्रह की वो प्रति जो हाथ से लिखी हो) कहा। दूसरी बात ये कि बाग़ से गुलदस्ता बनाते हैं और अश्आर के मज्मूअे (शेरों का संग्रह) को भी गुलदस्ता कहते हैं और ग़ुलदस्ते को बयाज़ से वही निस्बत है जो फूल को बाग़ से। लिहाज़ा 'बयाज़' और 'बाग़' में मुनासबत स्थापित हो गयी। चूँकि मिस्रे की एक विशेषता 'रंगीन' भी होती है और बाग़ भी रंगों से भरा होता है, इसलिए बाग़ को 'रंगीन बयाज़' कहा, क्यूँकि ये मुनासबत दोनों तरफ़ जाती है। लेकिन 'बयाज़' का अर्थ 'सफ़ेदी' भी होता है।

इस तरह 'रंगीन बयाज़' में दुरूहता पैदा हो गयी है। यानी रंगीन सफ़ेदी। और आगे देखिए 'बाग़' की मुनासबत से 'सैर' है, जो प्रत्यक्ष मुनासबत है, लेकिन सर्व को पा ब ज़ंजीर कहते हैं। इसलिए पा ब ज़ंजीर को देखने के लिए सैर करने जाना में एक बारीक व्यंग्यात्मक तनाव भी है। 'सैर' और 'सर्व' एक ही ख़ानदान के लफ़्ज़ मालूम होते हैं, हालाँकि ऐसा है नहीं, लेकिन इस सन्देह के आधार पर सर्व की सैर करने में एक नया लुत्फ़ महसूस होता है। मुनासबत का लिहाज़ न होता तो सैर की जगह कोई और लफ़्ज़ मस्लन 'गश्त' रख देते तो कोई हर्ज न महसूस होता। फिर माशूक़ को 'सर्वेरवाँ' भी कहते हैं, इस तरह 'सैर' और माशूक़ के 'क़ामते मौजूँ' में भी एक मुनासबत पैदा हो गयी। सैर और 'कहाँ' में अनुकूलता स्पष्ट है—

बाव के घोड़े पे थे इस बाग़ के साकिन सवार
अब कहाँ फ़र्हादो-शीरीं ख़ुसरवे-गुलगूँ कहाँ

''बाव (हवा) के घोड़े पर सवार होना'' का अर्थ है—बहुत मश्हूर होना'। मीर ने मुहाविरे को दुबारा इस्तिआरा बना दिया है क्योंकि इस शेर में इस मुहाविरे का अर्थ ये भी है कि इस बाग़ के रहनेवाले बहुत जल्दी में थे। 'साकिन' का अर्थ है—'रहनेवाला', लेकिन 'ठहरे हुए' को भी 'साकिन' कहते। इस तरह 'साकिन' और 'सवार' के शब्द ख़ासकर वो सवार जो हवा के घोड़े पर सवार हो, दुरुहता की हद तक सूक्ष्मता प्रकट कर रहे है। (साकिन सवार) 'साकिन' इस अर्थ में कि—'रहनेवाला' में एक व्यंग्यात्मक तनाव भी है, क्योंकि अगर वो लोग 'रहनेवाले' (इस अर्थ में कि—'ठहरनेवाले', क़ायम रहनेवाले) थे, तो फिर इतनी जल्दी ग़ायब कैसे हो गये? व्यंग्यात्मक आयाम का एक कारण ये भी है कि वो लोग थे तो रहनेवाले, लेकिन अजीब रहनेवाले थे कि हवा के घोड़े पे सवार थे। फ़र्हाद, शीरी, ख़ुसरव[1] मुनासबत ज़ाहिर है लेकिन घोड़े शीरीं और गुलगूँ में भी मुनासबत है, क्योंकि शीरीं के घोड़े का नाम 'गुलगूँ' था। बाग़ और गुलगूँ, ख़ुसरौ और गुलगूँ में भी मुनासबत है, क्योंकि बादशाह के हाथ में अक्सर फूल दिखाया जाता है जो मृदुलता-उत्फुल्लता और आनन्द का प्रतीक है। बादशाह के चेहरे पर इज़्ज़त और वैभव की सुर्ख़ी (लालिमा) भी होती है, लिहाज़ा 'गुलगूँ' (गुलाब के रंग का, लाल रंग का) यूँ भी उपयुक्त है। लेकिन फहार्द-ओ-शीरीं को एक तरफ़ और ख़ुसरव को एक तरफ़ रखने में भी एक व्यंग्यात्मक पक्ष है। 'अब कहाँ फ़र्हाद-ओ-शीरीं'? यानी फ़र्हादो-शीरीं जहाँ भी हैं, एक साथ हैं। 'ख़ुसरव गुलगूँ कहाँ'? यानी ख़ुसरौ उनसे अलग है।

1. ख़ुशरव शहंशाह परवेज़ का बेटा था, जिसने फ़रहाद को मरवाया था।

'फ़र्हादो-शीरीं' को एक वाक्यांश और 'ख़ुसरव-गुलगूँ' को दूसरा वाक्यांश निर्धारित करने की वज्ह से अर्थ का एक नया आयाम उत्पन्न हो गया है।

इन संक्षिप्त उदाहरणों से बात स्पष्ट हो गयी होगी कि मीर की अनेकार्थी और गूढ़ार्थी भाषा और ज़बान का नयापन इस्तिआरे और उपमा के बग़ैर मुम्किन न होता। और ख़ाली-ख़ूली रोज़मर्रा में इन विशिष्टताओं की गुंजाइश नहीं। मीर की शैली को सादा और सुबोध कहना और उनके गूढ़ार्थ, उनकी पेचीदगी, बहुअर्थिता और ग़ैरमामूली ज़ोरे-बयान को नज़रअन्दाज़ करना न सिर्फ़ मीर बल्कि तमाम उर्दू-शायरी के साथ बड़ी ज़ियादती है। जो शेर मैंने ऊपर दर्ज किये, उनमें कोई चीज़ ऐसी नहीं जिसको विषय-वस्तु के लिहाज़ से ग़ैर मामूली कहा जाये। मीर की सम्पूर्ण व्यापकता इसी में है कि वो आम बातों को भी गवेषणाात्मक बना देते हैं और ये उनकी शैली का करिश्मा है। मीर के सार्वभौमिक दुख और ज़िन्दगी के दर्दो-ग़म में ग़ोता लगाने और इंसानी अज़्मत के रहस्यों का सुराग़ लगाने की तारीफ़ में तमाम पन्नों को सियाह करनेवाले ये भूल जाते हैं कि बात गहरी हो या हल्की, उसे शायरी बनने के लिए कुछ शर्तें आवश्यक होती हैं। दार्शनिक विषयों में थोड़ा-बहुत ज़ोर तो मियाँ 'फ़ानी' भी पैदा कर लेते हैं। बड़ा शायर वो है जो मामूली-मामूली हक़ीक़तों को भी इस तरह पेश करे कि एक हक़ीक़त के चार-चार पहलू, ब यक वक़्त नज़र आयें और शेर के अल्फ़ाज़ आपस में इस तरह गुँथे हुए हों कि जैसे उनमें विद्युत-चुम्बकीय क्षेत्र (Electromagnetic field) क़ायम हो।

इस्तिआरे और मुनासबत के सिद्धान्तों की इस संक्षिप्त स्पष्टता के बाद मैं मीर के ज़बान की कुछ अन्य विशिष्टताओं की तरफ़ रुख़ करता हूँ।

6. मीर ने फ़ार्सी के उत्कृष्ट शब्द और पदबन्ध तथा अपेक्षाकृत कम प्रयुक्त शब्दों और पदबन्धों का बहुतायत प्रयोग किया है। उन्होंने अरबी के कम प्रयुक्त शब्दों और तर्कीबों तथा अरबी के ऐसे शब्द जो ग़ज़ल में बहुत कम ही दिखाई देते हैं, उनका भी ख़ूब इस्तेमाल किया है। अरबी शब्द और तर्कीब के प्रयोग की ये कला ग़ालिब भी ठीक से न बरत सके। मीर का आलम ये है कि उनकी कम ग़ज़लें ऐसी होंगी जिनमें कम-से-कम एकाध अजीबोग़रीब वाक्यांश या शब्द या पारिभाषिक और छः सात अपेक्षाकृत कम प्रयुक्त शब्द या वाक्यांश न प्रयोग हुए हों। अरबी के वाक्यांश और तर्कीबें 'इक़्बाल' के बाद मीर के यहाँ सब शाइरों से ज़ियादा निकलेंगी। 'ज़ौक़' और 'मोमिन' को भी अरबी में रुचि थी, ख़ासकर 'ज़ौक़' ने क़ुरआनो-हदीस से ख़ासा फ़ायदा उठाया है। इन दोनों की अरबीयत (शायरी में इस्तेमाल की हद तक) ग़ालिब से ज़ियादा, लेकिन मीर से कम थी। मीर के कलाम में रवानी इस क़दर है कि कोई लफ़्ज़ या पदबन्ध बेजगह नहीं मालूम होता। ये ख़ासियत 'ज़ौक़' में भी है, लेकिन मीर के यहाँ अरबी इस तरह खप गयी है कि अक्सर लोगों को इसका अहसास भी

नहीं होता। मैं चन्द मिसालें यहाँ उद्धृत कर रहा हूँ—

ऐसा मौती है ज़िन्दए-जावेद
रफ़्तए-यार था तब आयी है

(दूसरा दीवान)

'मौती' अर्थात् 'मरनेवाला'। ये शब्द इस क़दर अजीब है कि अच्छे-अच्छों ने इसको 'मोती' पढ़ा है।

कुछ कम है हौलनाकी सहरा-ए-आशिक़ी की
शेरों को इस जगह पर होता है क़ुशाअरीरा

(दूसरा दीवान)

'क़ुशाअरीरा' मीर को इतना पसन्द था (और ये लफ़्ज है भी ग़ज़ब का) कि इसे दूसरे दीवान में एक बार और, तथा फिर 'शिकारनामा-ए-दोयम' में भी इस्तेमाल किया गया है।

वस्ल की दौलत गयी, हूँ तंग फ़क्रे-हिज्र में
या इलाही फ़ज़्ल कर ये हौर बाद अलकौर है

(पाँचवा दीवान)

'हौर बाद अल्कौर' अर्थात् 'ज़ियादती के बाद कमी'। इसका जवाब भी मीर के पास है—

क्यूँकर तू मेरी आँख से हो दिल तलक गया
ये बह्रे-मौजख़ेज़ तो उस्रुल उबूर था

(पहला दीवान)

सिरश्के-सुर्ख़ को जाता हूँ जो पिये हरदम
लहू का प्यासा अलल इत्तिसाल अपना हूँ

(पहला दीवान)

मुन्इम का घर तमादिए-अय्याम में बना
सो आप एक रात ही वाँ मेह्माँ रहा

(छठवाँ दीवान)

शैख़ हो दुश्मने-ज़ने-रक़्क़ास
क्यों न अल्क़ास लायुहिब्बुलक़ास

(पहला दीवान)

शर्म आती है पौंचते उधर
ख़त हुआ शौक़ से तरस्सुल-सा

(दूसरा दीवान)

'तरस्सुल' का अर्थ सामान्य शब्दकोश में नहीं मिलता। निम्नलिखित शब्द आम तौर पर ग़ज़ल के बाहर समझे जाते हैं—

(इन्तिफ़ाअ)

कुछ ज़रर आयद हुआ मेरी ही ओर
वर्ना उससे सबको पहुँचा इन्तिफ़ाअ

(तीसरा दीवान)

(मुस्तहील)

हैं मुस्तहील ख़ाक़ से अजज़ाए-नौख़ताँ
क्या सहल है ज़मीं से निकलना नबात का

(मुस्तहलक)

मुस्तहलक उसके इश्क़ के जानें हैं क़द्रे-मर्ग
ईसा—ओ-ख़िज्र को है मज़ा कब वफ़ात का

(दूसरा दीवान)

(लैतोलअल)

जान तो याँ है गर्मे-रफ़्तन लै तोलअल वाँ वैसी है
क्या-क्या मुझको जुनूँ आता है उस लड़के के बहानों पर

(पाँचवा दीवान)

इनके अतिरिक्त मीर ने अरबी के बहुत से अल्फ़ाज़ अस्ल अरबी अर्थों में प्रयोग किये हैं। मस्लन् 'ज़ख़्मग़ायर (गहरा ज़ख़्म), 'तज्रीद' (अकेलापन), 'तअद्दी' (हद से बढ़ना), 'समाजत' (ज़िश्ती), 'किफ़ायत (काफ़ी), समद (बेनियाज़; ये लफ़्ज़ उर्दू में सिर्फ़ अल्लाह के नाम के तौर पर मुस्तमिल है), 'मुत्तसिल' (मुसल्सल, बेवक़्फ़ा) 'बिना' (घर) वग़ैरह।

अरबी अल्फ़ाज़ और वाक्यांशों के भारी-भरकम न मालूम होने की एक वज्ह शायद ये है कि मीर ने ऐसे अल्फ़ाज़ को अक्सर ख़ुशमिज़ाजी के माहौल में प्रयोग किया है। मैंने सिर्फ़ चन्द शेर उद्धृत किये हैं, और वो भी ऐसे जिनमें अरबी लफ़्ज़ या वाक्यांश बहुत ही अप्रचलित क़िस्म के हैं, वर्ना मध्यम दर्जे के अरुचिकर अरबी अल्फ़ाज़ या ऐसे अरबी अल्फ़ाज़ जो आम तौर पर ग़ज़ल में इस्तेमाल नहीं होते मीर के यहाँ बहुतायत हैं। फ़ार्सी अल्फ़ाज़ और वाक्यांशों की तादाद अरबी से कई गुना ज़ियादा है। उनमें से कुछ तो इस क़दर अजीबोग़रीब हैं कि पहली नज़र में वह

अर्थहीन मालूम होते हैं। फ़ार्सी के उदाहरण मैं यहाँ दर्ज नहीं कर रहा हूँ, क्योंकि बहुत-से अश्आर व्याख्या या चयन में आ गये हैं।

7. फ़ार्सी से इस क़दर लगाव के बावजूद मीर के कलाम की आम फ़िज़ा ग़ालिब से बिल्कुल भिन्न है। इसकी वज्ह ये है कि ग़ालिब के विचार बहुत अमूर्त हैं। उनके अक्सर फ़ार्सी शब्द और तर्कीब अमूर्त और अगोचर विचार और विषय-वस्तु की अभिव्यक्ति करते हैं, इसलिए ग़ालिब की फ़िज़ा बहुत अजनबी मालूम होती है—

बावजूदे-यक जहाँ हंगामा पैदाई नहीं

इस तरह का मिस्रा तो मीर के यहाँ भी मिल जायेगा, क्योंकि 'यक जहाँ हंगामा' और 'पैदाई' में अमूर्त से ज़ियादा मूर्तता का रंग है। मस्लन मीर का मिस्रा है—

या दरे-बाज़े-बियाबाँ या दरे-मैख़ाना था

इसमें ग़ालिब के मिस्रे की कैफ़ीयत है, लेकिन ग़ालिब का दूसरा मिस्रा—

हैं चिराग़ाने-शबिस्ताने-दिले-परवाना हम

सरासर अमूर्त है, क्योंकि पहले तो परवाने का दिल फ़र्ज़ कीजिये जो अगोचर है। फिर उस दिल का शबिस्तान (रात में ठहरने का स्थान) पर विचार करिये जो काल्पनिक है। फिर उस शबिस्तान में चिराग़ाँ (चिराग़ का बहुवचन) पर विचार करिये जो और ज़ियादा काल्पनिक है। इस्तिआरे की नवीनता और अनोखेपन तथा रूप-स्वरूप के चाक्षुष बिम्ब की चमक ने शेर को ग़ैर मामूली तौर पर हसीन बना दिया है, वर्ना इसके अंगों (टुकड़ों) को अलग-अलग कीजिए, और फिर उनकी अमूर्तता पर ग़ौर कीजिए तो तअज्जुब नहीं कि शेर बिल्कुल ग़ैर हक़ीक़ी दिखायी दे।

ग़ालिब के यहाँ अक्सर फ़ार्सीयत इस दर्जे की या उससे भी आगे की है, क्योंकि इस शेर में भाषाई उलझाव नहीं है, जबकि ग़ालिब अक्सर भाषाई उलझाव भी पैदा कर देते हैं, लेकिन ऐसा नहीं कि मीर इस तरह का प्रभाव पैदा करने से बिल्कुल वंचित हो, जो ग़ालिब की ख़ासियत है। उदाहरण के तौर पर 'पहले दीवान' का जो मिस्रा मैंने ऊपर उद्धृत किया, उस ग़ज़ल का एक शेर है—

शब-फ़ुरोग़े-बज़्म का बाइस हुआ था हुस्ने-दोस्त
शम्अ का जलूवा ग़ुबारे-दीए-पर्वाना था

इस शेर को ग़ालिब के दीवान में मिला दीजिए तो किसी को शक न होगा कि ये शेर ग़ालिब का नहीं है। पर्वाने की आँख काल्पनिक है, फिर इसमें ग़ुबार पर विचार कीजिए जो काल्पनिक है, फिर शमा के जलूवा को उस ग़ुबार से सम्बद्ध करिये जो कि विचारों में ही है। लिहाज़ा ग़ालिब की अमूर्तता मीर के यहाँ अप्राप्य नहीं। अगर

ग़ालिब पर 'बेदिल' का असर न होता तो हम कह सकते थे कि मीर के अमूर्त अशआर से भी ग़ालिब ने लाभ उठाया होगा। लेकिन चूँकि आमतौर पर मीर की काल्पनिकता ठोस और चाक्षुष वस्तुओं में गतिशील है, इसलिए इनकी फ़ार्सीयत ग़ालिब से भिन्न है। यह बात ध्यातव्य रहे कि उर्दू के अधिकतर काल्पनिक और अमूर्त शब्द फ़ार्सी मूल के हैं, इसलिए ग़ालिब की फ़ार्सीयत उनकी अमूर्तता के लिए सोने पर सुहागा बन गयी।

मीर की ज़बान : रोज़मर्रा या इस्तिआरा—II

मीर की ज़बान की एक असाधारण विशेषता इसकी बेतकल्लुफ़ी है। ये विशेषता उनमें और उनके कुछ समकालीनों और पूर्ववर्तियों में भी मिलती है, लेकिन मीर के यहाँ इसकी कारफ़र्माई सबसे ज़ियादा मिलती है। ज़ाहिर है कि अगर मीर रोज़मर्रा की ज़बान को अदबी सतह पर इस्तेमाल कर रहे थे तो ये लाज़िम था कि वो रोज़मर्रा से परहेज़ न करते, बल्कि वो तमाम अल्फ़ाज़ को बरतने में सक्षम और तैयार रहते। लिहाज़ा बज़ाहिर ये कोई बहुत बड़ी विशेषता नहीं मालूम होती। कहा जा सकता है कि 'दाग़' ने भी रोज़मर्रा बहुत अधिक इस्तेमाल किया है, फिर 'मीर' ने क्या कमाल किया? अहसन मारेहरवी ने लिखा है कि मुहाविराबन्दी, रोज़मर्रा की पाबन्दी, फ़साहत-ओ-बलाग़त के साथ अल्फ़ाज़ ढलत, ये विशेषताएँ 'दाग़' की निजी विशिष्टताएँ हैं, और ये ऐसी चीज़ें हैं जो ग़ैर अहले-ज़बान को मयस्सर नहीं हो सकतीं। इस बात के अतिरिक्त कि अहले-ज़बान को क्या नसीब हो सकता है और क्या नहीं, और अहले-ज़बान कहते किसे हैं, बुनियादी बात ये है कि अहसन मारेहरवी ने 'दाग़' के हवाले से मुहाविराबन्दी और रोज़मर्रा की पाबन्दी, फ़साहत-ओ-बलाग़त पर ज़ोर दिया है। अगर हम मीर के लिए भी इन्हीं विशेषताओं का दावा कर रहे हैं तो फिर मीर को 'दाग़' की ही सतह पर रखना होगा। लिहाज़ा इस दृष्टिकोण को अधिक स्पष्ट करने की आवश्यकता है।

सबसे पहली बात तो ये है कि मीर ने इस तथाकथित फ़साहत-ओ-बलाग़त पर उतना ज़ोर नहीं दिया है, जितना बाद के शायरों, ख़ास कर 'दाग़' और 'अमीर' और उन्नीसवीं सदी के कुछ लखनवी शायरों के यहाँ मिलता है। शेक्सपियर की तरह मीर भी जो लफ़्ज़ चाहते हैं, इस्तेमाल कर लेते हैं। अल्फ़ाज़ को बरतने में मीर ने आम बोलचाल के सिर्फ़ अल्फ़ाज़ नहीं अपनाये हैं, बल्कि आम बोलचाल के तरीक़े पर और भी अल्फ़ाज़ को बना लिया है। इनमें से कुछ अप्रचलित हो गये और कुछ मीर के ज़माने में भी आम नहीं थे, वो सिर्फ़ मीर का हिस्सा हैं। मैं इस वक़्त उस बहस को न छेड़ूँगा कि क्या फ़साहत के बग़ैर भी बलाग़त मुम्किन है? बाद के लोगों ने कहा

है कि फ़साहत के बग़ैर बलाग़त मुम्किन नहीं। (इसलिए फ़साहत और बलाग़त का ज़िक्र एक साथ ही होता है।) मुम्किन है कि मीर के ज़माने में ये विचार न रहा हो, या अगर रहा भी हो तो मीर ने उसका अनुकरण ज़रूरी न समझा हो। बहरहाल बुनियादी बात ये है कि मीर ने इज़्हारे-मत्लब के लिए जिस लफ़्ज़ को मुनासिब समझा उसे इस्तेमाल कर लिया। यानी उन्होंने बलाग़त को फ़साहत पर तर्जीह दी। शेर की ज़बान के बारे में ये उसूल आधुनिक काव्यशास्त्र में बहुत स्वीकार हुआ है और सही भी है। उन्नीसवीं सदी का मध्य आते-आते उर्दूवालों ने इसे तक़रीबन् बिल्कुल छोड़ दिया। ख़ुद मीर के ज़माने में इस उसूल का बतौर उसूल वुजूद न था, लेकिन अपनी-अपनी हैसियत भर हर शायर इसको बरतता ज़ुरूर था। ये बात, कि मीर ने इस उसूल या इस रवैये की पूरी पाबन्दी की, यानी उन्होंने इज़्हार की ज़ुरूरतों का एहतराम ज़ियादा अहम समझा और तथाकथित फ़साहत को कम अहमियत दी, मीर की अज़्मत की दलील है। मीर के सिलसिले में इस बात की ख़ास अहमियत इस वजह से है कि उन्होंने मुनासिब लफ़्ज़ की तलाश में हर सम्भावित राह अख़्तियार की। उनके समकालीन भी ज़बान के बारे में बेतकल्लुफ़ थे, लेकिन सिर्फ़ एक हद तक। 'दर्द' की ज़बान तो तक़रीबन् सारी-की-सारी बहुत एहतियात से युक्त है, 'सौदा' ने भी मीर की तरह खुल-खेलने की हिम्मत न की। मीर के बुज़ुर्ग समकालीन मस्लन् 'आबरू,' 'हातिम', मिर्ज़ा मज़हर 'जाने-जानाँ' और उनके साथ के वे लोग जो उम्र में उनसे कुछ बड़े थे या जो जल्द मर गये मस्लन् 'ताबाँ', 'क़ाइम' और 'यक़ीन', इनमें भी किसी के यहाँ ज़बान के साथ वो मुँहज़ोर और बेरोकटोक मामला नहीं मिलता जो मीर का अन्दाज़ है। 'यक़ीन' की ज़बान तो 'दर्द' की तरह अनुशासित है, 'ताबाँ' के यहाँ अल्फ़ाज़ की अपेक्षाकृत अधिकता है, 'क़ाइम' के यहाँ फ़ार्सीयत का रंग है, लेकिन 'ताबाँ' और 'क़ाइम' दोनों ने ही प्राकृत अल्फ़ाज़ और फ़ार्सी का आपस में मिश्रण का वो तालमेल नहीं बरता जो मीर की मुख्य विशेषता है। 'आबरू', 'हातिम' और 'नाजी' के यहाँ प्राकृत अल्फ़ाज की अधिकता है, लेकिन उनके प्राकृत अल्फ़ाज़ एक ही तरह के हैं। उन्होंने इन अल्फ़ाज़ को इश्क़िआ मामलों की मामूली और आम आदमी की बातों के इज़्हार के लिए इस्तेमाल किया है। 'यक़ीन', 'मीर', 'असर' और मिर्ज़ा मज़्हर की ज़बान में प्राकृत का असर कम नज़र आता है। इस वक़्त मिसालों का मौक़ा नहीं, वर्ना इन शायरों की एक-एक, दो-दो ग़ज़लें यहाँ पेश करने से बात बहुत आसानी से स्पष्ट हो सकती थी।

अपने समकालीनों और पूर्ववर्तियों के विपरीत मीर ने ज़बान के साथ छूटें बहुत अधिक ले रखी हैं। मीर किसी लफ़्ज़ से घबराते नहीं और मौक़ा पड़ने पर वो दूरदराज़ के लफ़्ज़, अप्रचलित शब्द (यानी शायरी के अन्तर्गत अप्रचलित) या बिल्कुल अवामी लफ़्ज़, बेख़ौफ़ी से इस्तेमाल कर लेते हैं। अल्फ़ाज़ के इस्तेमाल के मुआम्ले में मीर

हमारे सबसे ज़ियादा adventurous यानी साहसिक या उद्यमशील शायर हैं, और चूँकि हमारी ज़बान के अल्फ़ाज़ का बड़ा ज़ख़ीरा प्राकृत अल्फ़ाज़ पर आधारित हैं, इसलिए प्रथम दृष्ट्या मीर का कलाम हमें आसान और घरेलू मालूम होता है, क्योंकि मीर के यहाँ लामहाला प्राकृत अल्फ़ाज़ दूसरे शायरों की अपेक्षा ज़ियादा है। मीर का कलाम हमें इसलिए भी घरेलू मालूम होता है कि ज़बान के बहुत-से इस्तेमालात जो उन्होंने उचित समझे, वो अब 'अवामी' या अर्द्धशिक्षित वर्ग ही में सुनाई देते हैं। इस आधार पर हमें धोखा होता है कि हम ऐसे शायर का कलाम पढ़ रहे हैं, जो बहुत सादामिज़ाज, ग़ैरपेचीदा और कुछ हम ही लोगों जैसा मामूली दिल-दिमाग़वाला है। हक़ीक़त इसके बरअक्स है। ऐसा नहीं कि मीर के तथाकथित घरेलू और अवामी इस्तेमालात उनके ज़माने में प्रचलित थे और बाद में अव्यवहृत हो गये हों, इस वजूह से उनकी ज़बान में वो 'अवामीपन' है जो हम बूढ़ी औरतों से मुख्य रूप से सुनते-समझते हैं। वाक़िआ ये है कि इन प्रयोगों में बहुत-से ऐसे हैं जो मीर के अलावा किसी भी शायर ने बहुत प्रयोग नहीं किये हैं। ज़बान को इस तरह इस्तेमाल करना कि रोज़मर्रा का असर और रंग बाक़ी रहे, लेकिन दरअस्ल उसमें अधिक-से-अधिक आज़ादियाँ बरती गयी हों, ये मीर का ख़ास कारनामा है। ऐसा भी नहीं है कि मीर की ये कोशिशें जो रोज़मर्रा को शेरी जामा पहनाने के वृहद प्रयास का एक पहलू हैं, महज़ लापरवाही या बेफ़िक्री की वजूह से अस्तित्व में आयी हैं। इन अल्फ़ाज की आपसी सुसंगति, इनका अर्थपूर्ण होना, ज़बान में खप और घुलमिलकर कलाम का विकसित हिस्सा बन जाना। ये बातें साफ़ कह रही हैं कि शायर ने अल्फ़ाज़ के जो बेतकल्लुफ़ इस्तेमाल किये हैं वो एक सृजनात्मक उद्देश्य के तहत किये हैं।

'ग़ालिब' ने ज़बान को जिस तरह बरता है, उससे साफ़ मालूम होता है कि नफ़ासत यानी Sophistication का वो रंग अख़्तियार करना चाहते हैं, जिसमें प्राकृत तत्त्वों का प्रयोग कम-से-कम हो। प्राकृत तत्त्वों को कम करने का मतलब महज़ ये नहीं कि फ़ार्सी तर्कीबें (सामासिक पद) अधिक-से-अधिक प्रयोग की जाएँ। फ़ार्सी की तर्कीबें ही क्या, अप्रचलित अरबी-फ़ार्सी अल्फ़ाज़ तो मीर के यहाँ भी बहुतायत हैं। (जैसा कि मैं पहले इशारा कर चुका हूँ)। प्राकृत तत्त्वों का बहिष्कार करने से आशय ये है कि फ़ार्सी अल्फ़ाज़ में प्राकृत का पैवन्द कम-से-कम लगाया जाय। इसकी एक मिसाल ये है कि 'शिकस्ता दिलों' यानी 'शिकस्ता दिल लोगों' को तो क़ुबूल कर लिया जाय, लेकिन इसकी अगली मंज़िल यानी 'दिल शिकस्तों' यानी 'दिल शिकस्ता लोगों' को क़ुबूल न किया जाय। ग़ालिब का कलाम जो मीर से इस क़दर भिन्न मालूम होता है, उसकी पहली वजूह तो ये है (जैसा कि मैंने ऊपर अर्ज़ किया) कि वह अमूर्त विषय-वस्तु और विचारों पर ज़ोर देते हैं, और मीर ठोस चाक्षुष विषय-वस्तु और विचारों पर। इसी का दूसरा पहलू ये है कि मीर के यहाँ मूलरूप

के प्राकृत अल्फ़ाज और फ़ार्सी में प्राकृत का पैवन्दवाले अल्फ़ाज़ 'ग़ालिब' के मुक़ाबले में बहुत ज़ियादा हैं, बल्कि मैं तो ये कहूँगा कि ऐसे अल्फ़ाज़ मीर के यहाँ तमाम उर्दू शायरों के मुक़ाबले में ज़ियादा। इन अल्फ़ाज़ को बहुतायत और कामयाबी से इस्तेमाल करना इस क़दर ज़बरदस्त कारनामा है कि सिर्फ़ इसी के आधार पर मीर को ख़ुदा-ए-सुख़न कहा जाय तो नामुनासिब न होगा।

मैंने प्राकृत अल्फ़ाज़ और प्राकृत से प्रभावित अल्फ़ाज़ के इस्तेमाल को ज़बान का बेतकल्लुफ इस्तेमाल कहा है। ये इस वज्ह से कि हमारी ज़बान अपनी स्वाभाविक और विकसित शक्ल में इसी प्रक्रिया का प्रतिबिम्बन है। जब हमारे शायरों ने अपने सृजनात्मक उद्देश्यों के लिए इसे इस्तेमाल किया, यानी इसे विकसित करना, परिष्कृत करना (या उसको बहुत शुद्ध और कृत्रिम बनाना) चाहा तो शुरू से ही, लेकिन 'वली' के ज़माने से ख़ासकर इसमें फ़ार्सी को प्राथमिकता दी। निश्चित रूप से ये इस वज्ह से हुआ कि ईरानी तहज़ीब को हमारे हिन्दी-मुस्लिम समाज में बड़ी प्रतिष्ठा हासिल थी। इसके अलावा एक बात ये भी है कि भाषा-विज्ञान का माना हुआ नियम है कि ग़ैर भाषा का शब्द देसी शब्द की तुलना में श्रेष्ठ माना जाता है। ये बात स्वाभाविक है, क्योंकि ग़ैर ज़बान का लफ़्ज़ श्रेष्ठ न समझा जाता तो देसी ज़बान में क्यों दाख़िल होता? बहरहाल, फ़ार्सी के असर के आधार पर हमारे शायरों की ज़बान, रोज़मर्रा की बड़ी हद तक पाबन्द होते हुए भी औपचारिक बन गयी। मीर अकेले शायर हैं जिन्होंने हमारी ज़बान के स्वाभाविक और विकसित तत्त्वों को अहमीयत दी, और इज़्हारे-मत्लब की कोशिश में मुनासिबतरीन लफ़्ज़ को अख़्तियार किया और नियमबद्ध तौर-तरीक़ों और औपचारिकता को ताक़ पे रखकर जहाँ चाहा वहाँ औपचारिक अल्फ़ाज़ इस्तेमाल किये। ग़ालिब की अज़्मत इस बात में है कि उन्होंने हमारी ज़बान की पुरतकल्लुफ़तरीन और नफ़ासत युक्त हदें छू लीं और फिर भी ख़याल की अदायगी में किसी क़िस्म के तकल्लुफ़ का अहसास नहीं होने दिया। ये बात ज़ुरूर है कि ग़ालिब के लिए नमूने और मिसालें और नज़ीरें मौजूद थीं। मीर ने जो काम किया उसके लिए माहौल तो था, लेकिन सैद्धान्तिक या व्यावहारिक उदाहरण इतने अधिक नहीं थे कि उनकी बुनियाद पर शेरी इज़्हार की शक्ल दी जा सके। ज़बान की तरफ़ मीर के बेतकल्लुफ़ अधिकार और बेरोकटोक रवैये की कुछ मिसालें निम्नलिखित हैं—

मीर ने ऐसे अल्फ़ाज़ का इस्तेमाल बहुत किया है जिन्हें हम दक्खिनी या पूरबी, यानी प्राचीन उर्दू के रूप में समझते हैं। मुम्किन है ऐसे अल्फ़ाज़ मीर के ज़माने में अप्रचलित हो गये हों या हो चलें हो। निश्चित रूप से शाह हातिम की कोशिशों के बावजूद मीर ने ज़बान को सीमित करने की उस पद्धति को सहयोग-योग्य न समझा और जो अल्फ़ाज़ जहाँ मुनासिब समझा, बरत लिया—

मत कर ख़िराम सर पर उठा लेगा ख़ल्क़ को
बैठा अगर गली में तेरा नक़्शे-पा कहूँ

(पहला दीवान)

यहाँ 'कहूँ' को 'कहीं' के अर्थ में इस्तेमाल किया है और लुत्फ़ ये है कि फ़ारसी में 'नक़्शे-नशिस्तन' के मानी हैं 'अधिकार क़ायम होना'। लिहाज़ा 'नक्शे-नशिस्तन' के तर्जुमे का भी पहलू आ गया, जो अतिरिक्त अर्थ का पहलू है। फिर पहले मिस्रे में सर पर उठाने की बात की है, लिहाज़ा गली में नक़्श बैठने के साथ एक रिआयत भी पैदा कर दी। मामूली शेर में इतनी बातें डाल दी हैं, और फिर 'कहूँ' को 'कहीं' के अर्थ में रखकर रोज़मर्रा की बोलचाल का लुत्फ़ भी डाल दिया है—

काम मेरा भी तेरे ग़म में कहूँ हो जाएगा
जब ये कहता हूँ तो कहता है कि हूँ हो जाएगा

(पहला दीवान)

यहाँ भी 'कहूँ' को 'कहीं' के अर्थ में इस्तेमाल किया है और इस लुत्फ़ के साथ कि पहली नज़र में 'कहने' के अर्थ का धोखा होता है। ईहाम (श्लेष अलंकार) की उम्दा मिसाल है।

लायी आफ़त ख़ानक़ाहो-मस्जिद ऊपर वो निगाह,
सूफ़ियाँ दीं से गये, सब शेख़ ईमाँ से गये

(दूसरा दीवान)

'खानक़ाहो-मस्जिद' को ईकाई के तौर पर (यानी 'वाव' सामासिक पद के साथ) इस्तेमाल किया है। फिर लफ़्ज़ 'ऊपर' रखा है और हर्फ़े-इज़ाफ़त (यानी कारक चिह्न 'के') नहीं प्रयोग किया। दूसरे मिस्रे में 'सूफ़ी' का बहुवचन 'सूफ़ियाँ' इस्तेमाल किया है। ये अन्दाज़ दक्खिनी (यानी प्राचीन उर्दू) के हैं और देहली में मीर के पहले तक प्रचलित थे। शाह हातिम ने इस तरह के इस्तेमाल को छोड़ देना चाहा, लेकिन मीर ने इस पाबन्दी को कुबूल न किया। पुरानी उर्दू के बहुत-से इस्तेमालात मीर के समकालीनों के यहाँ मिलते हैं, लेकिन कमतर। मीर ने जिस आज़ादी से एक शेर में दो-दो पुराने वाक्यांश बरते हैं उससे अन्दाज़ा होता है कि उनको इज़हार पर ग़ैरज़ुरूरी पाबन्दी का अनुसरण पसन्द न था। हनीफ़ नक़्वी ने फ़ज़ली की 'कर्बलकथा (कर्बला की कथा) के विस्तृत मुहाकमे में पुरानी उर्दू के तौर-तरीक़ों का अठारहवीं सदी के देहली के शायरों के यहाँ बहुतायत प्रयोग दिखाया है। उनकी उल्लिखित मिसालों से भी मालूम होता है कि मीर ने पुराने अल्फ़ाज़ो-इस्तेमालात को अपने तात्कालिक समकालीनों की अपेक्षा ज़ियादा ही बरता है—

ये सुना था मीर हमने कि फ़साना ख़्वाब ला है
तेरी सरगुज़श्त सुनकर गये और ख़्वाबे-याराँ

(पहला दीवान)

'ख़्वाब ला' का अर्थ 'नींद लाता है'। क्रिया का ये इस्तेमाल पूरबी उर्दू में आज भी मौजूद है। दूसरे मिस्रे में 'ख़्वाब' का अर्थ dream भी है और इसका अर्थ नींद भी है। लेकिन मुम्किन है कि 'गये' की जगह 'गयी' हो और 'ख़्वाब' को दक्खिनी क़ायदे से (नियम से) स्त्रीलिंग जैसा प्रयुक्त किया हो, जैसा कि निम्नलिखित शेर में है—

इश्क़ हमारे ख़याल पड़ा है, ख़्वाब गयी आराम गया
जी का जाना ठहर रहा है सुबह गया या शाम गया

(पाँचवा दीवान)

इस तरह कई और अल्फ़ाज़ जो आजकल आमतौर पर पुल्लिग बोले जाएँगे, मीर ने दक्खिनी या पूरबी तरीक़े के मुताबिक़ उन्हें स्त्रीलिंग के रूप में प्रयुक्त किया है, या स्त्रीलिंग लफ़्ज़ को पूरबी नियम से पुल्लिंग के रूप में प्रयुक्त किया है।

अय इश्क़ बेमहाबा तूने तो जान मारे
टुक हुस्न की तरफ़ हो क्या-क्या जवान मारे

(छठवाँ दीवान)

जब सरेराह आवे है वो शोख़
एक आलम का जान जाता है

(पहला दीवान)

सुना जाता है शहरे-इश्क़ के गिर्द
मज़ारें ही मज़ारें हो गयी हैं

पूरब की बोली में 'जान' और 'मज़ार' आज क्रमशः पुल्लिंग और स्त्रीलिंग हैं।

कहीं दस्ते-चालक नाख़ुन न लागे
कि सीना है क़ुर्बो-जवारे-गिरेबाँ

(पहला दीवान)

'लगे' की जगह 'लागे' पूरबी हैं। इसी तरह 'यह' (ये) और 'वह' (वो) को बरवज़्ने 'शह' पूरब के अन्दाज़ में बाँधा है।

हुस्न अय रश्के-मह नहीं रहता
चार दिन की है चाँदनी यह भी
शोरे-शीरीं तो है जहाँ में वले
है हलावत ज़माने की वह भी

एक विशेषता, जिसे आमतौर पर दक्खिनी यानी पुरानी उर्दू से सम्बन्धित कहा जाता रहा है, लेकिन जो पूरबी और देहली में भी मिलती है, और जिसका मीर ने अपने समकालीनों की अपेक्षा ज़ियादा मात्रा में इस्तेमाल किया है, फ़ार्सी में प्राकृत का पैवन्द लगाना है। इसकी दो शक्लें अहमतरीन हैं। अव्वल तो ये कि तर्कीब फ़ार्सी की हो और उसका बहुवचन उर्दू तरीक़े से बनाया जाय। जैसाकि मैं 'शिकस्ता दिलों' की मिसाल से स्पष्ट कर चुका हूँ। इस तरह के बहुत-से तर्कीबों के बहुवचन उर्दू में हमेशा से प्रचलित और 'सही' रहे हैं, लेकिन 'दिल शिकस्ता' क़िस्म की तर्कीबों के उर्दू बहुवचन अब कहीं-कहीं ही नज़र आते हैं, और मीर के ज़माने में भी उनका रिवाज बहुत कम था। मीर ने क़ायदा बनानेवालों की धाँधली से बेपर्वा होकर उन तर्कीबों को भी उर्दू में बहुवचन की कोटि में धड़ल्ले से इस्तेमाल किया है। दूसरी शक्ल फ़ार्सी में प्राकृत के पैवन्द की ये है कि अत्फ़ या इज़ाफ़तवाले वाक्यांशों का बहुवचन उर्दू क़ायदे (नियम) से बनाया जाय। मस्लन 'आहे-ज़ईफ़ों'। तीसरी सूरत जो कमतर नज़र आती है, वो ये है कि फ़ार्सी तर्कीबों के साथ उर्दू नियम से भी इज़ाफ़त लगायी जाय। मस्लन् 'अन्दाज़े-क़ातिल का अपने' यानी 'अपने क़ातिल के अन्दाज़ का'। मीर ने फ़ार्सी में प्राकृत की पैवन्दकारी में असाधारण मौलिकता-नूतनता से काम लिया है। चन्द उदाहरण निम्नलिखित हैं—

हवा बर्गो-सब्ज़े में चश्मक है गुल की
करें साज़ हम बर्गे-ऐशे-लबे-जू

(छठवाँ दीवान)

रिआयते-लफ़्ज़ी की ख़ूबी के अतिरिक्त देखने की बात ये है कि 'बर्गो सब्ज़ा' भी मौज़ूँ था, लेकिन मीर ने रोज़मर्रा का लहजा अख़्तियार करते हुए 'बर्गो-सब्ज़े' लिखा है।

जब से आँख खुली हैं अपनी दर्दो-रंजो-ग़म देखे
इन ही दीदए-नमदीदों से क्या-क्या हमने सितम देखे।

(छठवाँ दीवान)

'नमदीदों' की वज्ह से रिआयते-लफ़्ज़ी का और अधिक लुत्फ़ पैदा हो गया।

तू वो नहीं किसू का तहे-दिल से यार हो
या तुझको दिल शिकस्तों से इख़्लास प्यार हो

(चौथा दीवान)

दिल नहीं दर्दमन्द अपना 'मीर'
आहो-नाले असर करें क्यूँकर

(चौथा दीवान)

यहाँ 'आहो-नाला' मौज़ूँ हो सकता था, लेकिन बेतकल्लुफ़ लहजे की ख़ातिर मीर ने 'आहे-नाले' लिखा।

जेब दरीदा ख़ाक मिलों के हाल से क्या आगाही तुम्हें
राह चलो हो नाज़कुनाँ दामन को लगाकर तुम ठोकर

'ख़ाक मिलों' यानी 'ख़ाक में मिले हुए'। दामन को ठोकर लगाकर चलने की वजूह से ख़ाक में मिले हुओं को ठोकर भी नहीं लगाता, माशूक़ को ख़ाक मिलों से आगाही (जानकारी, जान-पहचान) क्यूँकर हो? किनाया भी ख़ूब है।

पस्तो-बलन्दियाँ हैं अर्ज़ो-समा से ज़ाहिर,
देखा जहाँ को हमने कितनी कुढब जगह है

(तीसरा दीवान)

हम पे रहते हो क्या कमर कसते
अच्छे होते नहीं जिगर ख़स्ते

(तीसरा दीवान)

शेर के हास्य-व्यंग्य के अन्दाज़ की तामीर में 'जिगर ख़स्ते' का कितना हिस्सा है इसकी स्पष्टता अनावश्यक है।

न कर शौक़ कुश्तों से जाने की बातें
नहीं आती क्या तुझको आने की बातें

(तीसरा दीवान)

चलता नहीं है दिल पर कुछ उसके बस वगर्ना
अर्श आहे-आजिज़ों से अक्सर हिला किया है

(दूसरा दीवान)

यहाँ भी गुफ़्तगू के लहजे की ख़ातिर 'आहे-आजिज़ाँ' को छोड़कर 'आहे-आजिज़ों' लिखा है।

किसको ख़बर है किश्ती तबाहों के हाल की
तख़्ता मगर किनारे कोई बह के जा लगे

(दूसरा दीवान)

कोई आशिक़ों बुताँ की करें नक़्ल क्या मईशत
उन्हें नाज़ करते रहना उन्हें जी नियाज़ करना

(दूसरा दीवान)

'आशिक़ों बुताँ' की ताज़गी अपने रंग में शाहकार है। उर्दू–नियम से 'आशिक़' का बहुवचन बनाया, फिर उसे फ़ार्सी बहुवचन के नियम की इज़ाफ़त में बिना किसी इज़ाफ़त के लक्षण ही पिरो दिया।

मिला यारब कहीं उस सैद अफ़्गन सर–ब–सर कीं को
कि अफ़्शाँ कीजे ख़ून अपने से उसके दामने–ज़ीं को

यहाँ भी 'ख़ून अपने' के बजाय 'अपने ख़ून' से मिस्रा मौज़ूँ था, लेकिन फ़ार्सी में प्राकृत का पैवन्द लगाना मीर को इस दर्जा पसन्द था कि वो प्राकृत वाक्य को फ़ार्सी कारक (यानी ख़ूने–ख़ुद) की तरह लिखते हैं।

तड़पना भी देखा न बिस्मिल का अपने
मैं कुश्ता हूँ अन्दाज़े–क़ातिल का अपने

हस्रत मोहानी ने 'मआइबे–सुख़न' में लिखा है कि 'अन्दाज़े–क़ातिल का अपने' जैसी तर्कीबें जिनमें फ़ार्सी–उर्दू को एक कर दिया गया हो ग़लत और निम्नस्तरीय हैं। उन्होंने अपने दावे की कोई दलील नहीं पेश की है, लेकिन ज़ाहिर है कि आज के नियम से ऐसी तर्कीबें यक़ीनन् ग़लत हैं। इस तरह के गड्ड–मड्ड और मिश्रण ने मीर की ज़बान में ज़िन्दगी और गतिशीलता पैदा कर दिया; ये हमारी ट्रैजिडी है कि हमने शुद्ध और अशुद्ध उर्दू और फ़ार्सी के चक्कर में पड़कर इस तरह की तमाम कोशिशों को, जिनके आधार पर मीर का अन्दाज़ क़ायम हुआ, छोड़ दिया और अपनी दुनिया ख़ुद ही सीमित कर ली।

अपने कूचे में फ़ुग़ाँ जिसकी सुनो हो हर रात,
वो जिगरसोख़्ता–ओ–सीना जला मैं ही हूँ

'सीनाजला' के समास में दकनी रंग है, लेकिन उत्तर भारत की पुरानी उर्दू में भी ऐसे समास अप्राप्य नहीं हैं। मीर का कमाल ये है कि उन्होंने ज़बान के इन अर्थपूर्ण और रंगारंग इस्तेमाल को बहुतायत से इस्तेमाल किया और ताज़िन्दगी इस्तेमाल

किया। 'जुर्रत' और मीर इस अर्थ में समकालीन थे कि 'जुर्रत' का इन्तिक़ाल मीर से एक साल पहले हुआ (1809)। इस तरह 'जुर्रत' की पूरी शेरी ज़िन्दगी मीर के सामने गुज़री और उनकी शायरी का आग़ाज़ उस वक़्त हुआ जब मीर अपने शबाब पर थे। 'जुर्रत' की ग्रन्थावली में इस तरह के वाक्यांश और तर्कीब बहुत कम हैं, जिनको मैंने ऊपर दर्ज किया है। बात साफ़ है। 'जुर्रत' का सृजनात्मक कर्म मीर की तरह बेरोकटोक और उनकी भाषाई पहुँच-पकड़ मीर की तरह व्यापक और गहरी न थी।

हमारे ज़माने में फ़िराक़ साहब और कुछ दूसरे शायरों ने जब मीर का अनुकरण शुरू किया तो उनको सबसे आसान नुस्ख़ा ये नज़र आया कि 'आओ हो, जाओ हो', 'आये हैं, जाये हैं' वग़ैरह क़िस्म के इस्तेमालात को अपना लिया जाय। फ़िराक़ साहब बहुत आगे गये तो उन्होंने मीर की तरह अपने कुछ मत्लों में तख़ल्लुस (उपनाम) का इस्तेमाल कर लिया। आख़िर इसकी क्या वजह है कि मीर के वो विशेष भाषाई हथकंडे, जिनमें कुछ का ज़िक्र ऊपर हुआ और कुछ का ज़िक्र नीचे आयेगा, फ़िराक़ और दूसरे मीर-अनुयायियों के हाथ न लगे? फ़िराक़ साहब के पूरे कलाम में 'शौक़ कुश्तों', 'आशिक़ों-बुताँ' 'सीना जला', 'ख़्वाब ला' जैसे समास और प्रयोग ढूँढ़े से नहीं मिलते। वजह ज़ाहिर है—'आओ हो, जाओ हो' वग़ैरह तो क्रिया रूप हैं और ज़बान ने अभी पूरी तरह उनको छोड़ा भी नहीं है। लिहाज़ा ये चीज़ें तो आसानी से गिरफ़्त में आ जाती हैं, लेकिन फ़ार्सी और प्राकृत का जीवन्त सृजनात्मक मिलाप जैसा कि हम मीर के यहाँ अक्सर देखते हैं, फ़िराक़ जैसे शायरों के यहाँ नहीं। 'दीदा-ए-नमदीदों' और 'कुश्ता हूँ अन्दाज़े-क़ातिल का अपने' वग़ैरह तर्कीबें तो बहरहाल भाषा के आन्तरिक गतिविज्ञान (mechanics) का काव्यात्मक सौन्दर्य-बोध माँगते हैं। मत्ला में तख़ल्लुस इस्तेमाल करना, जो बजाहिर एक वाह्य शैली मालूम होती है, उसका भी बरतना इस क़दर आसान नहीं जिस क़दर फ़िराक़ साहब समझे थे। 'ग़ालिब' ने ग़लत नहीं कहा कि मीर की बात और है, वो मीर जी, मीर साहब करके अपने को लिख जाते हैं और को उसका अनुकरण न करना चाहिए। अस्करी साहब ने ग़ैर आलोचकीय ज़बान में एक बात कही थी, लेकिन बात पते की थी कि ये शख़्स (यानी मीर) जब ख़ुद को 'मीर जी' या 'मीर साहब' कहता है तो इस मामूली से लफ़्ज़ में ख़ुदा जाने कितनी बिजलियाँ भर देता है।

दरअस्ल तख़ल्लुस का इस ढंग से इस्तेमाल मीर के पृथक व्यक्तित्व के निर्माण का एक तत्त्व है, जिनके आधार पर मीर हमें एक रवायती आशिक़ की जगह एक व्यक्ति और कभी-कभी व्यक्ति और आशिक़ दोनों नज़र आते हैं। मीर की जो तस्वीर उनके कलाम में झलकती है वो हद दर्जा वैयक्तिक यानी ग़ैर परम्परागत है। हर शख़्स जानता है कि ग़ज़ल में आशिक़ और माशूक़ का एक परम्परागत चरित्र होता है। यानी इन चरित्रों (पात्रों) का रूप-स्वरूप कुछ क़ानूनों (नियमों) की रौशनी में उभारा जाता

है और ये क़ानून ग़ज़ल के दस्तूर (constitution) की हैसियत रखते हैं। इसमें थोड़ी-बहुत तब्दीली तो हो सकती है, लेकिन इसका बुनियादी चरित्र और इसकी केन्द्रीय अवधारणा-कल्पना (assumptions) नहीं बदल सकते। कम-से-कम क्लासकीय ग़ज़ल की हद तक ये नियम-विशेष बिल्कुल सही है। आशिक़ और माशूक़ का परम्परागत रूप-स्वरूप ये है कि आशिक़ निहायत सच्चा, वफ़ादार जफ़ाकश, जफ़ाजू और दुनियावी रस्मों को न माननेवाला (non-conformist) होता है। इसी तरह माशूक़, रक़ीब, नासेह वग़ैरह के चरित्र होते हैं। इनकी अपनी कोई व्यक्तिगत अस्मिता नहीं होती। ये लोग व्यक्ति नहीं बल्कि काग़ज़ी प्रतीक हैं। परम्परा (convention) का ये हस्तक्षेप उर्दू-ग़ज़ल की बहुत बड़ी मज़्बूती है, लेकिन कमज़ोर और अप्रयत्नशील शायर के हाथ में इसकी ख़राबी भी होती है। मीर हमारे पहले शायर हैं, जिन्होंने आशिक़ के चरित्र-व्यक्तित्व का परम्परागत इज़्हार नहीं, बल्कि वैयक्तिक इज़्हार किया। ये आशिक़ वो आशिक़ नहीं है, जिसे हम मुहम्मद तक़ी मीर कहते हैं। ये आशिक़ कोई अस्ल शख़्स भी नहीं है। मीर का कलाम किसी अस्ली या फ़र्ज़ी मीर का जीवन-वृत्त नहीं है, जैसा कि रसेल और ख़ुर्शीदुलइस्लाम समझते हैं। अस्ल बात ये है कि मीर के कलाम में जो आशिक़ हमें नज़र आता है, वो ख़ुद अपनी ज़ात में एक व्यक्ति (individual) है—

मीर दरिया है सुने शेर ज़बानी उसकी
अल्ला-अल्ला रे तबीअत की रवानी उसकी

(दूसरा दीवान)

जिसने भी इस ग़ज़ल का सरसरी तौर से अध्ययन किया है, वो इस बात से बेख़बर न होगा कि ये अश्आर मीर मुहम्मद तक़ी मीर के बारे में नहीं हैं। और न ये उस अर्थ में किसी कहानी के पात्र के बारे में हैं जिस तरह कोई कहानीकार या नाटककार पात्रों का सृजन करता है। मीर का ज़बरदस्त कारनामा ये है कि उन्होंने आशिक़ के परम्परागत चरित्र-व्यक्तित्व को बरक़रार रखते हुए उसको वैयक्तिकता प्रदान की। अगर वो बाक़ायदा पात्र-निर्माण कर रहे होते तो उन्हें मस्नवीनिगार की उपाधि मिलती। उन्होंने किया ये कि एक तरफ़ तो आशिक़ के परम्परागत रूप-स्वरूप को बरक़रार रखा लेकिन उसके बारे में बात इस तरह की जैसे वो कोई अस्ली शख़्स हो। मत्ले में तख़ल्लुस का इस्तेमाल, ख़ुद को 'मीर जी', 'मीर साहब' का रंग, एक ही शेर में एक से ज़ियादा शख़्सीयतों को शामिल करना है, एक ही शेर में एक से ज़ियादा आवाज़ों को बरतने का तौर है। ये सब बातें मीर के आशिक़ को एक परम्परा से ज़ियादा एक व्यक्ति की सतह पर पेश करती हैं। लिहाज़ा जब तक ये सब चीज़ें सृजनात्मक चेतना के स्तर पर और सतत् रूप से कलाम में इस्तेमाल न हों, सिर्फ़ एकाध

मत्ला में तख़ल्लुस के इस्तेमाल से बात नहीं बनती।

मीर की ज़बान की बेतकल्लुफ़ी और उसमें फ़ार्सी और प्राकृत का नि:संकोच मिश्रण भी इसी अमल का एक पहलू है। मीर हमारी शायरी के पहले और सबसे बड़े व्यक्तिवादी (Individualist) हैं। ग़ालिब उनसे कुछ ही कम व्यक्तिवादी हैं, लेकिन वो तराज़ू के दूसरे सिरे पर हैं। यानी ग़ालिब के यहाँ आशिक़ का व्यक्तित्व-चरित्र सरासर परम्परागत है। ग़ालिब ने अपनी व्यक्तिवादिता का यूँ इज़्हार किया कि उन्होंने आशिक़ के परम्परागत रूप-स्वरूप को उसकी इंतिहा पर पहुँचा दिया। हर चीज़ अपनी इन्तिहाई शिद्दत पर है—वह्शत, दीवानगी, रश्क, अज़ ख़ुद रफ़्तगी, ख़ुद्दारी, बेखुदी, ग़फ़्लत, आगाही, रुस्वाई, वफ़ादारी, दिलशिकस्तगी, अन्देशहाए-दूरदराज़, लज़्ज़त आज़ार, जिस्म और जान की शिकस्तो-रेख़्त। कोई ऐसा पहलू नहीं जो ग़ालिब के यहाँ तीव्रतम दशा के साथ इस्तेमाल न हुआ हो। जिन आलोचकों ने ग़ालिब के यहाँ 'रश्क' या 'ख़ुद्दारी' या 'वहशत' के विषयों की शिद्दत, अधिकता, नवीनता और पुनरावृत्ति की तरफ़ इशारा किया है, उन्हें इस मर्म की अनुभूति थी। दरअस्ल अप्रत्यक्षत: ये बातें ग़ालिब की प्रति-वैयक्तिकता (reverse individualism) को साबित करती हैं और उसकी वजूह से हैं। यानी ग़ालिब इसलिए वैयक्तिकतावादी हैं कि उन्होंने आशिक़ के परम्परागत व्यक्तित्व की उन तमाम सम्भावनाओं की खोज की और क्रियान्वित किया जो उस व्यक्तित्व में निहित थीं। ग़ालिब इसलिए विशिष्ट हैं कि वो हमारे सबसे बड़े परम्परावादी हैं और मीर इसलिए विशिष्ट हैं कि उन्होंने परम्परागत आशिक़ के बारे में इस तरह गुफ़्तगू की मानो वो कोई वास्तविक व्यक्ति हो।

इन विषय-बिन्दुओं पर उत्तरोत्तर बहस आगे होगी। फ़िल्हाल इस हक़ीक़त की तरफ़ इशारा करने का उद्देश्य है कि ज़बान के बारे में ग़ालिब और मीर के रवैयों में जो भेद हैं वो इसी वजूह से हैं। दोनों अपनी-अपनी सच्चाइयों के साथ वफ़ादार और उनमें पूरी तरह डूबे हुए हैं। इस उसूल की रौशनी में मीर की ज़बान में बेतकल्लुफ़ी और चौंचलेपन के जो तत्त्व हैं, उनका तीसरा पहलू, अग्रलिखित मिसालों से स्पष्ट होगा।

ऊपर मैंने अर्ज़ किया है कि मीर ने फ़ार्सी में प्राकृत का पैवन्द आमतौर पर दो तरह से लगाया। एक तो ये कि उन्होने फ़ार्सी तर्कीबों में उर्दू का बहुवचन इस्तेमाल किया और दूसरा ये कि अत्फ़ (-ओ-) या इज़ाफ़त (-ए-) वाले वाक्यांशों का बहुवचन उर्दू-नियम से बनाया। लेकिन इन बातों के अलावा मीर ने प्राकृत और फ़ार्सी के दरमियान नये-नये तालमेल भी अन्वेषित किये। प्राकृत और फ़ार्सी के दरमियान तालमेल की विभिन्न शक्लें ग़ालिब के यहाँ भी मिलती हैं। मस्लन् एक तो ये कि फ़ार्सी पूरी तरह हावी हो और प्राकृत का महज़ थोड़ा मिश्रण हो—

दिले-ख़ूँशुदए-कश्मकशे-हस्रते-दीदार
आईना बदस्ते-बुत-बदमस्ते-हिना है

दूसरी सूरत ये है कि फ़ार्सी हावी हो, लेकिन पूरी तरह हावी न हो, मस्लन—

तिम्साल में तेरी है वो शोख़ी कि बसद ज़ौक़
आईना बअन्दाज़े-गुल आग़ोश कुशा है

तीसरी सूरत ये है कि फ़ार्सी और प्राकृत मिश्रित हों, लेकिन फ़ार्सी अल्फ़ाज़ ज़ियादा तवज्जोअंगेज़ हों, मस्लन्—

जज़्बए-बेइख़्तिआरे-शौक़ देखा चाहिए
सीनए-शम्शीर से बाहर है दम शम्शीर का

चौथी सूरत ये है कि प्राकृत हावी हो लेकिन फ़ार्सी अल्फ़ाज़ फिर भी ज़ियादा तवज्जोअंगेज़ हों, मस्लन्—

देखकर तुझको चमन बसकि नुमू करता है
ख़ुद-ब-ख़ुद पहुँचे है गुल गोशए-दस्तार के पास

पाँचवीं सूरत ये है कि फ़ार्सी और प्राकृत मिश्रित हों, लेकिन प्राकृत अल्फ़ाज़ ज़ियादा तवज्जोअंगेज़ हों, मस्लन्—

दर पे रहने को कहा और कह के कैसा फिर गया
जितने अर्से में मेरा लिपटा हुआ बिस्तर खुला

छठी सूरत ये है कि प्राकृत हावी हो, मस्लन्—

कोई दिन गर ज़िन्दगानी और है
अपने जी में हमने ठानी और है

ज़ाहिर है कि और भी सूरतें मुम्किन हैं, और ये भी है कि बहुत से अश्आर ऐसे होंगे जिनके बारे में कोई category क़ायम करना मुश्किल होगा, लेकिन उपर्युक्त उल्लिखित कामचलाऊ क़िस्म के विश्लेषण की रौशनी में ग़ालिब के यहाँ प्राकृत और फ़ार्सी के सन्तुलन-सम्मिश्रण (equation) की मौलिकता का अन्दाज़ा हो सकता है। (ध्यातव्य हो कि इस सारी बहस में 'फ़ार्सी' का आशय 'अरबी, फ़ार्सी, तुर्की वग़ैरह अल्फ़ाज़' हैं। और 'प्राकृत' का आशय उन शब्दों से है जो हिन्दुस्तानी मूल के हैं।) ग़ालिब की फ़ार्सीयत की स्पष्ट विशिष्टता (भाषाई दृष्टिकोण से) उसकी पेचीदगी है और (कैफ़ीयत के दृष्टिकोण से) उसकी अमूर्तता है। अमूर्तता का ज़िक्र मैं थोड़ा-

बहुत कर चुका हूँ। पेचीदगी से मेरा आशय मिश्रण में उन अल्फ़ाज़ को दाख़िल करना है जो स्वयं अपने-आप में तर्कीब या वाक्यांश की विशेषता रखते हैं। मस्लन् 'ख़ूँशुदा' एक वाक्यांश है और 'दिले-ख़ूँशुदा' एक दूसरे प्रकार का वाक्यांश है। जब इसको मिश्रित किया तो 'दिले-ख़ूँशुदए-कश्मकश' का वाक्य बना। अब उसको फिर मिश्रित किया और 'दिले-ख़ूँशुदए-कश्मकशे-हस्रते-दीदार' का वाक्य बना। 'ख़ूँशुदा' का अपना अर्थ है। 'दिल' कर्ता हो सकता है, लेकिन अगर 'दिले-ख़ूँशुदा' को एक वाक्यांश माना जाय तो 'दिल' का कर्तापन ख़त्म हो जाता है, और ये पूरा वाक्यांश दूसरे मिस्रे में 'आईना' के समान बन जाता है। ज़ाहिर है कि महज़ लम्बे सामासिक पद के ज़रीये ये बात नहीं हासिल हो सकती। पेचीदा फ़ार्सीयत की ये विशेषता सिर्फ़ ग़ालिब की विशिष्टता है। उन्होंने इसको उर्दू ज़बान में पूरी तरह घुला-मिला लिया है। जो लोग 'मोमिन' वग़ैरह की फ़ार्सीयत को ग़ालिब के मुक़ाबिल में लाते हैं, वो इस बारीकी को नज़रअन्दाज़ कर जाते हैं कि ग़ालिब की फ़ार्सीयत का अस्ल जौहर इस बात में है कि वो ऐसे वाक्यांशों को संयुक्त करते हैं जो ख़ुद तर्कीब या वाक्यांश की हैसियत रखते हैं और इनके यहाँ अक्सर (जैसा कि ऊपर के उदाहरणों से स्पष्ट हुआ होगा।) फ़ार्सीयत दो मिस्रों में नये-नये तालमेल या सम्बन्ध पैदा करने का कार्य करती है।

मीर का मुआम्ला ग़ालिब से बिल्कुल अलग है। कहीं-कहीं वो इज़ाफ़तों की अधिकता से काम ज़ुरूर लेते हैं, लेकिन ये फ़ार्सीयत की इकहरी सूरत है और मीर के यहाँ बहरहाल बहुत आम नहीं। हाँ, उतनी ये कम भी नहीं है जितना हम समझते हैं, लेकिन मीर ने प्राकृत और फ़ार्सी के सन्तुलन से जो शक्लें निकालीं वो उनके साथ उसी तरह विशेषित हैं जिस तरह ग़ालिब की फ़ार्सीयत उनके साथ विशेषित है। इस सन्तुलन और तालमेल की दो शक्लें हैं। एक तो ये कि वो फ़ार्सी का जो एक-दो लफ़्ज़ इस्तेमाल करते हैं, वो लफ़्ज़ या वाक्यांश ऐसा होता है कि शेर के बाक़ी प्राकृत अल्फ़ाज़ में स्पष्ट होता है, लेकिन उसके स्पष्ट होने का नतीजा ये होता है कि शेर के प्राकृत अल्फ़ाज़ की तरफ़ हमारी तवज्जो ज़ियादा हो जाती है। कुछ ऐसा लगता है कि फ़ार्सी का मुश्किल या विदेशी शब्द हमसे ये कह रहा है कि हम पर तवज्जो मत करो, अभी शेर के और अल्फ़ाज़ को देखो, वो किस बेतकल्लुफ़ी से आये हैं। हमारी और उनकी दूरी प्राकृत अल्फ़ाज़ के हुस्न को कम नहीं कर रही है। इस तरह पूरे शेर के माहौल में बेसाख़्तगी और गुफ़्तगू की-सी फ़ज़ा बन जाती है। क़ारी (पाठक) को लगता है कि फ़ार्सी का अप्रचलित लफ़्ज़ लाया ही इसलिए गया है कि उसके मुक़ाबिले में प्राकृत लफ़्ज़ों की सरलता-सुगमता स्पष्ट हो जाय। यही वजह है कि अप्रचलित लफ़्ज़ों की अधिक संख्या के बावजूद मीर ने अक्सर लोगों को इस धोखे में रखा है कि उनका कलाम सरल-सुबोध और जनसाधारण की समझ में शीघ्र

आ जानेवाला है।

भाषाई सन्तुलन की दूसरी शक्ल मीर ने ये अख़्तियार की है कि वो फ़ार्सी के आम अल्फ़ाज़ को रिआयते-लफ़्ज़ी के साथ इस्तेमाल करते हैं, इसलिए बज़ाहिर उनमें पेचीदगी नहीं होती। जब फ़ार्सी के आम लफ़्ज़ के अप्रचलित अर्थ मालूम हों तो रिआयते-लफ़्ज़ी का लुत्फ़ और इसकी पेचीदगी का अहसास होता है। मीर कभी-कभी ये भी करते हैं कि जान-बूझकर प्राकृत का अप्रचलित लफ़्ज़ ले आते हैं। अक्सर उसके रूप-स्वरूप का निर्माण-निर्धारण स्वीकार्य होता है, इसलिए वो लफ़्ज़ इस क़दर तवज्जोहअंगेज़ होता है कि शेर की फ़ार्सीयत दब जाती है। यानी ये शक्ल, पहली स्थिति के विपरीत है, जिसमें फ़ार्सी लफ़्ज़ बहुत कम प्रचलनवाला होता है, लेकिन उसके ज़रीये शेर का बोध होता है।

इन स्थितियों की कुछ मिसालें नीचे पेशे-ख़िदमत हैं। सबसे पहले ये दो शेर देखिए, इनसे मेरे नज़रिये की पुष्टि ख़ुद मीर की तरफ़ से होती नज़र आती है—

अगरचे सादा है लेकिन रबूदने-दिल को
हज़ार पेच करे लाख-लाख फंद करे
सुख़न यही है जो कहते हैं शेरे-मीर है सिह्र
ज़बाने-ख़ल्क़ को किस तौर कोई बंद करे

बल्कि इसी ग़ज़ल का एक शेर और ले लेते हैं—

न मुझको राह से ले जाये मक्र दुनिया का
हज़ार रंग में फ़र्तूतगो छछंद करे

मक्ता से साफ़ मालूम होता है कि मीर की नज़र में ये ग़ज़ल बहुत उम्दा है, लिहाज़ा इस ग़ज़ल में जो भाषाई तरीक़े उन्होंने बरते हैं, वो उन्हें बहुत उपयुक्त लगते होंगे। 'फंद' वाला शेर देखिए। 'फंद' फ़ार्सी है, जिसका अर्थ है—'फ़रेब, दग़ा, झूठ'। उर्दू में 'दंद-फंद' और 'फंद' इसी से बने हैं, लेकिन ख़ुद लफ़्ज़ 'फ़ंद' मैंने बहुत कम इस्तेमाल होता हुआ देखा है। जनाब अब्दुल रशी ने सत्रहवीं और अठारहवीं सदी से तीन मिसाले पेश की हैं, लेकिन एक संदिग्ध है। पहले मिस्रे में 'रबूदने दिल' पक्का फ़ार्सी फ़िक्रा है, यद्यपि कि 'फंद' की तरह अप्रचलित नहीं, लेकिन इन सबके होते हुए भी शेर का रोज़मर्रा-रंग विकृत नहीं होता, क्योंकि दूसरे मिस्रे में 'हज़ार पेच करे, लाख-लाख' के दो वाक्यांश शुद्ध रूप से प्राकृत हैं। 'पेच' (यहाँ जिस अर्थ में प्रयुक्त हुआ है, उस अर्थ में उर्दू है, फ़ार्सी नहीं) और ये वाक्यांश इतने तवज्जोहअंगेज़ है कि शेर की फ़ार्सीयत की तरफ़ ध्यान नहीं जाता। 'छछंद' वाले शेर में ये सूरते-हाल और भी स्पष्ट है। 'राह से ले जाये' फ़ार्सी मुहाविरे का सीधे-सीधे अनुवाद है।

'फ़र्तूत' का लफ़्ज़ ख़ासा अप्रचलित है, लेकिन 'छछंद' के नक़्क़ारख़ाने में फ़ार्सी तूती की आवाज़ गुम हो जाती है।

वामिक़ो-कोहकनो-क़ैस नहीं है कोई
भख गया इश्क़ का अज़्दर मेरे ग़मख़्वारों को

(छठवाँ दीवान)

इस शेर में 'भख गया'[1] का वाक्यांश 'इश्क़ का अज़्दर' के ऊपर हावी हो गया है। 'अज़्दर' (जिसकी साँस आग उगलनेवाली होती है, अज्गर) की संगत में 'भख गया' का निर्धारण ज़बरदस्त है और आग उगलने के अलावा ख़ुद 'भख' के व्यंजनार्थ में अज़्दहे (अज़्दर) की साँस खींचने की दशा भी है। इन बातों के पेशे-नज़र 'इश्क़ का अज़्दर' और वामिक़, कोहकन और क़ैस की दूरी और अजनबीयत, सब हमारी नज़रों से दाख़िल हो जाते हैं। 'भख गया' की नवीनता-विचित्रता सब पर हावी हो जाती है।

सब ज़ख्मे-सद्र उनने नमकबंद ख़ुद किये
सुहबत जो बिगड़ी अपने में सारा मज़ा गया

'सद्र' 'सीना' के अर्थ में बहुत कम प्रचलित है। 'नमकबन्द' करना फ़ार्सी है, यद्यपि कि 'सद्र' के जितना अप्रचलित नहीं, लेकिन 'सद्र' की जगह 'सीना' बहुत आसानी से आ सकता था। 'सब ज़ख़्मे-सीना उनने नमकबन्द ख़ुद किये'। ज़ाहिर है कि दूसरे मिस्रे में रोज़मर्रा के ज़रीए वैषम्य (contrast) को स्पष्टतर बनाने के लिए मीर ने 'सीना' की जगह 'सद्र' लिखा ताकि पहले मिस्रे के अप्रचलित अल्फ़ाज़ के बाद दूसरे मिस्रे की बेसाख़्तगी और गुफ़्तगू का लहजा और चमक उठे।

मुँह पर उसकी तेग़े-सितम के सीधा जाना ठहरा है
जीना फिर कजदारो-मरेज़ इस तौर में हो टुक या मत हो

'कज़दारो-मरेज़, इस अर्थ में है—'टाल-मटोल, बहाना, किसी काम को इस तरह टाले रहना कि जान मुश्किल में पड़ जाय। (कजदार=टेड़ा रुख, मरेज़=मत गिरा)। ये वाक्यांश इतना विरल है कि मैंने इसे सिर्फ़ इक़्बाल के यहाँ देखा है। लेकिन इक़्बाल ने भी इसे ग़लत इस्तेमाल किया है—

तेरी किताबों में अय हकीमे-मआश रखा ही क्या है आख़िर
मरेज़-कजदार की नुमाइश, हुरूफ़े-ख़मदार की नुमाइश

1. भख—'भक्ष', शब्द का तद्भव है—अनु.

युसुफ़ सलीम चिश्ती मर्हूम इक़्बाल की इस ग़लती पर इस क़दर घबराये कि उन्होंने इस वाक्यांश का अर्थ ही नहीं लिखा, लफ़्ज़-ब-लफ़्ज़ मिस्रे को गद्य बना दिया। ख़ैर ऐसे अजीब वाक्यांश के चारों तरफ़ जितने लफ़्ज़ हैं वो सब प्राकृत हैं। सिर्फ तीन लफ़्ज़ फ़ार्सी हैं, लेकिन वो भी इतने आसान हैं कि उनमें किसी क़िस्म का संकुचन नहीं। शेर की सुगमता एवं अर्थ-सम्प्रेषणीयता 'कजदार-मरेज़' के इस्तेमाल से और भी स्पष्ट हो गयी है। कुछ शब्दकोशों में 'कजदार-मरेज़' ज़रूर मिलता है, लेकिन उसका प्रयोग बहुत दुर्लभ है। जनाब अब्दुल रशीद ने जाफ़र अली हस्रत शागिर्द सरबसुख दीवाना की एक रुबाई मिसाल में पेश की है और वो रुबाई इतनी उम्दा है कि मैं भी उसे उद्धृत करता हूँ—

हर चंद कि जुहद से किया हमने गुरेज़
टूटा न कभी जुहद से अपना परहेज़
इस मयकदा-ए-दह्र में हमसे हस्रत
साक़ी ने रखा हमेशा कजदारों-मरेज़

अब जो नसीमे-मुअत्तर आयी शायद बाल खुले उसके
शह्र की सारी गलियाँ हो गयीं गोया अंबरे-सारा आज।

(पाँचवा दीवान)

दूसरे मिस्रे में अन्तराल (यति) सोलह मात्राओं के बाद 'हो गयीं' पर ख़त्म होता है, और 'गयीं' यहाँ पर लघु-गुरु है। लिहाज़ा एक दिलचस्प सूरते-हाल पैदा होती है कि अन्तराल (यति) तो ठीक पंक्ति के मध्य में आया है और सुननेवाला इसे पसन्द भी करता है, लेकिन बह्र का ढाँचा ऐसा है कि अन्तराल (यति) लघु-गुरु पर आता है। इसकी वज्ह से मिस्रे की रफ़्तार तेज़ हो गयी है और गुफ़्तगू का मर्म ज़ियादा स्पष्ट हो गया है, ज़ियादा विस्तृत हो गया है। 'अंबरे-सारा' समासयुक्त विशेषण है। 'सारा' का फ़ार्सी अर्थ 'शुद्ध, विशुद्ध' है, लेकिन अगर इज़ाफ़त (-ए-) न पढ़ी जाय (और पहली नज़र में होता भी ऐसा ही है) तो 'अम्बर सारा' का आशय 'सारा का सारा अम्बर' मह्सूस होता है। लिहाज़ा मिस्रे में एक अपेक्षाकृत कम प्रचलित लफ़्ज़ है भी और नहीं भी, और बह्र की वज्ह से जो बेतकल्लुफ़ी पैदा हुई है, वो अतिरिक्त है।

वो जुल्फ़ नहीं मुन्अकिसे-दीदए-तर मीर
इस बह्र में तहदारी से ज़ंजीर पड़ी है

(दूसरा दीवान)

मिस्रे में फ़ार्सी इतनी ज़ियादा है कि लफ़्ज़े-'ज़ंजीर' को पाठक फ़ौरन् पकड़ता

है कि 'ज़ुल्फ़' से इसका सम्बन्ध स्पष्ट है। लेकिन यहाँ 'ज़ंजीर' दरअस्ल उन छोटी-छोटी लहरों के अर्थ में है जो गहरे पानी की सतह पर बनती रहती हैं। अब शेर का हुस्न कहाँ-से-कहाँ पहुँच गया।

दिल रख क़वी 'फ़लक की ज़बरदस्ती पर न जा
गर कुश्ती लग गयी है तो तू भी तलाश कर

(चौथा दीवान)

यहाँ 'तलाश' का अर्थ 'कशिश' है। आम लफ़्ज़ को अप्रचलित अर्थ में इस्तेमाल करके फ़ार्सी और प्राकृत का नया समन्वय पैदा किया है।

वो नौबावए-गुलशने-ख़ूबी सबसे रखे है निराली तर्ह
शाख़े-गुल सा जाये है लचका उनने नयी ये डाली तर्ह

'नौबावा' का अर्थ है—'पहला फल, नया फल, दिलकश चीज़'। इस लफ़्ज़ को मीर ने कई बार इस्तेमाल किया है, और हमेशा बड़े हुस्न के साथ इस्तेमाल किया है, जैसा कि यहाँ भी है। रिआयते-लफ़्ज़ी के हुस्न के अलावा शेर का भाषाई सौन्दर्य 'नौबावा' शब्द की विशिष्टता में है। ये विशिष्टता 'तर्ह डाली' और 'तर्ह रखी' की तरफ़ से तवज्जोह हटा देती है। दोनों जगह 'तर्ह' को लघु-गुरु के रूप में पढ़ना पड़ता है, जो उर्दू में अप्रचलित है, लेकिन 'नौबावा' की विशिष्टता और सौन्दर्य तथा दोनों मिस्रों के बाक़ी अल्फ़ाज़ जो अपेक्षाकृत सादा हैं, आपस में उम्दा कंट्रास्ट पैदा करते हैं। लिहाज़ा दोनों मिस्रे बिल्कुल चुस्त मालूम होते हैं। 'शाख़े-गुल' और 'डाली' की रिआयत की तरफ़ तवज्जोह करना भी ज़ुरूरी है।

ज़िया अहमद बदायुँनी ने मोमिन की एक सिफ़त ये बयान की है कि उन्होंने ऐसे अल्फ़ाज़ को बहुवचन के रूप में इस्तेमाल किया है, जिनका बहुवचन रूप उर्दू में आम तौर से प्रयुक्त नहीं होता, लेकिन ये दरअस्ल मीर की ख़ास अदा है और मुम्किन है कि मीरो-मोमिन, दोनों ने इसे फ़ार्सी से हासिल किया हो। सिर्फ़ पहले दीवान से मीर का ये शेर मुलाहिज़ा हो—

मश्हूर है दिनों की मेरे बेक़रारियाँ
जाती हैं लामकाँ को दिले-शब की ज़ारियाँ

इस ग़ज़ल के अक्सर क़ाफ़िये इसी तरह बेतकल्लुफ़ हैं : दस्तकारियाँ, राज़दारियाँ, उम्मीदवारियाँ, बारियाँ ('बारी' का बहुवचन)

पास मुझको भी नहीं है मीर अब
दूर पहुँची हैं मेरी रुस्वाइयाँ

साक़ी की बाग़ पर जो कुछ कम निगाहियाँ हैं
मानिन्दे-जामे-ख़ाली गुल सब जमाहियाँ हैं

इस ग़ज़ल में भी कई क़ाफ़िये इस तरह के हैं—रूसियाहियाँ, बेगुनाहियाँ, कजकुलाहियाँ। बहुवचन बनाने का ये अन्दाज़ मीर के पहले नहीं मिलता। ये बात बताने की ज़ुरूरत नहीं कि इस तरह का बहुवचन लेखन और शैली को बेतकल्लुफ़ बना देता है। 'ज़रा इसकी बेक़रारी तो देखिए' के मुक़ाबिले 'बेक़रारियाँ तो देखिए' ज़ियादा बेतकल्लुफ़ है। भाषा-विज्ञान का सामान्य सिद्धान्त है कि बहुवचन का इस्तेमाल तीव्रता (intensification) के अलावा अनौपचारिक वातावरण भी पैदा करता है, ख़ासकर जब बहुवचन ऐसी संज्ञाओं का हो जो अमूर्त (abstract) हों।

अब हौसला करे है हमारा भी तंगियाँ
जाने भी दो बुतों के तईं क्या ख़ुदा हैं ये

(दूसरा दीवान)

क्या कोई उसके रंगों गुल बाग़ में खिला है
शोर आज बुलबुलों का जाता है आस्माँ तक

(तीसरा दीवान)

वो नहीं अब कि फ़रेबों से लगा लेते हैं
हम जो देखे हैं तो वै आँख चुरा लेते हैं।

(चौथा दीवान)

ये अर्ज़ मेरी याद रहे बन्दगी में मीर
जी बचते नहीं इश्क़ के इज़्हार में साहब

(चौथा दीवान)

बेताबियों के ज़ोर से मैं जबकि मर गया
होकर फ़क़ीर सब्र मेरी गोर पर गया

मैंने पिछले पृष्ठों पर मीर के यहाँ अरबी के अप्रचलित अल्फ़ाज़ और वाक्यांशों का पर्याप्त ज़िक्र किया है, और ये भी अर्ज़ किया है कि ऐसे वाक्यांशों के बावजूद शेर में रवानी का अहसास इसलिए होता है कि मीर ने उन्हें ख़ुशतबई के माहौल में इस्तेमाल किया है। बाद की बहस में ये बात भी बयान हुई कि जहाँ ऐसा नहीं है, वहाँ सन्तुलन-सामंजस्य की दूसरी सूरतें अपनायी गयी हैं। सन्तुलन-सामंजस्य की एक सूरत, जिसका ज़िक्र कम हुआ है; मुहाविरों, कहावतों और छोटे-छोटे अल्फ़ाज़्

(मसूलन्-तो, क्या-क्या, क्या कुछ, सही, यहाँ, भी, ही, ये, वो, कुछ) वग़ैरह के रूप में रोज़मर्रा अल्फ़ाज़ का ऐसा इस्तेमाल है जो शेर को गुफ़्तगू के क़रीब ले आता है। मीर ने बातचीत (संवाद) की शैली का भी ख़ूब इस्तेमाल किया है, लेकिन उनके संवाद महज़ भाषाई इज़्हार के लिए नहीं हैं (जैसी कि मुआम्लावन्दीवाले अश्आर में अक्सर होता है) बल्कि पात्र की स्थिति की स्पष्टता के लिए है, इसलिए उनका ज़िक्र बाद में होगा। दूसरे दीवान की एक मामूली सी ग़ज़ल है, उसके ग्यारह शेरों में से चार शेर में पाँच बार 'तो' इस्तेमाल हुआ है और हर जगह इस अन्दाज़ से कि शेर का लहजा आम गुफ़्तगू से क़रीब हो गया है—

होती है गरचे कहने से यारो परायी बात
पर हमसे तो थमे न कभू मुँह पे आयी बात

जाने न तुझको जो ये तसन्नो तू उससे कर
तिस पर भी तो छिपी नहीं रहती बनायी बात

कहते थे उससे चलिए तो क्या-क्या न कहिए लेक
वो आ गया तो सामने उसके न आयी बात

अब तो हुए हैं हम भी तेरे ढब से आश्ना
वाँ तूने कुछ कहा कि इधर हमने पायी बात

इसी ग़ज़ल में अचानक एक ग़ैर मामूली शेर कह दिया है, और उसका आधा ज़ोर लफ़्ज़ 'ये' के इस्तेमाल में है—

आलम सियाहख़ाना है किसका कि रोज़ो-शब
ये शोर है कि देती नहीं कुछ सुनायी बात

इस तरह के छोटे-छोटे अल्फ़ाज़ के ज़रिये मीर बड़े-बड़े अल्फ़ाज़ को सहारा देते हैं और बेतकल्लुफ़ी का वातावरण पैदा कर देते हैं—

किया सरे-जंगो-जदल हो बेदिमाग़े-इश्क़ को
सुलह की है मीर ने हफ़्तादो-दो मिल्लत से याँ

(चौथा दीवान)

'मीर' को एकवचन प्रथम पुरुष की व्याकरणिक कोटि में इस्तेमाल करने और लफ़्ज़ 'याँ' ने शेर को सतही अमूर्तता और बोझल बयान की सतह से उतारकर फ़ौरी और वाक़िआती सतह पर रख दिया।

कर ख़ौफ़ कलकख़ुस्प की जो सुर्ख़ है आँखें
जलते हैं तरो-ख़ुश्क भी मिस्कीं के ग़ज़ब में

'कलक ख़ुस्प' तो ग़ज़ब का लफ़्ज़ है ही, क्योंकि 'कलकख़ुस्प' उस कंगाल व्यक्ति को कहते हैं, जिसके पास सर्दी में कपड़े न हों और जो खुली हुई आग के पास बैठकर रात गुज़ारे। लेकिन पहले मिस्रे में 'जो', और दूसरे मिस्रे में 'जलते हैं,' 'भी' ने शेर की फ़ज़ा रोज़मर्रा के क़रीब कर दी है। बिम्बों की उत्कृष्टता और तरो-ख़ुश्क के जलने की प्रभावशालिता इसका अतिरिक्त सौन्दर्य है।

बोसा उस बुत का ले के मुँह मोड़ा
भारी पत्थर था चूमकर छोड़ा

(तीसरा दीवान)

मुहाविरे को शब्दकोशीय अर्थ में भी इस्तेमाल करना और रिआयते-लफ़्ज़ी का नया पहलू पैदा करना मीर-ओ-ग़ालिब का अद्ना करिश्मा है। उपर्युक्त शेर और अधिक स्पष्टता का मुहताज नहीं। इसी अन्दाज़ का एक शेर तीसरे दीवान से और देखिए—

क्या कहिए दिमाग़ उसका कि गुलगश्त में कल मीर,
गुल शाख़ों से झुक आये थे पर मुँह न लगाया

अब ये नज़र पड़े है कि बरगश्त वो मिज़ह
काविश करेगी टुक भी तो सँभला न जायेगा

(तीसरा दीवान)

पहले मिस्रे में 'ये' बज़ाहिर ज़ियादा मालूम होता है, लेकिन ग़ौर कीजिए तो महसूस होगा कि 'ये' में तहक़ीक़ात का रंग है। अगर 'अब तो' कहते तो ये बात न पैदा होती। दूसरे मिस्रे में 'भी' के बाद अन्तराल (यति) और फिर 'तो' का प्रयोग जिस नज़ाकत से हुआ है, वो मीर ही का हिस्सा है। एकालाप की सुन्दर नाटकीयता और मज़्मून की ताज़गी [मिज़ह (पलक) की बरगश्तगी (प्रतिकूलता) पर ग़ौर कीजिए] के बावजूद पहली नज़र में शेर के आन्तरिक अर्थ-आयाम स्पष्ट नहीं होते, क्योंकि गुफ़्तगू का लहजा हमें धोखा देता है। इसी तरह के शेरों के आधार पर लोग मीर को सादा और आसानी से समझ में आ जानेवाला शायर समझते हैं।

डाढ़ी सफ़ेद शेख़ की तू मत नज़र में कर
बगुला शिकार होवे तो लगते हैं हाथ पर

इस तरह का शेर बहुत ही बड़ा शायर कह सकता है। कहावत का हवाला दे

दिया (बगुला मारे पर हाथ), फिर सफ़ेद डाढ़ी की संगतता में शेख़ और बगुले में समानता स्थापित कर दी और कहावत के हवालों से ये भी साबित कर दिया कि शेख़ दरअस्ल बिल्कुल कम क़ीमत है। फिर 'बगुला भगत' की रिआयते-लफ़्ज़ी के ज़रीए शेख़ का धूर्त और फ़रेबी होना भी बता दिया। इसी अन्दाज़ का असर इसी ग़ज़ल में दूसरे मज़्मून में भी देखिए—

आख़िर अदम से कुछ भी न बिगड़ा मिरा मियाँ
मुझको था दस्ते-ग़ैब पकड़ ली तिरी कमर

'दस्ते-ग़ैब' दरअस्ल औलिया-ए-अल्लाह (ऋषि-मुनि) की उस विशेषता को कहते हैं कि उनके पास बज़ाहिर कोई ज़रीआ-ए-आमदनी नहीं होता, लेकिन फिर भी वो ख़ुशहाल और दानशील होते हैं। ऐसे औलिया-ए-अल्लाह के बारे में कहते हैं कि इनके पास 'दस्ते-ग़ैब' (अप्रत्यक्ष हाथ) है। अब इस अर्थ की रोशनी में कमर के पतले होने (ग़ायब होने की हद तक) और आशिक़ की छेड़छाड़ देखिए। ये मज़्मून ग़ालिब को नसीब न हुआ, क्योंकि वो मीर की तरह फक्कड़बाज़ और वाक़िआत बयान करेनवाले न थे, वो माशूक़ के दामन को उच्छृंखलतापूर्वक खींच सकते थे, लेकिन उसकी कमर में हाथ डालकर उसकी अनुपस्थिति को उपस्थिति और अपने हाथ को 'दस्ते-ग़ैब' साबित न कर सकते थे।

नासाज़िओ-ख़ुशूनत जंगल ही चाहती है
शह्रों में हम न देखा बालीदा होते कीकर

(दूसरा दीवान)

दलील की विशिष्टता के साथ-साथ पहले मिस्रे में 'ही' की हदबन्दी (सीमांकन) पर ग़ौर कीजिए। इस एक लफ़्ज़ ने पूरा किर्दार निर्मित कर दिया।

इश्क़ से नज़्मे-कुल है, यानी इश्क़ कोई नाज़िम है ख़ूब
हर शै याँ पैदा जो हुई है मौज़ूँ कर लाया है इश्क़

(पाँचवाँ दीवान)

पहले मिस्रे में लफ़्ज़ 'कोई' ग़ैरमामूली क़ुव्वत धारण करनेवाला है, क्योंकि इसके ज़रिये इश्क़ की शख़्सीयत रहस्यपूर्ण हो जाती है। इश्क़ कोई आला दर्जे का शायर है, लेकिन खुलता नहीं है, उसका कलाम हर जगह ज़रूर देखा जा सकता है। 'कोई' में तअज्जुब की जो सादादिली है, वो अपनी मिसाल आप है।

अब वो नहीं कि शोरिश रहती थी आस्माँ तक
आशोबे-नाला अब तो पहुँचा है लामकाँ तक

(पहला दीवान)

'वो' का इस्तेमाल एक और रंग में देखिए—

अब वो नहीं करम कि भरन पड़ने लग गयी
जूँ अब्र आगे लोगों के दामन पसार देख

(पहला दीवान)

इसी तरह लफ़्ज़ 'कुछ' के मुख़्तलिफ़ इस्तेमाल तवज्जोहअंगेज़ हैं—

यक क़त्रा ख़ून हो के पलक से टपक पड़ा
क़िस्सा ये कुछ हुआ दिले-गुफ़्राँ पनाह का

(पहला दीवान)

बू-ए-गुलो-नवाए-ख़ुशे-अंदलीब मीर
आयी चली गयी यही कुछ थी वफ़ाए-गुल

(पाँचवा दीवान)

हम फ़क़ीरों को कुछ आज़ार तुम्हीं देते हो
यूँ तो इस फ़िरक़े से सब लोग दुआ लेते हैं

(चौथा दीवान)

ये मर्म भी ध्यातव्य हो कि इस तरह का रोज़मर्रा बरतना स्वयं में कोई असाधारण बात नहीं। ये तो हर अच्छा शायर कर लेता है। मीर का कमाल ये है कि उन्होंने इस तरह के अल्फ़ाज़ के ज़रिये अर्थ और विषय के नये पहलू भी उजागर किये हैं। ऊपर कुछ शेर व्याख्या सहित उद्धृत किये जा चुके हैं। अब कुछ मिसालें बिना व्याख्या के मुलाहिज़ा हों—

दिल न टटोलें काश कि उसका सर्दिए-मेह्र तो ज़ाहिर है
पावें उसको गर्म मबादा यार हमारे कीने में

(चौथा दीवान)

दिल की बीमारी से ख़ातिर तो हमारी थी जमअ
लोग कुछ यूँ ही मुहब्बत से दवा करते थे

(चौथा दीवान)

दामन पर फ़ानूस के था कुछ यूँ ही निशाँ ख़ाकिस्तर का
शौक़ की मैं जो निहायत पूछी जान जले परवाने से

(पाँचवा दीवान)

उस्तुख़्वाँ काँप-काँप जलते हैं
इश्क़ ने आग ये लगायी है

(पाँचवाँ दीवान)

सदरंग है ख़राबी कुछ तू भी रह गया है
क्या नक़्ल करिए यारो दिल कोई घर सा घर था

(दूसरा दीवान)

मैंने कहा था व्याख्या न करूँगा, लेकिन आख़िरी शेर में 'कुछ तू भी' और 'कोई' की दाद दिये बग़ैर नहीं रहा जाता। कहावत के भी इस्तेमाल के चन्द और शेर देखिए—

चाके-दिल पर हैं चश्मे-सदख़ूबाँ
क्या करूँ यक अनारो-सद बीमार

(पहला दीवान)

गया हुस्न ख़ूबाने-बदराह का
हमेशा रहे नाम अल्लाह का

(तीसरा दीवान)

मीर काबे से क़स्दे-दैर क्या
जाओ प्यारे भला ख़ुदा हमराह

(तीसरा दीवान)

अब तो जाते हैं मयकदे से मीर
फिर मिलेंगे अगर ख़ुदा लाया

(पहला दीवान)

लिखे हैं कुछ तो कज कर चश्मो-अबरू
बराते-आशिक़ाँ बर शाख़े-आहू

(छठवाँ दीवान)

मीर की ज़बान का ये विवेचन-विश्लेषण बुनियादी तौर पर इस बात को स्पष्ट करने की कोशिश है कि मीर ने आम रोज़मर्रा ज़बान को अदबी ज़बान बनाने के लिए क्या तरीक़े इख़्तियार किये। ये विवेचन-विश्लेषण इस सवाल का जवाब देने की भी कोशिश है कि मीर की ज़बान के बारे में ये मन्तव्य क्यूँ फैला कि ये बहुत सादा और बेतह ज़बान है। उम्मीद है कि अब ये बात साफ़ हो चली होगी कि मीर ने ज़बान को इन्तिहाई पेचीदा, कलात्मक और सन्तुलित तरीक़े से इस्तेमाल किया। सन्तुलित

इस अर्थ में नहीं जिस अर्थ में आम बोलचाल सन्तुलित होती है, बल्कि इस अर्थ में कि उन्होंने प्राकृत में फ़ार्सी का पैवन्द तरह-तरह से लगाया, लेकिन न फ़ार्सीयत को हावी होने दिया न प्राकृत को। मीर की ज़बान में इतनी रंगारंगी और कलात्मकता है कि (जैसा कि मैं पहले कह चुका हूँ) इसमें बाद की हर पद्धति-शैली का और हर अन्दाज़ का सुराग़ मिल सकता है। ग़ालिब की ज़बान मीर से ज़ियादा बेमिसाल (unique) है, लेकिन सीमित अर्थों में। यानी ग़ालिब ने प्राकृत पर फ़ार्सी को हावी कर दिया, लेकिन दोनों को आपस में मिश्रित भी कर दिया। ये कारनामा किसी से भी अंजाम न पाया, और इस कारनामे की बदौलत ग़ालिब को जो उच्चता मिली और इस ज़बान के ज़रिये जिस तरह अमूर्त सोच का इज़्हार ग़ालिब ने किया, वो सिर्फ़ उन्हीं तक सीमित रही, लेकिन ज़बान की पूरी पूँजी का जिस क़दर सृजनात्मक और व्यापक प्रयोग मीर ने किया, ग़ालिब में वो योग्यता नहीं थी। सिर्फ़ इस एक बात के आधार पर मीर का मर्तबा उच्चतर ठहरता है। मीर पूरी ज़बान के बादशाह हैं, ग़ालिब उसके सिर्फ़ एक हिस्से पर हुक्मराँ हैं। स्वच्छन्दतापूर्वक मनमानी करनेवाले और नामुनासिब को बिल्कुल मुनासिब करके दिखानेवाले दोनों हैं। बस ये कि मीर का इलाक़ा चूँकि ज़ियादा बड़ा है, इसलिए उनकी सरहदों में कभी-कभी गड़बड़ी रहती है और ग़ालिब का रक़्बा चूँकि तुलनात्मक रूप से छोटा है, इसलिए यहाँ सरहदों पर गड़बड़ी बहुत कम है। लिहाज़ा मीर के यहाँ कभी-कभी भोंडे अल्फ़ाज़ और फ़िक़रे मिल जाते हैं। भोंडे से मेरी मुराद ऐसे अल्फ़ाज़ और फ़िक़्रे नहीं जिन पर 'नैतिक' रूप से आक्षेप किया जा सके। नैतिक रूप से मुझे मीर के यहाँ कोई आपत्तिजनक बात नहीं नज़र आती। मेरा आशय सिर्फ़ ये है कि अल्फ़ाज़ के विशाल ख़ज़ाने को तमामतर बरत डालने के जोशो-शौक़ में मीर कभी-कभी अधकचरे प्रयोगों के दोषी हो जाते हैं। चन्द शेर निम्नलिखित हैं—

अक्सर आलाते-जोर उससे हुए,
आफ़तें आयीं उसके मक़दम से।

यहाँ 'आलाते-जोर' माशूक़ के बजाय किसी कारीगर का रूप पेश करता है, और 'मुक़द्दम' सिर्फ़ क़ाफ़िये की ख़ातिर है। 'मुक़द्दम' का इस्तेमाल देखना हो तो ग़ालिब को पढ़िए—

नहीं है साया कि सुनकर नवेदे मक़दमे-यार
गये हैं चन्द क़दम पेशतर दरो-दीवार

यानी 'मक़दम' का लफ़्ज़ formal स्थिति रखता है। ग़ालिब को फिर सुनिए—

मक़दमे-सैलाब से दिल क्या निशात आहंग है
ख़ानए-आशिक़ मगर साज़े-सदाए-आब था

किलीदे-पेच अगर रुक़्क़ा यार का आवे
तो दिल की क़ुफ़्ल-सा बस्ता है कैसा खुल जावे

यहाँ रिआयते-लफ़्ज़ी बेक़ायदा है, क्योंकि 'किलीदे-पेच' के लिए कोई जवाब नहीं मुहैया किया, लेकिन रिआयते-लफ़्ज़ी मीर का ख़ास फ़न है। हज़ारों अश्'आर में से एकाध तो कमज़ोर निकलेंगे ही—

मुँह धोते उसके आता तो है अक्सर आफ़्ताब
खावेगा आफ़्ताबा कोई ख़ुदसर आफ़्ताब

'आफ़्ताब' की रिआयत ख़ूब सही, लेकिन 'ख़ुदसर' महज़ क़ाफ़िया की भरपाई के लिए है। एक बात दिलचस्प ये है कि मीर ने फ़ार्सी और प्राकृत दोनों तरह के अल्फ़ाज़ में कहीं-कहीं उस चीज़ को प्रयोग किया है जिसे हम भोंडापन कहने पर मज्बूर हैं, लेकिन उनकी मौलिकता यहाँ भी बरक़रार है। फ़ार्सी से मीर का लगाव बहरहाल उतना ही गहरा था, जितना प्राकृत से था, इसलिए मीर के यहाँ फ़ार्सी की बहुत-सी दुर्लभ तर्कीबें भी मिलती हैं। उन पदावलियों का ज़िक्र किये बग़ैर इस बहस को ख़त्म करना ग़ैर मुनासिब होगा।

फ़ार्सी तर्कीबों के सिलसिले में ग़ालिब और मोमिन का नाम अक्सर आता है। 'मोमिन' के यहाँ कल्पना-बिम्ब या बिम्बात्मक कल्पना (Visual imagination) कम होने और उनके कलाम में अर्थ की ताज़गी न होने के कारण 'मोमिन' की तर्कीबें ग़ालिब के मुक़ाबिले में एकहरी है। मीर की तर्कीबों में बिम्बात्मक कल्पना और अर्थ की ताज़गी दोनों का दख़ल है। ज़ाहिर है कि इस मैदान में वो ग़ालिब के प्रतिद्वन्द्वी नहीं हैं, लेकिन उन्हें नज़रअन्दाज भी नहीं किया जा सकता। मीर का कलाम चूँकि बिम्बात्मकता से परिपूर्ण है, इसलिए उनकी तर्कीबों में भी बिम्बों का मिश्रण है। कहीं-कहीं मीर ने भी ग़ालिब की तरह अमूर्तता बरती है, लेकिन उनकी ज़ियादा तवज्जोह मूर्त या चाक्षुष और स्थूल है।

ये बात याद रखने की है कि अरबी-फ़ार्सी के आम अल्फ़ाज़ को मिलाने-जुलाने से कलाम की सत्ह मामूली बोलचाल के मुक़ाबिले में थोड़ी-बहुत बुलन्द तो हो जाती है, लेकिन इसे सच्ची फ़ार्सीयत नहीं कह सकते, और न इस तरह की तर्कीबों को कलाम का कोई ख़ास हुस्न कह सकते हैं। हमारे पुराने आलोचकों, ख़ासकर नियाज़ फ़तेहपुरी ने फ़ार्सी तर्कीबों की ख़ूबसूरती का ज़िक्र अक्सर किया है, लेकिन ये स्पष्ट नहीं किया है कि जिन तर्कीबों को वो ख़ूबसूरत कह रहे हैं, उनका हुस्न किस चीज़ में हैं। लिहाज़ा सबसे पहली बात तो ये है कि तर्कीब उस वक़्त ख़ूबसूरत होती है जब उसके ज़रिये दुर्लभ इस्तिआरा या दुर्लभ अर्थान्विति पैदा हो। दूसरी सूरत ये है कि उसके ज़रिये अर्थ में वृद्धि हो। (अक्सर ये दोनों सूरतें यानी

इस्तिआरा और अर्थ-वृद्धि, साथ-साथ घटित होती हैं)। तीसरी सूरत ये है कि तर्कीब के ज़रिये बिम्ब या इस्तिआरा और बिम्ब अस्तित्व में आ जाये। चौथी सूरत ये है कि तर्कीब किसी इस्तिआराती व्यवस्था का पक्ष-पोषण करे, चाहे ख़ुद उसमें स्वयं कोई उल्लेखनीय इस्तिआरा न हो। ग़ालिब के कलाम में ये तमाम सूरतें मौजूद हैं और कभी-कभी एक से ज़ियादा सूरतें एक ही शेर में इस तरह मिली हुई होती हैं कि उनको अलग-अलग बयान करना मुश्किल हो जाता है। ये चन्द शेर मुलाहिज़ा हों—

न होगा यक बयाबाँ मान्दगी से ज़ौक़ कम मेरा
हबाबे-मौजए-रफ़्तार है नक़्शे-क़दम मेरा

'यक बयाबाँ मान्दगी' बहुत दुर्लभ इस्तिआरा है, बिम्बात्मक भी है, लेकिन 'हबाबे-मौजए-रफ़्तार' की तरह पेचीदा नहीं। बाद में उल्लिखित वाक्यांश में गतिशीलता और बिम्ब, दोनों स्थितियाँ है। इसमें इस्तिआरा उतना ज़बरदस्त नहीं, लेकिन ये तर्कीब 'नक़्शे-क़दम' के लिए इस्तिआरे का काम कर रही है और इस तरह एक और इस्तिआरे का पक्षपोषण करती है।

नश्अ-ए-मय बेचमन दूदे-चराग़े-कुश्ता है
जाम दाग़े-शोला अंदूदे-चराग़े-कुश्ता है

'दूदे-चराग़े-कुश्ता' में ख़ुद कोई विशेष बात नहीं, लेकिन ये ख़ुद इस्तिआरा है 'नश्अ-ए-मय' का। 'दाग़े-शोला अन्दूद' निहायत ख़ूबसूरत बिम्ब है, लेकिन ये 'चराग़े-कुश्ता' का इस्तिआरा भी है, और ये सारे का सारा 'जाम' का इस्तिआरा है। इस तरह पेच-दर-पेच इस्तिआरा और बिम्ब पैदा हो गये।

असद हमको जुनूँजौला गदाए-बेसरोपा है
कि है सरपंजए-मिज़गाने-आहू कुश्तख़ार अपना

'गदाए-बेसरोपा' में इस्तिआरा दिलचस्प है, लेकिन बहुत दुर्लभ नहीं। 'जुनूँ जौला' में बेइन्तिहा नवीनता है और 'गदाए-बेसरो-पा' इसके लिए इस्तिआरे का काम करता है। 'सरपंजए-मिज्गाने-आहू' में बिम्ब है। यद्यपि बहुत असाधारण नहीं है, लेकिन ये पूरा मिस्रा अपने पहले मिस्रे का इस्तिआरा है। इस तरह पूरा शेर तर्कीबों के ज़रिए इस्तिआरे के मिश्रण से दबा हुआ है।

शौक़ उस दश्त में दौड़ाये है मुझको कि जहाँ
जादा ग़ैर अज़ निगहे-दीदए-तस्वीर नहीं

'निगहे-दीदए-तस्वीर' ग़ैरमामूली इस्तिआरा भी है और गैरमामूली बिम्ब भी—

पैकरे-उश्शाक़ साज़े-तालए-नासाज़ है
नाला गोया गर्दिशे-सैयारा की आवाज़ है

दूसरे मिस्रे में सहजता और सरलता से सम्प्रेषित हो जानेवाला बिम्ब है, लेकिन इसके अलावा ये भी है कि तमाम तर्कीबों के ज़रिये अर्थ में इज़ाफ़ा हो रहा है।

मीर की तर्कीबों में ये विचित्रता और पेचीदगी बहुत कम है। ये ज़ुरूर है कि नये-नये अल्फ़ाज़ का मिश्रण बनाने और तर्कीबों पर आधारित दुर्लभ वाक्यांशों को इस्तेमाल करने में मीर ने गालिब से ज़ियादा सृजनात्मकता बरती है। उनमें से कुछ वाक्यांश तो ग़ालिब ने भी इस्तेमाल किये, मस्लन—

यक बियाबाँ बरंगे-सौते-जरस
मुझ पे है बेकसी-ओ-तन्हाई

(पहला दीवान)

सब खा गये जिगर तेरी पलकों के काव-काव
हम सीनाख़स्ता लोगों से बस आँख मत लगाव

(तीसरा दीवान)

लेकिन कुछ वाक्यांश ऐसे भी हैं, जो ग़ालिब की पहुँच से दूर रहे। मस्लन् 'गुलज़मीं' 'ज़मीन के टुकड़े' के अर्थ में और 'गुल-गुल शिगुफ़्ता' 'बहुत शिगुफ़्ता' के अर्थ में।

उस गुलज़मीं से अब तक उगते हैं सर्व माइल
मस्ती में झुकते जिस पर तेरा पड़ा है साया

(पहला दीवान)

गुलगुल शिगुफ़्ता मय से हुआ है निगार देख
यक जुर्आ हमदम और पिलाकर बहार देख

(पाँचवा दीवान)

जैसा कि मैंने ऊपर कहा, मीर ने नये-नये अल्फ़ाज़ को मिश्रित करने में ख़ास कमाल दिखाया है। इसके अलावा, उन्होंने तर्कीब को शार्टहैंड के तौर पर भी आम शायरों से अधिक बरता है। दोनों तरह की कुछ मिसालें निम्नलिखित हैं—

मुद्दई-ए-इश्क़ तो हैं उ.ज्लती-ए-शह्र लेक
जब गली-कूचों में कोई इस तरह रुस्वा हो मियाँ

(उज़्लती-ए-शह्र, तीसरा दीवान)

हो तुम जो मेरे हैरती-ए-फ़र्ते-शौक़े-वस्ल
क्या जानो दिल किसू से तुम्हारा लगा नहीं

(हैरती-ए-फ़र्ते-शौके-वस्ल, तीसरा दीवान)

बारे-हिर्माने-गुलो-दाग़ नहीं अपने साथ
शजरे-बाग़े-वफ़ा फूले-फले जाते हैं

('बारे-हिर्माने-गुलो-दाग़' और 'शजरे-बाग़े-वफ़ा', तीसरा दीवान)

रंगे-बेरंगी जुदा तो है वले,
आब-सा हर रंग में शामिल है मियाँ

('रंगे-बेरंगी', तीसरा दीवान)

सोज़े-दरूँ से क्यूँ कर मैं आग में न लोटूँ
ज्यूँ शीशए-हबाबी सब दिल पे आबले हैं

('शीशए-हबाबी', तीसरा दीवान)

मैं नौ दमीदा बाल चमनज़ाद तैर था
पर घर से उठ चला सो गिरिफ़्तार हो गया

('नौदमीदा बाल चमनज़ाद', पहला दीवान)

हासिल न पूछ गुलशने-मुश्हद का बुलहवस
याँ फल हर इक दरख़्त का हल्क़े-बुरीदा था

('गुलशने-मुश्हद', पहला दीवान)

उस लबे-जाँबख़्श की हस्रत ने मारा जान से
आबे-हैवाँ युम्ने-ताले से मिरे सम हो गया

('युम्ने-ताले', दूसरा दीवान)

मव्वाज़ आब-सा है वलेकिन उड़े है ख़ाक
है मेरे बह्रे-बेतहे-हस्ती सराब-सा

(बह्रे बेतहे-हस्ती, दूसरा दीवान)

आयी सदा कि याद करो दौरे-रफ़्ता को
इब्रत भी है ज़ुरूर अय जम्अ तेज़ होश

('जम्अ तेज़ होश', पहला दीवान)

खोल आँखें सुबह से आगे कि शेर अल्लाह के
देखते रहते हैं ग़ाफ़िल वक़्ते-गुर्गो-मेश को

(वक़्ते-गुर्गो-मेश, चौथा दीवान)

उपर्युक्त उदाहरण इस बात को स्पष्ट करने के लिए काफ़ी हैं कि मीर ने फ़ार्सी तर्कीबों को शार्टहैंड (संक्षिप्त-लेखन) के तौर पर भी बरता है और ऐसे अल्फ़ाज़ को भी मिश्रित किया है, जिन्हें उर्दू में यदा-कदा ही मिश्रित किया गया होगा। अब लगे हाथों कुछ उन तर्कीबों को भी देख लें जिनमें सृजनात्मक शान ज़ियादा पायी जाती है, लेकिन जो ग़ालिब के अन्दाज़ की हैं। आम राय के विपरीत मीर के यहाँ ऐसी तर्कीबें उतनी दुर्लभ नहीं हैं कि उनको तलाश करने में ज़हमत हो। उनमें ग़ालिब की-सी विशिष्टता नहीं है, लेकिन अन्दाज़ वही है। सिर्फ़ पहले दीवान की सरसरी वरक़गर्दानी से और मशहूर अश्आर को छोड़कर भी बहुतायत मात्रा में ऐसी तर्कीबें हाथ आती हैं जो बहुअर्थी या बिम्बात्मक सौन्दर्य या इस्तिआरे की नवीनता-मौलिकता के उदाहरण में रखी जा सकती हैं।

टुक सुन कि सौ बरस की नामूसे-ख़ामुशी खो
दो-चार दिन की बातें अब मुँह पे आइयाँ हैं

(नामूसे-ख़ामुशी)

रूओ-ख़ालो-ज़ुल्फ़ ही हैं सुम्बुलो-सब्ज़ओ-गुल
आँखें हों तो ये चमन आईनए-नैरंग है

(आईनए-नैरंग)

चश्मे-कम से देख मत क़ुमरी तू उस ख़ुशक़द को टुक
आह भी सर्वे-गुलिस्ताने-शिकस्ते-रंग है

(सर्वे-गुलिस्ताने-शिकस्ते-रंग)

गुलो-सुम्बुल हैं नैरंगे-क़ज़ा मत सरसरी गुज़रे
कि बिगड़े ज़ुल्फ़ो-रुख़ क्या-क्या बनाते इस गुलिस्ताँ को

(नैरंगे-क़ज़ा)

मक़ामिर ख़ानए-आफ़ाक़ वो है
कि जो आया है याँ कुछ खो गया है

(मक़ामिर ख़ानए-आफ़ाक़)

मैंने उस क़त्अए-सन्नास से सर खींचा है
कि हर इक कूचे में जिसके थे हुनरवर कितने

(क़त्अए-सन्नास)

जामे-ख़ूँ बिन नहीं मिलता है हमें सुबह को आब
जब से इस चर्ख़े-सियहकासा का मेह्माँ हुए

(चर्ख़े-सियहकासा)

छूटना मुम्किन नहीं अपना क़फ़स की क़ैद से
मुर्ग़े-सेर आहंग को कोई रिहा करता नहीं

(मुर्ग़े-सेर आहंग)

इस तरह की मिसालें बहुत हैं। इन मिसालों से ये बात भी स्पष्ट होती है कि मीर की ज़ियादातर रचनात्मक तर्कीबें फ़ारसी के प्रचलित और स्थायी मुहाविरे पर आधारित हैं। (चर्ख़े-सियहकासा, मुर्ग़े-सेर आहंग, क़त्अए-सन्नास वग़ैरह) इनमें चमक-दमक ग़ालिब के बराबर नहीं। यही वज्ह है कि इनमें पेचीदगी भी ग़ालिब जैसी नहीं है। नव्य सृजन-स्वभाव का भवन उन्हीं वस्तुओं पर निर्मित होता है और दृढ़ता प्राप्त करता है जो पहले से अस्तित्त्व में हों, लेकिन भवन अपनी समग्रता में पहले से अस्तित्व में रहे आधारों से भिन्न बनता है। ग़ालिब का यही आलम था।

इन्सानी तअल्लुक़ात की शायरी

मीर की ज़बान के संक्षिप्त विवेचन-विश्लेषण और ग़ालिब के साथ तुलनात्मक अध्ययन से ये बात ज़ाहिर हो जाती है कि मीर और ग़ालिब में भाषाई समानता है और नहीं भी। भाषा-प्रयोग से हटकर देखिए तो भी समानता के कुछ पहलू नज़र आते हैं। मीर के बाद ग़ालिब हमारे सबसे बड़े इन्फ़िरादियत-परस्त* हैं और इन दोनों की इन्फ़िरादियत इनके कलाम से निर्धारित-उपस्थित होनेवाले आशिक़ के किरदार में साफ़ नज़र आती है। मुहम्मद हसन अस्करी ने लिखा है कि फ़िराक़ साहब का एक बड़ा कमाल ये भी है कि उन्होंने उर्दू-ग़ज़ल को एक नया आशिक़ और नया माशूक़ दिया। अस्करी साहब के ख़याल में फ़िराक़ के आशिक़ की स्पष्ट विशेषता 'वक़ार' (भारी भरकसपन, इज़्ज़त, गम्भीरता, मान-मर्यादा आदि—अनु.) है। आगे वो लिखते हैं कि ग़ालिब के यहाँ भी एक तरह का वक़ार है, लेकिन उसमें आत्ममोह (Narcissism) एवं अहंवाद (अर्थात् यह भावना कि जो कुछ हूँ, बस मैं हूँ-अनु.) है और मीर के यहाँ भी एक विशेष प्रकार का वक़ार है, लेकिन उसमें आत्म-समर्पण ज़ियादा है। अस्करी साहब फ़रमाते हैं—

"मीर के यहाँ समर्पण बहुत ज़ियादा है, लेकिन वक़ार भी हाथ से नहीं जाने पाता... मीर एक ऐसी दुनिया में बसते हैं जहाँ इन्सानियत सर्वप्राथमिक है... ये आशिक़ महबूब से मुहब्बत का तलबगार नहीं, बस इतना चाहता है कि उसके साथ इन्सानों जैसा बर्ताव किया जाय, उसके विद्वान्-गुणवान होने की वजह से नहीं, बल्कि महज़ इन्सान होने की वज़ह से... वो इन्सान इस क़दर है कि बुद्धिमत्ता लाज़िमी चीज़ नहीं रहती। फलतः उसका वक़ार एक ख़ुद्दार इन्सान का वक़ार है।"

---

* 'इन्फ़िरादियत' (Individualism) का शाब्दिक अर्थ होता है—व्यक्तिगतता या वैयक्तिकता। आलोचना की शब्दावली में इसे 'व्यष्टिवाद' भी कहते हैं। इस किताब में इसे व्यक्तिगत विशिष्टता के अर्थ में भी प्रयोग किया गया है, लेकिन कहीं-कहीं पर ही। इन अर्थों के साथ-साथ 'इन्फ़िरादियत' का अर्थ उस व्यक्तिवादिता से भी है जो स्वयं शायर के लिए भी है और उसकी सैद्धान्तिक विचारधारा के क्रम में अन्य व्यक्तियों के लिए भी है। इसी 'इन्फ़िरादियत' शब्द में 'परस्त' या 'परस्ती' जोड़कर इसके भाव को और अधिक सघन कर दिया गया है साथ ही व्याकरणिक कोटि में भी परिवर्तन हो गया है।—अनु.

इस बात के अतिरिक्त कि फ़िराक़ साहब के आशिक़ में कोई वक़ार या बुद्धिमत्ता है कि नहीं, अस्करी साहब का कथन भी औचित्यपूर्ण है कि मीर का आशिक़ अपने माशूक़ से मुहब्बत का तलबगार नहीं, सिर्फ़ इन्सानी बर्ताव का तलबगार है, और उसमें वो वक़ार है जो ख़ुद्दार इन्सानों में होता है। वास्तविकता तो ये है कि मीर का आशिक़ अपने माशूक़ से सिर्फ़ अफ़्लातूनी मुहब्बत (काल्पनिक प्रेम) नहीं, बल्कि हमबिस्तरी का तलबगार है। वो हमबिस्तर होता भी है और वियोग की स्थिति में हमबिस्तरी के उन लम्हात को याद भी करता है। ये बात सही है कि वो इन्सान इस क़दर है कि उसके लिए बुद्धिमत्ता आवश्यक नहीं रहती, लेकिन इसी इन्सानपन के कारण वो माशूक़ से हाथापाई, गाली-गलौज और कहासुनी भी कर लेता है और हवसनाकी (लोभ, लालच, लोलुपता) का भी दावा करता है। मगर इन बातों के आधार पर उसके किरदार में कोई इन्फ़िरादियत नहीं साबित की जा सकती। ये बातें तो अठारहवीं सदी की ग़ज़ल की विशेषता है और 'आबरू' से लेकर 'मुस्हफ़ी' तक आम है। 'दर्द' तक के यहाँ इसकी झलक मिल जाती है। रहा सवाल वक़ार का, तो जिस चीज़ को अस्करी साहब ग़ालिब के आशिक़ का अहंवाद कहते हैं, उसी को हम-आप उसका वक़ार भी कह सकते हैं। इसके अलावा, जिस तरह का वक़ार अस्करी साहब ने मीर के यहाँ ढूँढ़ा है, वो 'क़ायम' के यहाँ भी मौजूद है। सिर्फ़ एक, और वो भी बहुत मश्हूर, शेर सुन लीजिए—

गो हम से तुम मिले न तो हम भी न मर गये
कहने को रह गया ये सुख़न दिन गुज़र गये

अस्करी साहब की मर्मभेदी दृष्टि ने ये बात तो पहचान ली थी कि उर्दू-शायरी में आशिक़ का एक परम्परागत किरदार है, और मीर-ओ-ग़ालिब के यहाँ उस परम्परागत किरदार से भिन्न चीज़ मिलती है। इस चीज़ को उन्होंने मीर-ओ-ग़ालिब की इन्फ़िरादियतपरस्ती कहा है, और उचित ही कहा है। लेकिन इस नये किरदार के रूप-स्वरूप को निर्धारित करने में उन्होंने कुछ जल्दी फ़ैसला कर लिया, शायद इसलिए कि उन्हें फ़िराक़ साहब के यहाँ एक तीसरी ही तरह की इन्फ़िरादियत दिखायी दी थी। फ़िराक़ के यहाँ आशिक़ की इन्फ़िरादियत का संक्षिप्त विश्लेषण मैं कहीं और कर चुका हूँ। ऊपर भी मैंने इशारा किया है कि मीर से फ़िराक़ साहब ने कुछ ज़ियादा हासिल नहीं किया। मीर के आशिक़ की इन्फ़िरादियत दरअस्ल ये है कि वो परम्परागत आशिक़ की तमाम विशेषताएँ रखता है, लेकिन हम उससे एक इन्सान की तरह मिलते हैं, किसी शाब्दिक औपचारिकता (Verbal Convention) के तौर पर नहीं। ये इन्सान हमें अपनी ही दुनिया का बाशिन्दा मालूम होता है, जबकि औपचारिकता से युक्त आशिक़ के बारे में हम जानते हैं कि वो बिल्कुल काल्पनिक

और आदर्शात्मक होता है। जैसा कि मैं ऊपर अर्ज़ कर चुका हूँ, हमारी दुनिया का ये इन्सान मुहम्मद तक़ी मीर नहीं हैं और न ही ये किसी फ़िक्शन (fiction) का किरदार है कि उसके प्रयोजन (motivation) तलाश किये जायें—उसकी मनोदशाओं का विश्लेषण करने में हिन्दी की चिन्दी की जाय, उसके अन्तर्विरोधों पर बहस की जाये, उसकी ख़ूबियाँ स्पष्ट की जायें, उसकी ख़राबियों पर मुँह बनाया जाय, यानी फ़िक्शन के किरदार को हम (और फ़िक्शन लिखनेवाला ख़ुद) उसी तरह बरतते हैं जिस तरह हम वास्तविक दुनिया के किसी शख़्स को बरतते हैं। फ़िक्शन के किरदार से हम सहमत-असहमत होते हैं, नफ़्रत या मुहब्बत करते हैं वग़ैरह-वग़ैरह; और सबसे बड़ी बात वो जो मैं पहले ही कह चुका हूँ कि हम उसके प्रयोजन (Motivation) तलाश करते हैं। उसने ऐसा क्यूँ किया? उसने वैसा क्यूँ न किया? फ़िक्शन (के साथ-साथ ड्रामा) के किरदार की आलोचना का बुनियादी सवाल यहीं से शुरू होता है। मीर के आशिक़ से हम इस तरह का कोई मुआम्ला नहीं रखते, बल्कि वो इन मामलों से परे है और ऊपर है। यानी उसकी परम्परागत हैसियत सर्वविदित और सर्वमान्य है, और इसके बावजूद हम उसको आम इन्सान की सतह पर देखते हैं और अस्ली इन्सान की तरह उसका तसव्वुर करते हैं। मीर की यही ज़मीनी विशेषता उनकी शैली में अमूर्तता कम कर देती है और उनकी शायरी को वास्तविकता के धरातल पर ले आती है। यही ज़मीनी विशेषता उनके इस्तिआरों और प्रतीकों में ज़ाहिर होती है, जो भावनाओं और संवेदनाओं से परिपूर्ण है। यही ज़मीनी विशेषता मीर के इश्क़ में ऐन्द्रियता और ऐन्द्रियता में समलैंगिकता बनकर ज़ाहिर होती है। यही ज़मीनी विशेषता उन्हें माशूक़ से फक्कड़पन करने, अपने आप पर हँसने, आप अपना मज़ाक़ उड़ाने, माशूक़ पर व्यंग्य करने का अन्दाज़ सिखाती है। इसी विशेषता के आधार पर मीर की ज़बान में फ़ार्सी और प्राकृत का असाधारण मिश्रण और सन्तुलन नज़र आता है। इसी विशेषता के आधार पर वो दुनिया और दुनिया के मामलों में इस क़दर निमग्न हैं कि उनकी सूफ़ियाना प्रवृत्ति भी और कायनात की अज़ीमुश्शान विस्तीर्णता का एहसास भी उन्हें गोश्त-पोस्त के एहसासात से बेख़बर नहीं रखता। इसी के आधार पर वो कायनात के रहस्यों से वाक़िफ़ होने के बावजूद उनसे ख़ौफ़ज़दा नहीं होते, क्योंकि रोज़मर्रा की दुनिया से उनका रिश्ता मज़्बूत है, वो उस दुनिया के हैं, लेकिन उसमें क़ैद नहीं हैं। इसी के आधार पर वो इन्सानी रिश्तों के सम्बन्ध में हमारे सबसे बड़े शायर हैं।

मीर के आशिक़ के किरदार में उनकी ये तमाम विशेषताएँ, जिनका ऊपर ज़िक्र हुआ, पूरी तरह परिलक्षित होती हैं। मीर के पूरे कलाम से एक ऐसी शख़्सीयत का किरदार उभरता है जिसने दुनिया के तमाम सच-झूठ, दुख-सुख, ख़ुशी और ग़म, छानबीन और जाँच-पड़ताल को पूरी तरह बरता है, पूरी तरह बरदाश्त किया है। ये

शख़्सीयत किसी चीज़ के सामने पस्त नहीं होती। उसने इतना कुछ देखा, बरता और सहा है कि उसकी रूह में हर शै (वस्तु, चीज़) नज़र आती है, नज़र आयी हुई सी का आलम नज़र आता है। उसे किसी उत्थान पर, किसी पतन पर, किसी मिलन पर, किसी वियोग पर, किसी मौत पर, किसी ज़िन्दगी पर हैरत नहीं होती। ये शख़्सीयत हर तरह मुकम्मल है, और उसका प्रभाव या उसकी झलक उस आशिक़ के किरदार में दिखाई देती है जो मीर के कलाम में जल्वागर है। मीर पर निराशावाद, अति शोकग्रस्तता और दिलशिकस्तगी का आरोप लगानेवाले मीर के साथ इन्साफ़ नहीं करते, बल्कि उनकी शख़्सीयत और कलाम की अज़्मत को सीमित कर देते हैं। जिस शख़्स के यहाँ हर चीज़ अपनी पूरी शक्ति और अपने पूरे फैलाव के साथ मौजूद हो, उसको किसी एक तरफ़ बन्द कर देना ख़ुद उसके साथ ही नहीं, पूरी उर्दू शायरी के साथ ज़ियादती है। हक़ीक़त ये है कि मीर का आशिक़ और उसकी पूरी शख़्सीयत भी उनकी ज़बान ही की तरह बेतकल्लुफ़, चूँचाल, प्रतिभाशाली, ज़हीन, पेचीदा और बहुविध प्रतिभा की धनी है।

मीर के विपरीत, ग़ालिब के आशिक़ की विशिष्टता उसकी शिष्ट औपचारिकता या परम्पराधर्मिता में है। मीर और ग़ालिब हमारे दो शायर हैं जिनके यहाँ आशिक़ का किरदार, ग़ज़ल के परम्परागत आशिक़ से भिन्न है और अपनी शख़्सीयत आप रखता है। दोनों ने इस विशिष्ट किरदार को सृजित करने के लिए अपने-अपने तरीक़ों से काम लिया। ग़ालिब और मीर की असमानता जितना इस बिन्दु पर है, उतना और किसी बिन्दु पर नहीं है। मीर ने परम्पराओं की पाबन्दी के अन्तर्गत रहते हुए भी अपने आशिक़ को इन्सान की सतह पर पहुँचा दिया। ग़ालिब ने परम्पराओं को इस शिद्दत से बरता कि उनके यहाँ आशिक़ की हर विशेषता अपनी मिसाल आप हो गयी। अपने इस्तिआराती और कथात्मक तथा कथनात्मक विचार और इस विचार के ज़मीन से ऊपर उठने और अमूर्तता की ओर प्रवृत्त होने के आधार पर ग़ालिब ने आशिक़ की विशेषताओं-स्वभावों, वार्तालापों और कार्य-कलापों के हर परम्परागत (यानी काल्पनिक और आदर्शात्मक) पहलू को उसकी कलात्मक पराकाष्ठा तक पहुँचा दिया। यही वजह है कि रश्क हो या ख़ुद्दारी, वफ़ादारी हो या नर्गिसीयत (आत्ममोह), वह्शत-ओ-आवारगी हो या अन्दर-ही-अन्दर जलने और टूटने का रंग, जुनून और सौदा हो या तंज़-ओ-ख़ुदआगाही, शिकस्ते-जिस्म हो या नुक़्साने-जाँ, शौक़े-शहादत हो या ज़ौक़े-वस्ल; वो तमाम चीज़ें जिनका 'हाली' ने बड़े मज़े ले-लेकर ज़िक्र किया है, ग़ालिब के यहाँ पूरी, बल्कि आदर्शात्मक उच्चता के साथ मिलती हैं। 'मोमिन' के यहाँ भी बड़ी हद तक इन चीज़ों का असर है, लेकिन मोमिन का दिमाग़ इस्तिआरे की हद तक नहीं पहुँच पाता। उनके यहाँ बहुअर्थिता नहीं, इसलिए वो एक अनुभव के माध्मय से कई अनुभव नहीं बयान कर सकते। वो बात

को घुमाकर, फिराकर, बहुत बनाकर कहते हैं, लेकिन मानीआफ़्रीनी और इस्तिआरे की कमी के कारण उनकी बात छोटी और हल्की रह जाती है। ग़ालिब का मामला ही और है। उनका इस्तिआराती आयाम इतना विस्तृत है कि वो आशिक़ के तमाम मामले को पेच-दर-पेच विस्तार दे देते हैं। यही वजह है कि ग़ालिब के यहाँ आशिक़ मोमिन के मुक़ाबले में ज़ियादा अलग और जानदार नज़र आता है। लिहाज़ा तराज़ू के एक सिरे पर मीर हैं, जो आशिक़ को इन्सान बनाकर पेश करते हैं, और दूसरी तरफ़ ग़ालिब हैं जो आशिक़ को आइडियल बनाकर पेश करते हैं। ये कोई तअज्जुब की बात नहीं कि ग़ालिब गर्मी-ए-अन्देशा (Heat of thought) की बात करते हैं और मीर अपने शेर को ज़ुल्फ़-सा पेचदार बताते हैं। दोनों की बुनियाद इस्तिआरे पर है, लेकिन ग़ालिब का इस्तिआरा अमूर्त है और मीर का इस्तिआरा स्थूल।

कहना न होगा कि आदर्शात्मक निर्मिति (Ideal candition), यानी किसी चीज़ को इस तरह और इस हद तक बढ़ाना कि वो आदर्शात्मक हो जाय, अमूर्तता के बग़ैर मुम्किन नहीं। अरस्तू ने इसीलिए कहा था कि अगर कोई चीज़ बहुत ज़ियादा बड़ी हो जाय तो उसको देखना मुम्किन न होगा। अमूर्तता के बहुत-से रूप हैं और उनमें से एक अहम रूप इस्तिआरा भी है। लिहाज़ा कोई तअज्जुब नहीं कि ग़ालिब के यहाँ इस्तिआरा और अमूर्तता ने मिलकर आशिक़ का आदर्श पात्र के रूप में निर्माण किया है। निम्नलिखित अश्आर उस आदर्शात्मक रूप और आदर्श पात्र होने के आधार पर उसके अद्वितीय (unique) होने को ज़ाहिर करते हैं—

ग़ालिब मुझे है उससे हम आग़ोशी आर्ज़ू...
जिसका ख़याल है गुलेजेबे-क़बाए-गुल

बावजूद यक जहाँ हंगामा पैदाई नहीं
हैं चराग़ाने-शबिस्ताने-दिले-परवाना हम

ज़ख़्म सिलवाने से मुझ पर चाराजोई का है तान
ग़ैर समझा है कि लज़्ज़त ज़ख़्मे-सूज़न में नहीं

हस्रते-लज़्ज़ते आज़ार रही जाती है
जादए-राहे-वफ़ा जुज़दमे-शमशीर नहीं

हर क़दम दोरही मंजिल है नुमायाँ मुझसे
मेरी रफ़्तार से भागे है बयाबाँ मुझसे

ख़ंजर से चीर सीना अगर दिल न हो दोनीम
दिल में छुरी चुभो मिज़हगर ख़ूँफ़िशाँ नहीं

गुंजाइशे-अदावते-अग़्यार इक तरफ़
याँ दिल में ज़ोफ़ से हवसे-यार भी नहीं
बसकि हों ग़ालिब असीरी में भी आतिश ज़ेरे-पा
मूए-आतिश दीदा है हल्क़ा मेरी ज़ंजीर का

कीजे बयाँ सुरूर तब ग़म कहाँ तलक
हर मू मेरे बदन पे ज़बाने-सिपास है

सर पर हुजूमे-दर्द ग़रीबी से डालिए
वो एक मुश्ते-ख़ाक कि सहरा कहें जिसे

मेरी हस्ती फ़ज़ाए-हैरत आबादे-तमन्ना है
जिसे कहते हैं नाला वो इसी आलम का अन्क़ा है

साया मेरा मुझसे मिस्ले-दूद भागे है 'असद'
पास मुझ आतिश बजाँ के किससे ठहरा जाये है

मौजे-सराब दस्ते-वफ़ा का न पूछ हाल
हर ज़र्रा मिस्ले-जौहर तेग़े-आबदार था

बन्दगी में भी वो आज़ादाओ-ख़ुदबीं हैं कि हम
उल्टे फिर आये दरे-काबा अगर वा न हुआ

सौ बार बन्दे-इश्क़ से आज़ाद हम हुए
पर क्या करें कि दिल ही अदू है फ़राग़ का

दिल से मिटना तेरी अंगुश्तहिनाई का ख़याल
हो गया गोश्त से नाख़ुन का जुदा हो जाना

लरज़ता है मेरा दिल ज़हमते-मेह्रे-दरख़्शाँ पर
मैं हूँ वो क़त्रए-शबनम कि हूँ ख़ारे-बयाबाँ पर

बरंगे-काग़ज़े-आतिशज़दा नैरंगे-बेताबी
हज़ार आईना दिल बाँधे है बाले यक तपीदन पर

ज़ाहिर है कि अश्आर की कमी नहीं। ये भी ज़ाहिर है कि जिन आश्आर में चाक्षुष बिम्ब हैं भी, वो अ-चाक्षुष (अगोचर) वस्तुओं की स्पष्टता के लिए हैं। पूरे कलाम पर भेदपूर्ण वातावरण आच्छादित है, एक अर्द्धप्रकाशित धुन्ध है जिसको देखकर झुरझुरी-सी आ जाती है। सिर्फ़ तीन शेर ऐसे हैं ('बन्दगी में भी...', 'सौ बार बन्दे-इश्क़...' और 'दिल से मिटना...') जिनके मामलों पर रोज़मर्रा की दुनिया का धोखा हो सकता है, और इनमें भी एक शेर ऐसा है जिसमें पूरी दुनिया एक 'अंगुश्तहिनाई' (मेंहदी लगी हुई उँगलियाँ) में सिमट आयी है। यहाँ हर चीज़ तसव्वुर की हुई-सी (काल्पनिक) है, नज़र आयी हुई-सी नहीं। यहाँ वो मुबाल्ग़ा (अत्युक्ति या अतिरंजना) नहीं है जो हम-आप इस्तेमाल करते हैं, यहाँ हर चीज़ को निचोड़कर उसके गुणों को ज़मीन पर फैला दिया गया है। ये वो आलम है जिसमें बेचारगी भी बादशाहे-वक़्त का दबदबा रखती है। यहाँ बक़ौल मीर 'तज्रीद का फ़राग़' (अर्थात् अमूर्तता से मुक्ति) है, जिसके आधार पर आफ़्ताब अपने साये से भी भागता है।

ग़ालिब के बरअक्स मीर दुनियावी रिश्तों के शायर हैं। उन्होंने अपने आशिक़ को दुनिया में पेश करने के लिए और उसकी इन्फ़िरादियत साबित करने के लिए उसके बारे में बहुत-सी बातें उसकी ज़बान से और दूसरों की ज़बान से कहलायी हैं। आपसी रिश्तों की ये सूरत निम्नलिखित है—

आशिक़ अपनी आदतें, स्वभाव, गुण और मानसिक स्थितियों-परिस्थितियों के बारे में यूँ इज्हारे-ख़याल करता है, गोया वो माशूक़ से गुफ़्तगू कर रहा हो, या माशूक़ को मौजूद मान रहा हो। ये मामलाबन्दी नहीं है, बल्कि इसमें और मामलाबन्दी में दो बहुत बड़े फ़र्क़ हैं। पहली बात तो ये कि मामलाबन्दी में ख़ुद आशिक़ के हालात-ओ-कैफ़ीयात और आदत का बयान नहीं होता, बल्कि माशूक़ की तरफ़ से कही या की हुई बात का हवाला होता है। माशूक़ को यहाँ भी उपस्थित मान सकते हैं, लेकिन बात माशूक़ के कथन और क्रियाओं की होती है, आशिक़ के कथन और क्रियाओं की नहीं। दूसरा फ़र्क़ ये है कि मामलाबन्दी में शिकायत या प्रशंसा का रंग होता है और वो किसी विशेष परिस्थिति के हवाले से होता है। मीर ने जो शैली अपनायी है, उसमें आशिक़ अपने कथन एवं क्रियाओं से माशूक़ को अपने बारे में आगाह करता है। उसमें शिकायत या प्रशंसा का रंग बहुत कम होता है, और अगर होता भी है तो किसी विशेष स्थिति-परिस्थिति के हवाले से नहीं, बल्कि किसी सामान्य स्थिति-परिस्थिति के हवाले से। मिसाल के तौर पर मामलाबन्दी के चन्द शेर निम्नलिखित हैं—

मोमिन— उल्टे वो शिकवे करते हैं और किस अदा के साथ
बेताक़ती के ताने हैं उज़्रे-जफ़ा के साथ

मोमिन— यारब विसाले-यार में क्यूँकर हो ज़िन्दगी
निकली ही जान जाती है हर हर अदा के साथ

मोमिन— कहना पड़ा दुरुस्त कि इतना रहे लिहाज़
हर चन्द वस्ले-ग़ैर का इन्कार है ग़लत

मोमिन— किसने और को देखा किसकी आँख झपकी है
देखना इधर आओ फिर नज़र मिला देखें

मुसहफ़ी— कुछ हमारी भी तुम्हें फ़िक्र है अब या कि नहीं
जूँ ही ये बात कही उससे, तो बोला कि नहीं

मुसहफ़ी— मैं और किसी बात का शाकी नहीं तुझसे
ये वक़्त के ऊपर तेरा इन्कार ग़ज़ब है

ग़ालिब— कहा तुमने कि क्यूँ हो ग़ैर के मिलने में रुस्वाई
बजा कहते हो सच कहते हो फिर कहियो कि हाँ क्यूँ हो

दाग़— क्या इज़्तिराबे-शौक़ ने मुझको ख़जल किया
वो पूछते हैं कहिए इरादे कहाँ के हैं

ज़ाहिर है कि तमाम ग़ज़लकारों की तरह मीर ने भी मामलाबन्दी के अश्आर कहे हैं। मामलाबन्दी में कभी (या उसमें तंगदामानी) ये है कि वो हमें आशिक़ या माशूक़ की शख़्सियत के बारे में कोई नयी बात नहीं बताती। इसकी ख़ूबी ये है कि इसके ज़रिये इश्क़ की वारदात फलीभूत (Actualise) हो जाती है। मीर के यहाँ से मामलाबन्दी के चन्द शेर मुलाहिज़ा हों। पहले दीवान की एक ग़ज़ल में क़त्अ है—

कल थी शबे-वस्ल इक अदा पर
उसकी गये होते हम तो मर रात

जागे थे हमारे बख़्तख़फ़्ता
पहुँचा था बहम वो अपने घर रात

करने लगा पुश्ते-चश्मे-नाज़ुक
सोते से उठा जो चौंककर रात

थी सुब्ह जो मुँह को खोल देता
हर चन्द कि तब थी इक पहर रात

पर ज़ुल्फ़ों में मुँह छुपा के पूछा
अब होवेगी मीर किस क़दर रात

कुछ तो क़त्अबन्दी की वजह से और कुछ मीर की स्वाभाविक 'पेचदारी' के आधार पर ये अश्आर मामलाबन्दी की हद से कुछ आगे निकल गये हैं, वर्ना इसी मज़्मून को मिर्ज़ा अली लुत्फ़ ने एक ही शेर में बाँधा है—

ये भी है नयी छेड़ कि उठ वस्ल में सौ बार
पूछे है कि कितनी रही शब कुछ नहीं मालूम

मामलाबन्दी को ग़ज़ल के उस अन्दाज़ से भी बिल्कुल अलग रखना चाहिए जिसमें शायर बज़ाहिर तो माशूक़ को मुख़ातिब करता है, लेकिन दरअस्ल वो अपने आपसे बात कर रहा होता है। मस्लन् ग़ालिब कहते हैं—

तुझसे क़िस्मत में मेरी सूरत क़.फ़्ले-अब्जद
था लिखा बात के बनते ही जुदा होना

मिलना तेरा अगर नहीं आसाँ तो सह्ल है
दुश्वार तो यही है कि दुश्वार भी नहीं

या फिर ऐसे शेर हैं जिनमें बज़ाहिर माशूक़ से ख़िताब है, लेकिन ख़ुदकलामी (अपने आपसे बात करना, एकालाप या आत्मालाप) प्रकट होती है। जैसे—

है मुझको तुझसे तज़्किराए-ग़ैर का गिला
हरचन्द बरसबील शिकायत ही क्यूँ न हो

अभी हम क़त्लगह का देखना आसाँ समझते हैं
नहीं देखा शिनावर जूए-ख़ूँ में तेरे तौसन को

मीर के जिस अन्दाज़ (शैली) पर यहाँ विचार-विमर्श अभीष्ट है, वो इन सबसे भिन्न है। उसमें स्वअस्तित्व या कम-से-कम सीधे तौर पर स्वप्राकट्य (Self-revelation) का रंग है। जैसा कि ऊपर ज़िक्र हुआ, ऐसे शेर में आशिक़ अपनी आदतें

और कैफ़ीयतें बयान करता है और माशूक़ को उपस्थित मान लेता है। यानी वो माशूक़ को अपनी सूरते-हाल से वाक़िफ़ कराता है। ज़ाहिर है कि ऐसी सूरत में मामला पारम्परिक या औपचारिक सीमाओं से निकल जाता है और इन्सानी तअल्लुक़ की सतह स्पष्ट रूप से क़ायम हो जाती है। ध्यातव्य हो कि ऐसे अश्आर में इज़्हारे-इश्क़ या इज़्हारे-ख़्वाहिश या तमन्ना का इज़्हार नहीं होता। ये बात, कि आशिक़ अपने माशूक़ को अपनी सूरते-हाल (स्थिति-परिस्थिति) के बारे में सूचित कर रहा है, ख़ुद ही इज़्हारे-इश्क़ या इज़्हारे-ख़्वाहिश या इज़्हारे-तमन्ना (या इन सब) का मिश्रण है। लिहाज़ा इस तरह के अश्आर में जो शख़्स अपना इज़्हारे-हाल कर रहा है, वो केन्द्रीय भूमिका प्राप्त कर लेता है। चन्द अश्आर मुलाहिज़ा हों—

लुत्फ़ो-मेह्रो-ख़श्मो-ग़ज़ब हम हर सूरत में राज़ी हैं
हक़ में हमारे कर गुज़रो भी जो कुछ जानो बेह्तर तुम

(चौथा दीवान)

चुप हैं कुछ जो नहीं कहते हम कारे-इश्क़ के हैराँ हैं
सोचो हाल हमारा टुक तो बात की तह को पाओ तुम

(चौथा दीवान)

रंगे-शिकस्ता मेरा बेलुत्फ़ भी नहीं है
एक आध रात को तो याँ भी सहर करो तुम

(पहला दीवान)

अहद किये जाऊँ हूँ अब की आख़िर मुझको ग़ैरत है
तू भी मनाने आवेगा तो साथ न तेरे जाऊँगा

(चौथा दीवान)

वैसा कहाँ है हमसे जैसा कि आगे था तू
औरों से मिल के प्यारे कुछ और हो गया तू

(पहला दीवान)

हम वे हैं जिनके ख़ूँ से तेरी राह सब है गुल
मत कर ख़राब हमको तू औरों में सान कर

(पहला दीवान)

अब तंग हूँ बहुत मैं मत और दुश्मनी कर
लागू हो मेरे जी का उतनी ही दोस्ती कर

(दूसरा दीवान)

दिल वो नगर नहीं कि फिर आबाद हो सके
पछताओगे सुनो हो ये बस्ती उजाड़ कर

(पहला दीवान)

आज हमारे घर आया है तू क्या है याँ जो निसार करें
इल्ला खींच बग़ल में तुझको देर तलक हम प्यार करें

(दूसरा दीवान)

वजूहे-बेगानगी नहीं मालूम
तुम जहाँ के हो वाँ के हम भी हैं

(तीसरा दीवान)

अपना शेवा नहीं कजी यूँ तो
यार जी टेढ़े-बाँके हम भी हैं

(तीसरा दीवान)

हनोज़ लड़के हो तुम क़द्र मेरी क्या जानो
शऊर चाहिए है इम्तियाज़ करने को

(पहला दीवान)

इतना कहा न हमसे तुमने कभू कि आओ
काहे यूँ खड़े हो वहशी-से बैठ जाओ

(दूसरा दीवान)

दरवेश हैं हम आख़िर दो-इक निगह की फ़ुर्सत
गोशे में बैठ प्यारे तुम को दुआ करेंगे

(पहला दीवान)

चाहूँ तो भर के कोली उठा लूँ अभी तुम्हें
कैसे ही भारी हो मेरे आगे तो फूल हो

(पहला दीवान)

दर पर से तेरे अबके जाऊँगा तो जाऊँगा
याँ फिर अगर आऊँगा सैयद न कहाऊँगा

(चौथा दीवान)

इश्क़ में खोये जाओगे तो बात की तह भी पाओगे
क़दर हमारी कुछ जानोगे दिल को कहीं जो लगाओगे

(चौथा दीवान)

बरसों में पहचान हुई थी सो तुम सूरत भूल गये
ये भी शरारत याद रहेगी हमको न जाना जाने से

(पाँचवाँ दीवान)

ये तश्तो-तेग़ है अब ये मैं हूँ और ये तू
है साथ मेरे ज़ालिम दावा तुझे अगर कुछ

(दूसरा दीवान)

हस तरह के शेरों के साथ उन शेरों को भी रखा जाय जिन में दोनों सम्भावनाएँ हैं, यानी ये कि आशिक़ का मुख़ातिब (सम्बोध्य) माशूक़ है, या कोई भी नहीं है, तो ऐसे अश्आर की तादाद सैकड़ों से ज़ियादा होगी जिनमें मीर के आशिक़ ने अपनी शख़्सियत का इज़्हार किया है। इस तरह के अश्आर में भी मामला ग़ालिब से भिन्न है, क्यूँकि ग़ालिब के यहाँ मानसिक परिघटनाओं यानी Mental event का इज़्हार है, जबकि मीर के यहाँ मौजूदा यानी वास्तविक स्थिति-परिस्थिति का। मस्लन् ग़ालिब के दो शेर मैंने जो ऊपर उद्धृत किए हैं ('है मुझको तुझसे...' और 'अभी हम क़त्लगह...') दोनों में मानसिक क्रियाओं का ज़िक्र है जिनका सीधे तौर पर कोई सम्बन्ध तात्कालिक स्थिति-परिस्थिति से नहीं है, बल्कि वो सामान्य स्थितियों-परिस्थितियों का इज़्हार कर रहे हैं। इनके बरअक्स मीर के निम्नलिखित अश्आर में तात्कालिक अर्थात् वर्तमान स्थितियों का ज़िक्र है। और यही वज्ह है कि इन अश्आर के ज़रिये भी आशिक़ की इन्फ़िरादी हैसियत ज़ाहिर और क़ायम होती है—

कहते न थे कि जान से जाते रहेंगे हम
अच्छा नहीं है आ न हमें इम्तिहान कर

(पहला दीवान)

ताकुश्तए-वफ़ा मुझे जाने तमाम ख़ल्क़
तुर्बत पे मेरी ख़ून से मेरे निशान कर

(पहला दीवान)

तुझको है सौगन्द ख़ुदा की मेरी ओर निगाह न कर
चश्मे-सियाह मिलाकर यूँ ही मुझको ख़ानासियाह न कर

(चौथा दीवान)

जिस चमन ज़ार का तू है गुले-तर
बुलबुल उस गुलिस्ताँ के हम भी हैं

(तीसरा दीवान)

ज़र्दिए-रुख़, रोना हरदम का, शाहिद दो जब ऐसे हों
चाहत का इन्साफ़ करो तुम क्यूँ कर हम इन्कार करें

(दूसरा दीवान)

हम फ़क़ीरों को कुछ आज़ार तुम्हीं देते हो
यूँ तो इस फ़िरक़े से सब लोग दुआ लेते हैं

(चौथा दीवान)

छोड़ जाते हैं दिल को तेरे पास
ये हमारा निशान है प्यारे

(पहला दीवान)

दिल की कुछ क़द्र करते रहो तुम
ये हमारा भी नाज़परवर था

(पहला दीवान)

ख़ाना आबादी हमें भी दिल की यूँ है आर्ज़ू
जैसे जल्वे से तेरे घर आरसी का भर गया

उपर्युक्त दोनों तरह के अश्आर में अक्सर ऐसे हैं जिनके लहजे में तम्कनत, आत्मविश्वास, अपनी क़द्रो-कीमत का पूरा एहसास और कहीं-कहीं दुखान्त प्राप्त करनेवाले हीरो की शानो-शौकत है। कहीं-कहीं व्यंग्य तो कहीं आम आदमी-सी तल्ख़ी या चिड़चिड़ापन है। कहीं चालाकी और फ़रेब करने का भी प्रयास है। अगर वो रोते-कलपते मीर, दीन-हीन और दुखी मीर, जो हमारे आलोचकों के आईनाख़ानों में जल्वागर हैं, इन अश्आर में नज़र नहीं आते तो मेरा क़ुसूर नहीं। मीर का कलाम मीर का सबसे बड़ा गवाह है, और मीर के आलोचक और मर्मज्ञ इस गवाही के बदले भ्रमात्मक या तुक्कों पर आधारित गवाहियों को स्वीकार करें तो ये भी मेरा क़ुसूर नहीं।

माशूक़ से सीधे तौर पर गुफ़्तगू और इज़्हारे-हालवाले अश्आर के अन्तर्गत ऐसे अश्आर भी आते हैं जिनमें आशिक़ ने माशूक़ को बुरा-भला कहा है, जली-कटी सुनायी है या उसके किरदार पर हमला किया है। उन अश्आर में वो तहदारी और पेचीदगी बहुत कम है जिससे उपर्युक्त शेरों में से कई शेर लबरेज़ हैं, लेकिन जली-कटी सुनानेवाले उन शेरों में वासोख़्त का भी रंग नहीं है बल्कि वही रोज़मर्रा ज़िन्दगी के हवाले से बात कहने का अन्दाज़ है जो इस मैदान में मीर की विशिष्टता है। इस तरह के अश्आर उन्नीसवीं सदी के शायरों में तक़रीबन् अप्राप्य हैं। अठारवीं सदी में थोड़ा-बहुत इनका चलन ज़रूर मिलता है। मीर के यहाँ ये लहजा दूसरे शायरों की अपेक्षा ज़ियादा आम और ज़ियादा वैविध्यपूर्ण ढंग से नज़र आता है। तीसरे दीवान और

चौथे से कुछ अश्आर बग़ैर किसी ख़ास तलाश के उद्धृत करता हूँ—

सुना जाता है अय घतिये तेरे मज्लिसनशीनों से
कि तू दारू पिये है रात को मिलकर कमीनों से

(तीसरा दीवान)

अब तो जवानी का ये नशा ही बेख़ुद तुझको रक्खेगा
होश गया फिर आवेगा तो देर तलक पछतावेगा

(चौथा दीवान)

ख़िलाफ़े-वादा बहुत हुए हो कोई तो वादा वफ़ा करो अब
मिला के आँखें दरोग़ कहना कहाँ तलक कुछ हया करो अब

(चौथा दीवान)

जो वज्ह कोई हो तो कहने में भी कुछ आवे
बातें करो हो बिगड़ी मुँह को बना-बनाकर

(चौथा दीवान)

क्या रक्खें ये तुमसे तवक़्क़ो ख़ाक से आके उठाओगे
राह में देखो उफ़्तादा तो और लगाओ ठोकर तुम

(चौथा दीवान)

ग़रीबों की तो पगड़ी जामे तक ले है उतरवा तू
तुझे अय सीमबर ले बर में जो ज़रदार आशिक़ हो

(चौथा दीवान)

आक़िबत तुझको लिबासे-राह-राह
ले गया है राह से अय तंगपोश

(तीसरा दीवान)

ग़ैर की हमराही की इज़्ज़त जी मारे है आशिक़ का
पास कभू जो आते हो तो साथ इक तोह्फ़ा लाते हो

(चौथा दीवान)

कैसी वफ़ाओ-उल्फ़त खाते अबस हो क़समें
मुद्दत हुई उठा दी तुमने ये सारी रस्में

(तीसरा दीवान)

दूसरी सूरत, जिसमें अर्थगत गूढ़ता या क्लिष्टता कम, लेकिन ड्रामाई दिलचस्पी अधिक है, ये है कि कोई दूसरा शख़्स, या कई लोग मिलकर, माशूक़ को मीर की हालत से वाक़िफ़ कराते हैं, उसको राय-मशविरा देते हैं, उसको समझाते हैं। ये लोग कौन हैं, ये बात स्पष्ट नहीं की जाती, लेकिन लहजे से लगता है कि ये माशूक़ के क़रीबवाले या हमराज़ नहीं हैं। मालूम होता है कि आशिक़ और माशूक़ की बातें अब इतनी आम हो चली हैं कि लोग माशूक़ के पास जाकर मीर के तअल्लुक़ से गुफ़्तगू करना आम बात समझते हैं। इस क़िस्म के अश्आर की अधिकता के कारण मीर के आशिक़ की दुनिया न सिर्फ़ बहुत आबाद और मस्रूफ़ मालूम होती है, बल्कि उसका इश्क़ भी रोज़मर्रा की दुनिया के सरोकार (concern) और चिन्ता का विषय मालूम होता है। और ये सरोकार, ये सोच और फ़िक्र, ये लगाव, ख़ालिस इन्सानी हैं। इसमें नैतिक उच्चता या उपदेशपूर्ण सलाह की कोई मिलावट नहीं। जो लोग माशूक़ से गुफ़्तगू करने जाते हैं, वो सब इस मामले को बिल्कुल रोज़मर्रा के मामलों की सत्ह पर बरतते हैं। कोई कृत्रिमता, कोई तेज़ी, कोई भावनात्मक अपील यानी जज़्बे के तक़ाज़े से ज़ियादा अल्फ़ाज़ का ख़र्च, ऐसी कोई बात नहीं—

तुम कभू मीर को चाहो सो कि चाहें हैं तुम्हें
और हम लोग तो सब उनका अदब करते हैं

(तीसरा दीवान)

गया इस शह्र ही से मीर आख़िर
तुम्हारी तर्ज़े-बद से कुछ न था ख़ुश

(तीसरा दीवान)

क्यूँकर न हो तुम मीर के आज़ार के दर पे
ये जुर्म है उसका कि तुम्हें प्यार करे है

(तीसरा दीवान)

टुक मीर जिगर सोख़्ता की जल्दी ख़बर ले
क्या यार भरोसा है चराग़े-सहरी का

(पहला दीवान)

हमीयत उसके तईं कहते हैं जो मीर में थी
गया जहाँ से प तेरी गली में आ न रहा

(दूसरा दीवान)

रहम किया कर लुत्फ़ किया कर पूछ लिया कर आख़िर है
मीर अपना ग़मख़्वार अपना फिर ज़ार अपना बीमार अपना

(चौथा दीवान)

सर्फ़ा आज़ार मीर में न करो
ख़स्ता अपना है ज़ार है अपना

(दूसरा दीवान)

घर के आगे से तेरे नाश गयी आशिक़ की
अपने दरवाज़े तलक तू भी तो आया होता

(दूसरा दीवान)

कह वो शिकस्ता-पा हमा हस्रत न क्यूँ कि जाये
जो एक दिन न तेरी गली में चला-फिरा

(दूसरा दीवान)

तुम कहते हो बोसातलब थे शायद शोख़ी करते हों
मीर तो चुप तस्वीर-से थे ये बात उन्हों से अजब सी है

(तीसरा दीवान)

तुम्हारे पाँव घर जाने को आशिक़ के नहीं उठते
तुम आओ तो तुम्हें आँखों पे सर पर अपने जा देवे

(तीसरा दीवान)

थी जब तलक जवानी रंजो-ताब उठाये
अब क्या है मीर जी में तर्के-सितमगरी कर

(दूसरा दीवान)

इस तरह के अश्आर आशिक़ो-माशूक़ के दरमियान एक नया सम्बन्ध, बल्कि एक नयी तरह की समानता क़ायम कर देते हैं। अक्सर शेरों में अफ़्साने की-सी कैफ़ीयत है, इस अर्थ में कि अश्आर में जो बात बयान हो रही है, उसके पहले भी कुछ हो चुका है। लिहाज़ा ऐसे अश्आर की वज्ह से मीर के आशिक़ की दुनिया बहुत भरी-भरी और मस्रूफ़ मालूम होती है, लेकिन ग़ज़ल की आम दुनिया में माशूक़ सीधे तौर पर आशिक़ से बहुत कम हमकलाम होता है। माशूक़ की गुफ़्तगू अगर ग़ज़ल में बयान भी होती है तो हमेशा किसी दूसरे के अल्फ़ाज़ में। ज़ियादातर आशिक़ ही माशूक़ की गुफ़्तगू बयान करता है। मामलाबन्दी के विवेचन-क्रम में जो चन्द शेर मैंने उद्धृत किये, उनमें ये बात स्पष्ट रूप से नज़र आती है, लेकिन मीर ने आम तरीक़े

के ख़िलाफ़ जाकर माशूक़ और आशिक़ की सीधी-सीधी गुफ़्तगू भी बयान की है। माशूक़ का लहजा या शब्द, या दोनों, आम तौर पर हँसी उड़ाने या व्यंग्यात्मक ढंग के होते हैं, लेकिन कभी-कभी इसके बरअक्स भी होता है। एक क़त्अ मैंने ऊपर उद्धृत किया है (अब होवेगी मीर किस क़दर रात), उसमें माशूक़ का लहजा नाज़ से भरपूर है, लेकिन हास्यजन्य या व्यंग्यात्मक नहीं हैं। चन्द शेर ऐसे उल्लिखित करता हूँ जिनमें माशूक़ सीधे तौर पर मुख़ातिब है (या उसकी गुफ़्तगू सीधे-सीधे तक़्रीर (direct speech) के अन्दाज़ में उल्लिखित हुई है।) इन शेरों में माशूक़ हास्य और व्यंग्य का बादशाह नज़र आता है—

मैं बेनवा अड़ा था बोसे को उसके लब के
हरदम सदा यही थी दे गुज़रो टाल क्या है

(दूसरा दीवान)

पर चुप ही लग गयी जब उनने कहा कि कोई
पूछो तो शाह जी से उनका सवाल क्या है

(दूसरा दीवान)

कहने लगा कि शब को मेरे तईं नशा था
मस्ताना मीर को मैं क्या जानकर के मारा

(तीसरा दीवान)

ये छेड़ देख हँस के रुख़े-ज़र्द पर मेरे
कहता है मीर रंग तो अब कुछ निखर चला

(दूसरा दीवान)

काहे को मैंने मीर को छेड़ा कि उनने आज
ये दर्दे-दिल कहा कि मुझे दर्दे-सर रहा

(दूसरा दीवान)

इस शेर के बारे में कहा जा सकता है कि मुम्किन है इसको कहनेवाला माशूक़ न हो, बल्कि कोई दोस्त या परिचित हो। इसके दो जवाब मुम्किन हैं। अव्वल तो ये कि शेर के दो ही कहनेवाले हो सकते, या कोई दोस्त-परिचित या ख़ुद माशूक़। शेर में सीधे तौर पर इशारा न होने की वज़्ह से दोनों सम्भावनाएँ समान रूप से प्रबल हैं। दूसरी बात ये कि दर्द का ज़िक्र, और मीर की तरफ़ से दर्दे-दिल का पुर ज़ोरो-शोर बयान उस शक को यक़ीन के क़रीब पहुँचा देता है कि शेर में व्यक्त बात को कहनेवाला माशूक़ ही है—

हुआ मैं मीर जो उस बुत से साइल बोसए-लब का
लगा कहने ज़राफ़त से कि शह साहब ख़ुदा देवे

(तीसरा दीवान)

मुज़्तरिब हो जो हमरही की मीर
फिर के बोला कि बस कहीं रह भी

(तीसरा दीवान)

कहने लगा कि मीर तुम्हें बेचूँगा कहीं
तुम देखियो न कहियो ग़ुलाम उसके हम नहीं

(पाँचवाँ दीवान)

शोख़ी तो देखो आप ही कहा आओ बैठो मीर
पूछा कहाँ तो बोले कि मेरी ज़बान पर

(चौथा दीवान)

इन शेरों में माशूक़ का लहजा हँसी-ठिठोली का है, कहीं-कहीं उमसें लगावट भी है, लेकिन आशिक़ भी कोई गुमनाम और दबी-कुचली शख़्सियत नहीं रखता। अक्सर तो वो अपने अन्दाज़े-ग़ुफ्तगू या अल्फ़ाज के इस्तेमाल के ज़रिये ये ज़ाहिर कर देता है कि उसने भी माशूक़ के साथ शोख़ी बरती है। कभी-कभी ऐसा मालूम होता है कि आशिक़ के लिए माशूक़ की अदाए-नाज़ माशूक़ के वास्तविक कथनों और कार्यों से भी ज़ियादा अहम है। लिहाज़ा मीर की 'पेचदारी' यहाँ भी मौजूद है।

तीसरी सूरत ये है कि एक शख़्स, या कुछ लोग (मस्लन् कोई दोस्त, परिचित या आम लोग) आशिक़ के हालात, उसकी ज़िन्दगी और मौत, उसकी शक्लो-सूरत वग़ैरह पर चर्चा करते हैं। कभी-कभी उस चर्चा में राय-मश्विरा भी शामिल हो जाता है, लेकिन लोगों की इस अधिकता के बावजूद पंचायती कैफ़ीयत* नहीं पैदा होती, क्यूँकि आशिक़ अपनी-सी करता है, या कर गुज़रता है—

जहाँ में मीर से काहे को होते हैं पैदा
सुना ये वाक़िआ जिनने उसे तअस्सुफ़ था

(तीसरा दीवान)

मानिन्दे-शमअ मज्लिसे-शब अश्कबार पाया
अल्क़िस्सा मीर को हम बेअख़्तियार पाया

(पहला दीवान)

---

* 'पंचायती कैफ़ीयत' का आशय माने ऐसी कैफ़ीयत जो किसी नियम-क़ानून में बद्ध हो। जो स्वतन्त्र या उन्मुक्त न हो, जिस पर पंचायत जैसा कोई नियम इत्यादि लागू हो।—अनु.

आहों के शोले जिस जा उठते थे मीर से शब
वाँ जा के सुबूह देखा मुश्ते-गुबार पाया

(पहला दीवान)

गली में उसकी गया सो गया न बोला फिर
मैं मीर-मीर कर उसको बहुत पुकार रहा

(पहला दीवान)

कहें हैं मीर को मारा गया शब उसके कूचे में
कहीं वह्शत में शायद बैठे-बैठे उठ गया होगा

(पहला दीवान)

कल तक तो हम वे हँसते चले आये थे यूँ ही
मरना भी मीर जी का तमाशा-सा हो गया

(दूसरा दीवान)

ख़राब अहवाल कुछ बकता फिरे है दैरो-काबे में
सुख़न क्या मोतबर है मीर से वाही-तबाही का

(तीसरा दीवान)

तस्बीहें टूटीं, फ़िरक़े मुसल्ले फटे-जले
क्या जाने ख़ानक़ाह में क्या मीर कह गये

(तीसरा दीवान)

आह से थे रख़ने छाती में फैलना उनका ये सह्ल न था
दो-दो हाथ तड़प कर दिल ने सीनए-आशिक़ चाक किया

(पाँचवाँ दीवान)

नालए-मीर सवाद में हम तक दोशीं शब से नहीं आया
शायद सहर से ज़ालिम के आशिक़ वो बदनाम गया

(पाँचवाँ दीवान)

दख़्ले-मुरव्वत इश्क़ में था तो दरवाज़े से थोड़ी दूर
हमराह नअश आशिक़ की उस ज़ालिम को भी आना था

(पाँचवाँ दीवान)

एक परेशाँ तुर्फ़ा जमाअत देखी चाहनेवालों की
जीने के ख़्वाहाँ नहीं हैं मरने को तैयार हैं सब

(पाँचवाँ दीवान)

क्या-क्या ख़्वाहिश बेकस बेबस मुश्ताक़ उससे रखते हैं
लेकिन देख के रह जाते हैं चुपके से नाचार हैं सब

(पाँचवाँ दीवान)

जाते हैं उसकी जानिब मानिन्दे-तीर सीधे
मिस्ले-कमान हल्क़ए-क़ामत ख़मीदा मर्दुम

(छठवाँ दीवान)

उसे इस्रार ख़ूँरेज़ी पे है नाचार हैं इसमें
वगरना इज़्ज़ताबी तो बहुत-सी मीर करते हैं

(छठवाँ दीवान)

मीर साहब रुला गये सबको
कल वो तशरीफ़ याँ भी लाये थे

(पहला दीवान)

कहें तो हैं कि अबस मीर ने दिया जी को
ख़ुदा ही जाने कि क्या जी में उसके आयी हो

(पहला दीवान)

गुफ़्तगू इतनी परेशाँ-हाल की ये दरहमी
मीर कुछ दिलतंग है ऐसा न हो सौदा हो मियाँ

(दूसरा दीवान)

तेग़ो-तबर रखा न करो पास मीर के
ऐसा न हो कि आपको ज़ाया वे कर रहें

(दूसरा दीवान)

इस सूरते-हाल का दूसरा पहलू ये है कि लोग, दोस्त आश्ना, आशिक़ से सीधे तौर पर गुफ़्तगू करते हैं—

मीर अम्दन भी कोई मरता है
जान है तो जहान है प्यारे

(पहला दीवान)

लेते ही नाम उसका सोते से चौंक उठे हो
है ख़ैर मीर साहब कुछ तुमने ख़्वाब देखा

(पहला दीवान)

क्या तुमको प्यार से वो अय मीर मुँह लगावे
पहले ही चूमे तुम तो काटो हो गाल उसका

(तीसरा दीवान)

चला न उठ के वहीं चुपके फिर तू मीर
अभी तो उसकी गली से पुकार लाया हूँ

(पहला दीवान)

चश्मक चितवन नीची निगाहें चाह की तेरी मश्अर हैं
मीर अबस मुकरे है हमसे आँख कहीं तो लगायी है

(चौथा दीवान)

चुपके से कुछ आ जाते हो आँखें भर-भर लाते हो
मीर गुज़रती क्या है दिल पर कुढ़ा करो हो अक्सर तुम

(चौथा दीवान)

लगो हो ज़ोर बाराँ रोने चलते बात चाहत की
कहीं उन रोज़ों तुम भी मीर साहब ज़ार आशिक़ हो

(चौथा दीवान)

आशिक़ (और उसके हवाले से माशूक़) की किरदारसाज़ी (व्यक्तित्व-निर्धारण) में इन अश्आर का भी बहुत बड़ा हिस्सा है जिनमें आशिक़ ख़ुदकलामी (अपने-आप से बात करना) से काम लेता है, या अपने हालात किसी दूसरे शख़्स से बयान करता है। चूँकि इस तरह के तमाम अश्आर में गुफ़्तगू का अन्दाज़ और रोज़मर्रा के वाक़िआत का ज़िक्र होता है, इसलिए इनमें वो विशिष्ट शायराना वास्तविकता पैदा हो जाती है जिसे रेनसम (J.C. Ransome) शायरी की इतिवृत्तात्मकता (कथात्मकता) का नाम देते हैं। यानी ये बात हमें स्पष्ट रहती है कि हम किसी अस्ली शख़्स की गुफ़्तगू नहीं सुन रहे हैं, लेकिन जो कहा जा रहा है वो अस्ली दुनिया ही से उधार लिया गया है। चौथे दीवान के चन्द शेर देखिए—

क्या हम बयाँ किसू से करें अपने हाँ की तरह
की इश्क़ ने ख़राबी से इस ख़ानदाँ की तरह

छुप-लग के बामो-दर से गली कूचे में से मीर
मैं देख लूँ हूँ यार को इक बार हर तरह

कैसी-कैसी ख़राबी खींची दश्तो-दर में सर मारा
ख़ानाख़राब कहाँ तक फिरिए ऐसा हो घर जावें हम

पास ज़ाहिर से उसे तो देखना दुश्वार है
चाहेंगे मज्लिस में तो इधर-उधर देखेंगे हम

हैरत से आशिक़ी की पूछा था दोस्तों ने
कह सकते कुछ तो कहते शरमा के रह गये हम

उसकी न पूछ दूरी में उनने पुरसिशे-हाल हमारी न की
हमको देखो मारे गये हम आकर पास वफ़ा से हम

क्या-क्या इज्ज़ करें हैं लेकिन पेश नहीं कुछ जाता मीर
सर रगड़े हैं आँखें मलें हैं उसके हिनाई पा से हम

ज़ोफ़े-दिमाग़ से क्या पूछो हो अब तो हम में हाल नहीं
इतना है कि तपिश से दिल की सर पर वो धमाल नहीं

कब तक दिल के टुकड़े जोड़ूँ मीर जिगर के लख़्तों से
कसब नहीं है पारादोज़ी मैं कोई विसाल नहीं

इश्क़ की रह में पाँव रखा सो रहने लगे कुछ रफ़्ता से
आगे चलकर देखें हम अब गुम होवें या पैदा हों

कोई तरफ़ याँ ऐसी नहीं जो ख़ाली होवे उससे मीर
ये तुर्फ़ा है शोरे-जरस से चार तरफ़ हम तनहा हों

दिल न टटोलें काश कि उसका सर्दिए-मेह्र तो ज़ाहिर है
पावें उसको गर्मे-मुबादा यार हमारे कीने में

हाय लताफ़त जिस्म की उसके मर ही गया हूँ पूछो मत
जब से तने-नाज़ुक वो देखा तब से मुझ में जान नहीं

यूँ नाकाम रहेंगे कब तक जी में है इक काम करें
रुस्वा होकर मारे जावें उसको भी बदनाम करें

हर्फ़ों-सुख़न की उससे अपनी मजाल क्या है
उनने कहा है क्या-क्या मैंने अगर कहा कुछ

क्या कहें उनने जो फेरा अपने दर पर से हमें
मर गये ग़ैरत से हम भी पर न उसके घर गये

बेदिल हुए बेदीं छुए बेवक्र हम अतगत हुए
बेकस हुए बेबस हुए बेकल हुए बेगत हुए

माशूक़ की गर्मी भी अय मीर क़यामत है
छाती में गले लगकर टुक आग लगावेंगे

इस तरह के अश्आर इतनी अधिक मात्रा में हैं कि बेतकल्लुफ़ उनसे एक दीवान तैयार हो सकता है। फिर इनमें उन अश्आर को भी मिला लीजिए जिनमें माशूक़ का ज़िक्र प्रथम पुरुष एकवचन के रूप में हुआ है, लेकिन एक शख़्स की हैसियत से है, प्रतीकात्मक (यानी माशूक़ की कल्पना के तौर पर) तौर पर नहीं। माशूक़ का ज़िक्र माशूक़ की कल्पना के प्रतीक रूप में ग़ालिब के निम्नलिखित अश्आर में देखिए—

है सायक़ओ-शोलओ-सीमाब का आलम
आना ही समझ में मेरी आता नहीं गो आये

शोरे-जौलाँ था किनारे बह्र पर किसका कि आज
गिर्दे-साहिल है बज़ख़्मे मौजए-दरिया नमक

अभी हम क़त्लगह का देखना आसाँ समझते हैं
अभी देखा नहीं ख़ूँ में शनावर तेरे तौसन को

जल्वा अज़ बसकि तक़ाज़ाए-निगह करता है
जो हर आइना भी चाहे है मिज़्गाँ होना

इसके विपरीत, माशूक़ बतौर एक शख़्स का इज़्हार ग़ालिब के इन शेरों में देखिए—

थी वो इक शख़्स के तसव्वुर से
अब वो रानाइए-ख़याल कहाँ
गयी वो बात कि हो गुफ़्तगू तो क्यूँकर हो
कहे से कुछ न हुआ फिर कहो तो क्यूँकर हो

मुँह न खुलने पर वो आलम है कि देखा ही नहीं
ज़ुल्फ़ से बढ़कर नक़ाब उस शख़्स के मुँह पर खुला

करे है क़त्ल लगावट में तेरा रो देना
तेरी तरह कोई तेग़े-निगह को आब तो दे

ये बात ज़ाहिर है कि माशूक़ की शख़्सियत इन अश्आर में भी कमोबेश पर्दए-राज़ में रहती है। माशूक़ को कल्पना की सतह पर प्रकट किया गया है। आख़िरी शेर में जहाँ एक जिंसी मामला (ऐन्द्रिक विषय) बयान हुआ है (यद्यपि कि आम व्याख्याकारों ने इस शेर को भी ग़ैर जिंसी कहा है) माशूक़ ख़ुद मौजूद नहीं, सिर्फ़ ख़ुदकलामी (एकालाप) और शायद wishful thinking है। ग़ालिब का ज़ेहन इस क़दर काल्पनिक और अमूर्त है कि माशूक़ बहैसियत एक शख़्स इनके यहाँ बहुत कम है, और जहाँ है वहाँ भी काल्पनिकता का पक्ष हावी नहीं तो प्रकट ज़रूर रहता है। मुहम्मद हसन अस्करी को ग़ालिब से शिकायत थी कि वो अपनी शख़्सियत को पूरी तरह छोड़ते नहीं, बल्कि माशूक़ के सामने भी अपने आपको अलग शख़्सियत से युक्त व्यक्त करते हैं, लिहाज़ा उनके यहाँ ख़ुदसुपुर्दगी (आत्मसमर्पण) की कमी है। मुम्किन है कि ग़ालिब के यहाँ ख़ुदसुपुर्दगी कम हो, लेकिन इससे उनकी शायराना अज़्मत न घटती है, न बढ़ती है। बुनियादी बात ये है कि काल्पनिक और अमूर्त क्षेत्रों के हावी होने के कारण ग़ालिब किसी ग़ैर शख़्स को (चाहे वो माशूक़ ही क्यूँ न हो) पूरी तरह ज़ाहिर और बयान नहीं कर सकते। मीर का मामला ये है कि वो हर चीज़ को ठोस, स्थूल अथवा भौतिक सतह पर बरतते हैं। लिहाज़ा उनके किरदार काल्पनिक से ज़ियादा वास्तविक हैं, और प्रतीकात्मक से अधिक आख्यानपरक मालूम होते हैं। परिणामस्वरूप माशूक़ के बारे में प्रथम पुरुष का रूप इस्तेमाल करते वक़्त भी, या ख़ुदकलामी के दौरान, उनका सारा प्रभाव किसी मौजूद शख़्स का होता है, किसी कल्पना या प्रतीक का नहीं—

नीमचा हाथ में मस्ती से लहू-सी आँखें
सज तेरी देख के अय शोख़ हज़र हमने किया

(पहला दीवान)

बारे कल ठहर गये उस ज़ालिमे-ख़ूँख़्वार से हम
मुंसिफ़ी कीजे तो कुछ कम न जिगर हमने किया

(पहला दीवान)

ख़ाक में लोटूँ कि लोहू में नहाऊँ मैं मीर
यार मुस्तग़्नी है उसको मेरी परवा क्या हो

(पहला दीवान)

जूँ चश्मे-बिस्मिली न मंदी आवेगी नज़र
जो आँख मेरे ख़ूनी के चेह्रे पे बाज़ हो

(पहला दीवान)

इस शेर में बिम्ब इस क़दर ग़ैर मामूली और वास्तविकता से भरपूर होने बावजूद शिद्दत और मुबाल्ग़ा (अतिशयोक्ति) से इस तरह भरपूर है कि शेक्सपियर के बेहतरीन बिम्बों की याद आती है। माशूक़ को 'ख़ूनी' कहा है, फिर कहा है कि जो आँख उसके चेह्रे पर खुल गयी, यानी जिस आँख ने उसको देख लिया, फिर वो हमेशा टकटकी लगाये उसके चेह्रे को तकती रहेगी, जिस तरह कि ज़िबह किये हुए जानवर की आँख खुली रह जाती है और कभी बन्द नहीं होती। यानी माशूक़ के हुस्न और उस हुस्न के आफ़तअंगेज़ होने, दोनों बातों को एक साथ ही 'चश्मे-बिस्मिली' के बिम्ब के माध्यम से प्रकट कर दिया। यथार्थता और घटनाक्रम का संकेत बिल्कुल सामने का है (माशूक़ का हद दर्जा हसीन होना, उसका ज़ालिम होना, उसका ख़ूनी होना, लोगों का उसे देखना तो देखते ही रह जाना), लेकिन इस्तिआरा मुबाल्ग़ा और शिद्दत से भरपूर है। इसके बावजूद शेर की फ़ज़ा रोज़मर्रा दुनिया की-सी है, क्यूँकि 'चश्मे-बिस्मिली' के बाद इसमें दूसरा शाहकार लफ़्ज़ 'मेरे' है। यानी वो शख़्स जो मेरा माशूक़ (ख़ूनी माशूक़) है, या वो जिसने मेरा ख़ून किया। दोनों सूरतों में एक घरेलू, सी अपनाइयत है, जो माशूक़ की शख़्सियत को रोज़मर्रा ज़िन्दगी के मामलों से बाहर नहीं जाने देती। अब देखिए ग़ालिब ने इसी बिम्ब को किस दर्जा काल्पनिक और आम दुनिया से किस क़दर दूर करके पेश किया है—

अपने को देखता नहीं ज़ौक़े-सितम तो देख
आईना ताकि दीदए-नख़चीर से न हो

माशूक़ को ज़ौक़े-सितम इस क़दर है कि जब तक किसी क़त्ल हुए शख़्स की खुली हुई टकटकी लगाकर तकती हुई आँख का आईना उपलब्ध न हो, वो अपना बनाव-सिंगार भी नहीं करता।

इस मिसाल के बाद मीर और ग़ालिब की शैली और तौर-तरीक़ों का फ़र्क़

ज़ाहिर करने के लिए आगे कुछ कहना ग़ैरज़ुरूरी मालूम होता है। माशूक़ की शख़्सियत के बारे में मीर के चन्द अशआर और सुन लीजिए—

उस्तुख़्वाँ तोड़े मेरे उसकी गली के सग ने
किस ख़राबी से मैं वाँ रात रहा मत पूछो

(पहला दीवान)

मेरी उस शोख़ से सोह्बत है बऐनी वैसी
जैसे बन जाये किसू सादे को अय्यार के साथ

(पहला दीवान)

उसके ईफ़ाए-अहद तक न जिये
उम्र ने हमसे बेवफ़ाई की

(पहला दीवान)

उस मह के जलवे से कुछ तामीर याद देवे
अबके घरों में हमने सब चाँदनी है बोई

(पहला दीवान)

बाहम सुलूक था तो उठाते थे नर्म-गर्म
काहे को मीर कोई दबे जब बिगड़ गयी

(पहला दीवान)

कल बारे हमसे-उससे मुलाक़ात हो गयी
दो-दो बचन के होने में इक बात हो गयी

(पहला दीवान)

शिकवा नहीं जो उसको परवा न हो हमारी
दरवाज़े जिसके हम-से कितने फ़क़ीर आये

(पहला दीवान)

उस शोख़ की सरतेज़ पलक है कि वो काँटा
गड़ जाये अगर आँख में तो सर दिल से निकाले

(पहला दीवान)

सौ ज़ुल्म उठाये तो कभू दूर से देखा
हरगिज़ न हुआ ये कि हमें पास बुलाये

(पहला दीवान)

ग़रज़ कि ऐसे अश्आर का एक दफ़्तर है। कुल्लियात (मीर की कुल रचनाओं का संग्रह) का कोई पृष्ठ खोलिए, आपको दो-चार शेर ऐसे मिल जाएँगे, जिनमें आशिक़ और माशूक़ आम ज़िन्दगी के इन्सानों की तरह विभिन्न मामलों में तल्लीन नज़र आते हैं। ध्यातव्य हो कि मैं अभी उन शेरों का ज़िक्र नहीं कर रहा हूँ जिनमें माशूक़ के जिस्मानी हुस्न से लज़्ज़त-अन्दाज़े होने का सीधे तौर पर ज़िक्र है और जिनमें माशूक़ सरासर गोश्त-पोश्त का इन्सान नज़र आता है। (और वो इन्सान भी नहीं जिसका रूप-स्वरूप कंघी चोटी, फ़ीता, अंगिया, कुर्ती आदि के हवाले से स्पष्ट किया जाय।) माशूक़ से लज़्ज़त-अन्दोज़ होने पर आधारित शेरों को फ़िलहाल छोड़िए, क्यूँकि उनमें ग़ैर मामूली हुस्न और शोख़ी तो है, लेकिन वो अठारवीं सदी की ग़ज़ल के आम धारे से बहुत अलग नहीं हैं। मैंने जिन अश्आर का हवाला ऊपर दिया है, वो मीर के अपने कल्पना-लोक के रंग के हैं। इनमें माशूक़ की शख़्सियत जिस ढंग से प्रकट की गयी है वो उर्दू शायरी का आम ढंग नहीं है, और ग़ालिब से बहरहाल बिल्कुल भिन्न है।

इन शेरों के तत्त्वों का विश्लेषण कीजिए तो ये बात साफ़ मालूम होती है कि माशूक़ और आशिक़ में बराबरी का रिश्ता नहीं है, हो भी नहीं सकता। माशूक़ बहरहाल आशिक़ पर हावी रहता है, लेकिन ऐसा भी नहीं है कि आशिक़ बिल्कुल बेचारा और बेकस है। वो कभी-कभी हुज्जत भी करता है, रोष भी प्रकट करता है, कभी-कभी बिगड़ भी बैठता है, कभी-कभी उसकी और माशूक़ की मुलाक़ात भी हो जाती है। जब तक तअल्लुक़ात ठीक रहते हैं, वो माशूक़ की सख़्त-नरम बातें बर्दाश्त करता है, लेकिन जब बात बिगड़ जाती है तो वो भी जैसा-तैसा जवाब देता है। वो उसकी गली तक पहुँच भी जाता है, ये और बात है कि वहाँ माशूक़ की गली का कुत्ता उसकी हड्डियाँ तोड़ता है, लेकिन वो इस वाक़िये का ज़िक्र अजीब इत्मीनान और थोड़े-बहुत मज़ाक़ के साथ करता है। मज़ाक़ का तत्त्व उसकी शख़्सियत में अधिक प्रकट हुआ है, बेचारगी और दीनता-हीनता का कम। लेकिन माशूक़ में विमुखता, उपेक्षा, ख़ूँरेज़ी और शौक़े-शिकार, शीघ्र कुपित हो जाने और ज़ोर-ज़बरदस्ती के तत्त्व बेवजह हैं और बहुत अधिक हैं। ये बात तय नहीं होती कि माशूक़ जानबूझकर ज़ुल्म करता है, या उसकी प्रकृति में ज़ुल्म इस तरह स्थापित किया गया है कि उसको एहसास ही नहीं होता कि वो ज़ालिम है। पहले दीवान का ये शेर फिर देखिए—

नीमचा हाथ में मस्ती से लहू-सी आँखें
सज तेरी देख के अय शोख़ हज़र हमने किया

फिर ये अश्आर भी मुलाहिज़ा हों—

पलकों से रफ़ू उनने किया चाके-दिले-मीर
किस ज़ख़्म को किस नाज़ुकी के साथ सिया है

(दूसरा दीवान)

क़ल्बो-दिमाग़ो-जिगर के गये पर ज़ोफ़ है जी की ग़ारत में
क्या जाने ये क़ुल्लक़्ची उनने किस सरदार को देखा है

(तीसरा दीवान)

'क़ुल्लक़्ची' वो सिपाही होता है जो बादशाह का सीधे तौर पर नौकर न हो, बल्कि किसी रईस (राजा के अधीनस्थ अधिकारी आदि) का नौकर हो। क़ल्बो-दिमाग़ (दिलो-दिमाग़) -ओ-जिगर की हैसियत 'क़ुल्लक़्ची' की-सी है, क्यूँकि वो (मीर) आशिक़ के नौकर हैं जब उन्होंने सरदार को देखा तो फ़ौरन् उससे जाकर मिल गये और अपने रईस को छोड़ दिया। यानी माशूक़ का सामना होते ही क़ल्ब (दिल), दिमाग़, जिगर सब साथ छोड़ गये—

बाव से भी गर पत्ता खड़के चोट चले है ज़ालिम की
हमने दामगहों में उसके ज़ौक़े-शिकार को देखा है

(तीसरा दीवान)

जब तलक शर्म रही मानए-शोख़ी उसकी
तब तलक हम भी सिमत दीदा हया करते थे

(चौथा दीवान)

कब वादे की रात वो आयी जो आपस में न लड़ाई हुई
आख़िर उस औबाश ने मारा रहती नहीं है आई हुई

(चौथा दीवान)

लिहाज़ा हम देखते हैं कि ये माशूक़ 'मोमिन' (और बड़ी हद तक ग़ालिब) के माशूक़ की तरह एक रैखिक (linear) और कमोबेश संगत (consistant) गुणों से युक्त नहीं है, बल्कि ये माशूक़ बहुत ही पेचीदा (complax) किरदार रखता है। कोई ज़रूरी नहीं कि सारे कुल्लियात (समग्र काव्य-संग्रह) में एक ही आशिक़ और एक ही माशूक़ हो। ये बहस तो उस वक़्त पैदा होती जब हम ये मान लेते कि ये आशिक़ और माशूक़ किसी फ़िक्शन के किरदार हैं। जैसा कि मैं ऊपर स्पष्ट कर चुका हूँ, कि ये किरदार उस अर्थ में किरदार नहीं हैं, जिस अर्थ में फ़िक्शननिगार अपने किरदार बनाता है। यहाँ बुनियादी बात ये है कि आशिक़ और माशूक़ की जो Image मीर के कुल्लियात में मिलती है, वो फ़िक्शन के किरदार की तरह अपनी विशिष्टता और

अपना व्यक्तित्व रखता है, और वास्तविक ज़िन्दगी के इंसानों की तरह बहुत पेचीदा भी है। इन किरदारों में औपचारिक और परम्परागत ढंग की वास्तविकता नहीं है, लेकिन ये वास्तविक किरदारों की तरह हम पर प्रभावकारी होते हैं, क्योंकि शायर ने इनको काल्पनिक और अमूर्त स्तरों पर नहीं बयान किया है (जैसा कि ग़ालिब का अन्दाज़ है) बल्कि स्थूल और चाक्षुष सतह पर बयान किया है।

वास्तविकता के इस रंग ने बहुत-से आलोचकों को इस धोखे में डाल दिया कि कुल्लियाते-मीर में आशिक़ दरअस्ल मीर ख़ुद हैं और जो माशूक़ है वो भी कोई वास्तविक शख़्स है। हालाँकि माशूक़ के किरदार में तरह-तरह के परस्पर विरोधी बयान और ख़ुद माशूक़ की जिंस में कहीं औरत और कहीं स्पष्ट रूप से मर्द का ज़िक्र इस बात को साफ़ करने के लिए काफ़ी होना चाहिए था कि हम किसी वास्तविक व्यक्ति या व्यक्तियों का हाल नहीं पढ़ रहे हैं, और न हम इन ग़ज़लों के पर्दे में मीर का जीवन-चरित्र पढ़ रहे हैं; लेकिन तथाकथित आत्मकथात्मक-जीवनीपरक, सामाजिक, ऐतिहासिक स्कूलों के आलोचकों को अपने नियम-क़ानून इस क़दर प्यारे हैं कि वो कुल्लियाते-मीर के बजाय अपने कल्पित एवं नियमबद्ध विचारों को पढ़कर मीर की आलोचना में रत होते हैं। मीर ने अपने जीवन-वृत्तान्त को बयान करने के लिए आत्मकथा और मस्नवी दोनों विधाओं का प्रयोग किया है। ग़ज़ल का मक़्सद उनकी नज़र में ये था ही नहीं कि उसमें 'सच्चे हालात' बयान किए जाएँ। जो लोग ग़ज़ल को शायर के अपने जीवन-वृत्तान्त के तौर पर पढ़ते हैं वो क्लासिकी ग़ज़ल के काव्यशास्त्र से अनभिज्ञ हैं। मीर का कमाल ये नहीं है कि उन्होंने ग़ज़ल के पर्दे में अपनी दास्ताने-इश्क़ पद्यबद्ध कर दी। कुल्लियात का मामूली-सा अध्ययन भी बता देगा कि विभिन्न घटनाओं-परिघटनाओं, वास्तविकताओं और स्थितियों-परिस्थितियों का ये बयान ऐसे आचारों- व्यवहारों का बयान है जो आपस में किसी तरह भी संगत (consistant) नहीं है, आशिक़ और माशूक़ के आपसी क्रिया-कलाप और उस क्रियाकलाप में इस दर्जा रंग-बिरंगी विविधता का एहसास, ये सब बातें इस बात का प्रमाण हैं कि मीर की ग़ज़ल उनकी आत्मकथा नहीं है। (आत्मकथा का दृष्टिकोण आरोपित करनेवाले आलोचक ये क्यूँ नहीं सोचते कि अगर ग़ज़लों को जीवन-चरित ही होना है तो वो मीर ही क्यूँ, किसी और की जीवन-कथा क्यूँ नहीं हो सकती?) ये और बात है कि हर शायर (और ग़ज़ल का शायर आम शायरों से अधिक) अपने व्यक्तिगत अनुभव और घटनाएँ व्यक्त करता है, लिहाज़ा मुम्किन है कि मीर ने भी बहुत-सी बातें ऐसी कही हों जो पूरी-की-पूरी, या कमोबेश, या उससे मिलती-जुलती बातें ख़ुद उन पर गुज़री हों, लेकिन इसका मतलब ये नहीं कि वो आपबीती को जगबीती बनाकर पेश कर रहे हैं, या अपने दिल का दुखड़ा रो रहे हैं। ये विचार ही निरर्थक है कि मीर ने अपने ग़म को सांसारिक ग़म बनाकर पेश किया।

अव्वल तो ये बात कोई ऐसी अहम नहीं, लेकिन ज़ियादा बुनियादी बात ये है कि ऊपर जिन अश्आर का हवाला गुज़रा, उनका शायर आपबीती, व्यक्तिगत दुख-दर्द, दिल का दुखड़ा रोना वग़ैरह एकरस-नीरस और सीमित बातों से बहुत आगे और बहुत बुलन्द है। उसके यहाँ अनुभव और अनुभूतियों की वो दुनिया है जो ग़म, दर्द, दिल टूटना, दुर्भाग्य, निराशावादिता वग़ैरह जैसी बनी-बनायी परिभाषाओं के ज़रिये नहीं बयान हो सकती। उस दुनिया में सबकुछ हो चुका है और सब-कुछ होता है। उसमें मौत भी है और मौत से बदतर ज़िन्दगी भी। उसमें ख़ुद्दारी और ख़ुदफ़रेबी दोनों है। उसमें माशूक़ बादशाह भी है और औबाश (लम्पट, धूर्त, दुराचारी) भी। उसमें ज़िन्दगी मज़ेदार भी है और तल्ख़ भी। उसमें आशिक़ बेचारा भी है, लेकिन थोड़ा-सा हैसियत रखनेवाला भी है। जिस दुनिया में सबकुछ हुआ हो, और जिस शायर ने सबकुछ बरता हो, उसको आपबीती, या अपने दुख-दर्द की सीमित अभिव्यक्ति करनेवाला वही आलोचक कह सकता है जिसको मीर से दुश्मनी हो।

इस विचारणा के अनुसार, वो आलोचक भी ग़लतफ़हमी में गिरफ़्तार है जिनके विचार से मीर की निराशावादिता और कष्ट-क्लेश उस समाज का स्वाभाविक प्रतिफलन था जिसमें औरतें घरों में पर्दानशीन रहती थीं और इश्क़ करना रुस्वाई का काम समझा जाता था। स्वतन्त्र रूप से मेल-जोल, प्रेम-व्यवहार के मौक़े न होने के कारण इश्क़ में मायूसी लाज़िमी थी, और समाज एवं मज़हब के ख़ौफ़ के कारण आशिक़ो-माशूक़ उन मौक़ों का भी फ़ायदा न उठा सकते थे जो कभी-कभी उनको मयस्सर हो जाया करते थे। ज़ाहिर है कि ये सब बातें भी आलोचकों की अपनी उपज हैं। इनका ग़ज़ल के क़ायदों और परम्पराओं से कोई वास्ता नहीं और न उन समाजी हालात से जो अठारहवीं सदी की दिल्ली में वास्तविक रूप से थे। समाजी हालत कुछ भी रहे हों, जो माशूक़ उपर्युक्त उल्लिखित शेरों, और उनकी तरह के सैकड़ों अश्आर में नज़र आता है, वो बहरहाल कोई छोटी-मोटी क़िस्म की पर्दे की बूबू, कोई डरती-झिझकती, कोई कोठरी में छुप-छुपकर रोनेवाली चचा की लड़की नहीं थी। इस बात के अतिरिक्त कि उसकी अपनी शख़्सियत ख़ासी पुरक़ुव्वत और बड़ी प्रहारक तथा अग्रगामी थी, वो अपने कथन और क्रियाकलाप में इस क़दर मज्बूर भी नहीं थी कि उसका इश्क़ बहरहाल नाकाम ही होता, बल्कि हम तो ये देखते हैं कि वो अपने याचकों पर कृपा करने या न करने में पूरी तरह समर्थ है, और इस बात का भी अधिकार रखती है कि वो किसी बुर्क़ापोश की तरह सहमी हुई बाहर निकलने के बजाय इस तरह बाहर निकले कि हर तरफ़ 'ऊधम' मच जाय—

आँखें दौड़ी ख़ल्क़ जा ऊधर गिरी
उठ गया पर्दा कहाँ ऊधम हुआ

(तीसरा दीवान)

मुझे इस सवाल से कोई बहस नहीं कि क्या मीर के ज़माने में समाजी हालत वाक़ई ऐसे थे कि उनमें इस तरह का माशूक़ वजूद में आ सकता जैसा कि उन शेरों से ज़ाहिर होता है? समाजी हालत इतने पेचीदा और तहदार होते हैं कि उनके बारे में कोई एक सिद्धान्त या नियम बनाना ख़तरे से ख़ाली नहीं होता, लेकिन मान लिया कि हालात ऐसे नहीं थे कि माशूक़ का वो किरदार उनमें मुम्किन होता जो उपरिलिखित शेरों में नज़र आता है, तो फिर इससे साबित क्या होता है? समाजी हालत की उपस्थिति या अनुपस्थिति अश्आर के वजूद को तो नहीं मिटा सकती। अश्आर हमारे सामने हैं, उनकी रोशनी में हमको फ़ैसला करना चाहिए कि मीर के कलाम में आशिक़ और माशूक़ की image किस तरह की है। ज़ाहिर है कि ये उस तरह की नहीं है जैसी कुछ आलोचक मानते हैं, कि मीर का माशूक़ कोई पर्दे में छुपकर घुट-घुटकर मरनेवाली लड़की है, और आशिक़ बेचारा पर्दे के कारण औरतों-मर्दों की पृथक्ता तथा समाज की आशिक़-दुश्मनी का शिकार होने की वज़्ह से बदक़िस्मती और निराशावादिता का एल्बम बन गया है। मैं सिर्फ़ ये कहना चाहता हूँ कि मीर के शेर की तरह इनके यहाँ आशिक़ और माशूक़ का किरदार भी इन्तिहाई पेचीदा है। इस पर कोई एक सिद्धान्त लगाना मीर के साथ ज़ियादती होगी। मीर के आशिक़ो-माशूक़ दोनों में ऐसी विशिष्टताएँ हैं जो किसी और के यहाँ नहीं मिलतीं। ये विशिष्टताएँ ख़ुद मीर के मिज़ाज की विशिष्टता की अभिव्यक्ति हैं जो शेरी और ड्रामाई वास्तविकता के अन्दाज़ में हुई हैं। यह मीर की मेधा और प्रतिभा का कमाल है। आशिक़ और माशूक़ के किरदार की वास्तविकता और विशिष्टता की अभिव्यक्ति मीर ने एक ही शेर में भरपूर ढंग से कर दिया है—

मीर ख़िलाफ़े-मिज़ाजे-मुहब्बत मूजिबे-तल्ख़ी कसीदन है
यार मुवाफ़िक़ मिल जाये तो लुत्फ़ है चाह मज़ा है इश्क़

(चौथा दीवान)

चूँ ख़मीर आमद बदस्त नानबा[1]

पीछे मैंने जिक्र किया है कि इन्सानी रिश्तों के तअल्लुक़ से मीर हमारे सबसे बड़े शायर हैं। इन्सानी रिश्तों का ये इज़हार उनकी जिंसीयत में भी हुआ है, और उनके व्यंग्य-भाव में भी। व्यंग्य का तत्त्व ग़ालिब और मीर दोनों में उभयनिष्ठ है, लेकिन ग़ालिब अपने व्यंग्य का लक्ष्य ज़ियादातर ख़ुद अपने को ही बनाते हैं, जबकि मीर का व्यंग्य माशूक़ को भी नहीं बख़्शता। मीर को जब मौक़ा मिलता है वो माशूक़ से फक्कड़पन भी कर गुज़रते हैं। वो ज़ोर-ज़ोर से क़हकहा लगाने से गुरेज़ नहीं करते, जबकि ग़ालिब के यहाँ आमतौर पर होठों पर मुस्कराहट की ही स्थिति है। कहा जा सकता है कि ग़ालिब को अपनी पोज़ीशन और अपनी प्रतिष्ठा का एहसास मीर से बढ़कर है, लेकिन बुनियादी बात वही है कि ग़ालिब का मिज़ाज काल्पनिक ज़ियादा है। इसी आधार पर उनके यहाँ रिश्तों का ज़िक्र भी काल्पनिक और परम्परागत सतह पर है। बहुत भोंडे लफ़्ज़ों में कहा जा सकता है कि मीर तो हर एक से बात कर लेते हैं, लेकिन ग़ालिब की गुफ़्तगू ज़ियादातर अपने से ही होती है—

है आदमी बजाए-ख़ुद इक महशरे-ख़याल
हम अंजुमन समझते हैं ख़ल्वत ही क्यूँ न हो

लेकिन इससे भी आगे बढ़कर वो कहते हैं—

कोई आगाह नहीं बातिन यक दीगर से
है हर इक फ़र्द जहाँ में वरक़ नाख़्वांदा

इसका लाज़िमी नतीजा ये हुआ कि ग़ालिब के यहाँ जिंसी तअल्लुक़ात का बयान बहुत कम है। कम ही आलोचकों ने इस बात पर ग़ौर किया है कि ग़ालिब के यहाँ जिंसीयत इस वजह से कम नहीं है कि वो मीर की अपेक्षा ज़ियादा 'सभ्य-शिष्ट' या 'नफ़ासत-युक्त' थे या परिष्कृत (sophisticated) थे। जिंस बहरहाल

1. जैसे कि नानबाई के हाथ में आटा—अनु.

इन्सानी तअल्लुक़ात की सबसे ज़ियादा अंतरंग सूरत और मंज़िल है। ग़ालिब को इन्सानी तअल्लुक़ात में उतनी दिलचस्पी न थी, इसलिए उन्हें जिंस के मुआम्लात से भी वो लगाव न था, वर्ना तथाकथित नफ़ासत तो मोमिन के यहाँ भी बहुत है, लेकिन उनके यहाँ जिंस का क्रियान्वयन भी है। ये और बात है कि बिम्बात्मक कल्पना से वंचित होने की वज्ह से मोमिन का जिंसी इज्हार बहुत फीका है। उनके विपरीत मीर के यहाँ बिम्बात्मक कल्पना बहुतायत है। हमारी शायरी में जिंसी विषयों का बयान चूँकि खुल-खेलने की हद तक बहुत कम पहुँचता है, इसलिए इस तरह के विषय की बिम्बात्मक कल्पना बहुत मज़्बूत किरदार अदा करती है। इसके अलावा मुआम्लाबन्द शायर के लिए बिम्बात्मक कल्पना बहुत ज़ियादा आवश्यक भी नहीं होती। मिसाल के तौर पर 'जुर्अत' के यहाँ जिंसी मज़्मून ख़ासी तादाद में है, लेकिन वो ज़ियादातर मुआमलाबन्दी पर आधारित हैं (जैसा कि आगे मिसालों से स्पष्ट होगा)। लिहाजा 'जुर्अत' का काम बिम्बात्मक कल्पना के बग़ैर चल जाता है। अस्करी साहब ने ग़लत नहीं कहा है कि 'जुर्अत' दरअस्ल बयानिया अन्दाज़ के शायर हैं। बयानिया अन्दाज़ में जिंसी मज़्मूनों का बरतना आसान होता है, क्योंकि इसमें अपनी और माशूक़ की बातें और हरकतें बयान होती है, ख़ुद माशूक़ का बयान नहीं होता। नवाब मिर्ज़ा शौक़ और मीर हसन दोनों के यहाँ जिंसी मज़्मून उसी वक़्त चमकते हैं जब मुआम्लाबन्दी हो। 'मोमिन' की मस्नवियाँ और ग़ज़लें इस उसूल की उम्दा मिसाल हैं। ग़ज़ल में जिंसी बयान के वक़्त भी 'मोमिन' मज़्मूनआफ़्रीनी में इस क़दर मस्रूफ़ हो जाते हैं कि जिंस का जज़्बाती और लज़्ज़तआफ़्रीं पहलू पीछे चला जाता है, और यही 'मोमिन' मस्नवी में स्पष्ट और पुरअसर तौर पर जिंसी मज़्मूनों को इस्तेमाल करते हैं। मीर ने 'जुर्अत' के बारे में बक़ौल मुहम्मद हसन आज़ाद और क़ुद्रतउल्ला क़ासिम 'चूमाचाटी' का शब्द कहा था। इस शब्द से दो नतीजे निकाले गये हैं और दोनों ही हमारी आलोचना में बहुत स्वीकार्य और महत्त्वपूर्ण हैं। पहला नतीजा तो ये कि 'जुर्अत' के यहाँ जिंसी मज़मूनों की असाधारण भरमार है। और दूसरा नतीजा ये कि मीर के यहाँ ऐसे मज़्मून कम हैं। मीर का कलाम तो लोगों ने पढ़ा नहीं, इस उद्धृत बयान की रोशनी में ये नतीजा ज़ुरूर निकाला कि अगर मीर ने 'जुर्अत' की शायरी में जिंसी मज़्मून की अधिकता देखकर उसको 'चूमाचाटी'[1] क़रार दिया तो लाज़िम है कि मीर ने ख़ुद अपने यहाँ इस तरह के मज़्मूनों को न बरता होगा जिनपर 'चूमाचाटी' का इल्ज़ाम लग सके।

उर्दू-आलोचना में प्रचलित प्रभावकारी फ़ैसलों की तरह ये दोनों फ़ैसले भी ग़लत हैं। न तो 'जुर्अत' के यहाँ जिंसी मज़्मूनों की अधिकता है और न मीर के यहाँ इनकी कमी। अब ये और बात है कि कुछ लोग मीर के बारे में इस दर्जा 'ख़ुशफ़हमी'

---

1. शुद्ध शब्द 'चूमा-चाटा' है।

में आसक्त हैं कि उनको रंजो-ग़म से घिरा 'मासूम' और 'भोला-भाला' और दिलख़स्ता, लेकिन इश्क़ की 'गन्दी' बातों से बेख़बर कोई नौउम्र साहबज़ादा समझते हैं। वाक़िआ ये है कि तक़्रीबन तमाम चीज़ों की तरह इश्क़िया, जिंसिया और कामुक (erotic) विषयों को भी मीर ने बहुतायत बड़ी ख़ूबी से बरता है। मीर ने 'जुर्अत' को चूमाचाटी का शायर इसलिए नहीं कहा था कि 'जुर्अत' के कलाम में जिंसी मज़्मूनों की बहुलता है। मीर का एतिराज़ दरअस्ल ये था कि 'जुर्अत' के यहाँ इश्क़ की गहराई और कश्मकश नहीं है, सिर्फ़ मुआम्लाबन्दी वाले जिंसी मज़्मून है। अस्करी साहब ने इस मर्म को विस्तार से बयान किया है। उनके कुछ उद्धरण मुलाहिज़ा हों :

> ''जुर्अत' शायर से ज़ियादा वाक़िआनिगार हैं.. 'जुर्अत' के यहाँ कितने ही शेर ऐसे मिलेंगे जो हक़ीक़त निगारी की वज्ह से फुसफुसे बनकर रह गये हैं।''

अस्करी साहब के मुताबिक़ 'जुर्अत'—''अपने इश्क़ को आमतौर पर मआशिक़े (इश्क़ करना) की सत्ह से ऊँचा नहीं उठने देते... मीर के यहाँ वो ज़बान मिलेगी जो व्यापक मानवीय सम्बन्धों के आन्तरिक आयामों का प्रतिनिधित्व करती है। 'जुर्अत' के यहाँ वो ज़बान है, जो वाह्य गतिविधियों के बयान में काम आती है... न तो उनके अन्दर कश्मकश पैदा होती है, जो 'हाली' के यहाँ है, न वो अन्तर्द्वन्द्व और खींचातानी, जो मीर में है। मीर के दर्द का सबब ये उलझन है कि आख़िर इश्क़ एक साथ रहमत और अज़ाब क्यूँ है?''

अस्करी साहब का आख़िरी दृष्टिकोण ये है कि चूँकि 'जुर्अत' का इश्क़ रूह की पुकार से ज़ियादा जिस्म की पुकार है और ये शख़्सीयत के बाक़ी हिस्सों को पुष्ट नहीं करता, इसलिए इनके यहाँ ''लगाव का एक ही अर्थ है : यानी लगाव का बाह्य इज़्हार।'' लिहाज़ा मीर दरअस्ल इस बात से नाख़ुश थे कि 'जुर्अत' के यहाँ मआशिक़ानिगारी और सत्ही जज़्बाती उफान क्यूँ है, वो 'द्वन्द्व और खींचातानी' क्यूँ नहीं कि इन्सानी तअल्लुक़ात का मिश्रण भी हो, अपने दुख की कहानी सुनाने का जोश हो, लेकिन उसका निरीक्षण-परीक्षण करने, अपने अनुभव और अनुभूति दूसरों पर स्पष्ट करने और दूसरों के अनुभव और अनुभूति की गम्भीरता अपने ऊपर घटित करने का शौक़ भी हो।

अस्करी साहब की बुनियादी बात बिल्कुल सही है, लेकिन उन्होंने 'जुर्अत' के साथ थोड़ी-सी ज़ियादती ये कर दी है कि उनके यहाँ जो शोक-दुख है उसको नज़रअन्दाज़ करके उन्होंने सिर्फ़ मुआम्लाबन्दी को ले लिया है और निर्णय ये दिया है कि 'जुर्अत की ग्रन्थावली जिंसी मज़्मूनों से लबालब है। फिर उन्होंने इस बात को भी नज़रअन्दाज किया है कि मुआमलाबन्दी हमारी ग़ज़ल में बड़ा (humanizing) इन्सानसाज़ तत्त्व है, यानी वो माशूक़ को इन्सान की सत्ह पर ले आता है और इसीलिए

जिंसी मज़्मूनों के लिए ये बुनियादी और निर्णायक पद्धति है। ये बात और है कि 'जुर्अत' के यहाँ मीर की तरह की बिम्बात्मक कल्पना न थी, लिहाज़ा वो 'मोमिन' (और ख़ुद मस्नवी 'मुआम्लाते-इश्क़' के मीर) की तरह महज़ मुआम्लाबन्दी तक रह गये। मीर की बड़ाई इस बात में है कि वो देखते और दिखाते बहुत हैं, बयान कम करते हैं। (जिंसी मज़्मूनों की हद तक) उनकी दूसरी बड़ाई ये है कि वो जिंसी मज़्मूनों को मज़्मूनआफ़्रीनी के लिए नहीं इस्तेमाल करते, बल्कि उनका जिंसी पहलू प्राथमिकता पर रखते हैं। इसलिए उनके यहाँ वो बेलुत्फ़ी (यानी जिंसी मज़्मून की हद तक बेलुत्फ़ी) नहीं आने पाती जो 'नासिख़', 'मोमिन' और लखनऊ के अक्सर शायरों के यहाँ मिलती है। तीसरी बात ये कि मीर के यहाँ जिंसी विषयों में भी ख़ुशमिज़ाजी और वाक्-चातुर्य तथा अपने ऊपर हँसने का अन्दाज़ मिल जाता है। पहली विशेषता मीर और मुस्हफ़ी में उभयनिष्ठ है, बाकी में कोई उनका शरीक नहीं।

इससे पहले कि मैं बात को आगे बढ़ाऊँ और मिसालों की मदद से इसे उत्तरोत्तर स्पष्ट करूँ 'जिंसी मज़्मूनों' की परिभाषा साफ़ करना ज़ुरूरी है। मैं 'उर्यानी' (नग्नता/अश्लीलता) का लफ़्ज़ दो वज्हों से नहीं इस्तेमाल कर रहा हूँ। एक तो ये कि जिंसी मज़्मूनों के लिए उर्यानी शर्ते-लाज़िम नहीं। दूसरी वज्ह ये कि 'उर्यानी' में ख़्वाहमख़ाह नैतिक निर्णयों का रंग प्रकट होता है और मैं जिंसी मज़्मूनों के ख़िलाफ़ नैतिक निर्णयों का क़ायल नहीं। मुम्किन है कुछ लोगों का ख़याल हो कि जो शायरी बहू-बेटियों के सामने न पढ़ी जा सके उसे अश्लील, नैतिक-विरुद्ध और दूषित कहा ही जाएगा, चाहे आप उसे 'उर्यां' कहें या 'जिंसी मज़्मूनों' पर आधारित कहें। ऐसे लोगों से मेरा कोई झगड़ा नहीं। वो बहू-बेटियों को मीर की शायरी से महफ़ूज़ रखें, बड़ी ख़ुशी से। अदब (साहित्य) के विद्यार्थी/ शोधार्थी की हैसियत से मैं अदबी हुस्न (साहित्यिक सौन्दर्य) का अन्वेषी हूँ, नैतिक शिक्षा का नहीं। और न टेरी ईगल्टन (Terry Eaglton) की तरह इस झगड़े में पड़ना चाहता हूँ कि कलाकृति की व्याख्या के बजाय उसकी वज्ह बयान की जाय, कि फ़लाँ-फ़लाँ उत्पादन सम्बन्धों के कारण, और समाज की संरचना में फ़लाँ-फ़लाँ शोषण की प्रवृत्तियों के कारण शायर मज्बूर था कि इस-इस तरह की शायरी लिखे। मैं तो सिर्फ़ ये कहना चाहता हूँ कि सारी ग़ज़ल की पूँजी जिंसी एहसास पर है, लिहाज़ा ये स्वाभाविक है कि इसमें जिंसी मज़्मून भी पद्यबद्ध हों। मैं ऐसे मज़्मूनों को अश्लील, निम्नस्तरीय, बाज़ारू, या वासनाओं पर आधारित, वग़ैरह कुछ नहीं कहता, बल्कि उन्हें ग़ज़ल के मिज़ाज की विशिष्टता समझता हूँ और उनका निरीक्षण-परीक्षण साहित्यिक दृष्टिकोण से करता हूँ। अगर वो हुस्न के साथ बयान हुए हैं तो ये शायर की कामयाबी है; नहीं, तो ये शायर की नाकामी है।

ग़ज़ल में जिंसी मज़्मूनों का विवेचन-विश्लेषण अलग से करने की ज़ुरूरत इस

वजूह से है कि हमारी ग़ज़ल का माशूक़ अक्सर बहुत अस्पष्ट आदर्शीकृत और नाइन्सानी (dehumanized) मालूम होता है। यानी उसकी विशेषताएँ आम तौर पर बहुत बढ़ा-चढ़ाकर बयान की जाती है इसलिए इसमें इन्सानीपन बहुत कम नज़र आता है और इस कारण 'हाली' की तरह के नैतिकतावादी आलोचकों और मुमताज़ हसीन या कलीमुद्दीन की तरह ग़ज़ल की परम्पराओं से बेख़बर आलोचकों को शिकायत का मौक़ा हाथ आता है। जिंसी मज़्मूनों के ज़रिये ग़ज़ल को मुकम्मल और विस्तृत बनाने में इनका भी बड़ा हाथ है।

जिंसी मज़्मूनों से मेरा आशय दो तरह के मज़्मूनों से है। एक तो वो जिनमें माशूक़ के बदन या बदन के किसी हिस्से या लिबास वग़ैरह का ज़िक्र इन्सानी सतह पर और लुत्फ़अन्दोज़ी के अन्दाज़ में हो, यानी इस तरह हो कि ये बात साफ़ मालूम हो कि किसी इन्सान की बात हो रही हो; किसी आदर्श, काल्पनिक और अमूर्त हस्ती की नहीं। दूसरी तरह के विषय वो है जिनमें जिंसी वस्ल (मिलन) के मामलों का ज़िक्र हो। इस सूरत में ये विषय मुआम्लाबन्दी की कोटि में आते है। मुम्किन है मीर ने उन्हें ही 'अदाबन्दी' कहा हो। ज़ाहिर है कि कभी-कभी दोनों तरह के विषय एक ही शेर में आ जाते हैं। ये बात भी स्पष्ट रहे कि जिंसी मज़्मून और मानीआफ़्रीनी, कैफ़ियत और मज़्मूनआफ़्रीनी में कोई प्रतिकूलता नहीं। हाँ, ये ज़ुरूर है कि अगर मानी आफ़्रीनी या मज़्मूननआफ़्रीनी पर इस क़दर ज़ोर दिया जाय कि मज़्मून की जिंसीयत पृष्ठभूमि में रह जाय तो एक हद तक वो शेर नाकाम या नामुकम्मल कहा जाएगा। यानी हम माशूक़ के हुस्न से ज़ियादा शायर की प्रतिभा से आनन्दित होने पर मज्बूर हों तो ऐसा शेर अच्छा तो कहलाएगा, लेकिन उसे जिंसी मज़्मून के दृष्टिकोण से नाकाम कहा जाएगा।

मीर की सबसे बड़ी विशेषता ये है कि वो जिंसी मज़्मूनों में भी मानीआफ़्रीनी और मज़्मूनआफ़्रीनी को बरतते हैं, लेकिन इस कार्यशैली के बावजूद मीर के यहाँ जिंसी विषय दबता नहीं, बल्कि और चमक उठता है। 'मोमिन' ओर 'नासिख़' उन मज़्मूनों को बरतने में मुआम्लाबन्दी से गुरेज़ करते हैं (मुम्किन है वो भी इसे चूमाचाटी समझते हों।) 'मोमिन' के यहाँ मुआम्लाबन्दी बहुतायत में है, लेकिन जिंसी मज़्मूनों पर आधारित नहीं है। 'नासिख़' मज़्मूनआफ़्रीनी को प्राथमिकता देने के चक्कर में विषय की जिंसीयत से हाथ धो बैठते हैं। मस्लन् 'मोमिन' को हमबिस्तरी का विषय बहुत पसन्द है—

मज्मए-बिस्तरे-मख़्मल शबे-ग़म याद आया
ताले-ख़फ़्ता का क्या ख़्वाबे-परीशाँ होगा

कब हमारे साथ सोते हैं कि देखेगा कोई
उनको बेताबी है क्यूँ इस ख़्वाबे-बेताबीर से

साथ सोना ग़ैर के छोड़ अब तू अय सीमींबदन
ख़ाक मेरी हो गयी नायाबतर इक्सीर से

बू-ए-गुल का अय नसीमे-सुबह अब किसको दिमाग़
साथ सोया है हमारे वो समनबर रात भर

ज़ाहिर है कि इन शेरों में कोई जिंसी लुत्फ़ नहीं, क्योंकि सारा ज़ोर मज़्मून बनाने में ख़र्च हुआ। पहले शेर में कहा है कि शबे-ग़म में हमें बिस्तरे-मख़्मल पर माशूक़ के साथ सोना याद आ गया। ज़ाहिर है कि अब नींद कहाँ? फिर ताले-ख़फ़्ता की नींद तो परेशान होगी नहीं, यानी तक़्दीर जागे तो हम सोएँ। दूसरे शेर में माशूक़ की परेशानी का ज़िक्र है कि उसने ख़्वाब में देखा कि मैं 'मोमिन' के साथ सो रहा हूँ। 'मोमिन' उसे तसल्ली देते हैं कि इस ख़्वाब की ताबीर तो कोई है नहीं। न तुम हमारे साथ कभी सोओगे और न कभी कोई भी देखेगा। इसलिए बदनामी से डरते क्यूँ हो? तीसरे शेर में माशूक़ को 'सीमींबदन' (चाँदी जैसा बदनवाला) कहकर और अपनी ख़ाक को 'इक्सीर' (chemical) से ज़ियादा नायाब कहा और ये मज़्मून पैदा किया कि अब तो तुम जो चाँदी-से बदनवाले हो, ग़ैरों के साथ सोना दोड़ दो। तुम्हारे ग़म में मेरी ख़ाक घिसघिसकर इक्सीर (chemical) से भी ज़ियादा क़ीमती हो गयी है। मानो अब तो मैं क़द्र के लायक़ हुआ। आख़िरी शेर में माशूक़ की 'समनबरी' (चमेली के फूल जैसी महकवाला शरीर) से फ़ायदा उठाकर कहा है कि अब हमें गुलाब की ख़ुश्बू से क्या लेना-देना, हमारा बदन उस 'समनबर' के साथ हमबिस्तरी के कारण ख़ुद ही मुअत्तर है। पहले और दूसरे शेर में ख़याल इस क़दर बारीक है और इस क़दर कम लफ़्ज़ों में बयान हुआ है कि ख़याल की बारीकी और नज़ाकत ने बयान के हुस्न को बाधित कर दिया है और चारों शेरों में मज़्मूनआफ़्रीनी की अधिकता के कारण जिंसी मज़्मून (जो बुनियादी मज़्मून है) पृष्ठभूमि में चला गया है।

'नासिख़' और उनके अनुवर्ती कुछ शायरों ने भी मज़्मूनआफ़्रीनी और स्वाभाविकता अख़्तियार की, बल्कि कभी-कभी तो ये ख़याल होता है कि जिंसी मज़्मून उन लोगों का उद्देश्य ही नहीं। 'नासिख़' की ख़ूबी ये है कि वो इस्तिआराती और पारिभाषिक शब्द को शब्दकोशीय अर्थों में इस्तेमाल करके नयी तरह का इस्तिआरा पैदा कर देते हैं। अस्ल जिंसी मज़्मून बिल्कुल गौण हो जाता है। इसकी मिसाल उनका ये लाजवाब शेर है। (मुझे ख़ुशी है कि रशीद हसन ख़ाँ ने इसे अपने इन्तिख़ाब में शामिल रखा है।)

दाने हैं अंगिया की चिड़िया को बनत की चिनियाँ
पलती है बाले की मछली मोतियों की आब में

तबातिबाई ने (सम्भवतः) 'नासिख़' के किसी शागिर्द का एक शेर उद्धृत किया है—

अंगिया के सितारे टूटते हैं
पिस्ताँ के अनार छूटते हैं

इस तरह के अश्आर में स्वाभाविकता है। उनकी मज़्मूनआफ़्रीनी भी इनकी स्वाभाविकता के सामने मन्द पड़ गयी है। लेकिन इनमें जिंस मज़्मून बहुत फीका रह गया है। 'नासिख़' का आम अन्दाज़ यही है।

मैं हूँ आशिक़ अनारे-पिस्ताँ का
न हो मर्क़द पे जुज़ अनारे-दरख़्त

तूने मगदर हिलाये क्यूँ न करें
बाग़े-आलम में इफ़्तिख़ारे-दरख़्त

वस्ल की शब पलंग के ऊपर
मिस्ल चीते के वो मचलते हैं

'नासिख़' जब मज़्मूनआफ़्रीनी छोड़कर बयानिया अन्दाज़ में आते हैं तो उनके शेर का लुत्फ़ बिल्कुल ग़ायब हो जाता है।

जी में है सर मैं रख के सो जाऊँ
तकिया मख़्मल का है तुम्हारा पेट

साथ अपने जो मुझे यार ने सोने न दिया
रातभर मुझको दिले-ज़ार ने सोने न दिया

याद आता है हिज्र में वो मज़ा
बर में ले ले के तंग सोने का

अब 'मुस्हफ़ी' का शेर देखिए तो बात साफ़ हो जाएगी—

बख़्त उनके हैं जो सो के तेरे साथ ले गये
गह पैरहन का लुत्फ़ तो गाहे-बदन का ख़त

वाक़िआ ये है कि 'मुसहफ़ी' का कलाम जिंसी मज़्मून के चित्रण-निरूपण और सौन्दर्य के दृष्टिकोण से मीर की याद दिलाता है। मीर और 'मुस्हफ़ी' हमारे यहाँ

सबसे तेज़ आँखवाले शायर हैं। मीर की विशिष्टता में इस्तिआरा, मज़्मून, मानी आदि सब शामिल हैं। 'मुस्हफ़ी' वहाँ तक नहीं पहुँचते जहाँ मीर अक्सर नज़र आते हैं, लेकिन दोनों का अन्दाज़ एक ही तरह का है।

मुस्हफ़ी : यूँ है उस गोरे बदन से जल्वागर लोहू का रंग
दस्ते-क़ुद्रत ने मिलाया जैसे मैदे में शहाब

(दूसरा दीवान)

मीर : बीड़े खाता है तो नज़र आता है पान का रंग
किस क़दर हाय रे वे जल्द गुलू नाज़ुक बदन

(दूसरा दीवान)

मुस्हफ़ी : यूँ है डलक बदन की उस पैरहन की तह में
सुर्ख़ी बदन की झलके जैसे बदन की तह में

मीर : क्या तने नाज़ुक है जाँ को भी हसद जिस तन पे है
क्या बदन का रंग है तह जिसकी पैराहन पे है

(दूसरा दीवान)

मीर के यहाँ अर्थ और मज़्मून, दोनों की अधिकता है (विस्तृत विवेचना के लिए व्याख्या देखें), 'मुसहफ़ी' के यहाँ विषय दूसरे मिस्रे तक आते-आते हल्का हो गया, लेकिन शेर का उद्देश्य हासिल हो गया। हस्रत मोहानी ने इस मज़्मून को बार-बार कहा, लेकिन हर बार ग़ैरज़ुरूरी या कमज़ोर अल्फ़ाज़ ने शेर बिगाड़ दिये—

अल्ला रे जिस्मे-यार की ख़ूबी कि ख़ुद-ब-ख़ुद
रंगीनियों में डूब गया पैरहन तमाम

रौनक़े-पैरहन हुई ख़ूबिए-जिस्मे-नाज़नीन
और भी शोख़ हो गया रंग तेरे लिबास का

पैराहन उसका है सादा रंगी
या अक्से-मय से शीशा गुलाबी

'मुसहफ़ी' को एक बार और सुन लीजिए तो खरे-खोटे का फ़र्क़ मालूम हो जाएगा—

उसके बदन से हुस्न टपकता नहीं तो फिर
लबरेज़ आबो-रंग है क्यूँ पैरहन तमाम

'मुस्हफ़ी' ने हुस्न टपकने का सुबूत 'लबरेज़ आबो-रंग' कहकर पेश कर दिया और अन्दाज़ भी अदबी रखकर मज़्मून में एक नवीनता-मौलिकता पैदा कर दी। ये ज़मीन दरअस्ल मीर की है—

क्या लुत्फ़े-तन छिपा है मिरे तंग पोश का
उगला पड़े है जामे से उसका बदन तमाम

(दूसरा दीवान)

इस विषय को बदल-बदलकर मीर ने कई बार इस्तेमाल किया है—

उसके सोने से बदन से किस क़दर चस्पाँ है हाय
जामा कबरेती का जी जलाता है बहुत

(छठवाँ दीवान)

जी फट गया है रश्क से चस्पाँ लिबास के
क्या तंग जामा लिपटा है उसके बदन के साथ

(छठवाँ दीवान)

मीर के यहाँ तक्रार (पुनरुक्ति-दोष) का शिकवा कुछ आलोचकों ने किया है। इस वक़्त तक्रार के उसूल पर बहस की गुंजाइश नहीं, लेकिन उपर्युक्त उद्धृत तीन शेरों से ये बात स्पष्ट होगी कि मीर की तक्रार हर जगह अनुचित नहीं होती। अक्सर वो एक ही मज़्मून में नये पहलू पैदा करते हैं। 'बदन तमाम' वाले शेर में दूसरे मिस्रे का ज़बरदस्त बिम्ब और पहले मिस्रे में इंशाइया अन्दाज़[1] की वजह से अप्रत्यक्षता उसे 'बदन के साथ' वाले शेर से अलग करता है। यहाँ दूसरे मिस्रे के बिम्ब में 'लिपटा है' के कारण जिंसी इशारा और तरह का है। इंशाइया अन्दाज़ यहाँ दूसरे मिस्रे में है, लेकिन 'तंग जामा' की रिआयत से 'जी फट गया' के इस्तेमाल ने इसमें पहले मिस्रे के साथ एक और तरह की सम्बद्धता संलग्न कर दी है। 'जलाता है बहुत' वाले शेर में मिस्रा-ए-अव्वल का अन्दाज़े इंशाइया है, लेकिन 'सोने से बदन' का दुहरा अर्थ और 'कबरेती' और 'जी जलाता' की रिआयतों ने उसे बिल्कुल भिन्न तरह का ज़ोर बख़्श दिया है। माशूक़ के नदी में नहाने का विषय मीर और 'मुस्हफ़ी' के यहाँ उभयनिष्ठ है। मीर ने इसे कई बार बाँधा है, लेकिन इसका बेहतरीन इज़्हार सम्भवत: निम्नलिखित अश्आर में हुआ है—

शब नहाता था जो वो रश्के-क़मर पानी में
गुत्थी महताब से उठती थी लहर पानी में

---

1. 'इंशाइया अन्दाज़' का आशय है प्रश्नवाचक शैली या संशयात्मक शैली, अर्थात् जिस बात के सम्बन्ध में स्पष्ट कुछ कहा न जा सके। —अनु.

साथ उस हुस्न के देता था दिखायी वो बदन
जैसे झमके है पड़ा गौहरे-तर पानी में

'मुसहफ़ी' इस विषय-वस्तु को बहुत दूर ले गये हैं और मीर से आगे निकल गये हैं। ये ज़रूर है कि लहरों के आग़ोश बन जाने का विषय मीर ने सम्भवत: 'मुसहफ़ी' से पहले निरूपित-निर्धारित कर लिया था। मीर ने इस विषय को कई जगह बाँधा है—

उठती है मौज हर एक आग़ोश ही की सूरत
दरिया को है ये किसका बोसो-कनार ख़्वाहिश

(दूसरा दीवान)

इसी दरिया-ए-ख़ूबी का है ये शौक़
कि मौजें सब कनारें हो गयी हैं।

(पहला दीवान)

बहरहाल, मुसहफ़ी का शेर है—

कौन आया था नहाने, लुत्फ़े-बदन ने किसके
लहरों से सारा दरिया आग़ोश कर दिया है

माशूक़ की बरहनगी (नग्नता) का ज़िक्र मीर ने शायद तमाम शायरों से ज़ियादा किया है। माशूक़ की बरहनगी 'आतिश' का भी पसन्दीदा विषय है, लेकिन उनसे बात पूरी तरह निभती नहीं, क्योंकि वो बयानिया अन्दाज़ से काम ज़ियादा लेते हैं और मुनासबते-अल्फ़ाज़ का ध्यान नहीं रखते—

आतिश : ता सहर मैंने शबे-वस्ल उसे उरियाँ रक्खा
आस्माँ को भी न जिस मह ने बदन दिखलाया

हैसियत और दर्जे का लिहाज़ न रखने के कारण शेर कमज़ोर हो गया। मीर या तो पूरी हवसनाकी से काम लेते हैं, और फिर भी हैसियत का ख़याल रखते हैं, या फिर माशूक़ की उरियानी (नग्नता) को तहज़ीबी हवाले के तौर पर इस्तेमाल करते हैं—

वो सीमतन हो नंगा तो लुत्फ़े-तन पे उसके
सौ जी गये थे सद्क़े ये जानो-माल क्या है

(दूसरा दीवान)

मर-मर गये नज़र कर उसके बरहना तन में
कपड़े उतारे उनने सर खींचे हम क.फ़न में

(दूसरा दीवान)

रातों पास गले लग सोये नंगे होकर है ये ग़ज़ब
दिन को बेपर्दा नहीं मिलते हमसे शर्माते हैं हनोज़

(पाँचवाँ दीवान)

आख़िरी शेर को निम्नलिखित शेर के साथ पढ़िए तो अर्थ स्पष्ट होगा—

आँख लगे इक मुद्दत गुज़री पाए-इश्क़ जो बीच में हम
मिलते हैं माशूक़ अगर तो मिलते हैं शर्माये हनोज़

और ये कमाल भी मीर को ही हासिल हुआ कि अपनी बरहनगी (नग्नता) और दीवानगी की चर्चा-परिचर्चा है और माशूक़ को पूरे लिबास में रखा, लेकिन उसके बावजूद जिंसी जीवन्तता से भरपूर हस्ती के तौर पर माशूक़ की मुकम्मल तस्वीर खींच दी—

तर्के-लिबास से मेरे उसे क्या वो रफ़्ता रानाई का
जामे का दामन पाँव में उलझा हाथ आँचल इकलाई का

(चौथा दीवान)

गुप्त शारीरिक अंगों का ज़िक्र जिंसी मज़्मून पैदा करने का आसान नुस्ख़ा है, लेकिन लिबास का पूरा पर्दा क़ायम रहे और फिर भी माशक़ शायर की आँख को उरियाँ दिखायी दे। ये सिर्फ़ बड़े शायर के बस की बात है—

क्या सूरत है, क्या क़ामत, दस्तो-पा क्या नाज़ुक है
ऐसे पतले मुँह देखो जो कोई क़लाल बनावेगा

(पाँचवाँ दीवान)

मूँढ़े चले हैं चोली चसी है मुहरी फँसी है बंद कसे
उस औबाश ने पहनावे की अपने ताज़ा निकाली तरह

(पाँचवाँ दीवान)

मीर के यहाँ माशूक़ के बदन से लुत्फ़अंदोज़ होकर तन्मयता-तल्लीनता में आने से लेकर माशूक़ पर व्यंग्य, स्वाभाविक प्रकृति का इज़्हार, साफ़-साफ़ लालच का इज़्हार, हर तरह का अन्दाज़ मौजूद है। लालच पर एक शेर देखिए—

पानी भर आया मुँह में देखे जिन्हों के यारब
वे किस मज़े के होंगे लब हाय नामकीदा

अल्ला मियाँ से उन्मुख यानी उनको सम्बोधित करने (यारब) की शोख़ी और 'मासूमियत' भी ख़ूब है। इसी ग़ज़ल का मत्ला है, जो कामयाब हवस की गर्मी से पसीना-पसीना है—

अब कुछ मज़े पे आया शायद वो शोख़ दीदा
आब उसके पोस्त में है ज्यूँ मेवए-रसीदा

फिर जब माशूक़ की नाज़ुकबदनी का ज़िक्र होता है तो एक नया अन्दाज़ बरहनगी का सामने आता है—

वे कपड़े तो बदले हुए मीर उसको कई दिन
तन पर है शिकन तंगिए-पोशाक से अब तक

इस विषय में शोख़ी है, लेकिन हवस भरी और बज़ाहिर महज़ तारीफ़ पर आधारित है, कि माशूक़ किस क़दर नाज़ुक है। शोख़ी उस वक़्त खुलती है, जब ये ख़याल आता है कि बदन पर तंगि-ए-पोशाक के कारण जो शिकन पड़ी है, उसे देखने के लिए बदन को नंगा देखा होगा। निम्नलिखित शेर नें माशूक़ को बेलिबास करने का बहाना उसकी तंगपोशी और नज़ाकत को बनाया है—

तंहगीए-जामा ज़ुल्म है अय बाइसे-हयात
पाते हैं लुत्फ़ जान का हम तेरे तन के बीच

इसी ग़ज़ल में ख़ुसरो से उधार लेकर अपना विषय बनाया है—

कुश्ता हूँ मैं तो शीरीं ज़बानी यार का
अय काश वो ज़बान हो मेरे दहन के बीच

माशूक़ पर व्यंग्य करने या इस बहाने ख़ुद पर व्यंग्य करने का अन्दाज़ जिंसी मज़्मून में कम निभता है। मीर ने इसको भी निभाया है—

आश्ना डूबे बहुत इस दौर में
गरचे जामा यार का कम घेर है

(छठवाँ दीवान)

हिन्दू बच्चों से क्या मईशत हो
ये कभू अंगदान देते हैं

(पाँचवाँ दीवान)

ताला न ज़ायक़े के अपने खुले कि हम भी
उन शक्करीं लबों के होठों का कुछ मज़ा लें

(पाँचवाँ दीवान)

नंगे सामने आते थे तो क्या-क्या उज़्र उठाते थे
नंग लगा है लगने उन्हें अब बात हमारी माने से

(पाँचवाँ दीवान)

ख़मियाज़ाकश हूँ उसकी मुद्दत से इस अदा का
लगकर गले से मेरे अँगड़ाई ले जम्हाया

(छठवाँ दीवान)

माशूक़ की अँगड़ाई इस वज्ह से भी हो सकती हैं कि वो आशिक़ के साथ सारी रात जागा है और इस वज्ह से भी कि वो आशिक़ से उकता गया है। साथ रात गुज़ारने या माशूक़ को बरहना (नग्न) देखने का किनाया मीर के यहाँ अक्सर मिलता है। कुछ शेर ऊपर गुज़र चुके, कुछ और मुलाहिज़ा हों—

लेते करवट हिल गये जो कान के मोती तेरे
शर्म से सर दर गिरेबाँ सुब्ह के तारे हुए

(पहला दीवान)

जिस जाए-सरापा में नज़र जाती है उसके
आता है मेरे जी में यहीं उम्र बसर कर

(तीसरा दीवान)

देही को न कुछ पूछो इक भरत का है गड़वा
तर्कीब से क्या कहिए साँचे में की ढाली है

(पहला दीवान)

ऐसी सुडौल देही देखी न हम सुनी है
तर्कीब उसकी गोया साँचे में गयी है ढाली

(छठवाँ दीवान)

आख़िरी दो शेरों की के मज़्मून को 'मुसहफ़ी' से लेकर अली औसत 'रश्क' तक कई लोगों ने इख़्तियार किया है। मीर ने 'भरत का गड़वा', 'देही', 'सुडौल' और 'तर्कीब' जैसे अलफ़ाज़ रखकर मज़्मून की रंगीनी और वाक़िआत और स्थिति-परिस्थिति को पूरी तरह बरत दिया है। इस पर विस्तृत विवेचना के लिए व्याख्या

मुलाहिज़ा हो। मीर को चूँकि रोज़मर्रा की ज़िन्दगी से मज़्मून बनाने में ख़ास महारत थी, इसलिए उनके सामने 'आतिश,' बल्कि 'मुसूहफ़ी' भी अवास्तविक मालूम होने लगते हैं। मस्लन, माशूक़ के भीगने का विषय 'मुसूहफ़ी' और मीर, दोनों को पसन्द था—

भीगे से तेरा रंगे-हिना और भी चमका
पानी में निगारीं कफ़े-पा और भी चमका

जूँ जूँ कि पड़ी मुँह पे तेरे मेंह की बूँदें
जूँ लालाए-तर रंग तेरा और भी चमका

झलक बदन की तेरे है ये रख़्ते-आबी में
कि जैसे जल्वा करे आफ़्ताब दर तह आब

पहला शेर रोज़मर्रा ज़िन्दगी पर आधारित है, बाक़ी मज़्मून ख़याली तो नहीं है, लेकिन मीर के निम्नलिखित शेर के सामने बनावटी मालूम होते हैं—

गूँध के गोया पत्ती गुल की वो तर्कीब बनायी है
रंग बदन का तब देखो जब चोली भीगे पसीने में

मीर के शेर पर नज़ीर अकबराबादी के एक शेर की हल्की-सी छाया है, लेकिन 'नज़ीर' के यहाँ इशारों की और जीवन्त बिम्बों की वो प्रचुरता नहीं जो मीर के यहाँ है—

सरापा मोतियों का फिर तो इक गुच्छा वो होती है
कि वो कुछ ख़ुश्क मोती, कुछ पसीने के वो तर मोती

नज़ीर अकबराबादी के शेर में बन्दिश भी बहुत सुस्त है। मीर के शेर में पहले और दूसरे मिस्रे में बराबर के बिम्ब हैं। लेकिन चोली के पसीने में भीगने में संकेतार्थ-निहितार्थ इस क़दर है और इतने बेपनाह हैं, और फिर भी इतने नज़्दीक के हैं कि शेर चमत्कारिक ढंग से सुन्दर हो गया है। जिस अनुभव-अनुभूति का ये शेर है, उसके विपरीत अनुभव-अनुभूति से इस तरह के शेर बरामद होते हैं—

बू किये कुम्हलाये जाते हो नज़ाकत हाय रे
हाथ लगते मैले होते हो लताफ़त हाय रे

(दूसरा दीवान)

हाय लताफ़त जिस्म की उसके, मर ही गया हूँ पूछो मत
जब से तने-नाज़ुक को देखा तब से मुझमें जान नहीं

(चौथा दीवान)

मीर के जिंसी मज़्मूनों पर विचार-विमर्श उनके अम्रदपरस्ताना (बिना दाढ़ी-मूँछ के सुन्दर लड़कों से प्यार करना, समलैंगिकता की प्रवृत्ति) शेरों के बग़ैर मुम्किन नहीं हो सकता। अन्दलीब शादानी ने अपने लेख 'मीर साहब का एक ख़ास रंग' यूँ लिखा था मानो मीर ने अपने ये शेर कहीं दाब-छिपाकर रख दिये थे, या, यद्यपि कि ये शेर उनकी ग्रन्थावली में थे, लेकिन लोगों ने उन्हें पढ़ा न था। फिर यारों ने तरह-तरह से इस 'ख़ास रंग' की व्याख्या-विवेचना भी करने की कोशिशें कीं। एहतिशाम साहब ने मसूद रिज़्वी के नाम शादानी के लेख पर कुछ 'बुज़ुर्गों' की प्रतिक्रिया का ज़िक्र करते हुए लिखा है—"सुना है कि मिर्ज़ा मुहम्मद अस्करी साहब बहुत अप्रसन्न हुए क्योंकि शादानी साहब, मीर वग़ैरह के वही शेर पढ़कर नतीजे निकालते रहे जिनका ज़िक्र वो अपने लेखों में कर चुके हैं।" ('ख़ुतूते-मशाहीर' सम्पा. नैयर मसूद)। हालाँकि सच तो ये है कि जिस शख़्स ने भी मीर-ग्रन्थावली का सरसरी-सा ही अध्ययन किया होगा, वो इस शौक़ और विशिष्ट रुचि से बेख़बर न रहा होगा जो अम्रदपरस्ती के मज़्मून पर मीर ने ख़र्च किया है। मैं इस रुज्हान या आकर्षण का बचाव नहीं करता। न इसकी निन्दा करता हूँ। मैं ये भी दावा नहीं करता कि मीर यक़ीनन् अम्रदपरस्त थे, और न फ़िराक़ साहब की तरह ये कहता हूँ कि दुनिया के अक्सर बड़े लोग अम्रदपरस्त हुए हैं। शायराना इज़्हार की हद तक अम्रदपरस्ती के अश्आर में मीर के यहाँ ख़ुद पर व्यंग्य करने, ख़ुद अम्रदों पर व्यंग्य करने और अम्रदों से दिलचस्पी पर आधारित हर तरह के अच्छे-बुरे शेर मिल जाते हैं। फ़िलहाल मेरी ग़रज़ जिंसी से मुक्त और अम्रदपरस्ती पर आधारित अच्छे शेर से है। कुछ शेर बिना किसी विस्तृत व्याख्या के पेश करता हूँ—

बाहम हुआ करे हैं दिन-रात नीचे-ऊपर
ये नर्मशाने लौंडे हैं मख़्मले-दो ख़्वाबा

(पहला दीवान)

साथ के पढ़ने वाले फ़ारिग़ तह्सीले-इल्मी से हुए
जह्ल से मक्तब के लड़कों में हम दिल बहलाते हैं हनोज़

(पाँचवाँ दीवान)

वो नौ बाव-ए-गुलशने-ख़ूबी सबसे रखे है निराली तर्ह।
शाख़े-गुल सा जाये है लचका उनने नयी ये डाली तर्ह।

मैं इस शेर को, जिसमें अम्रदपरस्ती का प्रभाव हो, अनिवार्यत: जिंसी मज़्मून पर आधारित शेर नहीं मानता, लेकिन ये भी है कि अम्रदपरस्ताना शेर में माशूक़ आसानी से Idealize नहीं हो पाता लिहाज़ा इस हद तक इसे जिंसी विषय से ही मुक्त मानना पड़ता है। कहीं-कहीं यह फ़ैसला अल्फ़ाज़ के पारिभाषिक अर्थों पर आधारित

होता है। मस्लन् टेकचन्द 'बहार' ने 'दंदाँमुज़्द' का अर्थ निर्धारित किया है कि पारिभाषिक शब्दावली में इसे बोसा (चुम्बन) कहते हैं लेकिन ये स्पष्ट नहीं किया है कि ये किस वर्ग या विभाग का पारिभाषिक शब्द है। ये जिस क्रम में प्रयुक्त हुआ है उससे लगता है कि अम्रदपरस्तों का एक पारिभाषिक शब्द होगा। ऐसी सूरत में छठवें दीवान का ये ग़ैरमामूली शेर और भी ग़ैरमामूली हो जाता है—

आज उस ख़ुशपुरकारे-जवाँ मत्लूबे-हसीन ने लुत्फ़ किया
पीर फ़क़ीर उस बेदंदाँ को उनने दंदाँमुज़्द दिया

मीर के यहाँ जिंसी मज़्मूनों का अध्ययन हमें ये सवाल करने पर मज्बूर करता है कि मीर के यहाँ इश्क़ का तज्रुबा किस मौलिक विशेषता का, या यूँ कहिए कि किन मौलिक विशेषताओं का है। मुहम्मद हसन अस्करी इसे इन्सानी तअल्लुक़ात (मानवीय सम्बन्धों) की पेचीदगियों का अनुवर्ती क़रार देते हैं। लेकिन बात शायद इतनी सादा नहीं, क्योंकि मीर के यहाँ इश्क़ की पेचीदगियों के अलावा उसका विस्तार और उसकी विभिन्न प्रकार की नवीनताएँ इस दर्जे की हैं कि इस पर कोई एक निर्णय नहीं दिया जा सकता। और मीर को सिर्फ़ दरून बीं (आत्मिक-हार्दिक दृष्टिकोण से युक्त) या इश्क़ के 'आला' और 'घरेलू' और 'हवसआमेज़' पहलुओं की कशाकश का शायर कहने से बात पूरी नहीं होती। लिहाज़ा इस मामले को ज़रा और विस्तार और तवज्जोह से देखना चाहिए, लेकिन तवज्जोह पर इस तरह आकृष्ट-चित्त होने से पहले ज़ुरूरी मालूम होता है कि इस बात की छानबीन की जाय कि जब मीर जिंसी मज़्मून को हर पहलू से बयान करने में समर्थ थे तो उन्होंने 'जुर्अत' की-सी मुआम्लाबन्दी भी क्यूँ न अख़्तियार की? इस सवाल का जवाब इसलिए भी ज़ुरूरी है कि इससे हमें मीर के यहाँ इश्क़ के तज्रुबे की हदों का पता लग सकता है। मुम्किन है इसी दिशा में इस बात पर भी रौशनी पड़ सके कि क्या मीर के इश्क़ की कोई केन्द्रीय विशेषता या उसका कोई केन्द्र है कि नहीं?

ऐसा नहीं है कि मीर जिंसी मज़्मूनों को मुआम्लाबन्दी के तौर-तरीक़ों में पेश करने में समर्थ नहीं थे। पिछले पन्नों में पहले दीवान के एक क़त्आ का ज़िक्र हो चुका है। उसका पहला शेर निम्नलिखित है—

कल थी शबे-वस्ल इक अदा पर
उसकी गये होते हम तो मर रात

ऐसा भी नहीं है कि जिंसी मज़्मूनों के बाहर मुआम्लाबन्दी में मीर को कोई मुश्किल पेश आती हो। लिहाज़ा जिंसी मज़्मूनों में मुआम्लाबन्दी की कमोबेश उपेक्षा करने के कारणों को दर्याफ़्त करना बहुत अहम होता है। जिंसी मज़्मूनों पर आधारित

अश्आर के बारे में हम देख चुके हैं कि अगर इनमें मानीआफ़्रनी और मज़्मूनआफ़्रीनी की अधिकता रखी जाय तो अस्ल मज़्मून के फीके पड़ जाने की सम्भावना रहती है। मीर इस मामले में असाधारण हैं कि वो अक्सरो-बेशतर मज़्मूनआफ़्रीनी या अर्थबहुलता हासिल कर लेते हैं। इसकी एक वज्ह तो ये है कि वो इस्तिआरे की शैली जानते हैं। दूसरी वज्ह ये है कि उनको रिआयते-लफ़्ज़ी में कमाल हासिल है। तीसरी वज्ह ये है कि वो यथासम्भव शेर को बयानिया बनाने से गुरेज़ करते हैं, लेकिन जिन अश्आर में माशूक़ से मिलन के विषय को जिंसी लज़्ज़तअंदोज़ी के रंग में कहा गया हो, उनमें बयानिया रंग दाख़िल होना लाज़िमी है। मीर ने वस्ल (मिलन) के मज़्मून में जिंसी मज़्मूनों से आम तौर पर परहेज़ किया है और अगर ऐसा मज़्मून लाये भी हैं तो उसमें ऐसी गूढ़ता का पुट रखा है कि ख़ुद-ब-ख़ुद अर्थबहुलता पैदा हो गयी है—

वस्ल उसका ख़ुदा नसीब करे
मीर दिल चाहता है क्या-क्या कुछ

(दूसरा दीवान)

वस्ल में रंग उड़ गया मेरा
क्या जुदाई को मुँह दिखाऊँगा

(पाँचवाँ दीवान)

उसका बहरे-हुस्न सरासर औजो-मौजे-तलातुम है
शौक़ की अपने निगाह जहाँ तक जल्वए-बोसो-किनार है आज

(पाँचवाँ दीवान)

पाँव छाती पे मेरी रख चलता
याँ कभू उसका यूँ गुज़ारा था

(चौथा दीवान)

क्या तुमको प्यार से वो अय मीर मुँह लगावे
पहले ही चूमे तुम तो काटे हो गाल उसका

(तीसरा दीवान)

मुँह उसके मुँह के ऊपर शामो-सहर रखूँ हूँ
अब हाथ से दिया है सररिश्ता में अदब का

(दूसरा दीवान)

गो शौक़ से हो दिल ख़ूँ मुझको अदब वही है
मैं रू कभी न रक्खा गुस्ताख़ उसके रू पर

(तीसरा दीवान)

बदन में उसके थी हर जाए दिलकश
बजा बेजा हुआ है जा ब जा दिल

(छठवाँ दीवान)

गात उस औबाश की लें क्यूँकि बर में मीर हम
एक झुरमुट शाल का इक शाल की गाती है मियाँ

(तीसरा दीवान)

ऊपर के अश्आर से ज़ाहिर है कि मीर मिलन (वस्ल) की लज़्ज़तअंदोज़ी के वक़्त भी रिआयते-लफ़्ज़ी, अर्थबहुलता और इस्तिआरे से काम लेते हैं और बयानिया अन्दाज़ का सहारा बहुत कम लेते हैं। अक्सर ये बात भी नहीं खुलती कि मिलन हुआ है भी कि नहीं। इन अश्आर में मुआम्लाबन्दी से गुरेज़ और कभी-कभी ख़ुद अपने पर हँसने की अदा इस बात की चुग़ली करती है कि कुछ बातें शायद ऐसी भी हैं जिनको मीर अपने आप पर भी ज़ाहिर नहीं करना चाहते। उनके यहाँ गुस्ताख़दस्ती की कमी नहीं है, लेकिन वो आन्तरिक प्रेम के स्पष्ट बयान से अक्सर गुरेज़ करते हैं। शायद इस वज़्ह से कि उनका गूढ़ार्थी और इस्तिआराती मिज़ाज इसे पसन्द नहीं करता। मिलन-सम्बन्धी मज़्मूनों में अगर स्पष्ट मुआम्लाबन्दी की जाय तो इस्तिआरे की गुंजाइश कम हो जाती है। 'जुर्अत' का यही मुआम्ला था। वो इस्तिआरे को वृत्तान्तों पर क़ुर्बान कर देते हैं। चन्द शेर निम्नलिखित हैं :

मिलाये लब से लब लेटे थे जब तक वो भी लेटा था
फुरेरी ले के मैं जो करके उफ़ इक बार उठ बैठा

तो कुछ उठने के उसने साथ ही चितवन जो पहचानी
तो क्या घबरा के बस जल्दी से वो ऐयार उठ बैठा

लिपटकर सोने से शब के चुभी फूलों की जो बद्धी
तो क्या होकर वो झगड़ालू, गले का हार उठ बैठा

कहाँ है गुल में सफ़ाई तेरे बदन की-सी
भरी सुहाग की तिस पर ये बू दुल्हन की-सी

याद आता है ये कहना जब तो उड़ जाती है नींद
अपनी हठ तो रख चुके लो अब तो हट के सोइए

तुम जो कहते हो 'जुर्अत' सोवेंगे हम तेरे साथ
सो ज़बाँ बहरे-ख़ुदा अब ये पलट के सोइए

अपने सीने पे रखा हाथ मैं उनका तो कहा
छोड़ कमबख़्त हथेली मेरी गलख़न से लगी

दिल ही जाने है कुछ इसका मज़ा और लज़्ज़त,
मिल के जब एक शबे-वस्ल में हों सीने दो

शेर नम्बर चार और एक हद तक नम्बर सात के अलावा तमाम शेरों में मज़्मून का अभाव है। शेर नम्बर चार में बिम्ब और इंशाइया अन्दाज़े-बयान इस तरह यक जा हुए हैं कि मीर तो नहीं, लेकिन मुसहफ़ी का-सा रुत्बा हासिल हो गया है। बाक़ी तमाम शेरों की शैली ख़बरिया (सूचनात्मक) है। मुआम्लाबन्दी की एक कमज़ोरी ये भी होती है कि इसमें इंशाइया शैली, जो ख़बरिया से बेह्तर और बुलन्द होती है, इस्तेमाल नहीं हो सकती। अब ये बात स्पष्ट हो गयी होगी कि मीर यद्यपि कि जिंसी मज़्मूनों से ख़ुद बिल्कुल गुरेज़ नहीं करते, लेकिन उन्होंने 'जुर्अत' पर चूमाचाटी का इल्ज़ाम इसलिए लगाया था कि 'जुर्अत' के यहाँ निरी मुआम्लाबन्दी है। मज़्मूनआफ़्रीनी बहुत कम है और गूढ़ार्थता तथा इस्तिआरा तक़रीबन् न के बराबर है। मीर अगर सपाटबयानी अख़्तियार भी करते हैं तो उसके साथ किसी क़िस्म का हवाला; व्यंग्यात्मक या तह्ज़ीबी या मनोवैज्ञानिक, ज़ुरूर रख देते हैं, लिहाज़ा मामला सिर्फ़ ये नहीं है कि मीर का इश्क़िया तज्रुबा ज़ियादा पेचीदा है, मामला ये भी है कि मीर इस तज्रुबे के इज़्हार के लिए कलात्मक निपुणता और बारीकियों का इज़हार अधिक-से-अधिक करते हैं। इन कलात्मक निपुणताओं के आधार पर उनके यहाँ बहुअर्थ छवियाँ हैं। मज़्मून की उनके यहाँ बहुलता है और वो मज़्मूनआफ़्रीनी के साथ जिंसी मज़्मून का सही सन्तुलन और सामंजस्य रखते हैं।

ग़ालिब : करे है क़त्ल लगावट में तेरा रो देना
तेरी तरह कोई तेग़े-निगाह को आब तो दे

मीर : अब कुछ मज़े पे आया शायद वो शोख़दीदा
आब उसके पोस्त में है जूँ मेवए-रसीदा

ग़ालिब के यहाँ जिंसी तज्रुबे का सीधे-सीधे हवाला है, लेकिन दूसरे मिस्रे में वो फ़ौरन् अमूर्त्तता इख़्तियार कर लेते हैं। मीर के यहाँ जिंसी तज्रुबे का हवाला दूसरे मिस्रे में और भी मज़्बूत और बदन की सतह पे घटित होता है। लालच के मौक़े पर भी मीर पंचेन्द्रियों में से वही संवेदना चयनित करते हैं जो लतीफ़तरीन तज्रुबे को भी तेज़ी से हासिल कर लेती है, यानी क़ुव्वते-ज़ायका—

पानी भर आया मुँह में देखे जिन्हों के यारब
वे किस मज़े के होंगे लबहाए-नामकीदा

(पाँचवाँ दीवान)

जिंसी लज़्ज़त और जिंसी तज्रुबे के तमाम संवेदनात्मक पहलू में मीर की तल्लीनता और जोश विभिन्न प्रकार की वो स्थितियाँ रखते हैं, जिसे मौलाना रूम ने 'नानबाई के हाथ में ख़मीरी आटे' के दुर्लभ और पाँचों इन्द्रियों पर आधारित इस्तिआरे के ज़रिये बयान किया है। जिस तरह नानबाई ख़मीरी आटे को कभी गूँथता है, कभी उसको नर्म करता है, कभी उस पर ज़ोर से मुट्ठियाँ लगाता है, कभी उसको तख़्ते पर फैला देता है, कभी नमक डालता है, कभी पानी, कभी उसको तंदूर में डालकर देखता है कि ठीक पका है कि नहीं, वही हाल आशिक़ के हाथ में माशूक़ का होता है। मौलाना रूम इसको यूँ भी बयान करते हैं कि शाश्वत और नवउद्भूत, ऐन और अरज़ (Ideal reality and outer manifestation of ideal reality) (अर्थात् सार्वभौमिक सत्य एवं सार्वभौमिक सत्य का बाह्य स्वरूप या बाह्य अभिव्यक्ति) में भी इस तरह की पारस्परिक अविभाज्य सम्बद्धता आदिकाल से वैसी ही अपरिहार्य-अनिवार्य है जैसी वीस और रामी* के दरमियान पारस्परिक सम्बद्धता और मिश्रण अपरिहार्य है। यानी ये भी उसूले-कायनात है, और दोनों हक़ीक़तें एक ही उसूले-कायनात का प्रतिबिम्बन करती हैं। मस्नवी (भाग-छः) में मौलाना रूम कहते हैं—

ज़न बदस्ते मर्द दर वक़्ते-लिक़ा
चूँ ख़मीर आमद बदस्ते-नानबा

(मर्द के हाथ जब औरत से मिलते हैं तो वो ऐसी ही होती है, जैसे कि नानबाई के हाथ में ख़मीर उठा आटा)

बिसरसद गाहेश नर्मोगह दुरुस्त।
ज़ू बरआरद चाक़ चाक़े-जेरे-मुश्त

(कभी तो वो उसे नर्मी और प्यार से, और कभी सख़्ती और ज़ोर से गूँथता है और उसे अपनी मुट्ठियों के नीचे रखकर थपकने और पटकने की आवाज़ निकालता है।)

---

*वीस और रामी फ़ारसी कविता में वर्णित प्रेमी युगल हैं—अनु.

गाह पहनश वाकशद बर तख़्ताए
दरहमश आरद गहे यक लख़्ताए

(कभी तो उसे तख़्ते (पलँग) पर खोलकर फैला देता है और कभी अचानक उसे पलट देता है।)

गाह दरवे रेज़द आबो-गह नमक
अज़ तनूरो आतिशश साज़द मेहक

(कभी वो उसके अन्दर पानी मिलाता है और कभी नमक, और कभी वो उसे तन्दूर की आग में डालकर उसे कसता है।)

ईं चुनीं पेचन्द मत्लूबो-तलूब
अन्दरीं लअब अन्द मग़्लूबो-ग़लूब

(चाहनेवाला और चाहा जानेवाला दोनों किसी तरह आपस में गुँथे रहते हैं। जीतने और हारनेवाले इस तरह के खेल खेलते रहते हैं।)

ईं लअब तन्हा न शौरा बाज़न अस्त
हर अक़ीक़ो-आशिक़े रा ईं फ़न अस्त

(ऐसे खेल न केवल मनुष्य और स्त्री में होते हैं, बल्कि ये तरीक़ा तो हर चाहे जानेवाले और चाहनेवाले का है।)

अज़ क़दीमो-हादिसो-ऐनो-अरज़
पेचिशे चूँ वीसो-रामी मुफ़्तरज़

(वो जो हमेशा से है और हमेशा होता रहता है। वो जो ऐन है और वो जो अरज़ है, उनमें भी आपस में वैसी ही समबद्धता अनिवार्य है जैसी वीस और रामी में।)

इन अश्आर की ख़ूबियाँ बयान करने में बहुत वक़्त ख़र्च होगा। दार्शनिक दृष्टिकोण मैंने ऊपर ही बयान कर दिये हैं अब सिर्फ़ ये देख लीजिए कि पाँचों इन्द्रियाँ (देखना, छूना, चखना, सूँघना, सुनना) यहाँ पूरी तरह सिर्फ़ अमल में ही नहीं आये हैं, बल्कि बयान भी हुए हैं और शुरू के चार शेरों में जीवन्त बिम्ब की इस क़दर तीव्रता है कि बड़े-बड़े शायरों को झुरझुरी आ जाये। जब मीर के सामने ऐसे बड़े-बड़े नमूने मौजूद थे और ख़ुद उनकी योग्यता-पात्रता भी उन नमूनों के बराबर कलाम की क़ुव्वत रखती थी तो वो 'जुर्अत' या 'मुसहफ़ी' या शाह हातिम की तरफ़ क्यों तवज्जोह देते और इस मैदान में भी मीर का कलाम उन लोगों से मुमताज क्यों न होता?

मैं ऊपर कह चुका हूँ कि मीर में ज़िन्दगी के तमाम तज्रुबात को हासिल करने

और उन्हें शेर की सत्ह पर क़ुबूल करने की हैरतअंगेज़ योग्यता थी। मौलाना रूम की तरह वो भी हर बात को शेर में कह सकते थे। 'मस्नवी मानवी'[1] के बहुत से अश्आर ऐसे हैं जिनको आजकल के 'शिष्ट' लोग पढ़ या सुन नहीं सकते। मौलाना ने इनसे विद्वतापूर्ण निष्कर्ष निकाले हैं, ये बात और है। बुनियादी बात ये है कि मौलाना रूम को 'अश्लील' मज़ामीन बयान करने से घृणा न थी। मुहम्मद हसन अस्करी ने एक ख़त में लिखा है कि जो क़िस्सा बयान कर रहा हूँ वो अश्लील तो है, लेकिन मौलाना थानवी ने बयान किया है और उससे सबक़ सीखा है, इसलिए दर्ज करता हूँ। पुरानी तह्ज़ीब में इस तरह की प्रवृत्ति, कि जो चीज़ें हलाल हों उनको भी अपने ऊपर हराम कर लिया जाय, न थीं। मीर के हँसोड़पन या विनोदप्रियता से भरे शेरों और फक्कड़पन के शेरों पर मौलवी अब्दुल हक़, बाबा-ए-उर्दू, नाक-भौं चढ़ाते हैं (या शर्मिन्दा होते हैं)। बाक़ी लोग तो उनका ज़िक्र करते शर्माते हैं। हालाँकि वो अश्आर भी तह्ज़ीबो-कायनात के एक विचार का क्रियान्वित रूप हैं। जिंसी अश्आर में मीर बहुत ज़ियादा खुल तो नहीं खेले हैं, लेकिन उनका उसूल वही है, कि तह्ज़ीब तरह-तरह से अपना इज़्हार करती है और तहज़ीब का प्रत्येक रूप-स्वरूप शेर की सत्ह पर बरता जा सकता है, अगर शायर जुर्अते-इज़्हार के साथ-साथ रचनाधर्मिता की योग्यता भी रखता है।

1. 'मस्नवी-मानवी' मौ. रूम की मस्नवी है। इसका शाब्दिक अर्थ है—ऐसी मस्नवी जिसके कई अर्थ हों।—अनु.

बह्रे-मीर

मीर की मशहूरतरीन ग़ज़लों में से दो के विश्लेषण निम्नलिखित हैं—

(i) *उल्टी हो गयीं सब तद्बीरें कुछ न दवा ने काम किया*
देखा इस बीमारिए-दिल ने आख़िर काम तमाम किया

(पहला दीवान)

(ii) *पत्ता-पत्ता बूटा-बूटा हाल हमारा जाने है*
जाने न जाने गुल ही न जाने बाग़ तो सारा जाने है

(पाँचवाँ दीवान)

ये ग़ज़लें जिस बह्र में हैं वो हमारे यहाँ मीर के पहले भी इस्तेमाल हो चुकी थीं, लेकिन मीर ने इस बह्र को इतनी अधिकता; इतने सामर्थ्य और इतनी विविधता के साथ बरता कि अब हम इस बह्र की कल्पना मीर से अलग नहीं कर सकते। मीर के अलग-अलग दीवान में इस बह्र की ग़ज़लें निम्नलिखित संख्या में हैं—

दीवान	संकलन-वर्ष	कुल ग़ज़लें	विवेच्य बह्र में ग़ज़लें
पहला	सन् 1752 के पूर्व	564	04
दूसरा	सन् 1775-1778	390	02
तीसरा	सन् 1785	253	12
चौथा	सन् 1794	221	58
पाँचवाँ	सन् 1798 से 1803	253	98
छठवाँ	सन् 1808 से 1810	133	08

दीवानों की तारीख़ें काज़िम अली ख़ाँ के मुताबिक़ हैं। दीवानों के अलावा मस्नवियों और शिकारनामों वग़ैरह में शामिल 24 ग़ज़लों में एक ग़ज़ल और 34 मर्सियों में से एक मर्सिया विवेच्य बह्र में है। (ग़ज़लों की संख्या मैंने फोर्ट विलियम और अब्बासी के दृष्टिकोण से निश्चित की हैं, लेकिन उनमें गिनती की जो ग़लतियाँ

हैं, मैंने उन्हें दुरुस्त कर लिया है। मस्नवियों और मर्सियों के लिए रामनरायन लाल एडीशन, संकलन-सम्पादन मसीहुज़्ज़माँ को आधार बनाया है।)

उपर्युक्त उद्धृत गिनती से मालूम हुआ कि 1814 ग़ज़लों में से 182 ग़ज़लें मीर ने विवेच्य बह्र में कही हैं। 34 में से एक मर्सिया भी इसी बह्र में है। मर्सिया निश्चित रूप से दिल्ली में ही लिखा गया होगा। 182 ग़ज़लों में से 174, यानी तक़रीबन् सत्तानवे फ़ीसदी ग़ज़लें लखनऊ के ज़माने की हैं। मुम्किन है इस बह्र को अधिकता से इस्तेमाल करके मीर ख़ुद को लखनऊवालों से पृथक करना चाहते रहे हों या फिर आख़िरी ज़माने में मीर को इस बह्र से बेइन्तिहा लगाव पैदा हो गया हो और वो इसे अपने इज़्हार के लिए बहुत ज़ियादा मुनासिब समझने लगे हों। 'सौदा' के यहाँ इस बह्र में तीन ही चार ग़ज़लें हैं। 'जुर्अत' ने अलबत्ता ये बह्र अपेक्षाकृत अधिकता से इस्तेमाल की है। 'दर्द', 'असर', 'मुस्हफ़ी, 'शाह हातिम, 'यक़ीन', 'क़ायम' वग़ैरह के यहाँ ये बह्र मुझे नज़र नहीं आयी। लिहाज़ा हम ये नतीजा निकालने से अधिक न्याय-संगत होंगे कि अगर मीर ने ये बह्र इतनी अधिकता से न इस्तेमाल की होती तो बाद के लोग इससे कमोबेश बेख़बर होते।

इस बह्र का माला या गण-निर्धारण आम तौर पर बह्रे-मुतक़ारिब में किया जाता है। लेकिन कुछ लोगों का ये भी ख़याल है कि ये बह्र हिन्दी की बह्र है। यहाँ मुश्किल ये है कि अब तक ये तय नहीं हो सका कि हिन्दी की कौन-सी बह्र (छन्द) है? जहाँ तक मैं मालूम कर सका हूँ, हिन्दी में ऐसी कई बह्रें हैं जो मीर की बह्र से थोड़ा-बहुत समान है, लेकिन कोई बह्र हिन्दी में शायद ऐसी नहीं जिसमें वो तमाम विशेषताएँ मौजूद हों जो मीर की बह्र में है। जो लोग इसको मुतक़ारिब कहते हैं उनका बयान ये है कि फ़ार्सी में एक मश्हूर वज़्न मुतक़ारिब का ऐसा मौजूद है जो मीर की बह्र के समान है वो वज़्न निम्नलिखित है—

'फ़ेल फ़ऊलुन फ़ेल फ़ऊलुन फ़ेल फ़ऊलुन फ़ेल फ़ऊलुन'

(फ़ेल बसुकून ऐन)

इस बह्र में 'मुसूहफ़ी' और 'ज़ौक़' की भी ग़ज़लें हैं। फ़ार्सी-समर्थकों का कहना है कि फ़ार्सी अस्ल होते हुए इसे हिन्दी की बह्र क्यों कहा जाय। मुश्किल ये है कि मीर ने जिस तरह इस बह्र को बरता है उसमें और उपर्युक्त उद्धृत वज़्न में बहुत फ़र्क़ है, और उपर्युक्त वज़्न में जितनी विविधता मुम्किन है, मीर के यहाँ उससे बहुत ज़ियादा विविधता नज़र आती है। मीर ने इस बह्र को जिस तरह इस्तेमाल किया है, उसका संक्षिप्त विश्लेषण निम्नलिखित है—

1. हर मिस्रा आठ रुक्न (गण) का होता है, लेकिन आख़िरी रुक्न आम तौर पर दुहर्फ़ी (द्विवर्णी) या तीन हर्फ़ का होता है। इस तरह पूरे मिस्रे में तीस हर्फ़ (या तीस मात्राएँ) होती हैं। फ़ार्सी का वज़्न जो ऊपर उल्लिखित

हुआ है, उसमें बत्तीस हर्फ़ (वर्ण) (या बत्तीस मात्राएँ) होती हैं।

2. मिस्रा 'फ़ऊलुन' से नहीं शुरू होता।

3. ज़ियादातर मिस्रे—'फ़ेल फ़ऊल फ़ऊल फ़ऊलुन ×2' (यानी दो बार) और इनकी दूसरी शक्लें और उन शक्लों पर बीच की मात्रा को रोककर नयी शक्लें बनाने पर बन सकती हैं, सिर्फ़ इस शर्त के साथ कि आख़िरी रुक्न (गण) दो या तीन हर्फ़ (वर्ण) का होगा।

4. उपर्युक्त तीसरे बिन्दु में उल्लिखित बह्र की विभिन्न शक्लों की जो शर्तें और सम्भावनाएँ व्यक्त की गयी हैं, मीर के यहाँ उससे भी अधिक रूपों में दिखायी देती हैं

5. यद्यपि कि बह्रे-मुतक़ारिब में 'फेलुन' (ब तह्रीक ऐन) नहीं आता, मीर ने कभी-कभी 'फेलुन' (ब तहरीक ऐन) भी इस बह्र में इस्तेमाल किया है।

6. मिस्रे के आख़िर में 'फेलुन' नहीं आता, न दो 'फ़ऊलुन' एक साथ आते हैं।

7. मीर के यहाँ कुछ मिस्रे बत्तीस वर्णी और अट्ठाईस वर्णी भी हैं। (चूँकि ये बहुत कम हैं, इसलिए इनको अपवाद माना जा सकता हैं।)

8. मीर के यहाँ अन्तराल (यति) कभी मिस्रे के मध्य में आता है, कभी कहीं और, कभी बिल्कुल नहीं। चूँकि इस मसले पर लोगों ने बहुत बहस की है लिहाज़ा निम्नलिखित उदाहरण ध्यातव्य हों—

(अ) शह्र से यार सवार हुआ जो सवाद में ख़ूब ग़ुबार है आज
(पाँचवाँ दीवान, अब्बासी, पृ. 709)

इश्क़ की चोटें पै दर पै जो उठायी गयीं घायल है दिल
(चौथा दीवान, अब्बासी, पृ. 649)

तेग़ो-तबर उस तुर्क बच्चे ज़ालिम की नहीं है कमर में अब
(पाँचवाँ दीवान, अब्बासी, पृ. 705)

आज उस ख़ुश पुरकार जवाँ मत्लूब हसीन ने लुत्फ़ किया
(छठवाँ दीवान, अब्बासी, पृ. 793)

उपर्युक्त उल्लिखित चारों मिस्रों में यति (अन्तराल) नहीं है।

(ब) इश्क़ न कर, ज़िन्हार न कर, वल्लाह न कर ब अल्लाह न कर
(चौथा दीवान, अब्बासी, पृ. 638)

इस मिस्रे में अन्तराल 'ज़िन्हार न क़र' के बाद है (14-16 वर्ण या हर्फ़)

(स) सर मारे हैं मेह्राबों में यूँ ही वक़्त को अब खोकर
(चौथा दीवान, अब्बासी, पृ. 638)

इस मिस्रे में अन्तराल 'यूँ ही' के बाद है (20×10 वर्ण पर)

9. मीर के यहाँ यति (अन्तराल) सामान्यत: 16 हर्फ़ों (वर्णों) के बाद आता है। ये यति यद्यपि कि छन्दशास्त्रीय नहीं है, लेकिन इसमें छन्दशास्त्रीय यति की भी एक विशेषता है। छन्दशास्त्रीय न होने से मेरा आशय वो यति है, जहाँ एक हर्फ़ बढ़ाने (ज़ियादा करने) पे मिस्रा मौज़ूँ रहता है। छन्दशास्त्रीय अन्तराल वो है जिसकी जगह निश्चित होती है और जिसके होने-न होने, या जहाँ एक हर्फ़ अधिक करने से मिस्रा नामौज़ूँ हो जाय। मिसाल के तौर पर मुलाहिज़ा हो—

दिल ही तो है न संगो-ख़िश्त दर्द से भर न आये क्यूँ।
रोयेंगे हम हज़ार बार कोई हमें सताये क्यूँ।
(ग़ालिब)

वज़्न—मुफ़्तएलुन मफ़ाइलुन × 2

यहाँ मिस्रों में यति (अन्तराल) 'ख़िश्त' और 'बार' पर है। दोनों में एक-एक हर्फ़ ('त' और 'र')अधिक है, लेकिन मिस्रा मौज़ूँ रहता है। (इस पर विस्तृत बहस 'अरूज़े-आहंग और बयान' में देखिए)

देर से हमको भूल गये हो याद करो तो बेह्तर है
ग़म हिर्मां का लब तक खींचें शाद करो तो बेह्तर है
(मीर, चौथा दीवान, अब्बासी, पृ. 674)

यहाँ उपर्युक्त उल्लिखित मिस्रे क्रमश: 'हो' और 'खींचें' पर विभक्त हो जाते हैं (16+14), लेकिन अगर एक-एक हर्फ़ बढ़ा कर 17+14 कर दें तो मिस्रे नामौज़ूँ हो जाएँगे—

देर से हमको भूल गये आप याद करो तो बेह्तर है
ग़म हिर्मां का कब तक अय यार शाद करो तो बेह्तर है

अगर 17 + 13 करें तो भी मिस्रा ना मौज़ूँ हो जाएगा, मिसाल के तौर पर—

(i) *पास से उठ चलता है वो,. तो आप में मैं रहता ही नहीं*
फेल फ़ऊलुन फ़ेलुन फ़ेलुन, फ़ेल फ़ऊलुन फ़ेल फ़अल
(मीर, चौथा दीवान अब्बासी, पृ. 619)

यहाँ अन्तराल (यति) 'वो' पर आता है 14+16 अब एक हर्फ़ बढ़ाकर मिस्रा थोड़ा-सा बदलकर अन्तराल 17 पर लाइए और दूसरे टुकड़े से एक हर्फ़ कम कर दीजिए—

पास से उठ चलता है जिस वक़्त आप में मैं रहता नहीं
फ़ेल फ़ऊलुन फ़ेलुन फ़ेलान + फ़ेल फ़ऊलुन फ़अलन्

मिस्रे में एक रुक्न (गण) (पद) कम हो गया और अन्तराल 17 हर्फ़ों (अक्षरों) पर आया तो मौज़ूनियत भी हाथ से गयी।

(ii) *नज़्अ में मेरी हाज़िर था, पर आँख न ईधर उसकी पड़ी*
फ़ेल फ़ऊलुन फ़ेलुन फ़ेलुन फ़ेल फ़ऊलुन फ़ेल फ़अल

(मीर, पाँचवा दीवान, अब्बासी, पृ. 690)

यहाँ अन्तराल 'था' पर आता है 14+16 अब मिस्रा ज़रा सा बदलकर अन्तराल के स्थान पर एक हर्फ़ बढ़ा दीजिए—

नज़्अ में मेरी हाज़िर एक पर आँख न ईधर उसकी पड़ी
फ़ेल फ़ऊलुन फ़ेलुन फ़ेल फ़ऊल फ़ऊलुन फ़ेल फ़अल

मिस्रे में अब भी तीस हर्फ़ हैं। अल्फ़ाज़ का क्रम ऐसा हो गया है कि अन्तराल ग़ायब हो गया है। फिर भी मिस्रा बिल्कुल मौज़ूँ है (मीर के कलाम में इस वज़्न का मिस्रा मिल भी जाएगा)। लिहाज़ा अन्तराल (यति) का होना इस बह्र में ज़ुरूरी नहीं, लेकिन अगर अन्तराल लाया गया है तो अन्तराल पर एक हर्फ़ ज़ियादा लाने से मिस्रा नामौज़ूँ हो जाएगा।

ये बात ध्यातव्य हो कि हमारे छन्दशास्त्र में अन्तराल का कोई ज़िक्र नहीं और न इसकी कोई अहमीयत हस्रत मोहानी के 'शिकस्त नारवा' वाले उसूल के पहले थी। इसीलिए मैं अपने यहाँ के अन्तराल (यति) को ग़ैर ज़ुरूरी समझता हूँ। छन्दशास्त्रीय अन्तराल की शर्तें तीन हैं—1. बह्र में अन्तराल (यति) ज़रूर आएगा। 2. मुक़र्रर जगह पर न हो तो मिस्रा नामौज़ूँ ठहरेगा। 3. अन्तराल पर एक अधिक हर्फ़ (वर्ण) इज़ाफ़ा करने से भी मिस्रा नामौज़ूँ हो जाएगा। हमारे यहाँ जिस चीज़ को हस्रत मोहानी ने 'शिकस्त नारवा' नामक त्रुटि की संज्ञा दी है उसकी मिसालें क्लासिकी उर्दू-ग़ज़ल में बेशुमार हैं—

हम पाया है दो दोनाली बन्दूक़ की वो बीनी
छुरे का काम रू-ए-जानाँ के ख़ाल करते

यहाँ पहले मिस्रे में 'नाली' और 'बन्दूक़' के बीच में, और दूसरे मिस्रे में यति 'रू-ए-जानाँ' के बीच में पड़ता है। अगर ये ऐब होता दूसरे तो तमाम शायर इसे

बेतकल्लुफ़ जारी न रखते।

10. अन्तराल पर एक हर्फ़ अधिक करने से मिस्रे का नामौज़ूँ होना ऐसी विशेषता है, जो बह्रे-मीर को फ़ार्सी से अलग और हिन्दी के निकट कर देती है। दूसी विशेषता जो इसे हिन्दी से भी अलग भी करती है वो ये है इसमें मिस्रे के आख़िर में एक फ़ालतू हर्फ़ बेतकल्लुफ़ आता है और बह्र को क्षति नहीं पहुँचती। ये हिन्दी में मुम्किन नहीं।

11. मीर के यहाँ इस बह्र में मौलिकता और नवीनता इस क़दर है कि 64 प्रचलित और अप्रचलित रूप नज़र आते हैं, फ्रांसिस प्रिचेट के नक़्शे के मुताबिक़ निम्नलिखित आठ रूप प्रचलित है—

(i)	फ़ेलुन फ़ेलुन फ़ेलुन फ़ेलुन	(फ़ेल ब सुकून अैन)
(ii)	फ़ेलुन फ़ेलुन फ़ेल फ़ऊलुन	(,,)
(iii)	फ़ेलुन फ़ेल फ़ऊलुन फ़ेलुन	(,,)
(iv)	फ़ेलुन फ़ेल फ़ऊल फ़ऊलुन	(,,)
(v)	फेल फ़ऊलुन फ़ेलुन फ़ेलुन	(,,)
(vi)	फ़ेल फ़ऊलुन फ़ेल फ़ऊलुन	(,,)
(vii)	फ़ेल फ़ऊल फ़ऊल फ़ऊलुन	(,,)
(viii)	फ़ेल फ़ऊल फ़ऊलुन फ़ेलुन	(,,)

हर मिस्रे का पहला हिस्सा उपरिलिखित आठ में से किसी वज़्न में होगा। दूसरा टुकड़ा भी उपरिलिखित आठ में से किसी वज़्न में होगा, लेकिन इसमें एक सबबेख़फ़ीफ़ होगा। इस तरह मीर के तक़रीबन् 97 फ़ीसदी मिस्रों की मात्रा या वर्ण गणना की जा सकती है।

12. रॉल्फ़ रसल और ख़ुर्शीदुलइस्लाम ने अपनी किताब Three Mughal Poets में जो फ़ॉर्मूला पेश किया है, उसकी मदद से अक्सर औज़ान ('वज़्न' का बहुवचन) हासिल हो जाते हैं, लेकिन उनकी तादाद फ्रांसिस प्रिचेट की तादाद से भी कम है, और उनके वज़्न हमारे मानक वज़्न से भिन्न हैं। फिर उन्होंने पाश्चात्य छन्दशास्त्र की परिभाषाएँ इस्तेमाल की हैं, जो हमारे छन्दशास्त्र के लिए मुनासिब नहीं।

कुछ ऐसे वज़्न जो ऊपर सन्दर्भित दोनों रूपों से नहीं निकल सकते और जो मीर के यहाँ मिलते हैं, निम्नलिखित हैं—

रोज़े-शुमार में यारब मेरे कहे-किये का हिसाब न हो
फ़ेल फ़ऊल फ़ऊलुन, फ़अल फ़ऊल फ़ऊल फ़अल

(पाँचवाँ दीवान अब्बासी, पृ. 751)

एक नहीं वो सुनने का तुम बातें बहुत बनाओगे
.फ़ेल फ़ऊलुन फ़ेलुन फ़ेलुन फ़ेलुन फ़ऊल फ़ेलुन फ़े

(चौथा दीवान, अब्बासी पृ. 678)

बहुत लिये तस्बीह फिरे हम, पहना है ज़ुन्नार बहुत
फऊल फ़ेलुन फ़ेल फ़ऊलुन फ़ेलुन फ़ेलुन फ़ेल फ़अ्ल

(पाँचवाँ दीवान, अब्बासी, पृ. 706)

मुझको ज़मीं में गाड़ोगे तो निशाने-तुरबत मत करियो
फ़ेल फ़ऊलुन फ़ेलुन फ़ेल फ़ऊलुन फ़ेलुन फ़ेलुन फ़े

(चौथा दीवान, अब्बासी पृ. 581)

जैसा कि ऊपर कहा गया, अगर ये बह्‌रे-मुतक़ारिब है तो इसमें 'फ़ेलुन' (बत्‌हरीक अैन) का गुज़र नहीं, लेकिन मीर के यहाँ इसकी मिसालें ख़ासी तादाद में हैं—

ग़मो-अन्दोह इश्क़ी से हर लहज़ा निकलती रहती है
फ़ेलुन फ़ेलुन फ़ेलुन फ़ेलुन फ़ेलुन फ़ेलुन फ़ेलुन फ़े

(पाँचवाँ दीवान, अब्बासी पृ. 111)

बैठा हूँ खड़े पाँव में कुछ चलने में तो दुरंग नहीं
फेलुन फ़ेलुन फ़ेलुन फ़ेलुन फ़ेलुन फ़ेल फ़ऊल फ़अल

(चौथा दीवान, अब्बासी, पृ. 659)

रंग उसका कहीं याद न दे ज़ुनहार उससे कुछ काम न लो
फेलुन फ़ेलुन फ़ेल फ़ऊलुन फ़ेलुन फ़ेलुन फ़ेल फ़अल।

(चौथा दीवान, अब्बासी, पृ. 666)

उपरिलिखित साक्ष्यों की रौशनी में मेरा कहना ये है कि ये बह्‌र न फ़ार्सी है न हिन्दी है, उर्दूवालों की ईजाद है। मैंने 'उर्दूवालों' इसलिए कहा कि मीर से पहले भी इसका सुराग़ मिलता है। ज्ञानचन्द ने अली आदिल शाह द्वितीय, जिसका तख़ल्लुस (उपनाम) है 'शाही' (ज़माना-ए-हुकूमत 1665 से 1672), से इसकी मिसाल पेश

की है। 'शाही' सत्रहवीं सदी का शायर है। इसी ज़माने में मीर जाफ़र ज़टल्ली भी थे (मृत्यु 1712), जिन्होंने अपनी नज़्म 'हज्वे कूकहे-आलमगीर' में इस बह्र को अत्यधिक नूतनता के साथ प्रयोग किया है। मत्ला है—

ख़ाने-जहाँ तुम मुझे पुकारे(री) थुक्की डाढ़ी फिट्टे मुँह
संता ऊपर करे सवारी थुक्की डाढ़ी फिट्टे मुँह
(कुल्लियात, सम्पादक—नईम अहमद पृ. 176)

हज्व (निन्दा-गीत) में कुल 18 शेर हैं और बह्र की निम्नलिखित शक्लें (रूप /form) इस्तेमाल हुई हैं)

(i) फ़ेल फ़ऊलुन फ़ऊल फ़ेलुन फ़ेलुन फ़ेलुन फेलुन फ़े
(ii) फ़ेलुन फ़ेलुन फ़ेल फ़ऊलुन फ़ेलुन फ़ेलुन फ़ेलुन फ़े
(iii) फ़ेल फ़ऊलुन फ़ेल फ़ऊलुन फ़ेलुन फ़ेलुन फ़ेलुन फ़े
(iv) फ़ेलुन फ़ेलुन फ़ऊल फ़ेलुन फ़ेलुन फ़ेलुन फ़ेलुन फ़े
(v) फ़ेलुन फ़ेलुन फ़ेल फ़ऊलुन फ़ेल फ़ऊलुन फ़ेलुन फ़े
(vi) फ़ेलुन फ़ेलुन फ़ेलुन फ़ेलुन फ़ेलुन फ़ेलुन फ़ेलुन फ़े

ज़ाहिर है कि अठारह शेर की नज़्म में ये नवीनता या विचित्रता दुर्लभ है। निश्चित रूप से अगर जाफ़र ज़टल्ली इस बह्र को और इस्तेमाल करते तो दूसरी शक्लें भी नज़र आतीं।

ख़्वाजा इमादुद्दीन क़लन्दर फुलवारवी (1654-1712) मीर जाफ़र जटल्ली के तक़्रीबन् बिल्कुल समकालीन हैं। उनका मत्ला है—

बीच नज़र के इधर-उधर हरदम आवे-जावे है
बलबे ज़ालिम तिस पर भी टुक देखे तो तरसावे है

मुम्किन है कि इनका कुछ और कलाम भी इस बह्र में हो। बहरहाल ये बात तो साबित है कि मीर के पहले अली आदिल शाह 'शाही', जाफ़र ज़टल्ली और ख़्वाजा इमादुद्दीन क़लन्दर ने इस बह्र को इस्तेमाल किया। मीर का अस्ल कारनामा ये है कि उन्होंने इसे ग़ैरमामूली क़ुव्वत और हुस्न के साथ और बहुत अधिकता से इस्तेमाल किया। ये बह्र यक़ीनन् सत्रहवीं सदी के समाज में मौजूद थी और दूर तक फैली हुई थी, क्यूँकि 'शाही' तो दकन में थे, जाफ़र ज़टल्ली हरियाणा और दिल्ली में और शाह इमादुद्दीन बिहार में। प्रो. ज्ञानचन्द इस बह्र को सवैया क़रार देते हैं, लेकिन सवैया के जितने रूपों से मैं वाक़िफ़ हूँ, उनमें से कोई भी ऐसी नहीं, जिसमें इस बह्र की तमाम विशेषताएँ या लक्षण मिलते हों। 'मदिरा' सवैया इस बह्र से

नज़्दीकतरीन है। लेकिन वो बेइन्तिहा बेलचक और बहुत अनोखा नहीं है, क्यूँकि वो वर्णिक छन्द के अन्तर्गत है। (यानी ऐसी बह्र जिसमें वर्णों का क्रम निश्चित रहे और उसमें कोई परिवर्तन सम्भव न हो।) जबकि हमारी बह्र में अनोखेपन और मौलिकता की बहुत गुंजाइश है।

यहाँ पर ये सवाल उठता है कि अगर ये बह्र हिन्दी या फ़ार्सी से आयातित नहीं है और समाज में फिर भी मौजूद थी, तो ये आयी कहाँ से? हिन्दी में तीस हर्फ़ी -बह्रें बहुत हैं, लेकिन कोई ऐसी नहीं जिसे हमें अपनी बह्र का उदाहरण या प्रतिरूप कह सकें। फ़ार्सी में इससे मिलती-जुलती एक बह्र है, लेकिन उसमें अनूठापन कम है और सबसे बड़ी बात ये है कि वो बत्तीस हर्फ़ी है। फ़ार्सी में तीस हर्फ़ी बह्रों का वजूद नहीं। लिहाज़ा यही कहना पड़ता है कि फ़ार्सी और हिन्दी के पैमानों को मिलाकर उर्दूवालों ने अवामी तौर पर ये बह्र ईजाद की। इस दावे की मुकम्मल दलील उस वक़्त हो सकेगी जब सोलहवीं और सत्रहवीं सदी में उद्भूत हमारे अवामी अदब के नमूने अधिक मात्रा में मुहैया होंगे। फ़िलहाल तो ये नामुम्किन मालूम होता है।

लेकिन मेरा ये ख़याल कि ये बह्र फ़ार्सी और हिन्दी को मिलाकर आवामी सतह पर ईजाद की गयी, इस वक़्त भी बिल्कुल तर्कहीन नहीं है। मसूद हसन रिज़्वी 'अदीब' की किताब 'शुमाली हिन्द की क़दीमतरीन उर्दू नज़्में' (सम्पादक-अतहर मसूद रिज़्वी) में पुरानी उर्दू के वो मर्सिये मंजरे-आम पर लाये गये हैं, जो मसूद हसन रिज़्वी 'अदीब' के दर्याफ़्तकर्दा एक हस्तलिखित दस्तावेज़ में मह्फ़ूज़ थे। मसूद हसन रिज़वी 'अदबी' ने भूमिका में लिखा है कि—"इस संकलन का कातिब, जो इसको पांडुलिपि क़रार देता है, कोई शख़्स मुहम्मद मुराद है और इसकी किताब मुहम्मद शाह के जुलूस के बीसवीं साल यानी 1151 हिजरी में ग्यारवीं रबीअउल सानी को मंगलवार के दिन समाप्त हुई। ये दिन और तारीख़ 18 जुलाई 1727 ईस्वी के मुताबिक़ है।"

लिहाज़ा ये पांडुलिपि उस वक़्त संकलित-सम्पादित हुई जब मीर की उम्र पाँच साल थी और वो आगरे में थे। ये मात्र क़यास नहीं है कि इस पांडुलिपि में शामिल सारा कलाम 1727 या उसके आसपास का ही है। पांडुलिपि में आमतौर पर मक़्बूल कलाम दर्ज होता है, और ऐसा कलाम जो कुछ अर्से से समाज में मौजूद हो। लिहाज़ा ये कलाम 1727 से पहले का और तक़्रीबन् 1700 से 1727 तक का होना चाहिए। 'अदीब' ने आगे लिखा है—"जिस ज़माने में ये मर्सिये सृजित किए गये थे, उस वक़्त तक 'उर्दू' का लफ़्ज़ शायद 'उर्दू-ज़बान' के अर्थ में प्रचलित या निर्धारित नहीं था। हिन्दी और फ़ार्सी के मेल से जो ज़बान बन रही थी, उसकी अदबी सूरत को ज़बाने-रेख़्ता या सिर्फ़ रेख़्ता कहते थे और जो नज़्म उस मिश्रित ज़बान में कही जाती थी वो भी रेख़्ता कहलाती थी।"

इन बयानात की रौशनी में हम कह सकते हैं कि मर्सिये अगर बहुत पुराने नहीं भी हैं तो अठारहवीं सदी के आग़ाज़ के ज़ुरूर हैं। ख़ुद मसूद हसन रिज़्वी की राय में ये मर्सिये सत्रहवीं सदी के भी हो सकते हैं। उन्होंने अपनी भूमिका के आख़िर में लिखा है—''ये मर्सिये जो पहले-पहल मंज़रे-आम पर लाये जा रहे हैं, इनसे पुरानी कोई उर्दू-नज़्म उत्तरी भारत में अब तक उपलब्ध नहीं हुई है। मेरी किताब 'फ़ाएज़ देहलवी और दीवाने फ़ाएज़' उर्दू ज़बान-ओ-अदब के इतिहास को कुछ पीछे हटा चुकी है, ये मर्सिया-संग्रह उसको पुराने ज़माने तक पहुँचा देगा।''

सद्रुद्दीन 'फ़ाएज़' का ज़माना 1690 से 1738 है। मसूद हसन रिज़्वी का ये बयान कि ये मर्सिया उत्तरी भारत की पुरानी नज़्में हैं, इन नज़्मों को 'बिकट कहानी' (1625) से भी पहले का क़रार देता हुआ मालूम होता है। अगर इस ख़याल को दुरुस्त न माना जाय तो भी तारीख़े-किताबत 1727 की रौशनी में ये कलाम 'फ़ाएज' से कुछ पहले का और अठारहवीं सदी के प्रारम्भ का तो है ही। इस किताब में 'सलाह' नामक शायर के 68 मर्सिये हैं, इनमें से एक का मत्ला है—(पृ. 64)

आया जग मूँ बाज़ मुहर्रम हाय हुसैनावाले हुसैन
शोरे-फ़ुग़ाँ बर्ख़ास्त ज़ आलम हाय हुसैनावाले हुसैन

ज़ाहिर है कि ये बह्र तीस हर्फ़ी है और इसमें वो विशेषताएँ मौजूद हैं जो मीर की बह्र में आम हैं। मिस्रा 16+14 पर विभाजित है और वज़्न है—

फ़ेलुन फ़ेलुन फ़ेल फ़ऊलुन फ़ेल फ़ऊलुन फ़ेल फ़ऊल (=फ़अल)
फ़ेल फऊलुन फ़ेल फ़ऊलुन फ़ेल फ़ऊलुन फ़ेल फ़ऊल (=फ़अल)

दिलचस्प बात ये है कि मत्ले के अलावा हर शेर में पहला मिस्रा बत्तीस हर्फ़ी है और दूसरा मिस्रा तीस हर्फ़ी—

सोगो-अज़ा के दिन हैं यारों गिरिया करो जूँ अब्रे-बहाराँ
ताज़ा हुआ सर नौ ईं मातम हाय हुसैनावाले हुसैन
फ़ेल फ़ऊलुन फ़ेलुन फ़ेलुन फ़ेल फ़ऊलुन फ़ेल फ़ऊलुन
फ़ेल फ़ऊलुन फ़ेलुन फ़ेलुन फ़ेल फऊलुन फ़ेल फ़ऊल (= फ़अल)

मालूम होता है कि शायर ने तीस हर्फ़ी बह्र में मत्ला कहा, लेकिन एहतियात या मौज़ूनियत की कमी के कारण पहले मिस्रों में बत्तीस हर्फ़ी मिस्रा कहता गया। दूसरे मिस्रों में चूँकि रदीफ़ 'वाले हुसैन' थी, इसलिए मिस्रा हरहाल में तीस हर्फ़ी होना था। कुछ पहले मिस्रों को तीस हर्फ़ी भी पढ़ सकते हैं और बत्तीस हर्फ़ी भी—

तीस हर्फ़ी गणना—फ़ेल फ़ऊलुन फ़ेल फ़ऊलुन, फ़ेल फ़ऊलुन फ़ेलुन फ़े
बत्तीस हर्फ़ी गणना—फ़ेल फ़ऊलुन फ़ेल फ़ऊलुन, फ़ेलुन फ़ेलुन, फ़ेलुन फ़ेलुन

कुछ मिस्रे हैं तो बत्तीस हर्फ़ी, लेकिन इनकी तर्तीब मीर के वज़्नों के नमूने की है, फ़ार्सी के नमूने की नहीं—

बर फ़र्जन्द हेच पयम्बर ऐसा ज़ुल्म न करो सितमगर
फ़ेलुन फ़ेलुन फ़ेल फ़ऊलुन फ़ेलुन फ़ेल फ़ऊल फऊलुन

तीस हर्फ़ी मिस्रे बहुत-से ऐसे हैं कि बिल्कुल मीर के नमूने के वज़्नों की तर्तीब में हैं—

जुज़ सज्जाद न था कोई मुहर्रम हाय हुसैनावाले हुसैन
फ़ेलुन फ़ेल फ़ऊलुन फ़ेलुन फ़ेल फ़ऊलुन फ़ेल फ़ऊल (=फ़ेल)

ये तर्तीब फ़ार्सी में मुम्किन नहीं।

मर्सिये में बारह शेर हैं। हर दूसरे मिस्रे का तीस हर्फ़ी और मीर के नमूने पर होना, कुछ पहले मिस्रों का भी मीर के नमूने पर होना और कुछ की तीस हर्फ़ी गणना मुम्किन होना, ये सब इस बात का सुबूत है कि मीर की बह्र का स्रोत उर्दू अवाम का स्वाभाविक सौन्दर्यबोध है कि उन्होंने फ़ार्सी और हिन्दी को मिलाकर और नयी तराकीब ('तर्कीब' का बहुवचन) रचकर एक नयी बह्र बना डाली।

अब इस बात पर और ग़ौर कर लें कि इस बह्र की जड़ें सीधे तौर पर हिन्दी में न होने का प्रमाण क्या है? पहली बात तो यही कि इस बह्र की जो विशेषताएँ मैंने ऊपर बयान की हैं, उनमें कुछ ऐसी हैं जो हिन्दी में मुम्किन नहीं हैं। और ये भी कि हिन्दी की तीस हर्फ़ी वर्णिक बह्रों का अध्ययन करके हम देख सकते हैं कि इस बह्र का हिन्दी से सीधे तौर पर रिश्ता नहीं। समीअल्लाह अशरफ़ी ने अपनी किताब 'उर्दू-हिन्दी के जदीद मुश्तरक औज़ान' में तीस हर्फ़ी जितनी बह्रें बयान की हैं, उनमें से किसी के बारे में ये नहीं लिखा है कि वो बह्र मीर की अस्ल है। अशरफ़ी ने मीर के समान की जो बह्रें दर्ज की हैं, (यद्यपि कि उन्होंने उनमें से किसी को मीर की अस्ल नहीं बताया है।) उनमें 'रुचिरा' में (Ruchira) में तीस हर्फ़ी बह्रे-मीर से कुछ समानता रखती है। लेकिन 'रुचिरा' 14 हर्फों के बाद यति (अन्तराल) अनिवार्य है। और हम देख चुके हैं कि मीर के यहाँ छन्दशास्त्रीय अन्तराल है ही नहीं। अगर अन्तराल आता भी है तो उसकी जगह निश्चित नहीं। ज़ियादातर 16+14 है, लेकिन 14+16, 20+10, 18+12 वग़ैरह भी कम नहीं हैं। दूसरी बात ये कि 'रुचिरा' के लिए ज़ुरूरी है कि उसका मिस्रा (पंक्ति) एक गुरु पर ख़त्म हो। यानी मिस्रे के आख़िर में एक से ज़ियादा गुरु न होना चाहिए। मीर के यहाँ (और इस बह्र की तमाम उर्दू मिसालों में) ऐसी कोई अनिवार्यता नहीं।

अशरफ़ी ने जाफ़र ज़टल्ली की उपर्युक्त उल्लिखित नज़्म ''हज्वे को कहे—

आलमगीर'' और 'फ़ानी' की एक मश्हूर ग़ज़ल को 'लावनी रेख़्ता' नामी हिन्दी बह्र में क़रार दिया है। अव्वल तो लफ़्ज रेख़्ता ही बता रहा है कि ये ख़ालिस हिन्दी बह्र नहीं हो सकती। दूसरी बात ये कि इन्होंने 'लावनी रेख़्ता' की जो मिसालें पेश की हैं वो किसी सूरत से जाफ़र ज़टल्ली या 'फ़ानी' के अश्आर की बह्र में नहीं हो सकतीं। और न उनमें और मीर की बह्र में कोई स्पष्ट समानता है। लुत्फ़ ये भी है कि 'फ़ानी' की ग़ज़ल जो स्पष्टतया मीर का अनुकरण है, उसका तो ज़िक्र उन्होंने कर दिया, लेकिन मीर का ज़िक्र वो कहीं नहीं करते। 'लावनी रेख़्ता' की मिसाल में उन्होंने अमीर ख़ुसरो से सम्बन्धित ये पहेली दर्ज की है—

घूम घमेला लहँगा पहने एक पाँव से रही खड़ी
आठ हाथ हैं उस नारी के सूरत उसकी लगे परी

फ़िराक़ साहब और शहरयार के कुछ मिस्रे इस गान या राग से समानता ज़रूर रखते हैं, लेकिन ज़टल्ली, 'फ़ानी' या मीर के यहाँ ऐसे मिस्रे अप्राप्य हैं। अगर ये 'लावनी रेख़्ता' है तो ये कोई और बह्र है, इसे बह्रे-मीर की अस्ल नहीं कह सकते।

मेरा ख़याल है समीअल्लाह अशरफ़ी ने अनजाने में ही जाफ़र ज़टल्ली की नज़्म को 'लावनी रेख़्ता' की बह्र में क़रार दिया है। वर्ना अगर वाक़ई ऐसा होता तो वो ये भी लिखते कि मीर की 'हिन्दी' ग़ज़लें इसी बह्र में हैं। मौजूदा सूरत में यही कहा जा सकता है कि या तो 'लावनी रेख़्ता' की जो मिसालें समीअल्लाह अशरफ़ी ने पेश की हैं, वो ग़लत हैं या जाफ़र ज़टल्ली की नज़्म 'लावनी रेख़्ता' में नहीं है। मैं आख़िर में ज़िक्र किए गये ख़याल को सही समझता हूँ, क्यूँकि ये बात ज़रा कल्पनातीत है कि अशरफ़ी ने अपनी पेशकर्दा मिसालों की गणना ग़लत की है। ये मुम्किन है कि उन्होंने जाफ़र ज़टल्ली की नज़्म देखी न हो और अन्दाज़े से लिख दिया हो, और ये बात तो बहुत मुश्किल है कि हिन्दी की किसी मात्रिक बह्र में भी इतनी विस्तीर्णता और लचक हो जितनी हम मीर की बह्र में देखते हैं।

उपर्युक्त निर्णय-निर्धारण का परिणाम निम्नलिखित है—

1. मीर की ये बह्र कुल्लियाते-मीर (मीर-समग्र) में अनूठेपन और रंगारंगी के साथ जल्वागर है उसकी मिसाल न हिन्दी में है न फ़ार्सी में। इसमें अगर कुछ बातें ऐसी हैं जो फ़ार्सी में मुम्किन नहीं, तो कुछ ऐसी भी हैं जो हिन्दी में मुम्किन नहीं।
2. मीर के इस्तेमाल को मानक-रूप (normative) क़रार देते हुए इस बह्र में 'फ़लुन' बतह्रीक ऐन भी सही क़रार देना चाहिए। और इस बह्र की गणना मुतक़ारिब में न करनी चाहिए।
3. यद्यपि कि इस बह्र से थोड़ी-बहुत समानता रखनेवाली बह्रें हिन्दी और

फ़ार्सी में मौजूद हैं, लेकिन कोई बह्र ऐसी नहीं है, जिसे इसका समरूप कहा जा सके।

4. यद्यपि ये बह्र मीर के पहले उर्दू में मौजूद थीं, लेकिन बहुत कम।
5. चूँकि इस बह्र को मीर ने आम किया और इसे निहायत कामयाबी और नवीनता के साथ बरता, इसलिए इसे बह्रे-मीर का नाम देना चाहिए।

शेर-ए-शोरअंगेज़
[1]

उल्टी हो गयीं सब तद्बीरें कुछ न दवा ने काम किया
देखा इस बीमारिए-दिल ने आख़िर काम तमाम किया

अहदे-जवानी रो-रो काटा, पीरी में लीं आँखें मूँद
यानी रात बहुत थे जागे, सुबह हुई आराम किया

नाहक़ हम मज्बूरों पर, ये तुहमत है मुख़्तारी की
चाहते हैं सो आप करें हैं हमको अबस बदनाम किया

सरज़द हमसे बेअदबी तो, वह्शत में भी कम ही हुई
कोसों उसकी ओर गये पर सज्दा हर-हर गाम किया

याँ के सुपैदो-सियह में हमको, दख़्ल जो है सो इतना है
रात को रो-रो सुबह किया, या दिन को जूँ-तूँ शाम किया

साइदे-सीमीं दोनों उसके, हाथ में लाकर छोड़ दिये
भूले उसके क़ौलो-क़सम पर हाय ख़याले-ख़ाम किया

ऐसे आहुए-रमख़ुर्दा की, वह्शत खोनी मुश्किल थी
सिह्र किया एजाज़ किया जिन लोगों ने तुझको राम किया

रेगिस्ताँ में जाके रहें, या संगिस्ताँ में हम जोगी
रात हुई जिस जागह हमको, हमने वहीं बिस्राम किया

(1)/(i)* इसी मज़्मून को ज़रा दूसरे अन्दाज़ के साथ यूँ भी कहा है—

नाफ़े जो थीं मिज़ाज को अव्वल सो इश्क़ में
आख़िर उन्हीं दवाओं ने हमको ज़रर किया

(पहला दीवान)

लेकिन शेरे-ज़ेरे-बहस में 'देखा' और 'आख़िर' दोनों लफ़्ज़ों में ऐसी ड्रामाईयत है और पूरे शेर में दो पहलू, बल्कि तीन पहलू-ए-लहजा इस ख़ूबी से आ गया है कि ये शेर बजा तौर पर मश्हूर है। एक लहजे में पढ़िये तो शेर को बयान करनेवाला अपने-आप से बात कर रहा है। दूसरे लहजे में पढ़िये तो बयान करनेवाला कोई और शख़्स है, मसूलन उस शख़्स का दोस्त है इश्क़ ने जिसका काम तमाम कर दिया है। तीसरे लहजे में पढ़िये तो बयान करनेवाला मरीज़े-इश्क़ का तीमारदार था इलाज करनेवाला है।

(1) / (ii) इस ज़मीन में 'सौदा' का शेर इस शेर से तक़्रीबन् हू-ब-हू लड़ गया है—

था ब जवानी फ़िक्रो-तरद्दुद बाद अज़ पीरी पाया चैन
रात तो काटी दुख-सुख ही में सुबूह हुई आराम किया

मीर का शेर बेह्तर है, क्योंकि 'पीरी में ली आँखें मूँद' की मुनासिबत दूसरे मिस्रे में 'आराम किया' से जितनी स्वतः सम्बद्ध है, उतनी 'बाद अज़ पीरी पाया चैन' से नहीं है। फिर 'रात बहुत थे जागे' का इस्तिआरा 'रात तो काटी दुख-सुख में' के सपाट बयान से बेह्तर है। 'दुख-सुख' का रोज़मर्रा 'रात' से ज़ियादा 'ज़िन्दगी' के लिए मुनासिब है। 'रात जागना' यूँ भी सारी रात मुसीबत से काटने की तरफ़ इशारा करता है। 'जवानी' और 'रात' और 'पीरी' और 'सुबूह' में मुनासिबत ज़ाहिर है, क्योंकि जवानी में बाल काले होते हैं और बुढ़ापे में सफ़ेद। एक दृष्टिकोण ये भी है कि जवानी को आम तौर पर दिन और बुढ़ापे को आम तौर से शाम या रात से सम्बद्ध करते हैं, शायर ने इसके बरअक्स बाँधा है जिससे एक नया लुत्फ़ पैदा हो गया है, क्यूँकि रात और सुबह दोनों का औचित्य बालों की सियाही और सफ़ेदी ने मुहैया कर दिया है।

(1) / (iii) दर्द का मशहूर शेर है—

वाबस्ता है हमीं से गर जब्र है व गर क़द्र है
मज्बूर हैं तो हम हैं मुख़्तार हैं तो हम हैं

---

* (1) / (i) का अर्थ है इस (1) नम्बर की ग़ज़ल के पहले शेर की व्याख्या आदि। इसी प्रकार आगे के शेरों को भी (1) / (ii), (1) / (iii) आदि लिखा गया है।

लेकिन मीर के शेर में बेतकल्लुफ़ी और बेसाख़्तगी है जो 'नाहक़', 'तुहमत', 'मुख़्तारी', 'सो आप करें हैं' जैसे रोज़मर्रा के लफ़्ज़ों पर क़ायम है। 'दर्द' का पहला 'मिस्रा बहुत सुस्त है (हालाँकि ये भ्रम पैदा करना कि 'गर जब्र है और गर क़द्र है।'* बहुत ख़ूब भी है) और दूसरे मिस्रे में भी महज़ दावा है। मीर ने 'चाहते हैं सो आप करें हैं' कह कर दलील पेश की है। फिर 'हमको अबस बदनाम किया' में एक दरवेशाना, बल्कि क़लन्दराना शोख़ी भी है। 'नासिख़' ने भी जब्र-ओ-क़द्र के मज़्मून को नवीन ढंग से और सोच-समझकर बयान करने की कोशिश की है, लेकिन उनके यहाँ अन्दाज़ में कृत्रिमता, विचारों में तालमेल की कमी और अल्फ़ाज़ में मुनासबत की कमी है—

चला अदम से मैं जब्रन् तो बोल उठी तक़्दीर
बला में पड़ने को कुछ इख़्तियार लेता जा

ज़ाहिर है कि तक़्दीर का 'बोल उठना' यहाँ बहुत नामुनासिब है। 'चाहते हैं सो आप करें हैं' क़ुरआन की एक आयात की तरफ़ इशारा है जिसमें ख़ुदा ने अपने बारे में कहा है कि वो 'फ़आल ले मा यूरीद' है, यानी 'वो जो चाहता है कर डालता' है।

(1) / (iv) यहाँ भी 'सौदा' का एक शेर मीर से लड़ गया है, लेकिन उस हद तक नहीं—

अदब दिया है हाथ से अपने कभू भला मैख़ाने का
कैसे ही हम मस्त चले पर सजूदा हर इक गाम किया

'सौदा' के शेर से ये भी स्पष्ट नहीं होता कि 'चलना' किस दिशा में था; मैख़ाने की तरफ़ या मैख़ाने की उल्टी तरफ़, या यूँ ही किसी सिम्त में। इसके अलावा, 'सौदा' के पहले मिस्रे में एक बुलन्द इरादे का दावा है, जबकि मीर के यहाँ ख़ुदकलामी है। फिर 'वह्शत' का लफ़्ज 'मस्त' से बेह्तर है, क्योंकि वह्शत एक आन्तरिक और संवेदनात्मक स्थिति है। जबकि शराब से मस्त होना एक बाह्य और शारीरिक चीज़ है। आदाबे-इश्क़ के बारे में मीर का निम्नलिखित शेर बहुत मशहूर है—

दूर बैठा ग़ुबारे-मीर उससे
इश्क़ बिन ये अदब नहीं आता

(पहला दीवान)

शेरे-ज़ेरे बहस में ये पहलू भी है कि माशूक़ की तरफ़ चलना भी एक तरह की बेअदबी है।

---

* यहाँ 'जब्र' (Determination) और 'क़द्र' (Freedom) दार्शनिक क्षेत्र के पारिभाषिक शब्दों के रूप में आये हैं, इसलिए यहाँ इनका अर्थ इनके सामान्य अर्थ से भिन्न है। अनु.

(1) / (v) 'सुपेद' (सफ़ेद) और 'सियह' (काला) की रिआयत से 'दिन' और 'रात' बहुत ख़ूब है। लुत्फ़ का एक पहलू ये भी है कि 'सुपैद-ओ-सियाह (या सियाह-ओ-सुपैद) का मालिक होना' का अर्थ है—'पूरी तरह क़ाबिज़ होना', 'पूरी तरह मुख़्तार होना'। लिहाज़ा 'सुपैदो-सियाह में दख़्ल होने' की शिकायत तबीअत की एक उम्दा स्फूर्ति का इज़्हार करती है। आम तौर पर कहते हैं कि—'हमें इस कारख़ाने में या काम में बिल्कुल दख़्ल नहीं'। इसके विपरीत मीर कहते हैं कि—'हमें यहाँ के सुपैदो-सियाह में बिल्कुल दख़्ल नहीं'। आगे लुत्फ़ ये कि सुपैदो-सियाह में इतना दख़्ल तो फिर भी है कि दिन को रात और रात को दिन में बदल सकते हैं, लेकिन इतने दख़्ल पर मुत्मइन नहीं हैं, बल्कि आगे भी ख़्वाहिशमन्द हैं।

(1) / (vi) पहले मिस्रे में बिम्ब इस क़दर ख़ूबसूरत बँधा है कि शायद ही कहीं देखने को मिले। चाक्षुष-बिम्ब भी है (साइदे-सीमीं—चाँदी जैसी गोरी-नाज़ुक कलाइयाँ) और गतिशील भी (हाथ में लाकर छोड़ दिये)। फिर क़ाफ़िया भी अप्रत्याशित और अर्थपूर्ण है। 'ख़याले-ख़ाम' का आभ्यन्तरिक अर्थ ये है कि माशूक़ के क़ौलो-क़सम दो तरह के थे। एक तो ये कि इस वक़्त जाने दो, फिर मिलेंगे। और दूसरा ये कि उसने क़सम खायी कि मेरे दिल में तुम्हारी मुहब्बत है। ये सब बातें 'ख़याले-ख़ाम' में निहित है। इसके विपरीत 'सौदा' ने इस क़ाफ़िये को बहुत ख़ुले रूप में प्रयोग किया है, इस वज्ह से लुत्फ़ कम हो गया है।

मेह्रो-वफ़ा-ओ-शर्मो-मुरव्वत सभी कुछ उसमें समझे थे
क्या-क्या दिल देते वक़्त उसको हमने ख़याले-ख़ाम किया

'सीमीं' और 'ख़ाम' में भी एक रिआयत है, क्योंकि कच्ची चाँदी को 'सीम ख़ाम' कहते हैं। 'नासिख़' ने इस मज़्मून का एक पहलू बाँधा है। कहने के इंशाइया अदाज़ ने शेर को बरजस्ता कर दिया है—

छोड़ देते दस्ते-जानाँ क्यूँ न अपने हाथ से
ज़िन्दगी भर हाय मिलने थे कफ़्रे-हस्रत हमें

(1) / (vii) इस शेर में 'सिह्र', 'एजाज़' और 'राम किया'* की रिआयतें तो ज़ाहिर हैं, लेकिन 'रम' और 'राम' में भी रिआयत है। एक लुत्फ़ ये भी है कि माशूक़ को राम करनेवाले कई लोग हैं और उनमें कुछ तो जादूगर हैं और कुछ चमत्कार दिखानेवाले हैं। एक तरफ़ तो ये कि बहुत-से लोग उसको राम करने में कामयाब हुए, और दूसरी तरफ़ ये लुत्फ़ कि उनमें काफ़िर भी हैं (क्योंकि जादू करना कुफ़्र है)। आगे लुत्फ़ ये कि जिन लोगों ने माशूक़ को राम किया, ज़ाहिर है कि वो ख़ुद ही माशूक़

* 'राम किया' एक फ़ार्सी विशेषण-पद हैं, जिसका अर्थ होता है—वशीभूत करना, अधीन करना।—अनु.

के जाल में गिरफ़्तार थे, वर्ना उसको वशीभूत करने के लिए इतने जतन क्यूँ करते?

'आतिश' ने इस मज़्मून को अपनाया है, लेकिन उनके यहाँ शब्दों की अधिकता है और विस्तार नहीं है, इसलिए मज़्मून का लुत्फ़ हल्का हो गया है। मीर का शेर वाक़ई शोरअंगेज़ है—

दीवाने तेरे यूँ तो हज़ारों हैं अय परी
शीशे में जिसने तुझको उतारा .फ़ुसूँ किया

(1) / (viii) ये शेर पाँचवें दीवान का है। 'रेगिस्ताँ' और 'संगिस्ताँ' की मुनासबत से 'जागी' और 'जोगी' की मुनासबत से 'बिस्राम' बहुत ख़ूब है। इस शेर के विचार में वो व्यापकता है जो भूगोल और इतिहास के फ़ासलों को मिटा देती है। 'रेगिस्ताँ' इशारा करता है मरुस्थल की तरफ़, और 'संगिस्ताँ' इशारा करता है हिमालय की तरफ़। मरुस्थल में मजनूँ था और हिमालय की गुफ़ाओं में हिन्दुस्तानी फ़क़ीर और संसार-त्यागी जोगी रहते हैं। इस तरह भूतकाल और वर्तमान, भूगोल और इतिहास एक जगह एकत्र हो रहे हैं। अगर 'रात' को ख़त्मे-सफ़रे-ज़ीस्त (जीवन यात्रा का अन्त) का इस्तिआरा माना जाय तो 'बिस्राम' मौत की नींद का इस्तिआरा है। यानी हम जहाँ मरे वहीं गड़े। हमारे लिए कफ़्नो-दफ़्न का कोई इंतिज़ाम न हुआ। ख़ूब शेर है।

इस मज़्मून का दूसरा पहलू 'क़ायम' ने बाँधा है, लेकिन उनके दोनों मिस्रों में तालमेल ज़रा कम है। दूसरा मिस्रा अल्बत्ता बहुत सटीक है—

दिल पा के उसकी ज़ुल्फ़ में आराम रह गया
दरवेश जिस जगह कि हुई शाम रह गया

[2]

जिस सर को ग़ुरूर आज है याँ ताजवरी का
कल उसपे यहीं शोर है फिर नौहागरी का

आफ़ाक़ की मंज़िल से गया कौन सलामत
अस्‌बाब लुटा राह में याँ हर सफ़री का

ज़िन्दाँ में भी शोरिश न गयी अपने जुनूँ की
अब संग मुदावा है इस आशुफ़्तासरी का

अपनी तो जहाँ आँख लड़ी फिर वहीं देखो[1]
आईने को लपका[2] है परीशाँ नज़री का

सद मौसमे-गुल हमको तहे-बाल[3] ही गुज़रे
मक़्दूर न देखा कभू बेबालो-परी का

ले साँस भी आहिस्ता कि नाज़ुक है बहुत काम
आफ़ाक़ की इस कारगहे-शीशागरी का

2 / (i) मत्ला बराए-बैत है। इसमें कोई ख़ास बात नहीं। हाँ दोनों मिस्रों में 'है' की तक्‌रार बहुत उम्दा है।

2 / (ii) इस मज़्मून को एक नये अन्दाज़ से पाँचवें दीवान में बाँधा है—

आलम में आबो-गुल के क्योंकर निबाह होगा
अस्बाब गिर पड़ा है सारा मिरा सफ़र का

---

1. वहीं देखो=वहीं देखते रहेंगे, 2. लपका=बेहद शौक़, लत, 3. तह बाल=बाज़ुओं में सर छुपाये हुए।

कायनात की हर चीज़ इन्सान को नुक़्सान पहुँचाने और कष्ट पहुँचाने की घात में है। इस मज़्मून को ग़ालिब ने अपने व्यंग्यात्मक रंग में बहुत ख़ूब लिखा है—

सिपिह्र रा तू, ब ताराजे-मा गुमास्तए
न हर के दुज़्द ज़े मा बुर्द दर ख़ज़ानए तुस्त

(अय ख़ुदा तूने आस्मान को हमारे ऊपर लूटमार करने के लिए मुक़र्रर कर तो दिया है, जो चीज़ें चोर हमारे से लूटकर ले गया, क्या वो तेरे ख़ज़ाने में पहले से नहीं हैं?)

ग़ालिब का शेर पेचीदा है और अन्दाज़ शोख़, लेकिन उनके यहाँ वो ड्रामाईयत नहीं है जो मीर के पहले मिस्रे में अस्वीकृति-सूचक प्रश्न (गया कौन सलामत) ने पैदा कर दी है। मीर के दूसरे मिस्रे में (अस्बाब लुटा...) में दूर-दूर तक फैली हुई आवाज़ की कैफ़ीयत है, जैसे कोई शख़्स पुकार-पुकार कर कह रहा हो अस्बाब (समान आदि) लुटा राह में याँ हर सफ़री का। इस कैफ़ीयत को अलिफ़ की भी आवाज़ों ने और ताक़त बख़्श दी है। 'अस्बाब' का लफ़्ज़ ज़ाहिर करता है कि यथार्थ पर मीर की गिरफ़्त मज़्बूत है। एक सादा-से लफ़्ज ने शेर को आम ज़िन्दगी से किस क़दर क़रीब कर दिया है। पाँचवे दीवान के शेर पर गुफ़्तगू अपनी जगह होगी।

2 / (iii) आला दर्जे के मज़्मून को मामूली शायर किस तरह ख़राब कर देता है, इसकी मिसाल के लिए मीर के शेर के सामने 'आतिश' का ये शेर रखिए—

फ़िराक़े-यार में सौदाए-आसाइश नहीं बेह्तर
न आयी नींद तो तोड़ूँगा सर से ख़िश्त बालीं को

'आतिश' एक तरफ़ तो ये कहते हैं कि वियोगावस्था में आसाइश (सुख-चैन, आराम) का ख़याल अच्छा नहीं, लेकिन दूसरी तरफ़ ये कहते हैं कि अगर नींद न आयी तो तकिये की जगह जिस ईंट को रखता हूँ, उससे सर को टकराऊँगा, यानी नींद आएगी तो सो जाऊँगा। इसके अलावा पूरा शेर ग़ैर ज़ुरूरी या कम कारगर अल्फ़ाज़ से भरा हुआ है। 'फ़िराक़े-यार' में 'यार' ग़ैर-ज़ुरूरी है 'सौदा-ए-आसाइश' की जगह 'फ़िक्रे-आसाइश' ज़ियादा मुनासिब होता। 'बेह्तर' का लफ़्ज़ तक़ाज़ा करता है कि किसी ऐसी चीज़ का भी ज़िक्र हो जो आसाइश से कम अच्छी हो। 'नहीं अच्छा' कहते तो ये ऐब निकल जाता। दूसरे मिस्रे की आपत्तियों का ज़िक्र ऊपर कर चुका हूँ। इसके विपरीत मीर के शेर में एक पूरा अफ़्साना है, और उसकी तरफ़ सिर्फ़ आलंकारिक संकेत किये गये हैं। 'ज़िन्दाँ में भी' (क़ैद में भी) से मालूम होता है कि शोरिशे-जुनूँ के इलाज की और तद्बीरें (उपाय या उपक्रम) हो चुकी हैं, और वो नाकाम रही हैं। 'शोरिश' के साथ 'आशुफ़्तासरी' कितना मुनासिब है, और ख़ुद 'शोरिश' और 'जुनूँ' में रिआयते-मानवी है। लफ़्ज़ 'संग' जिस इरादे से मिस्रे में इस्तेमाल हुआ है,

वो ख़ुद इशारा करता है कि सर को धमाके के साथ पत्थर से टकराना है। आगे लुत्फ़ ये है कि शोरिशे-जुनूँ को जो इलाज पेश किया (पत्थर से सर टकराना या पत्थर को सर पर दे मारना) वो ख़ुद ही लक्षण है जुनूँ, की तीव्रता का। फिर जुनूँ की तीव्रता (जो ज़िन्दाँ (क़ैद) में भी लाइलाज रही) के लिए 'इस आशुफ़्तासरी' कहा, 'इस' में जो ज़ोर है वो व्याख्या का मोहताज नहीं।

2 / (iv) इस मज़्मून का एक और पहलू, 'बेदिल' ने बड़ी ख़ूबी से बयान किया है—

नैरंगिए-गुलशन न शवद हमसफ़रे-गुल
आईना ज़े ख़ुद मी रवदो-जल्वा मुक़ीम अस्त

(बाग़ का मायाजाल, फूल का हमसफ़र नहीं होता। आईने में जल्वा समा जाय तो आईना अपने-आप में नहीं रहता, लेकिन जल्वा उसमें स्थित रहता है। इसी तरह फूल अगर चला भी जाय तो बाग़ का मायाजाल बाक़ी रहता है।)

'बेदिल' के विपरीत मीर ने आईने को अक्सर परीशाँ-नज़र बाँधा है। मस्लन् दूसरे दीवान में है—

आईने की मशहूर परीशाँनज़री है
तू सादा है ऐसों का न दीदार किया कर

'लपका' के इस्तेमाल पर आधारित 'आतिश' और 'हाली' के अशआर 21/(i) पर देखिए। शाह नसीर ने मीर का दूसरा मिस्रा पूरे का पूरा उधार ले लिया है। फ़र्क़ सिर्फ़ ये है कि अल्फ़ाज़ की तर्तीब (क्रम) बदलकर शाह नसीर ने अपने मुवाफ़िक़ कर ली है। रिआयतों के एतबार से शाह नसीर का शेर भी बहुत ख़ूब है—

आईने को है परीशाँनज़री का लपका
और होती है मियाँ चश्मे-मुरव्वत देखो

2 / (v) अजीबो-ग़रीब शेर कहा है। 'बेबालो-परी' से आशय ये नहीं कि बालोपर वाक़ई किसी ने नोच लिये हैं, क्योंकि पहले मिस्रे में 'तहे-बाल' कहा है। लिहाज़ा बेबालो-परी जिस्मानी नहीं, बल्कि एक ज़ेहनी और रूहानी बेचारगी है। खिन्नता का ये आलम है कि बालो-पर रखते हुए भी ख़ुद को बेबालों-पर समझा और इस बेबालो-परी की भी ताक़त आज़माने की हिम्मत न हुई, या इसका मौक़ा न मिला। इस शेर में जो सूरते-हाल है, उसकी अगली शक्ल पहले दीवान में ही यूँ बयान की है—

छूटा जो मैं क़फ़स से तो सबने मुझे कहा
बेचारा क्यूँकि तासरे-दीवार जायेगा

इसी कैफ़ीयत का दूसरा और विपरीत रुख़ भी पहले दीवान में यूँ बयान किया है—

हिम्मत अपनी ही थी ये मीर कि जूँ मुर्ग़े-ख़याल
इक परअफ़्शानी में गुज़रे सरे-आलम से भी

अगर तहे-बाल का अर्थ 'उड़ता हुआ' मान लीजिए तो आशय ये हुआ कि सैकड़ों मौसमे-गुल हमको आवारागर्दी ही में गुज़रे। बेबालो-पर होकर बैठना कभी नसीब न हुआ। इस मज़्मून की आवृत्ति ख़लीलुर्रहमान आज़मी के यहाँ मिलती है—

न हुआ ये कि तहे-दाम कभी सो रहते
ज़िन्दगी अपनी तो रुस्वाए-परो-बाल रही

लेकिन 'तहे-बाल' का अर्थ 'बाज़ुओं में सर झुकाये हुए' बेह्तर मालूम होता है। बेबालो-परी की ताक़त या हिम्मत न देख सकने से आशय यही मालूम होता है कि ख़ुद को बेबालो-पर समझा और इस बेबालो-परी की भी हिम्मत और क़ुव्वत आज़्माने की हिम्मत न हुई। 'क़ायम' ने तक़रीबन् इसी मज़्मून पर दो शेर कहे हैं और एक शेर में 'बेबालो-परी' और दूसरे शेर में 'सरे-तहे-बाल' की तर्कीब इस्तेमाल की है—

देखा न मैं जुज़ सायए-बाज़ुए-शिकस्ता
हिर्मांज़दा जूँ हस्रते-बेबालो-परी हूँ
सरे तहे-बाल कटी उम्र मिरे बुल्बुल को
क़ाबिले-सैर मगर ये गुलो-गुलज़ार न था

2 / (vi) इसी मज़्मून को इन्हीं बिम्बों के साथ पहले दीवान में एक जगह और लिखा है—

हरदम क़दम को अपने रख एहतियात से याँ
ये कारगाह सारी दुकाने-शीशागर है

लेकिन 'ले साँस भी आहिस्ता...' बहुत बेह्तर शेर है, क्योंकि इसमें 'साँस' का लफ़्ज़ शीशागरी (काँच का सामान बनाना) के साथ ख़ास मुनासबत रखता है। (पिघले हुए शीशे को नलकी के सिरे पर रखकर फूँकते हैं और इस तरह उसे भिन्न-भिन्न आकार देते हैं।)। ज़ोर की हवा चले तो शीशे की चीज़ें गिरकर या आपस में टकराकर टूट जाती है और संसार की कारगाहे-शीशागरी में ऐसे नाज़ुक-नाज़ुक काम होते हैं कि तेज़ साँस भी उनके लिए ज़ोर की हवा का अस्तित्व रखती है। 'हरदम क़दम को अपने...' में लफ़्ज़ दम के ज़रिये साँस की तरफ़ इशारा किया है और 'दम

क़दम' में भी एक लुत्फ़ है, लेकिन ये दोनों चीज़ें 'ले साँस भी आहिस्ता...' के बराबर साहित्यिक चमत्कार से युक्त नहीं हैं। शेर का केन्द्रीय भाव ये है कि साहिबे-नज़र जब कायनात को देखता है, तो उसकी रंगारंगी और पेच-दर-पेच नज़ाकत को देखकर हैरत में आ जाता है। हर चीज़ इन्तिज़ाम से चल रही है, कहीं कोई व्यतिक्रम नहीं। मालूम होता है कोई बहुत ही नाज़ुक और पेचीदा कारख़ाना है। साहिबे-नज़र को महसूस होता है कि अगर ज़ोर की साँस भी ली तो ये सब अस्त-व्यस्त हो जायेगा। या शायद ये सब कुछ एक ख़्वाब है, जो ज़रा से इशारे पर बिखर सकता है। 'इक़्बाल' का निम्नलिखित शेर मीर के इस ज़ेरे-बहस शेर से सीधे तौर पर प्रभावित मालूम होता है, लेकिन 'इक़्बाल' का शेर अनावश्यक विस्तार और सम्बोधन शैली के कारण नाकाम ठहरता है—

ज़िन्दगी की रह में चल लेकिन ज़रा बच-बच के चल
ये समझ ले कोई मीनाख़ाना बारे-दोश है

('बाँगे-दरा', खंड-तीन)

इक़्बाल के शेर पर 'क़ायम' चाँदपुरी के एक शेर का भी प्रभाव नज़र आता है। मुम्किन है 'क़ायम' ने भी मीर से प्रभाव ग्रहण किया हो। 'क़ायम'—

ये दह्‌र है कारगरे-मीना
जो पाँव रखे सो याँ तू डरकर

मीर के शेरे-ज़ेरे-बहस और 'क़ायम' के उपर्युक्त उल्लिखित शेर पर मैंने 'शेर ग़ैर शेर और नस्र' में कुछ इज़्हारे-ख़याल किया है। 'क़ायम' ने एक और जगह मीर से मिलता-जुलता मज़्मून बाँधा है—

ग़ाफ़िल क़दम को रखियो अपने सँभालकर याँ
हर संगे-रहगुज़र का दूकाने-शीशागर है

यहाँ 'क़ायम' का सम्बोधन वाला लहजा शेर के ज़ोर में ख़लल पैदा कर रहा है और दूसरे मिस्रे का स्पष्टतः खुला अन्दाज़ भी लफ़्ज़ 'ग़ाफ़िल' को सँभालने के लिए नाकाफ़ी है।

[3]

मुँह तका ही करे है जिस तिस का
हैरती है ये आइना किसका

शाम से कुछ बुझा-सा रहता हूँ
दिल हुआ है चराग़ मुफ़्लिस का

दाग़ आँखों-से[1] खुल रहे हैं सब
हाथ दस्ता हुआ है नरगिस का

बह्र कमज़र्फ़ है बसानेहबाब
कासालेस[2] अब हुआ है तू जिसका

फ़ैज़ अय अब्रे-चश्मेतर से उठा
आज दामन वसीअ है इसका

3 / (i) आईने में शक्ल तो प्रतिबिम्बित होती है, लेकिन ज़ाहिर है कि वह बोलती नहीं। इसलिए आईने को हैरत में पड़ा हुआ मानते हैं। यानी आईना इस अक्स (प्रतिबिम्ब) को देखकर हैरत में पड़ गया है। इस मान्यता से मीर ने दो नये मज़्मून पैदा किये हैं। एक तो ये कि आईने में हर आने-जाने की सूरत का अक्स नज़र आता है, मानो आईना हर आने-जानेवाले का मुँह तक रहा है। दूसरा ये कि अगर आईना हर एक का मुँह तक रहा है तो या ये बात है कि उसने किसी माशूक़ की शक्ल कभी देखी थी, और अब हर एक का चेह्रा देखता है कि कहीं वो माशूक़ फिर नज़र आये,

---

1. आँखों-से = आँखों की तरह, 2. कासालेस = भिखारी, ख़ुशामदी।

या फिर ये बात है कि माशूक़ का मुँह देखकर आईना इस दरजा हैरत में हुआ है कि बिल्कुल ख़ामोश, चुपचाप हर एक का मुँह तकता रहता है (हैरानी के आलम में ये अक्सर होता है।) अगर आईने को दिल मान लीजिए तो कह सकते हैं कि दिल ने माशूक़े-हक़ीक़ी का जल्वा कभी देखा था तब से हैरत में है और हर आते-जाते का मुँह ताकता है। एक छोटे से शेर में इतने अर्थ समोना चमत्कार नहीं तो और क्या है?

3 / (ii) इस शेर का पहला मिस्रा आमतौर पर यूँ, मशहूर है—

'शाम से कुछ बुझा-सा रहता है'

लेकिन सही और बेह्तर वही है जो ऊपर दर्ज किया गया है। मुस्हफ़ी का एक शेर इससे तक़रीबन् हू-ब-हू लड़ गया है—

शाम से ही बुझा-सा रहता है
दिल है गोया चराग़ मुफ़्लिस का

मीर का शेर मुस्हफ़ी से कहीं बेह्तर है, क्योंकि पहले मिस्रे में कहा कि मैं शाम से कुछ बुझा-सा अर्थात् खिन्न या उदास रहता हूँ। ये उदासी पूरे स्वभाव, पूरे व्यक्तित्व की है। दूसरे मिस्रे में सीधे-सीधे ग़ैर-सम्बन्धित बात कही कि मेरा दिल मुफ़्लिस का चराग़ हो गया है, लेकिन दरअस्ल पहले मिस्रे में दावा और दूसरे मिस्रे में दलील है। जब दिल मुफ़्लिस के चराग़ की तरह है, तो ज़ाहिर है उसमें रोशनी कम होगी, यानी हरारत कम होगी, यानी उसमें उमंगें और उम्मीदें कम होंगी, और जब दिल में उमंगें और उम्मीदें कम होंगी तो ज़ाहिर है कि पूरा व्यक्तित्व ही उदास होगा। मुस्हफ़ी के शेर में सिर्फ़ एक अनुभव और अवलोकन है कि—दिल बुझा-सा रहता है। मीर के यहाँ दो अनुभव हैं और दोनों में दावा और दलील सम्बन्ध का भी है। फिर ये बारीकी भी है कि दिल में अगर रोशनी कम है तो उसमें सोज़ (गर्मी) भी कम होगा। (चराग़ जितना रौशन हो उसमें सोज़िश उतनी ही होगी।) तो अगर दिल में सोज़ कम है तो ये दूसरी तरह की उदासी और खिन्नता की तरफ़ इशारा है, यानी या तो दिल में सोज़े-मुहब्बत कम होने की वजह से तबीअत उदास रहती है, या दिल बेनूर है, यानी उसमें माशूक़ का जल्वा नहीं, या उसमें अध्यात्म की रौशनी नहीं। शाम को ही मुख्य रूप से इसलिए रखा कि दिन को तो तरह-तरह की व्यस्तताओं में दिल बहला रहता है। शाम आते ही बेकारी और तन्हाई आ घेरती है। दिल चूँकि बिल्कुल बेनूर नहीं बल्कि मुफ़्लिस (निर्धन) के चराग की तरह से धुँधली लौ रखता है, इसलिए ख़ुद को 'कुछ बुझा-सा' कहा, बिल्कुल खिन्न या उदास नहीं कहा। दिल में उमंग और जोश या जल्वा-ए-माशूक़ या अध्यात्म की रौशनी को प्रत्यक्षत: धुँधला न कहना, बल्कि सांकेतिक ढंग से मुफ़्लिस का चराग़ कहना

साहित्यिक चमत्कार है। 'चरागे-मुफ़्लिस' का प्रतीक अपेक्षाकृत कमज़ोर तरीक़े से मीर ने पहले दीवान में ही एक बार और बाँधा है—

कह साँझ के मूए को अय मीर रोयें कब तक
जैसे चराग़े-मुफ़्लिस इक दम में जल बुझा तू

शह्‌यार ने इस मज़्मून का एक पहलू, बड़ी ख़ूबी से अदा किया है—

ये तब है कि इक ख़्वाब से रिश्ता है हमारा
दिन ढलते ही दिल डूबने लगता है हमारा

'क़ायम' चाँदपुरी ने भी मीर के चराग़ से अपना चराग़ रोशन किया है, लेकिन उन्होंने 'तहीदस्त का चराग़' कहकर एक नया प्रतीक बनाया है और एक नयी बात भी पैदा कर दी है कि हाथ ख़ाली भी है उसमें चराग़ भी है। 'क़ायम' का शेर है—

नित ही 'क़ायम' बुझा-सा रहता हूँ
किस तहीदस्त का चराग़ हूँ मैं

3 / (iii) पुराने ज़माने में दस्तूर था कि इश्क़ की वह्‌शत (या किसी भी जुनून से पैदा हुई वह्‌शत) को कम करने के लिये जिस्म पर दाग़ करते थे। आशिक़ों का भी तरीक़ा था कि इश्क़ को सच्चा साबित करने के लिए हाथों को दाग़ करते थे। अब ये दाग़ खुल गये हैं, यानी पुराना या जीर्ण-शीर्ण होने के कारण फट गये हैं। ज़ाहिर है कि खुलकर उनकी शक्ल आँखों की-सी हो गयी है इसलिए सारा हाथ नर्गिस का गुलदस्ता मालूम होता है। आँख के लिए भी 'खुलना' उपर्युक्त है। ये एक अतिरिक्त कारण है मुनासबत का। 'हाथ' और 'दस्ता' की मुनासबत ज़ाहिर है। 'खुलना' का अर्थ 'ख़ुश्बू का फैलना' भी है, इस एतबार से 'नर्गिस' और 'खुल रहे हैं' में भी मुनासबत है। इन सब मुनासबतों को ग़ालिब ने मीर से बढ़कर इस्तेमाल किया है, मगर मुम्किन है मीर के शेर ने ये बात सुझायी हो। ग़ालिब का शेर है—

वाक़ई दिल में भला लगता था दाग़
ज़ख़्म लेकिन दाग़ से बेह्‌तर खुला

'दाग़' को 'गुल' भी कहते हैं, और ज़ख़्म खुलना, यानी ज़ख़्म का फ़राख़ होना (विस्तृत होना) मुहावरा भी है। 'हाथ' के साथ 'गुलदस्ता' की रिआयत मीर ने पहले दीवान ही में एक जगह और रखी है—

तेरी गुलगश्त की ख़ातिर बना है बाग़ दाग़ों से
परे-ताऊस है सीना तमामी दस्ते-गुलदस्ता

लेकिन ज़ाहिर है कि यहाँ वो लुत्फ़ नहीं है जो 'हाथ' और 'दस्ता' में है। (शेर में दूसरी ख़ूबियाँ भी हैं जो अपनी जगह पर बयान होंगी।) दूसरे दीवान में मीर ने इसी मज़्मून को बहुत खुले अन्दाज़ में लिखा है—

गुल खाये है इफ़्रात से मैं इश्क़ में उसके
अब हाथ मेरा देख तू फूलों की छड़ी है

3 / (iv) – 3 / (v) ये और अगला शेर क़त्आबन्द हैं। इनमें दिलचस्पी की बात ये है कि यहाँ मीर ने साइन्सी हक़ीक़त की तरफ़ इशारा किया है कि बादल में जो पानी है वो दरअसल समन्दर का पानी है, जो सूरज की तपिश के कारण वाष्प में परिवर्तित होकर बादल का रूप धारण कर लेता है। इस सूक्ष्म विश्लेषण को ग़ालिब ने भी पद्यबद्ध किया है—

ज़ोफ़ से गिरिया मुबद्दल बदम सर्द हुआ
बावर आया हमें पानी का हवा हो जाना

मीर के इस छोटे-से और बज़ाहिर सादा-से क़त्अे में लफ़्ज़ी ख़ूबियाँ भी बहुत हैं। 'कासालेस' का शब्दकोशीय अर्थ है 'प्याला चाटनेवाला', और समन्दर चूँकि सतहे-ज़मीन से बहुत नीचा होता है, इसलिए इसकी शक्ल प्याले जैसी होती है फिर 'बह्र' (समन्दर) और 'हबाब' (बुलबुला) की मुनासबत है। 'कासा' और 'हबाब' की मुनासबत हैं। (बुलबुला उल्टे प्याले की तरह होता है।) 'हबाब' और 'अब्र' (बादल) में मुनासबत है। क्योंकि दोनों में हवा होती है 'चश्म' और 'दामन' में मुनासबत है। (दामने-चश्म), 'दामन' और 'तर' में मुनासबत है। (दामने-तर) 'दामन' और 'अब्र' में मुनासबत है। (दामने-अब्र और 'दामन' 'तलहटी' के अर्थ में, जहाँ पानी सबसे पहले बरसता है।) 'फ़ैज़' का अर्थ 'पानी या आँसुओं से भरा हुआ होना' और 'दरिया में पानी का चढ़ा हुआ होना' भी होता है, लिहाज़ा 'फ़ैज़', 'अब्र', 'चश्मे-तर' 'दामन', 'बह्र', 'हबाब' में मुनासबत-दर-मुनासबत है, फिर 'ज़र्फ़' 'बरतन' के अर्थ में और 'कासा' 'बरतन' या 'प्याले' के अर्थ में की एक मुनासबत है। 'चश्मे-तर' और 'दामन' में एक मुनासबत ये भी है कि भी दामन आँसुओं से तर होता है। आशय ये कि ये क़त्आ उतना सादा नहीं, जितना नज़र आता है, बल्कि सारगर्भिता में अपना उदाहरण स्वयं है।

[4]

मानिन्द शमूअे-मज्लिसे-शब अश्कबार पाया
अल्क़िस्सा मीर को हम बेइख़्तियार पाया

शह्रे-दिल एक मुद्दत उजड़ा-बसा ग़मों से
आख़िर उजाड़ दुनिया इसका क़रार पाया

आहों के शोले जिस जा उड़ते थे मीर से शब
वाँ जा के सुबह देखा मुश्ते-ग़ुबार पाया

4 / (i) 'अल्क़िस्सा' का लफ़्ज यहाँ किस क़दर अर्थपूर्ण है। पहले मिस्रे में एक सरसरी-सी बात कही, मिस्रा बज़ाहिर इतना कमज़ोर है कि अच्छा शेर बनने की सम्भावना नहीं मालूम होती। लेकिन 'अलक़िस्सा' (सारांश ये है कि) कहकर ये ज़ाहिर किया कि मीर की बेइख़्तियारी और बेचारगी का विस्तार इस क़दर है कि उसकी विवेचना क्या करें। पहले और दूसरे मिस्रे के दरमियान बहुत कुछ बेकहे छोड़ दिया है, सिर्फ़ एक लफ़्ज़ से सब काम निकाल लिये।

दूसरे मिस्रे में लफ़्ज़ 'बेइख़्तियार' भी बहुत अर्थपूर्ण है। जिस तरह शम्अे-मज्लिस को रोने पर इख़्तियार नहीं होता, वो जलती है और रोती है, उसी तरह मीर को भी अपने जलने और रोने पर इख़्तियार न था। अगर लफ़्ज़ 'बेइख़्तियार' न होता तो पहले मिस्रे की अर्थवत्ता बहुत कम हो जाती और दोनों मिस्रों का सम्बन्ध बहुत कमज़ोर हो जाता। मिस्रों के दरमियान अर्थपूर्ण सम्बन्ध रखना बहुत मुश्किल और अहम फ़न है। पुराने लोगों ने इसीलिए मिस्रों के पारस्परिक अर्थपूर्ण सम्बन्ध को बुनियादी अहमियत दी है। अक्सर तो किसी शायर या किसी कलाम की तारीफ़ में इतना कह देना ही काफ़ी समझा जाता है कि—'मर्बूत अस्त' (अर्थात् प्रासंगिक है या बासिल्सिला गुफ़्तगू है।) मीर ने दकन के शायरों पर यही एतराज़ किया है कि उनका कलाम क्रमबद्ध नहीं होता। 'क़ायम' ने अपने लेख में इस एतराज़ का खंडन

किया है।

यहाँ ज़ेरे-बहस शेर में पहला मिस्रा एक मंज़र पेश करता है, कि शम्अे-मज्लिस की मानिन्द मीर भी 'अश्कबार' (आँसू बहानेवाला) था। ज़ाहिर है कि बुनियादी बात शम्अ से समानता है। अब अगर दूसरे मिस्रे में ऐसी कोई बात न हो जिससे शम्अ की अश्कबारी की विशेषता ज़ाहिर होती हो या ये मालूम होता हो कि शम्अ किस तरह अश्कबार होती है, तब दोनों मिस्रों में सम्बन्ध कम रहेगा। तबातबाई ने बजा तौर पर मिस्रे पर मिस्रा लगाने को बहुत बड़ा फ़न क़रार दिया है।

4 / (ii) 'उजड़ा-बसा' रोज़मर्रा के इस्तेमाल का अच्छा नमूना है, लेकिन इसके कई आन्तरिक अर्थ भी हैं। कुछ ग़म ऐसे हैं, जिनसे दिल उजड़ जाता है, लेकिन कुछ ऐसे भी हैं, जिनसे दिल आबाद होता है। एक मुद्दत तक यही सिल्सिला रहा कि कुछ ग़म ऐसे मिले जिनसे दिल शाद-ओ-आबाद हुआ (मस्लन् शायद ग़मे-इश्क़)। और कुछ ऐसे मिले जिनसे दिल उजड़कर रह गया (मस्लन् शायद ग़मे-दौराँ, या शायद और अधिक ग़म की ताब न ला सकने का ग़म।) आख़िरकार शह्रे-दिल को उजाड़ देने की ठहरी। 'क़रार पाया' से आशय ये निकलता है कि किसी और शख़्स ने, या शख़्सों ने परस्पर मश्विरा किया और इस नतीजे पर पहुँचे कि इसको उजाड़ देना ही मुनासिब है (यानी ये शह्र उजाड़ देने के लायक़ है)। इस नतीजे पर पहुँचनेवाला शेर कहनेवाला ख़ुद हो सकता है (यानी जो शह्रे-दिल का नाममात्र मालिक है) या वो ग़म हो सकते हैं जो शह्रे-दिल के साथ आँख-मिचौली खेलते रहे हैं, या माशूक़ हो सकता है, या ख़ुदा हो सकता है। लेकिन चूँकि कुछ ग़म ऐसे भी हैं, जो दिल को उजाड़ देने का काम करते हैं, इसलिए 'उजाड़ देना क़रार पाने' से आशय ये हो सकता है कि अब फ़ैसला ये हुआ कि इसको सिर्फ़ ऐसे ग़म दिये जाएँ जो उजाड़ते हैं, आबाद नहीं करते, लेकिन ये फ़ैसला किया क्यूँ गया? क्या इसलिए कि शह्रे-दिल की तक़्दीर ही यही है, या इसलिए कि उजाड़ने-बसाने का ये खेल अब ख़ुदा की मर्ज़ी को अंजाम देनेवाले (माशूक़) के लिए दिलचस्प नहीं रह गया, या इसलिए कि उजड़ने-बसने के इस लम्बे सिल्सिले ने अब दिल को इस क़ाबिल न रखा था कि वो इन तब्दीलियों को बर्दाश्त कर सके? दूसरे मिस्रे में 'उजाड़ देना' का अर्थ 'तबाह कर देना' यानी 'नेस्तो-नाबूद कर देना' भी हो सकता है। बुनियादी मफ़्हूम वही रहता है। जिस दिल की आबादी महज़ ग़मों से हो और फिर उसे ऐसे ग़म भी न मिलें जिनसे दिल आबाद हो सके, उसकी बेरौनक़ी का क्या आलम होगा। ग़ालिब ने इस मज़्मून को अपने अन्दाज़ में ख़ूब अदा किया है—

अज़ दरख़्ताने-ख़िज़ाँ दीदा न बाशम कीं हा
नाज़ बर ताज़गिए-बर्गों-नवानीज़ कुनन्द

(मैं ख़िज़ाँदीदा दरख़्तों की तरह नहीं हूँ, क्यूँकि ऐसे दरख़्त अपनी ताज़गी और

शादाबी पर कभी तो नाज़ करते हैं।)

ग़ालिब का शेर बहुत परिपक्व है, लेकिन मीर के इस शेर से प्रभावित मालूम होता है—

शह्रे-दिल की क्या ख़राबी का बयाँ बाहम करें
इसको वीराना न कहिए जो कभी मामूर हो

(पाँचवाँ दीवान)

अहमद मुश्ताक़ ने भी ग़ालिब के मज़्मून को ख़ूब बरता है—

मौसमे-गुल हो कि पतझड़ हो बला से अपनी
हम कि शामिल हैं न खिलने में न मुरझाने में

4 / (iii) शेर में प्रतीकात्मक ढंग से इशारा बहुत ख़ूब है। ये ज़ाहिर नहीं किया कि 'मुश्ते-गुबार' मीर का ही था, सिर्फ़ इशारा कर दिया है। इस बात की भी सम्भावना उत्पन्न कर दी है कि 'मुश्ते-ग़ुबार' मीर का न हो, बल्कि आसपास घासफूस और कूड़ा-करकट का हो, जो अंगार बरसानेवाली आहों के कारण जल उठे। ये सम्भावना इस वजह से है कि 'मीर से' का अर्थ है 'मीर की वज्ह से' भी हो सकता है। अगर 'मीर से' का अर्थ 'मीर के दिल से' निर्धारित किया जाय तो मफ़्हूम ये हुआ मीर आर्तनाद करते-करते अपनी ही आहों की गर्मी के कारण जलकर ख़ाक हो गया। शेर में अजीब तरह की ड्रामाईयत है। इस मज़्मून को इसी ड्रामाईयत के साथ, लेकिन प्रतीकात्मक शैली के बग़ैर मीर ने यूँ लिखा है—

एक ढेरी राख की थी सुबह जा-ए-मीर पर
बरसों से जलता था शायद रात जलकर रह गया

(दूसरा दीवान)

लोगों ने पायी राख की ढेरी मिरी जगह
इक शोला मेरे दिल से उठा था चला गया

(छठवाँ दीवान)

उर्दू में बार-बार कहने के अलावा मीर ने इस मज़्मून को फ़ार्सी में भी दुबारा पद्यबद्ध किया है, लेकिन वो बात कहीं नहीं आयी—

मीर जाए के ब नैराने-मुहब्बत मी सोख़्त
सुबूह दीदेम बजा मान्दह कफ़े-ख़ाक आँ जा

(जिस जगह मीर मुहब्बत की आग में जल रहा था, वहाँ सुबूह मुट्ठी भर राख

हमने पड़ी हुई देखी।)

दराँ जाए कि सरमी ज़द शब अज़मन शोलए-आहे
न शुद मालूम आँ जा सुबह दम ग़ैर अज़ क.फ़े-ख़ाके

(जिस जगह कि रात के वक़्त आह के शोले मेरे जिस्म से बुलन्द हो रहे थे, वहाँ सुबह को मुट्ठी भर राख के सिवा कुछ न दिखायी दिया।)

[5]

गुल को महबूब हम क़यास किया
फ़र्क़ निकला बहुत जो बास किया

दिल ने हमको मिसाले-आईना
एक आलम का रूशनास किया

सुबह तक शम्अ सर को धुनती रही
क्या पतंगे ने इल्तिमास किया

ऐसे वहशी कहाँ हैं अय ख़ूबाँ
मीर को तुम अबस उदास किया

5 / (i) शेर में कई अर्थ हैं अधिकतर अर्थ सिर्फ़ व्याकरणिक प्रयोगों के परिणाम हैं। हमने क़यास किया कि फूल हमारा माशूक़ है। यानी फूल को देखकर धोखा हुआ कि माशूक़ है। या हमने विचार किया कि माशूक़ नहीं है तो न सही, फूल को ही माशूक़ मान लेते हैं। या जब हमने फूल को सब लोगों की पसन्द का मर्कज़ (= महबूब) देखा तो क़यास किया कि इसमें हमारे महबूब की भी कुछ ख़ू-बू (आदत और गन्ध) होगी, लेकिन जब फूल को सूँघा तो बहुत फ़र्क निकला। या जब बहुत सूँघा तो फ़र्क़ निकला। फ़र्क़ की वजह ये भी हो सकती है कि माशूक़ की ख़ुश्बू से फूल की ख़ुश्बू कमतर थी; ये भी हो सकती है कि माशूक़ की ख़ुश्बू और तरह की थी और फूल की ख़ुश्बू और तरह की निकली। फ़र्क़ की वजह ये भी हो सकती है कि जो ख़ुश्बू माशूक़ में थी (बू-ए-मुहब्बत, बू-ए-ग़ुरूर) वो फूल में कहाँ? माशूक़ और फूल में वज्हे-शुबहा ख़ुश्बू है, इसको ज़ाहिर नहीं किया, सिर्फ़ इशारा कर दिया है। ये प्रतीकात्मक शैली का, या रूपक का सुन्दरतम उदाहरण है। 'बू कर्दन' का अनुवाद पुराने लोग 'बू करना' और 'बास करना' लिखते थे, लेकिन ये प्रयोग में न

आ सका। 'जुर्अत' ने ये मज़्मून इख़्तियार करके अपने शेर के दूसरे मिस्रे में ऐसा बिम्ब डाल दिया है कि इनकी बेमिस्ली की दाद देना पड़ती है—

कहाँ है गुल में सफ़ाई तेरे बदन की-सी
भरी सुहाग की तिस पर ये बू दुल्हन की-सी

5 / (ii) जब किसी शख़्स से मामूली-सी मुलाक़ात हो, कोई दोस्ताना सम्बन्ध न हो, तो कहते हैं—'फ़लाँ हमारा रूशनास है।' या 'हम फ़लाँ से रूशनास हैं।' आईने में हर उस शख़्स का अक्स आ जाता है, जो आईने के सामने आये, लेकिन अक्स आईने में ठहरता नहीं, इसलिए कहा कि आईना महज़ रूशनास (केवल सूरत पहचानने वाला)। 'दिल' और 'आईना' की मुनासबत ज़ाहिर है, लेकिन अन्तः अर्थ ये है कि दिल में एक तरह की बेक़रारी थी, एक जल्दबाज़ी थी, या शायद हरजाईपन था। इसका नतीजा ये हुआ कि हम किसी एक जगह जमकर न बैठे, या किसी एक शख़्स की मुहब्बत में गिरफ़्तार न हुए। दर-ब-दर फिरते रहने के कारण रूशनास तो बहुत-से लोग हो गये, लेकिन दोस्त कोई न बना। अगर हममें आइने की-सी सफ़ाई यानी चमक-दमक थी तो आईने का-सा हरजाईपन भी था। एक मफ़्हूम ये भी है कि हमारा दिल आईने की तरह था, जिसमें तमाम आलम का अक्स दिखाई दे रहा था या ये कि 'एक आलम' से आशय अपनी ही हस्ती है, जो सारे जहाँ की तरह पेचीदा और गहरी और रंग-बिरंगी है। हमने दिल के आईने में ख़ुद को देखा, गोया एक आलम को देख लिया। या ये देख लिया कि हम ख़ुद एक आलम हैं, या अपना ही आलम रखते हैं। दिल एक आईना है, इस पर रोशनी कर दी जाय तो इसमें आलम और जो इस आलम में मौजूद है प्रतिबिम्बित हो जाते हैं ये सूफ़ियों का ख़ास मौज़ूअ है। परिणामस्वरूप मौलाना रूम ने कहा है—(मस्नवी, खंड-एक, भाग दो)

आँ सफ़ाए-आईना वस्फ़े-दिल अस्त
सूरते-बेमुंतहा रा क़ाबिल अस्त

[आईने की ये निर्मलता (कामिल लोगों के) दिल की विशेषता है (ऐसा दिल) असंख्य सूरतें क़ुबूल करता (यानी उनको प्रतिबिम्बित करता) है।]

'क़ायम' ने भी ये मज़्मून बाँधा है, लेकिन उन्होंने 'दिल' की जगह 'हैरत' का लफ़्ज़ रखकर अर्थ को स्पष्ट और सीमित कर दिया—

हैरत ने किया है यक जहाँ का
जूँ आईना रूशनास मुझको

5 / (iii) शम्अ की लौ लरज़ती रहती है, या अगर हवा चले तो थरथराने लगती

है। इसको शम्अ के सिर धुनने के समतुल्य किया है। पतंगे की उड़ान तेज़ हो तो भी शम्अ की लौ थरथराने लगती है। शेर में एक लतीफ़ बारीकी है। 'सर धुनना', दो अर्थ रखता है। अत्यधिक प्रसन्नता से भाव-विभोर हो जाना, या ग़म की इंतिहाई कैफ़ीयत में सर पीटना। पतंगे ने क्या कहा, क्या दरख़्वास्त की, ये ज़ाहिर नहीं किया। शेर में इसी तरह की बारीकी या गूढ़ता है, जैसा ग़ालिब के इस शेर में है—

कोई दिन गर ज़िन्दगानी और है
अपने जी में हमने ठानी और है

लेकिन मीर के शेर में जिज्ञासा और आश्चर्य 'क्या पतंगे ने इल्तिमास किया' (इल्तिमास = प्रार्थना करना या सवाल करना), के आधार पर गुप्त या राज़ की भी स्थिति पैदा हो गयी है।

5 / (iv) वहशी का भड़कना आम है। वहशी का उदास होना दुर्लभ है। अगर किसी वहशी को उदास किया तो यक़ीनन् उसके साथ कोई ग़ैर-मामूली ज़ियादती होगी, और ये ज़ियादती बेमुरव्वती या बेतवज्जही नहीं हो सकती क्यूँकि वहशी की विशेषता ही ये है कि लोग उसकी तरफ़ तवज्जो दें तो वो भड़क जाता है। लिहाज़ा उसे उदास करने के लिए उसके साथ कोई ऐसा सुलूक किया होगा जो बेमुरव्वती और बेतवज्जही से भी ज़ियादा क़ातिल और दिल दुखानेवाला हो। 'ऐसे वहशी' से मालूम होता है कि उसमें वह्शत के अलावा भी विशेषताएँ हैं या शायद वहशत ही किसी ग़ैरमामूली दर्जे की थी, जैसा कि इस शेर में है—

पैदा कहाँ हैं ऐसे परागंदा तब्अ लोग
अफ़्सोस तुमको मीर से सुहबत नहीं रही

(दूसरा दीवान)

[6]

नाकामि-ए-सदहस्रत ख़ुश लगती नहीं वर्ना
अब जी से गुज़र जाना कुछ काम नहीं रखता

(काम नहीं रखता = मुश्किल नहीं है।)

जान दे देना कुछ मुश्किल नहीं, लेकिन ये भी अच्छा नहीं लगता सैकड़ों हस्रतें नाकाम हो जाएँ, या दिल में सैकड़ों हस्रतें लिये हुए नाकाम रहें (क्यूँकि अगर मर गये तो हमेशा-हमेशा के लिए नाकाम ही ठहरेंगे।)। इन्तिहाई दर्जे की नाकामी के साथ एक अजीब रोब है, और ज़िन्दगी से बेपर्वाई के साथ-साथ ज़िन्दा रहने का जोश-ओ-ख़रोश भी। क्यूँकि अगर ज़िन्दा रहे तो क्या अजब कि कोई हस्रत पूरी हो जाए। 'ख़ुश लगना' सम्भवतः फ़ार्सी के 'ख़ुश आमदन' (पसन्द आना) और 'काम नहीं रखता' फ़ार्सी के 'कारे-नदारद' (मुश्किल नहीं है) का अनुवाद है। ये दोनों अनुवाद आगे प्रचलित नहीं हुए, लेकिन 'कामी' और 'काम नहीं रखता' की मुनासबत ख़ूब है। शेर में एक व्यंग्यात्मक पहलू भी है कि नाकामिए-सदहस्रत को पसन्द करने के कारण ज़िन्दगी को मौत पर तर्जीह दे रहे हैं, लेकिन कोई ज़रूरी नहीं कि लम्बी ज़िन्दगी के बावजूद हस्रतें निकल ही जाएँ, बल्कि निश्चित है कि नहीं निकलेंगी। बहरहाल, ये पहलू शेर में ख़ूब है कि जीने के शौक़ के कारण ज़िन्दगी क़ुबूल नहीं की है, बल्कि एक ज़िद है, एक ग़ुरूर है, कि सदहस्रतों की नाकामी अच्छी नहीं लगती इसलिए ज़िन्दा हैं।

[7]

मैं नौदमीदा बाल चमनज़ाद तैर था
पर घर से उठ चला सो गिरफ़्तार हो गया

7 / (i) 'तैर' और 'पर' की मुनासबत दिलचस्प है। शैली और मज़्मून दोनों लिहाज़ से ये शेर ग़ालिब के निम्नलिखित शेर पर अपना असर डालता हुआ नज़र आया है—

पिन्हाँ था दामे-सख़्त क़रीब आशियान के
उड़ने न पाये थे कि गिरफ़्तार हम हुए

मीर ने 'नौदमीदा बाल' (जिसके पर नये-नये उगे हों) और 'चमनज़ाद' (जो चमन ही में पैदा हुआ हो यानी जंगल का वासी न हो) कहकर गिरफ़्तारी का औचित्य पैदा कर दिया है। ग़ालिब के शेर में साधारणीकरण की स्थिति है, जो अपना रंग आप रखती है। यानी गिरफ़्तारी किसी विशेष बदनसीब की तक़्दीर नहीं, किसी का भी मुक़द्दर बन सकती है। मीर ने अपने मज़्मून को ज़रा बदलकर दो बार और लिखा है—

पछताये उठ के घर से कि जूँ नौदमीदा पर
जाना बना न आपको फिर आशियाँ तलक

(दूसरा दीवान)

बरंग ताइरे-नौपर हुए आवारा हम उठकर
कि फिर पायी न हमने राह अपने आशियाने की

(तीसरा दीवान)

ज़ेरे-बहस शेर में ख़ास बात ये है कि 'नौदमीदा बाल' और 'चमनज़ाद' दोनों

विशेषताएँ एक ही वक़्त में मज़्बूती (ताज़गी, शक्ति) और कमज़ोरी (नातजुबाकारी) के लक्षण प्रकट करती हैं। 'पर' का लफ़्ज़ इशारा करता है कि ताज़गी और ताक़त पर ज़ोर देना उद्देश्य है, लेकिन दूसरे अर्थ का इशारा मौजूद है कि इस मज़्बूती ही में कमज़ोरी निहित थी।

[8]

गर्मी से मैं तो आतिशे-ग़म की पिघल गया
रातों को रोते-रोते ही जूँ शम्अ गल गया

हम ख़स्ता-दिल हैं तुझसे भी नाज़ुक मिज़ाज है
त्योरी चढ़ायी तूने कि याँ जी निकल गया

गर्मी-ए-इश्क़ मानेअ नश्वो-नुमा हुई
मैं वो निहाल था कि उगा और जल गया

हर ज़र्रा ख़ाक तेरी गली की है बेक़रार
याँ कौन-सा सितमज़दा माटी में रल गया

8 / (i) मत्ला ख़ानापूर्ति है। इसमें 'रातों' और 'रोते' की अनुप्रास-संगति के अतिरिक्त कोई विशेष बात नहीं।

8 / (ii) आशिक़ की नाज़ुकमिज़ाजी पर 'क़ायम चाँदपुरी' का ये शेर बहुत ख़ूब है—

बेदिमाग़ी से न वाँ तक दिले-रंजूर गया
मर्तबा इश्क़ का याँ हुस्न से भी दूर गया

लेकिन 'क़ायम' का दूसरा मिस्रा पूरी तरह कारगर नहीं। पहले मिस्रे में बात तक़्रीबन् मुकम्मल हो जाती है। मीर के ज़ेरे-बहस शेर में नुक्ता ये है कि अपनी ख़स्ता दिली और बदहाली और नम्रता, जिसकी वज्ह से माशूक़ की चढ़ी हुई त्यौरी देखते ही जान निकल जाती है, को नाज़ुक-मिज़ाजी के रूप में निर्धारित किया है। यानी अपनी नाज़ुक-मिज़ाजी भी साबित कर दी है और माशूक़ के एहतराम का भी लिहाज़

किया है, वर्ना पहला मिस्रा पढ़कर गुमान गुज़रता है कि माशूक़ की तौहीन की जा रही है और ये दावा किया जा रहा है कि तुम नाज़ुक मिज़ाज होगे तो होगे, हम तुम से भी बढ़कर हैं। 'आतिश' ने ये मज़्मून मीर से सीधे तौर पर उधार लिया है, लेकिन उनका लहजा न तो गम्भीर है और न ही व्यंजनापूर्ण है। उनके यहाँ मीर की तरह की बारीकी भी नहीं। साफ़-साफ़ बात कह दी है—

ग़ुरूरे-इश्क़ ज़ियादा ग़ुरूरे-हुस्न से है
उधर तो आँख फिरी दम इधर रवाना हुआ

'दम रवाना हुआ' किस क़दर हास्यास्पद है इसको स्पष्ट करने की बहुत आवश्यकता नहीं है।

8 / (iii) ग़ालिब ने इस मज़्मून को बहुत बेह्तर अन्दाज़ में कहा है—

मेरी तामीर में मुज़्मर है इक सूरत ख़राबी की
हयूला बर्क़े-ख़िर्मन का है ख़ूने-गर्म दह्क़ाँ का

ग़ालिब का अन्दाज़ रहस्यपूर्ण और फ़क़ीराना है। दूसरे मिस्रे में एक नाज़ुक दृष्टान्त भी बयान कर दिया है। मीर का शेर इन विशेषताओं से ख़ाली है, लेकिन दूसरे मिस्रे का ड्रामाई अन्दाज़ ख़ूब है। उगते ही जल जाने का बिम्ब भी ख़ूब है। इस बिम्ब को पहले दीवान ही में मीर ने यूँ भी बाँधा है—

मत कर ज़मीने-दिल में तुख़्मे-उम्मीद ज़ाया
बूटा जो याँ उगा है सो उगते ही जला है

ज़ेरे-बहस शेर में मर्म ये है कि गर्मी के बग़ैर पौधे का उगना मुहाल है, लेकिन गर्मी अगर ज़ियादा हो तो बीज मुरझा जाता है। दूसरी बात ये कि नया पौधा अगर पानी की अधिकता से मर जाय तो उसको पौधे का जल जाना कहते हैं। लिहाज़ा इशारा ये है कि गर्मिए-इश्क़ के कारण बहुत अधिक रोया गया और इस अधिकता ने मौत का सामान कर दिया। ग़ालिब के शेर और इस ज़ेरे-बहस शेर पर विस्तारपूर्वक गुफ़्तगू के लिए 'शेर, ग़ैर शेर और नस्र' मुलाहिज़ा हो।

8 / (iv) रोशनी का कोण (Angle) बदलने के साथ-साथ ज़र्रे की चमक घटती-बढ़ती है, ज़र्रे की चमक में झिलमिलाहट की भी स्थिति होती है। इस कारण से ज़र्रे को बेक़रार माना गया है। ज़र्रे की बेक़रारी की दो वजूहें हो सकती हैं। या तो ज़र्रा उस सितमज़दा के ग़म में बेक़रार है, जो माशूक़ की गली में आकर (या मरकर) मिट्टी में लिथड़ गया, या फिर इस वजूह से बेक़रार है कि आशिक़े-सितमज़दा जब मिट्टी में लिथड़ा तो उसकी बेक़रारी ज़र्रों को भी स्थानान्तरित हो गयी। दूसरा कारण

बेह्तर है। 'रल गया' का शब्द ख़ूब है और शेर को आम ज़िन्दगी से क़रीब करता है, लेकिन ग़ालिब इस मज़्मून को बहुत आगे ले गये हैं—

जब बतक्रीबे-सफ़र यार ने मुह्‌मिल बाँधा
तपिशे-शौक़ ने हर ज़र्रा पे इक दिल बाँधा

[9]

दिल से शौक़े-रुख़े-नकू न गया
ताकना-झाँकना कभू न गया

हर क़दम पर थी उसकी मंज़िल लेक
सर से सौदा-ए-जुस्तजू न गया

सब गये होशो-सब्रो-ताबो-तवाँ
लेकिन अय दाग़-दिल से तू न गया

सुब्हागिर्दां ही मीर हम तो रहे
दस्ते-कोताह ता सुबू न गया

9 / (i) दूसरे दीवान के इस शेर में इसी मज़्मून को ज़रा कम करके कहा है—

जवानी दिवानी सुना क्या नहीं
हसीनों का मिलना ही भाया हमें

ज़ेरे-बहस शेर में एक विशेष प्रकार की लोलुपता से युक्त आनन्द के खुल्लम-खुल्ला इज़्हार के अलावा ख़ुद पर एक लतीफ़ व्यंग्य भी है, जो इस शेर को इस तरह के अन्य शेरों से श्रेष्ठ सिद्ध करता है। 'आतिश' ने इस मज़्मून में एक नया पहलू पैदा किया है, लेकिन उसमें कमज़ोरी ये है कि 'नज़ारे का लपका' रखने के बावजूद दिल अब तक सलामत है। बहरहाल मुहाविरे के सटीक प्रयोग के कारण 'आतिश' का शेर अच्छा-ख़ासा हो गया—

'आतिश' उनसे नहीं नज़ारे का लपका छुटता
मेरी आँखों पे है शायद कि मेरा दिल भारी

इसके विपरीत 'हाली' का 'लपका' उनके मिज़ाज का आईनादार है—

ज़ौक़ सब जाते रहे जुज़ ज़ौक़े-दीद
इक ये लपका देखिए कब जायेगा

इस मज़्मून पर नीचे उल्लिखित शेर भी दिलचस्पी से ख़ाली नहीं। इसे जनाब मालिकराम ने, और उनके अनुकरण में जनाब 'अर्शी' ने ग़ालिब से सम्बन्धित किया है—

पीरी में भी कमी न हुई ताक-झाँक की
रोज़न की तरह दीद का आज़ाद रह गया

मीर के ज़ेरे बहस शेर में एक नुक्ता ये भी है कि ताकने-झाँकने की आदत कभी न गयी, यानी इस ज़माने में भी, जब किसी महबूब से दिल लगा हुआ था और इश्क़ तारी था, उस वक़्त भी नज़रबाज़ी न छोड़ी, दूसरे हसीनों को ललचाई नज़रों से देखते रहे।

9 / (ii) जब ख़ुदा या माशूक़ हर जगह मौजूद था तो उसे हासिल क्यों न कर लिया। दिमाग़ में तलाश का पागलपन फिर भी क्यूँ बाक़ी रहा? इस सवाल का जवाब न उपलब्ध करा के शेर में एक दिलचस्प खिंचाव पैदा कर दिया है। कई जवाब मुम्किन है। मस्लन् एक तो ये कि दरअस्ल हमें किसी की तलाश ही न थी, बस यूँ ही आवारा फिरना हमारी ज़िन्दगी का मक़्सद था, अगर ख़ुदा (या माशूक़) को पा लेते तो फिर उसी के होकर रह जाना पड़ता, और ये ठहराव हमारे मिज़ाज के प्रतिकूल था। या ये कि इस बात की ख़बर बहुत देर में लगी कि वो हर जगह मौजूद था, हम बेख़बरी में दर-ब-दर फिरते रहे, या ये कि हर क़दम पर, हर जगह, हमने उसे देखा ज़ुरूर, लेकिन यक़ीन न आया कि वो इतनी आसानी से मिल सकता है, इसलिए हम ताउम्र भटकते रहे। या फिर ये कि हर क़दम पर उसकी मंज़िल तो थी। लेकिन हमारी मंज़िल वो न था, हम तो किसी और चीज़ की (मस्लन् ख़ुद अपनी) तलाश में थे। दूसरे और तीसरे मज़्मून से एक नया मज़्मून पैदा होता है, जिसको दूसरे दीवान में बड़ी ख़ूबी से नज़्म किया है—

अजब की जगह है कि उसकी जगह
हमारे तईं ही बताते हैं लोग

9 / (iii) शेर में अन्तर्निहित मर्म ये है कि सब्र, ताब, तवाँ ये चीज़ें तो जाने-वाली हैं ही, और दाग़ कि विशेषता ये है कि वो जाता नहीं, लेकिन उन सबको सराय-ए-दिल में ठहरा हुआ मान लिया है, या दिल पर हमलावर मान लिया है और शिकायत की है, या हैरत की है, या मुहब्बत से कहा है कि जब सब ठहरनेवाले चले गये तो अय दाग़! तू क्यूँ न गया? इसी मज़्मून को तक़्रीबन् उन्हीं अल्फ़ाज़ में पहले दीवान ही में यूँ कहा है—

सब गये होशो-सब्रो-ताबो-तवाँ
दिल से इक दाग़ ही ज़ुदा न हुआ

ऊपर जो शेर उल्लिखित हुआ वो मीर को इस क़दर पसन्द था कि इसको इन्होंने दूसरे दीवान की एक ग़ज़ल में हू-ब-हू दर्ज किया है, लेकिन ग़ज़ल ग़ैर मुरद्दफ़ है, यानी उसमें 'न हुआ' रदीफ़ नहीं है, बल्कि उसके क़ाफ़िये 'दिया', 'मिला' वग़ैरह है। 'हाली' का शेर जो 9 / (i) की व्याख्या में उल्लिखित हुआ है, ज़ेरे-बहस शेर से प्रभावित मालूम होता है। मीर के शेर में रज़ीउद्दीन नेशापुरी की इस रुबाई का हल्का-सा प्रभाव प्रतीत होता है, लेकिन रज़ीउद्दीन नेशापुरी के यहाँ वो बेसाख़्तगी और कैफ़ीयत नहीं जो मीर के यहाँ है—

दोश अय ज़दा नूर रुख़ तू राह सहर
दर मज्लिस ग़म बदीम ता गाह सहर

सब्रो-ख़िरद-ओ-जुम्ला हरीफ़ाँ रफ़्तंद
मन मान्दम-ओ-आबदीदा-ओ-आह सहर

(अय तू, तेरे मुँह के नूर ने सुब्ह पर डाका डालकर इसको लूट लिया। मैं सुब्ह के आने के वक़्त तक मज्लिसे-ग़म में बैठा रहा। मेरा सब्र, मेरी अक़्ल, मेरे तमाम दोस्त चले गये, सिर्फ़ मैं रह गया और आँख के आँसू और आहे-सहर)।

नेशापुरी के यहाँ ये नुक्ता ज़ुरूर दिलचस्प है कि माशूक़ ने सुब्ह को रास्ते ही में लूटकर तबाह कर दिया, इसलिए सुब्ह हुई ही नहीं, मैं बैठा सुब्ह का इंतिज़ार करता रह गया। अब इन दोनों के सामने 'फ़ैज़' को रखिए, देखिए उर्दू ग़ज़ल का सिल्सिला कहाँ से कहाँ तक पहुँचता है—

तेरी कजअदाई से हार के शबे-इन्तिज़ार चली गयी
मेरे ज़ब्ते-हाल से रूठ कर मेरे ग़मगुसार चले गये

9 / (iv) ज़ालिम और बेइंसाफ़ शख़्स को 'दराज़दस्त' कहते हैं। और गुनाह एक तरह का ज़ुल्म है। यानी गुनाह करने के लिए 'दस्त दराज़' (लम्बा हाथ) आवश्यक है। इस मुहाविरे से फ़ायदा उठा अपने हाथ को 'कोताह' (छोटा) कहा है। यानी हाथ ही इतना लम्बा न था कि उसको बढ़ाकर सुबू (शराब आदि का घड़ा या मटका या जाम आदि) उठा लेते। तस्बीह (जपने की माला) सामने की चीज़ है, उसे उठाकर फिराते रहे। (सुब्हागिर्दां का अर्थ होता है—तश्बीह फेरना, माला फेरना, जप करना। इस शब्द को कहीं-कहीं 'सुब्हागर्दां' भी लिखा जाता है।—अनु.)

[10]

दिल की आबादी की इस हद है ख़राबी कि न पूछ
जाना जाता है कि इस राह से लश्कर निकला

उपमा की मौलिकता और सादगी अपनी मिसाल आप है। पुराने ज़माने में जब फ़ौज हरकत में होती थी तो अपनी रसद आसपास के गाँव या परिक्षेत्र से हासिल करती थी। ऐसी सूरत में, किसी जगह से फ़ौज का गुज़र जाना (चाहे वो अपने ही बादशाह की फ़ौज क्यूँ न हो।) बरबादी और तबाही का पर्याय था। 'आबादी' का लफ़्ज़ भी ख़ूब है, क्यूँ कि फ़ौज के गुज़रने के बाद उस जगह के बाशिन्दे या तो बदहाल होते या तो अस्त-व्यस्त और परेशान। 'जाना जाता है' के दो अर्थ हैं—'साफ़ मालूम होता है,' यानी दिल की हालत देखकर साफ़ पता चलता है कि कोई लश्कर इधर से गुज़रा है। दूसरा अर्थ है—'ऐसा लगता है', यानी दिल की तबाही उसी दर्जे की है, जो उस वक़्त हुई जब कोई लश्कर उस पर से गुज़रता। इस तरह के तमाम अश्आर में 'दिल' को 'शह्रे-दिल्ली' की उपमा भी मान सकते हैं। इस बात को मीर ने निम्नलिखित शेर में स्पष्ट करके लिखा है—

दीदए-गिरियाँ हमारा नह्र है
दिल ख़राबा जैसे दिल्ली शह्र है

(पाँचवाँ दीवान)

मीर ने इस मज़्मून को बार-बार बरता है, लेकिन जो बरजस्तगी ज़ेरे-बहस (ख़ासकर इसके दूसरे मिस्रे) में आ गयी है, फिर हासिल न हुई—

दिल की वैसी है ख़राबी कस्रते-अन्दोह से
जैसे रह पड़ता है दुश्मन का कहीं लश्कर बहुत

(दूसरा दीवान)

साफ़ सारा शह्र इस अंबोहे-ख़त में लुट गया
कुछ नहीं रहता है वाँ जिस राह हो लश्कर चले

(दूसरा दीवान)

ख़राबी दिल की क्या अंबोहे-ददो-ग़म से पूछो हो
वही हालत है जैसे शह्र लश्कर लूट जाता है

(दूसरा दीवान)

इनसे बेह्तर और बलीग़तर अन्दाज़ में लश्कर का नाम लिये बग़ैर इस मज़्मून को पहले दीवान ही में यूँ बाँधा है—

दिल की वीरानी का क्या मज़्कूर है
ये नगर सौ मर्तबा लूटा गया

कलीम हमदानी का निहायत उम्दा शेर है—

कलीम अज़ दस्त बेदाद कि नालम
ब कुश्त मन गुज़ार लश्कर उफ़्ताद

(अय कलीम! मैं किसके अत्याचार और अनीति के ख़िलाफ़ नाला (आर्त्तनाद) करूँ? मेरी खेती पर से तो लश्कर गुज़र गया।)

बहुत सम्भव है कि मीर ने अपना बुनियादी मज़्मून इसी शेर से ग्रहण किया हो। कलीम हम्दानी के शेर की क़ूवत इस बात में है कि जो शेर में उल्लिखित बात को कह रहा है उस व्यक्ति पर ज़ुल्मे करनेवाला बेशुमार हैं। एक पूरा लश्कर है जो उसकी खेती को रौंदता हुआ गुज़र गया, फिर वो किसके ज़ुल्म का शिकवा करे? कोई एक शख़्स तो ज़ालिम है नहीं। इसमें मर्म ये भी है कि एक शख़्स ऐसा भी है जो ज़ालिम था, यानि सरदारे-लश्कर या बादशाहे-लश्कर; लेकिन उसके ख़िलाफ़ फ़रियाद हो नहीं सकती, या शोषित-उत्पीड़ित में फ़रियाद की शक्ति-सामर्थ्य नहीं। मीर के शेर में ड्रामा ज़ियादा है और पहले मिस्रे के इंशाइया अंदाज में दूसरे मिस्रे के इस्तिआराती अंदाज़ ने तुल्फ़ दुगुना कर दिया है। 'जाना' और 'जाता' की समरूपता भी अपनी जगह ख़ूब है।

[11]

धोखा है तमाम बह्रे-दुनिया
देखिएगा कि होंठ तर न होगा

शेर में इब्रानी पैग़म्बरों के लहजे की झलक मिलती है। चेतावनी है, लेकिन बोलनेवाला अपने मुख़ातिब से बेतअल्लुक़ नहीं है, बल्कि उसकी भलाई-बुराई की फ़िक्र रखता है। इस्लामी बुज़ुर्गों में हज़्रत शेख़ अब्दुल क़ादिर जीलानी के उपदेशों का भी यही अन्दाज़ है। इसी मज़्मून को मीर ने यूँ भी अदा किया है—

जहाँ का दरिया-ए-बेकराँ तो सराब पायानकार निकला
जो लोग तह से कुछ आश्ना थे उन्होंने लब तर किया न अपना
(छठवाँ दीवान)

छठवें दीवान के शेर में रिआयतें बहुत ख़ूब हैं [दरिया, बेकराँ, सराब, पायान ('तह' के अर्थ में, 'गहराई') तह, लब, ('साहिल' के अर्थ में) वग़ैरा] लेकिन शेर में स्पष्टता इस दर्जा है कि मज़्मून की ख़ूबी दब गयी है। जेरे-बहस शेर में अन्तर्निहित सौन्दर्य है। 'बह्रे-दुनिया' इस अर्थ में—'दुनिया जो समन्दर है' भी है, और 'दुनिया का समन्दर यानी वो समन्दर जो दुनिया में है' भी है। बाद वाले अर्थ को लिया जाय तो आशय ये निकलता है कि 'समन्दर' उम्मीद और सुकून का सोता (स्रोत) है। यानी वो जगहें और चीज़ें जिनसे हृदय की अशान्ति और चित्त की उद्विग्नता समाप्त होने की उम्मीद हो सकती है, वो सब धोखा हैं। अस्ल समन्दर (यानी वो जगह और चीज़ें जिनसे प्यास बुझ सके और सुकूने-दिल हासिल हो सके) इस दुनिया में है ही नहीं। 'धोखा' के भी दो अर्थ हैं—एक तो ये कि बह्रे-दुनिया (दुनिया रूपी समन्दर) मिस्ले-सराब (मृगतृष्णा के समान) के है। जितना ही उसके नज़्दीक जाएँ, वो उतना ही दूर होता जाएगा। दूसरे ये कि बह्रे-दुनिया इस अर्थ में मृगतृष्णा है कि नज़रों का धोखा है। दिखायी देता है, लेकिन है नहीं। 'होंठ तर न होगा' में ये इशारा भी है

कि बह्रे-दुनिया में ग़र्क़ तो हो जाओगे, लेकिन प्यास फिर भी न बुझेगी। 'गुनाहगार' को 'तर दामन' भी कहते हैं, लिहाज़ा आशय ये हुआ कि बह्रे-दुनिया में ग़ोता लगाने से दामन तो तर होगा (यानी गुनाहगार तो होंगे), लेकिन होंठ तर न होगा, यानी सुकून नसीब न होगा। अप्रत्यक्ष ढंग का मुख़ातिब होना भी बहुत ख़ूब है। इस एक शेर में शायरी की वो तीनों आवाज़ें, जिनका ज़िक्र इलियट ने किया है, एक साथ सुनाई देती हैं। वो तीन आवाज़ें हैं—1. शायर ख़ुद अपने आप से बात कर रहा है। 2. शायर किसी और से मुख़ातिब है, और 3. किसी और की ज़बान से गुफ़्तगू कर रहा है। इन आवाज़ों को क्रमशः गीतात्मक (Lyrical), वर्णनात्मक या कथात्मक (Narrative) और नाटकीय (Dramatic) भी कह सकते हैं। मीर ताहिर वहीद ने भी इस मज़्मून को कहा है, लेकिन इस क़दर फैलाकर कि लुत्फ़ कम हो गया है—

दीदम आँ चश्मए-हस्ती के जहानश ना मन्द
आँ क़दर आब कज़ू दस्त तुवाँ शुस्त न दाश्त

(मैंने इस चश्माए-हस्ती को, जिसे दुनिया कहते हैं, देखा। इतना पानी भी न था कि हाथ धुल सकता।)

मीर ने अजब शोरअंगेज़ शेर कहा है। शब्दों की मितव्ययिता ग़ज़ब की है, फिर होंठ तर होने में जो आन्तरिक अर्थ है वो हाथ धोने में नहीं है।

[12]

ताबह मक़्दूर इन्तिज़ार किया
दिल ने अब ज़ोर बेक़रार किया

ये तवह्हुम का कारख़ाना है
याँ वही है जो एतबार किया

सद रगे-जाँ को ताब दे बाहम
तेरी ज़ुल्फ़ों का एक तार किया

हम फ़क़ीरों से बे अदाई क्या
आन बैठे जो तुमने प्यार किया

सख़्त काफ़िर था जिनने पहले मीर
मज़्हबे-इश्क़ अख़्तियार किया

12 / (i) मत्ला बस मत्ले की पूर्ति के लिए रखा गया है, लेकिन इसमें भी एक मर्म है, एक आन्तरिक अर्थ है। सामर्थ्य भर इन्तिजार करने के बाद अब दिल की बेक़रारी के हाथों मज्बूर हो गये हैं, लेकिन ये ज़ाहिर नहीं किया है कि दिल की इस बेक़रारी का नतीजा क्या निकलेगा ? शह्र छोड़कर वीराने को निकल जाएँगे, या अपना सर फोड़ लेंगे, या इश्क़ ही को छोड़ देंगे (यानी इन्तिज़ार करना छोड़ देंगे)। सब्र, और सब्र के जाते रहने का मज़्मून मीर ने पहले दीवान ही के इस शेर में ख़ूब बाँधा है—

इतनी गुज़री तो तेरे हिज्र में सो इसके सबब
सब्र मर्हूम अजब मूनिसे-तन्हाई था

12 / (ii) ये शेर गौतम बुद्ध के उस कथन की याद दिलाता है कि जो कुछ हमने सोचा है, हम वही कुछ हैं—all that we are is all that we have thought, लेकिन मुहम्मद हसन अस्करी ने इसको सूफ़ियाना शेर मानकर इसकी ख़ूब व्याख्या की है। अस्करी कहते हैं—"इस शेर का अर्थ ये नहीं लेना चाहिए कि हर विचार आधारहीन है, इसलिए इन्सान या कायनात का अस्तित्व अवास्तविक है, और न ये मतलब कि हर विचार उचित है, इसलिए हर आदमी के लिए वास्तविकता वही है जो उसके विचार में आये। मीर भ्रम के प्रमाणित और अप्रमाणित दोनों, या एक प्रकार से शाश्वत और नश्वर दोनों पक्षों को व्याख्यायित कर रहे हैं। दुनिया भ्रम का कारख़ाना ज़रूर है, क्योंकि भ्रम के बग़ैर इसका बोध सम्भव ही नहीं, मगर 'जो एतबार किया', यानी भ्रम ने अपने अनुभवों में जो अर्थ ग्रहण किये अगर वो मात्र कपोल-कल्पित हैं तो आदमी के लिए उसका अस्तित्व अथवा दुनिया का अस्तित्व भ्रमात्मक हो जाएगा..., लेकिन अगर ये अर्थ पैग़म्बरों और सद्बुद्धि के अनुसार हैं तो भ्रम के माध्यम से आदमी के लिए अध्यात्म का दरवाज़ा खुल जाएगा। आप पूछेंगे कि अगर शेर में यह प्रामाणिक पक्ष उपस्थित है तो मीर ने साफ़ क्यों नहीं किया, और कुछ नहीं तो इशारा ही कर देते। जवाब में अर्ज़ है कि यही इस शेर की विशिष्टता है। शेर में जो अर्थ निहित है, उनके दो स्तर तो विवेचित हो चुके। तीसरे स्तर में प्रामाणिकता फिर अप्रमाणित हो जाती है, मगर इस अप्रामाणिकता का सम्बन्ध आम आदमियों से नहीं बल्कि सूफ़ियों और ब्रह्मअन्वेषियों से है, क्योंकि शेर में इस हदीस का अनुकरण हो रहा है—'मा अरफ़ न क हक़े मा रिफ़अतिक़' अर्थात् स्वयं के अस्तित्व का ज्ञान किसी को हासिल नहीं हो सकता। तत्त्व-बोध को तो छोड़िए, बहुत ऐन्द्रिय साधना और संयम के माध्यम से भी नहीं। परिणामस्वरूप इस शेर में 'वहम' (भ्रम) का लफ़्ज़ इन्द्रियगत विषयों को भी प्रकट करता है और अपनी सम्पूर्ण व्यापकता में इसका प्रयोग हुआ है। चूँकि अध्यात्म का यह स्तर हासिल होना मुम्किन ही नहीं इसलिए ब्रह्मअन्वेषी में एक प्रकार का नैराश्य और अन्तर्मुखी स्थिति उत्पन होती है। यही स्थिति इस शेर में प्रकट हुई है, लेकिन इस अप्रमाणिकता में फिर प्रमाणिकता है, बल्कि यूँ कहिए कि यही अन्तर्मुखी अथवा आत्म-संकुचन ही आत्म-विस्तार है। हज़रत अबू बक्र (रज़ीअल्लाह) ने अध्यात्म की स्थिति कुछ इन शब्दों में व्यक्त की है कि—यही ज्ञान है अथवा बोध है कि जो अन्तिम ज्ञान या अन्तिम सत्य है उसे जाना नहीं जा सकता। मीर के शेर में स्थिर मनःस्थिति एवं ज्ञानात्मक विस्मय की स्थिति अधिक झलकती है।" अस्करी साहब की सूक्ष्मदृष्टि से असहमति नहीं, लेकिन मेरा ख़याल है उनकी व्याख्या शेर के दोनों बुनियादी अल्फ़ाज़ 'तवह्हुम' और 'एतबार' के साथ इंसाफ़ नहीं करती। 'तवह्हुम' उन चीजों को मौजूद मान लेने (यानी 'वहम' के ज़रीआ उनको हक़ीक़ी तसव्वुर करने) को कहते हैं जो अदृश्य होती हैं। 'एतबार' से आशय है

'यक़ीन करना' यानी 'एतबार' में ये शर्त नहीं कि जिस बात या जिस चीज़ पर एतबार किया जाय वो वाक़ई हो, या वैसी ही हो जैसा उसको एतबार किया जा रहा है। अब शेर की कुछ और गूढ़ता पर ग़ौर कीजिए : 'ये' से आशय 'दुनिया' भी हो सकती है, और कोई ऐसा आलम या स्थिति-परिस्थिति भी, जिसमें शायर ख़ुद को पाता है। यानी शायर अपने रूहानी या ज़ेहनी सफ़र में किसी स्थिति विशेष से दो-चार है, जिसके बारे में उसको गुमान गुज़रता है कि शायद यह, जो वो देख रहा, महज़ उसके वहम की पैदावार है। लफ़्ज़ 'कारख़ाना' पर ग़ौर कीजिए : ये लफ़्ज़ आम तौर पर हैरत और उपेक्षा (या निम्न स्तर) का इज़्हार करने के लिए बोला जाता है। ऐसी चीज़ को जिसके सही होने के बारे में शुब्हा हो 'कारख़ाना' कहा जाता है। इस शब्द का दूसरा अर्थ है 'काम करने की जगह, वो जगह जहाँ चीज़ें बनती हैं'। लिहाज़ा दुनिया एक कारख़ाना है, यहाँ की हर चीज़ कृत्रिम और फ़र्ज़ी है, और इस कारख़ाने का संचालक या रूहे-रवाँ 'वहम' है। 'याँ वही है जो एतबार किया' से अर्थ ये भी निकलते हैं कि अगर हम किसी चीज़ के वजूद से इन्कार करें तो वो अदृश्य (अथवा नष्ट हुई) मानी जाती है, (अगर हम एतबार न करें कि दुनिया है, तो दुनिया वाक़ई नहीं है।)। असाधारण शेर कहा है, शेर क्या है, चमत्कार है। लहजा भी किस क़दर उच्चकोटि का है, लेकिन बेरंग है; न रंज है, न ख़ुशी, न वो जोशोख़रोश जो किसी चीज़ को समझ लेने से हासिल होता है। मालूम होता है एक शख़्स अपनी योग-साधना से प्राप्त अन्तर्दृष्टि (अथवा रहस्यदर्शिता) को रोज़मर्रा की ज़बान में बयान कर रहा है—

मीर ने इस मज़्मून को फ़ार्सी में भी कहा है—

बस्तए-वहम अस्त नक़्शे-ज़िन्दगी
वरना हस्ती एतबारे बेश नेस्त

(ज़िन्दगी का लक्षण वहम का बनाया हुआ है, वरना हस्ती की हक़ीक़त एतबार से ज़ियादा नहीं।)

इस शेर के ज़रीए उर्दू शेर का मफ़्हूम समझने में आसानी होती है, वरना ख़ुद ये शेर बहुत क़ाबिले-ज़िक्र नहीं।

12 / (iii) रगे-जाँ एक मोटी रग (नस) होती है, लेकिन चूँकि जान को इस पर आधारित समझा जाता है, इसलिए इसको लतीफ़ (आनन्ददायक) भी मानते हैं। माशूक़ की ज़ुल्फ़ लतीफ़तर है और उसमें चमक भी है। लफ़्ज़ 'ताब' दो अर्थ रखता है, 'चमक' और 'आपस में गुँथा हुआ'। दोनों अर्थ यहाँ मुनासिब हैं। 'ताब दादन' फ़ार्सी का एक मुहाविरा भी है। इसका अर्थ है 'भड़काना', 'चमकाना', 'तेज़ करना',

'रस्सी या धागे को पेच देना'। एक बात ये भी है कि रगे-जान प्राणदायिनी होती है, लिहाज़ा सबको अज़ीज़ भी है। यहाँ माशूक़ की ज़ुल्फ़ का एक तार सौ रगे-जाँ के बराबर है, यानी सौ रगे-जाँ की तरह जीवनदायक और अज़ीज़ है। 'ताब' 'चमक' के अर्थ में और 'तार' 'अँधेरा' के अर्थ में भी एक मुनासबत है, जैसे ज़ुल्फ़ के एक तार की सियाही सौ रगे-जाँ की चमक के बराबर है।

12 / (iv) इस, और इस तरह के दूसरे शेरों पर मुहम्मद हसन अस्करी का इज़हारे-ख़याल लायक़े-तवज्जो है। अस्करी साहब कहते हैं—"मीर आशिक़ से ज़ियादा इन्सान हैं। कम-से-कम आशिक़ होने के बाद वो अपनी इन्सानियत को नहीं भूले। वो अपने साथ कोई विशेष रिआयत नहीं चाहते, जो दूसरे इन्सानों से न की जा सकती हो... महबूब से शिकायत करते हैं तो भी इस तरह जैसे एक इन्सान दूसरे इन्सान से शिकायत करता है।" शेरे-ज़ेरे-बहस में एक बात और भी है। उर्दू-शायरी के आम आशिक़ (और ख़ुद अपनी शायरी में जिस तरह का आशिक़ मीर ने आम तौर पर पेश किया है।) उसके विपरीत इस शेर में मीर ने माशूक़ के पास आ बैठने की शर्त ये रखी है कि माशूक़ प्यार और मेह्रबानी से पेश आये। ऐसा नहीं कि माशूक़ धुतकारता रहे और हम फिर भी उसके दामन से अपने को बाँध रखें। ख़ुद को फ़क़ीर कहकर अपना विरक्ति-भाव किस ख़ूबी से ज़ाहिर किया है। आशिक़ की खुद्दारी के मज़्मून पर आधारित शेर मीर के यहाँ बहुत ज़ियादा नहीं हैं, लेकिन आम उर्दू-शायरी के मुक़ाब्ले में ज़ियादा हैं। दूसरे दीवान के ये दो शेर मुलाहिज़ा हों—

शेवा अपना बेपर्वाई नौमीदी से ठहरा है
कुछ भी वो मग़रूर दबे तो मिन्नत हम सौ बार करें
हम तो फ़क़ीर हैं ख़ाक बराबर आ बैठे तो लुत्फ़ किया
नंगे-जहाँ लगता हो उनको वाँ वे वैसी आर करें

इसी शेर के बारे में मुहम्मद हसन अस्करी ने एक और मज़्मून में कहा है कि ये शेर मीर की उस कश्मकश का इज़्हार करता है "जिसमें इन्सानी रिश्तों के तक़ाज़े का ख़याल भी हो और इन्सानों के दरमियान जो अपारगम्य सीमा-रेखा होती है, उसका एहसास भी।

12 / (v) 'काफ़िर' और 'मज़्हब' जैसे परस्पर विरोधी (contradictory) पदों का उत्कृष्ट समन्वय हुआ है। 'आर्ज़ू' लखनवी ने सम्भवतः इसी से प्रेरित होकर अपना मक़्ता कहा होगा—

आर्ज़ू इश्क़ में है पीर-तरीक़
ये चलन इस जवान से निकला

मीर के यहाँ नुक्ता ये भी है कि जिस शख़्स ने सबसे पहले मज़्हबे-इश्क़ अख़्तियार किया होगा, वो मानो इस मज़्हब का पैग़म्बर हुआ। जिस मज़्हब का पैग़म्बर ही सख़्त काफ़िर हो उसके दूसरे माननेवाले भला किस तरह के होंगे। मुहम्मद हसन अस्करी ने इस शेर को भी मीर के 'इन्सानपन' का उदाहरण कहा है।

[13]

मुआ मैं सजूदे में पर नक़्श मेरा बार रहा
इस आस्ताँ पे मेरी ख़ाक से ग़ुबार रहा

बुताँ के इश्क़ ने बेइख़्तियार कर डाला
वो दिल कि जिसका ख़ुदाई में इख़्तियार रहा

वो दिल कि शामो-सहर जैसे पका फोड़ा था
वो दिल कि जिससे हमेशा जिगर-फ़िगार रहा

बहा तो ख़ून हो आँखों की राह बह निकला
रहा जो सीनए-सोज़ाँ में दाग़दार रहा

सो उसको हमसे फ़रामोशकार यूँ ले गये
कि उसको क़तूरए-ख़ूँ भी न यादगार रहा

(फ़रामोशकार : भुलानेवाला)

गली में उसकी गया सो गया न बोला फिर
मैं मीर-मीर कर उसको बहुत पुकार रहा

13 / (i) मत्ला यूँ ही ख़ानापूर्ति के लिए है।

13 / (ii)

13 / (v) ये अश्आर क़त्अबन्द हैं। अस्ल क़त्आ में इससे ज़ियादा शेर थे। मैंने कमजोर शेर निकाल दिये हैं, लेकिन क्रमबद्धता में अन्तर नहीं आया है। इस पूरे क़त्आ में कहानी बताने की उत्कृष्ट स्थिति है। पहले शेर में दिल के बेइख़्तियार हो जाने का ज़िक्र है। वो दिल जो सारी ख़ुदाई पर भारी था। इस मज़्मून को ग़ालिब ने अपने विशेष

रंग में यूँ अदा किया है—

वो नाला दिल में ख़स के बराबर जगह न पाये
जिस नाले से शिगाफ़ पड़े आफ़्ताब में

सच ये है कि ग़ालिब के शेर की सज-धज के मुक़ाब्ले में मीर का शेर फीका है, हालाँकि 'बुतों' और 'ख़ुदाई' का विरोधाभास मीर के रंग का है, और 'बेइख़्तियार' के भी दो अर्थ हैं—एक तो 'बेक़ाबू', और दूसरा 'इख़्तियार न रखनेवाला'। फिर ये बात भी है कि यहाँ अफ़्साना (कहानी) है, और क़त्आ का पहला शेर कहानी कहने का आग़ाज़ है। सिर्फ़ इस शेर के आधार पर क़त्आ की ख़ूबी-ख़राबी का फ़ैसला नहीं हो सकता। दूसरे शेर में दिल की बेइख़्तियारी का मंज़र है। 'पका फोड़ा' का रूपक और दिल के मुक़ाबले में (यानी दिल की वज्ह से) जिगर को फ़िगार (घायल, आहत) देखना मज़्मूनआफ़्रीनी का अच्छा नमूना है। इस रूपक को पहले दीवान में ही मीर ने एक बार और इस्तेमाल किया है, लेकिन दिल और जिगर के एक साथ उल्लेख और शामो-सहर की विशिष्टता ने शेरे-जेरे-बहस को बुलन्दतर कर दिया है (कहा जाता है कि फोड़ा सुबह और रात में ज़ियादा तक्लीफ़ देता है)। बहरहाल 'पका फोड़ा' के रूपक या बिम्ब पर आधारित दूसरा शेर यूँ है—

था दिल जो पका फोड़ा बिसियारी अलम से
दुखता गया वो चन्दाँ जूँ-जूँ दवा लगायी

मीर ने तीसरे दीवान में भी इस रूपक को बरता है—

दिले ने क्या-क्या न दर्द रात दिये
जैसे पकता रहे कोई फोड़ा

तीसरे शेर में दिल के फूट बहने और फोड़े का दाग़ बाक़ी रहने का ज़िक्र है। ये मानो अफ़्साने का तीसरा मंज़र है। 'बहा' और 'रहा' की तर्सीअ यहाँ बहुत ख़ूब है। विशेष रूप से बहने के लिए आँखों की राह और रहने के लिए सीने का निर्धारण बहुत विशिष्ट है। चौथे शेर में अफ़्साना तमाम (समाप्त) होता है, यानी वो मंज़र बयान होता है जिसके लिए अफ़्साना कहा गया और पिछले तीन शेर जिसकी तैयारी में थे, लेकिन अफ़्साने का अंजाम कई हैसियतों से अप्रत्याशित है। लुत्फ़ ये है कि अंजाम पर हमें तअज्जुब नहीं होता, लेकिन ये ज़रूर महसूस होता है कि इस आख़िरी मंज़र में जो बातें हैं वो रोज़ जैसी नहीं है और अप्रत्याशित होते हुए भी अनिवार्य-सी हैं। पहली बात तो ये कि दिल को उठा ले जानेवाले 'फ़रामोशकार' कौन हैं ? अगर ये माशूक़ है तो उसको फ़रामोशकार क्यूँ कहा ? शायद इस वजह से कि अब तक वो दिल को भूला हुआ था, लेकिन जब उसकी हालत ख़राब हो गयी तो आकर उसे उठा

ले गया। या शायद वो पड़ोसी फ़रामोशकार हैं जो दिल को उठा तो ले गये, लेकिन फिर उसे बिल्कुल भुला दिया। या शायद 'हमसे फ़रामोशकार' से आशय 'हम जैसे फ़रामोशकार' से है, यानी ख़ुद ये बात कहनेवाला अपने दिल की ख़बरगीरी न करता था और अब उसे विस्मृत कर चुका है। दूसरी बात ये कि दिल को कहाँ ले गये और क्यूँ ले गये? क्या उसे ले जाकर कहीं फेंक दिया या दफ़्न कर दिया, या क़ैद कर दिया? अगर माशूक ले गया हो तो मुम्किन है कि दफ़्न करने ले गया हो। अगर पड़ोसी ले गये हैं तो मुम्किन है इलाज के बहाने ले गये हों और फिर उसे भुला दिया हो। अगर ये बात कहनेवाला (शायर) ले गया तो शायद उसके रोज़-रोज़ के दर्दो-अलम से तंग आकर उसे किसी क़ैद या सहरा में फेंक आया है, यानी एक तरह की रूहानी ख़ुदकुशी कर ली है। हर सूरत में रहस्य, दुःखदायक विवशता, तक्लीफ़ें और दुःखान्त (tragic end) की स्थिति बरक़रार रहती है, और सबसे दुःखद बात ये है कि लोगों ने दिल को फ़रामोश कर दिया, इस तरह कि एक क़त्रा ख़ून भी उसकी यादगार के तौर पर बाक़ी न रहा। उठा लेने या ले जाने के मज़्मून को ज़फ़र इक़्बाल ने भी एक अजीब सांकेतिकता के साथ बाँधा है—

उठा के ले ही गये दिन की रोशनी में उसे
मुझे ये वहम जो सच पूछिए तो रात से था

मीर का ये पूरा क़त्आ पेचीदा सादगी का अच्छा नमूना है (ध्यान रहे कि आख़िरी शेर में 'गये', 'फ़े' के वज़्न का है)। दुखते हुए फोड़े का रूपक मीर की देखा-देखी बाद के शायरों ने भी बरता है, लेकिन 'शामो-सहर पका फोड़ा' की शिद्दत शायद किसी को न हासिल हुई। बहरहाल 'जुर्रत' का ये शेर विशिष्ट है—

इश्क़ के सदमे से अब तो जी रुका जाता है आह
एक फोड़ा है कलेजे पर कि बढ़ता जाये है

नौजवान ग़ालिब को भी ये शेर भा गया था। उन्होंने इसको अपने तर्ज़ से बरता है—

नश्त्रे-मिज़ह कर दिलो-जिगर को
चीरे ही से जायेंगे ये फोड़े

13 / (vi) कॉलरिज ने शेक्सपियर की एक विशेषता ये उल्लिखित की है कि वो जीवन की वास्तविकताओं को इन्सानी सतह पर लाकर बयान करता है, यानी वो बातें जो आम तौर पर दार्शनिकता एवं अमूर्त्त विश्लेषण के माध्यम से विवेचित की जाती हैं; शेक्सपियर उनको गोश्त-पोश्त के इन्सानों के माध्यम से व्यक्त करता है।

मीर के बारे में यही बात इश्क़िया शायरी के सम्बन्ध में कही जा सकती है। इनके यहाँ वो परम्परागत आशिक़ भी है जो अपना सीना चाक करता है और जिसकी आँखों से दरिया-ए-ख़ूँ रवाँ रहता है। लेकिन इसके पहलू-ब-पहलू वो आशिक़ भी हैं जो आम इन्सानों के-से तज्रुबात से दो-चार होता है। मीर ने ऐसे आशिक़ को एक ड्रामाई शिद्दत भी बख़्श दी है। इसकी वज्ह से उसके आम तज्रुबात भी एक तात्कालिक प्रभाव उत्पन्न करते हैं। जैसा कि हम विवेच्य शेर में देखते हैं, ड्रामाइयत ने घटनाओं को एक मार्मिक स्थिति प्रदान कर दी है। बार-बार पुकारने पर भी मीर का न बोलना कई सम्भावनाएँ पैदा करता है—

(i) गली में लोगों की इतनी अधिकता है कि मीर उस हंगामे में कहीं खो गये, या पुकारनेवाले की आवाज़ उन तक न पहुँची। (ii) मीर वहाँ जाते ही मारा गया। (iii) होशो-हवास खो बैठा। (iv) दुनिया और दुनियावालों से अपना क्षेत्र ही अलग कर लिया। लोग पुकारते रहे, लेकिन उसने जवाब देने की ज़हमत न गवारा की। (v) उसने ख़ुद ही अपनी जान दे दी, या (vi) ख़ुदकुशी कर ली, (vii) उसको इस प्रकार उन्माद हो गया कि वो माशूक़ की भी गली छोड़कर कहीं निकल गया। (viii) माशूक़ की गली एक अन्धकारयुक्त तथा रहस्यमय स्थान है; हर शख़्स वहाँ तक नहीं जा सकता, लिहाज़ा पुकारनेवाला गली में दाख़िल नहीं हुआ, बल्कि बाहर-ही-बाहर पुकारता रहा। फिर 'गया सो गया' का अर्थ-गाम्भीर्य भी क़ाबिले-दाद है। ('सो गया' यानी उसको नींद आ गयी) 'मीर' शब्द की पुनरुक्ति के आधार पर लहजा आम गुफ़्तगू का भी है और पुकारने का भी। ये अन्दाज़े-'मीर', 'मर्दुन' की क्रिया (यानी 'मर जा') के अर्थ की तरफ़ भी मस्तिष्क को ले जाता है। आशिक़ की सम्पूर्ण एकाग्रता और इश्क़ो-माशूक़ में तल्लीनता होने के बारे में उर्दू में हज़ारों शेर कहे गये हैं, लेकिन एक ही समय में किसी अन्य को उपस्थित करके और ड्रामाई अन्दाज़े-बयान के आधार पर ये शेर अपनी मिसाल आप है इसी अन्दाज़ को ज़रा पस्त तौर पर तीसरे दीवान में मीर ने बरता है—

मस्कन जहाँ था दिलज़दा मिस्कीं का हम तो वाँ
कल देर मीर-मीर पुकारे नहीं है अब

लेकिन इस शेर में भी 'पुकारे' के बाद का अन्तराल और 'नहीं है अब' में निहित अर्थबहुलता क़ाबिले-दाद है। ज़ेरे-बहस शेर के समान ही मज़्मून नासिर काज़मी ने ख़ूब बाँधा है—

वो रात का बेनवा मुसाफ़िर, वो तेरा शायर, वो तेरा 'नासिर'
तेरी गली तक तो हमने देखा था फिर न जाने किधर गया वो

नज़ीर अकबराबादी का शेर है—

हो गये जो मुक़ीम कूए-बुताँ
फिर न आये कभी सियाहत में

मीर के विवेच्य शेर से इसकी तुलनात्मक व्याख्या के लिए मेरा लेख 'नज़ीर अकबराबादी की कायनात' मुलाहिज़ा हो।

[14]

दिल के तईं आतिशे-हिज्राँ से बचाया न गया
घर जला सामने पर हमसे बुझाया न गया

आतिशे-तेज़ जुदाई में यकायक उस बिन
दिल जला यूँ कि तनिक जी भी जलाया न गया

दिल में रह दिल में कि मेमारे-क़ज़ा से अब तक
ऐसा मत्बूअ मकाँ कोई बनाया न गया

(मत्बूअ : पसन्दीदा)

मैं तो था सैदे-ज़बूँ सैदगहे-इश्क़ के बीच
आपको ख़ाक में भी ख़ूब मिलाया न गया

(आपको : ख़ुद को)

शह्रे-दिल आह अजब जाए थी पर उसके गये
ऐसा उजड़ा कि किसी तरह बसाया न गया

14 / (i) ग़ालिब का मशहूर शेर है और बेशक निहायत उम्दा शेर है—

दिल में ज़ौक़े-वस्लो-यादे-यार तक बाक़ी नहीं
आग इस घर में लगी ऐसी कि जो था जल गया

लेकिन मीर ने 'सामने' शब्द रखकर बेचारगी या निष्क्रिय बने रहने का एक नया पहलू रख दिया है। 'बुझाया न गया' के दो अर्थ हैं; एक तो ये कि बुझाते न बनी, और एक ये कि हमने बुझाना चाहा ही नहीं। पहले मिस्रे में भी 'बचाया न गया' में ये स्थिति है, लेकिन उतनी प्रवणता के साथ नहीं। 'आतिशे-हिज्राँ' में ये सूक्ष्म दृष्टि

है कि हिज्र (वियोग) एक तरह की आग है, और ये भी कि महज़ हिज्र होता तो शायद दिल किसी तरह बच निकलता, लेकिन हिज्र जब आग बनकर आया तो उससे बचना मुम्किन न था। दिल के जलकर ख़ाक होने के दृष्टिकोण से भी 'सामने' बहुत मुनासिब है, क्योंकि दिल तो बदन का हिस्सा होता है, इसलिए जो कुछ दिल पर गुज़रती है वो हमारे सामने ही गुज़रती है। इस मज़्मून को 'हाफ़िज़' ने भी अदा किया है। प्रवर्तन का श्रेय तो 'हाफ़िज़' को ही है, लेकिन उनके यहाँ पहला मिस्रा बहुत सुस्त है और दूसरे मिस्रे में अर्थ-गाम्भीर्य उतना नहीं जितना मीर और ग़ालिब के यहाँ है। बिम्ब तीनों में बहरहाल उभयनिष्ठ है—

सीना अम ज़े आतिशे-दिल दर ग़मे-जानाना बिसोख़्त
आतिशे-बूद दरीं ख़ाना कि काशाना बिसोख़्त

(आतिशे-दिल की वज्ह से ग़मे-माशूक़ में सीना जल गया। इस घर में ऐसी आग लगी जिसने घर को जला दिया।)

14 / (ii) जी जलने का मज़्मून भी ग़ालिब ने बहुत ख़ूब बाँधा है—

शोले से न होती हवस शोला ने जो की
जी किस क़दर अफ़्सुर्दगिए-दिल पे जला है

मीर का शेर इस स्तर का नहीं है, लेकिन ये बारीकी बहुत ख़ूब है कि अचानक ही दिल में आग लगी और आनन्-फ़ानन् सबकुछ ख़ाक कर गयी। इतनी मोह्लत भी न मिली कि जी को जलाते, यानी अफ़्सोस करते।

14 / (iii) इस मज़्मून को मीर ने बार-बार कहा है, लेकिन जो बात इस शेर में है वो औरों में नहीं आ सकी—

मंज़र में बदन के भी ये इक तरफ़ा मकाँ था
अफ़्सोस कि टुक दिल में हमारे न रहा तू

(पहला दीवान)

इस सेह्न पर ये वुस्अत अल्ला रे तेरी सन्अत
मेमार ने क़ज़ा के दिल क्या मकाँ बनाया

(दूसरा दीवान)

विवेच्य शेर में निम्नलिखित दृष्टिकोण भी ध्यातव्य हैं—

1. 'दिल में' की पुनरुक्ति से मिस्रे में असाधारण शक्ति उत्पन्न हो गयी है।
2. 'दिल में रह' से आशय ये हो सकता है कि माशूक़ को दिल में आ बसने की दावत दे रहे हैं।

3. दिल अभी उजड़ा नहीं है, माशूक़ के रहने के लायक़ है।

4. 'क़ज़ा' को आम तौर पर मौत के अर्थ में लेते हैं, लेकिन यहाँ ये लफ़्ज़ अपने अस्ली अर्थ (यानी 'तमाम करना') के अर्थ में है। 'तमाम करना' में मौत का इशारा भी मौजूद है, यानी हर चीज़ मरनेवाली है। दिल जैसा पसन्दीदा मकान भी एक दिन उजड़ जाएगा और ख़त्म हो जाएगा, इसलिए इसको अभी आबाद कर लो।

5. दिल ऐसा ख़ूबसूरत मकान है कि ख़ुदा अभी इससे बेह्तर मकान न बना सका। ये सिर्फ़ कहनेवाले (शायर) के दिल का हाल नहीं है, बल्कि तमाम इन्सानों के दिल का यही मर्तबा है। दिल और मकान का मज़्मून 'नासिख़' ने भी ख़ूब बाँधा है, लेकिन मीर के इस शेर में कई तहें हैं और 'नासिख़' का शेर यद्यपि कि वाक्चातुर्यपूर्ण है, लेकिन यकपहलू (एकपक्षीय) है—

अंजाम को कुछ सोचो क्या क़स्र बनाते हो
आबाद करो दिल को तामीर इसे कहते हैं

जहाँ तक मुझे मालूम है 'मत्बूअ मकाँ' का पदबन्ध (वाक्यांश) मीर के अलावा सिर्फ़ 'मोमिन' ने इस्तेमाल किया है, लेकिन 'मोमिन' का मज़्मून बहुत पस्त है—

दिल-से मत्बूअ मकाँ में हरदम
दिल फिर अब सब्र का घबराता है

14 / (iv) यहाँ अर्थ-संकेत ये है कि दुर्बलता और बेहाली की वज्ह से ठीक से तड़क-फड़क भी न सके और सैयाद की मार इस क़दर ज़बरदस्त थी कि हमने जाल में आते ही जान दे दी। ग़ालिब ने एक फ़ारसी शेर में इस मज़्मून का विपरीत पक्ष सुन्दर ढंग से पद्यबद्ध किया है—

बेख़ुद बवक़्ते-ज़िब्ह तपीदन गुनाहे-मन
दानिस्ता दश्ना तेज़ न कर्दन गुनाहे-कीस्त

(ज़िब्ह होते वक़्त बेख़ुदी के आलम में तड़पना मेरा गुनाह है, लेकिन ख़ंजर को जानबूझकर तेज़ न करना किसका गुनाह है?)

14 / (v) इस शेर में 'जाए' और 'गये' का एक साथ सुन्दर प्रयोग हुआ है और 'आह' शब्द अफ़्सोस और प्रशंसा, दोनों अर्थ रखता है। 'उसके गये' में एक भावपूर्ण गूढ़ता है, क्योंकि इसका अर्थ ये भी हो सकता है कि माशूक़ अब इस दुनिया में नहीं है, और ये भी कि माशूक़ अब दिल में नहीं है। और माशूक़ का दिल में न होना भी

दो वज्हों से हो सकता है; या उसने ख़ुद ही दिल को छोड़ दिया या फिर ये कि वो दिल से गया तो था महज़ मुख़्तसर अर्से के लिए (क्योंकि दिल एक शह्र है और शह्रों में आना-जाना लगा ही रहता है), लेकिन वो जहाँ गया वहीं का होकर रह गया। दिल के उजड़ने का इल्ज़ाम माशूक़ पर सीधे-सीधे नहीं है और उसके बसाने की कोशिशें भी हुईं हैं, लेकिन दिल इस अर्थ में भी 'अजब जाए' (अजब स्थान) है कि एक बार उजड़ जाय तो बसता नहीं। 'किसी तरह' में ये अर्थ छुपा है कि दिल को बसाने की कोशिशें हुई, मस्लन् किसी और हसीन को उसमें आबाद करना चाहा, लेकिन शह्रे-दिल ने आबाद होने न दिया। सब कोशिशें बेकार गयीं। दूसरे दीवान की एक ग़ज़ल में मीर ने इससे मिलते-जुलते मज़्मून यूँ बाँधे हैं—

दिल न था ऐसी जगह जिसकी न सुध लीजे कभू
उजड़ी इस बस्ती को फिर तूने बसाया होता

दिल से ख़ुशतबूअ मकाँ फिर भी कहीं बनते हैं
इस इमारत को टुक इक देख के ढाया होता

इस सिल्सिले में 14 / (iii) भी मुलाहिज़ा हो। दिल को 'शह्र' या 'मकान' कहना मीर का महबूब मज़्मून है। ऐसे शेर आइन्दा भी गुज़रेंगे, लेकिन उनकी प्रारम्भिक सीढ़ी कदाचित ये शेर है—

दिल वो नगर नहीं कि फिर आबाद हो सके
पछताओगे सुनो हो ये बस्ती उजाड़कर

(पहला दीवान)

इस शेर पर बहस अपने मौक़े पर होगी। शेरे-ज़ेरे-बहस में 'शह्रे-दिल' के दृष्टिकोण से 'अजब जाए था' का औचित्य मालूम होता है, जबकि मीर ने 'थी' लिखा है। दरअस्ल 'शह्रे-दिल' के बाद यति (लय में एक ठहराव) मानना चाहिए और 'अजब' के पहले 'वो' की उपस्थिति कल्पित करनी चाहिए। यानी इस मिस्रे को गद्य में यूँ लिखा जाएगा—"शह्रे-दिल, आह (वो) अजब जाए थी।" या मुम्किन है 'जाए' के दृष्टिकोण से 'थी' लिख दिया हो। उस ज़माने में ये ग़लत न था। मुलाहिज़ा हो 6 / (iv)। बस्ती उजड़ने का पैकर 'आतिश' ने भी इस्तेमाल किया है। आतिश के यहाँ थोड़ी-सी नवीनता भी है, लेकिन ख़याल में कोई लुत्फ़ नहीं—

लाशों को आशिक़ों की न उठवा गली से यार
बसने का फिर ये गाँव नहीं जब उजड़ गया

[15]

किया था रेख़्ता पर्दा सुख़न का
सो ठहरा है यही अब .फ़न हमारा

'पर्दा' शब्द से ख़याल होता है कि मुम्किन हो मीर के ज़ेह्न में मौलाना रूम का ये मशहूर शेर रहा हो—

ख़ुशतर आँ बाशुद कि सर दिलबराँ
गु.फ़्ता आयद दर हदीस दीगराँ

(बेह्तर यही होता है कि माशूक़ों के राज़ की बातें ग़ैरों की बातों के ज़रीअे (यानी पर्दे-पर्दे में) बयान हों।)

लेकिन मीर के शेर में कई भाव-आयाम हैं—1. शेरगोई इसलिए अख़्तियार की है कि अपनी अस्ल बातों पर पर्दा डालना अभीष्ट था। लेकिन वो अस्ल बातें क्या थीं और उनको पर्दे में रखना, या पर्दे में बयान करना क्यूँ ज़रूरी समझा, ये ज़ाहिर नहीं किया गया। यानी यहाँ भी वही पर्दा ध्यान में रखा जिसकी ख़ातिर शेरगोई अख़्तियार की थी। जो चीज़ पर्दे या बहाने के तौर पर अख़्तियार की थी उसी को लोगों ने हमारा फ़न क़रार दे दिया, या, हम ही ने उसको अपना फ़न बना लिया, इसमें एक तरह की ट्रेजेडी भी है। लेकिन इससे बड़ी ट्रेजेडी ये है कि अस्ल बातें कभी खुलकर इज़्हार के अन्तर्गत न आ सकीं। लफ़्ज़ 'वही' में दोनों तरह के इशारे मौजूद हैं, यानी रेख़्ता हमारा फ़न ठहरा है, या बात को छुपाना हमारा फ़न ठहरा है, क्योंकि दूसरे मिस्रे का आशय यह भी हो सकता है कि दरअस्ल रेख़्ता हमारा फ़न नहीं है, बल्कि रेख़्ता को सुख़न का पर्दा बनाना, अर्थात् बात को छुपाकर कहने का अन्दाज़, ये हमारा फ़न ठहरा है। मानो सारी ज़िन्दगी राज़दारी और बातों को छुपाने में गुज़र गयी। इन्सान को अभिव्यक्ति सामर्थ्य रखनेवाला प्राणी माना जाता है, उसके लिए इससे बढ़कर दुःखद बात क्या होगी कि इज़्हार (व्यक्त करना) के बजाय हाल छुपाने की तर्कीबें उसका फ़न ठहरें। हाल छुपाने की ज़रूरत शायद 'नामूसे-ख़ामुशी' (मौन की प्रतिष्ठा) को

क़ायम रखने के लिए हो, जैसा कि पहले दीवान ही के इस शेर में है—

टुक सुन कि सौ बरस की नामूसे-ख़ामुशी खो
दो-चार दिल की बातें अब मुँह पे आइयाँ हैं

'रेख़्ता', 'सुख़न' (शायरी' के अर्थ में) और 'फ़न' की रिआयत ज़ाहिर है। बेमिसाल शेर कहा है।

मीर के फ्रांसीसी समवर्ती वाल्टेयर का कथन था कि इन्सान को वाणी (वाक्-शक्ति) इसलिए प्रदान की गयी है कि वो अस्ल ख़यालात को गुप्त रख सके। और वाल्टेयर के तक़्रीबन् दो सौ बरस बाद आई.ए. रिचर्ड्स ने अपनी किताब मानी का मफ़्हूम (The Meaning of Meaning) में लिखा कि दो ही सूरतें हैं—या तो हम अपना मंतव्य व्यक्त करने से वंचित रह जाते हैं, या फिर वही कुछ कह पाते हैं जो हम नहीं कहना चाहते थे। इन विचारों के आलोक में मीर का शेर और भी लज़ीज़ हो जाता है।

'क़ायम' ने दूसरा मिस्रा तक़्रीबन् पूरे-का-पूरा मीर का ले लिया है, लेकिन इसके पूर्व का मिस्रा बिल्कुल भिन्न है और बड़े ग़ज़ब का लगाया है—

हवस से हम किया था इश्क़ अव्वल
वही आख़िर को ठहरा फ़न हमारा

आख़िरी बात ये कि मीर के शेर में 'रेख़्ता' और 'पर्दा' में समानार्थी सम्बन्ध है, क्योंकि 'रेख़्ता' का एक अर्थ 'गिरा हुआ', और पर्दे के लिए 'गिराने' का लफ़्ज़ प्रचलित है।

[16]

राहे-दौरे-इश्क़ में रोता है क्या
आगे-आगे देखिए होता है क्या

क़ाफ़िले में सुबह के इक शोर है
यानी ग़ाफ़िल हम चले सोता है क्या

सब्ज़ होती ही नहीं ये सरज़मीं
तुख़्मे-ख़्वाहिश दिल में तू बोना है क्या

ये निशाने-इश्क़ हैं, जाते नहीं
दाग़ छाती के अबस धोता है क्या

16 / (i) इस शेर का पहला मिस्रा आम तौर पर यूँ मशहूर है—'इब्तिदाए-इश्क़ है, रोता है क्या', लेकिन सही और बेह्तर वही है जो यहाँ उल्लिखित है। 'आगे-आगे' और 'राहे-दौर' में जो मुनासबत है वो 'इब्तिदाए-इश्क़' और 'आगे-आगे' में नहीं है। शेर में एक प्रत्यक्ष-अप्रत्यक्ष भाव की बारीकी है—(1) शायर अपने-आपसे गुफ़्तगू कर रहा है, (2) शायर किसी और शख़्स से मुख़ातिब है, (3) जिस शख़्स के बारे में बात हो रही है वो मौजूद नहीं है, दूसरे उसके हाल पर चर्चा कर रहे हैं। दूसरे मिस्रे में एक हल्का-सा आशावादी दृष्टिकोण भी है, और इस बात की तरफ़ भी इशारा है कि आगे चलकर रोने को भी न मिलेगा। ख़ूब शेर कहा है।

16 / (ii) सुबह के क़ाफ़िले का विवरण न देकर शेर को एक ख़ूबसूरत सादगी प्रदान कर दी है। पहले मिस्रे का निर्धारण भी क़ाफ़िले के जागने और सफ़र के आरम्भ होने के समय की धूमधाम की तस्वीर पेश करता है। 'इक शोर है' से आशय ये भी है कि लोग पुकार-पुकार कर कह रहे हैं कि 'हम चले...' और ये भी कि ख़ुद शोर और धूमधाम इस ऐलान का प्रमाण रखते हैं कि हम चले और तुम पड़े सो रहे हो।

16 / (iii) 'दरख़्ते-ख़्वाहिश' का रूपक जो विवेच्य शेर के रूपक से मिलता-जुलता है, मीर ने दूसरे दीवान में यूँ पद्यबद्ध किया है—

रोने से भी न हुआ सब्ज़ दरख़्ते-ख़्वाहिश
गरचे मर्जां की तरह था ये शजर पानी में

फूला-फला न अब तक हर्गिज़ दरख़्ते-ख़्वाहिश
बरसों हुए कि दूँ हूँ ख़ूने-दिल इस शजर को

लेकिन इन दोनों शेरों में बात ज़रा स्पष्ट हो गयी है। यही हाल पहले दीवान के इस शेर में है, जिसमें 'तुख़्मे-उम्मीद' (आशा का बीज) का रूपक इस्तेमाल हुआ है—

मत कर ज़मीने-दिल में तुख़्मे-उमीद ज़ाया
बूटा जो याँ उगा है सो उगते ही जला है

इसके विपरीत इस विवेच्य शेर में 'सब्ज़ होती ही नहीं' के सटीक मुहाविरे में भूतकाल, वर्तमान और भविष्य, तीनों एकत्र हो गये हैं, और लफ़्ज़ 'दिल' दूसरे मिस्रे में रखा है। अप्रकट होने की वजूह से पहले मिस्रे में एक ड्रामाई जिज्ञासा है। जिज्ञासा दूसरे मिस्रे में 'दिल' के लफ़्ज़ से पूरी होती है (यानी वो सरज़मीन जो कभी सब्ज़ न होगी, हमारा दिल है) तो एक धक्का-सा लगता है। सम्बोध्य की अप्रत्यक्षता यहाँ भी बहुत ख़ूब है—(1) शायर अपने-आपसे मुख़ातिब है, (2) शायर किसी और शख़्स से (मस्लन् हम ही से) मुख़ातिब है, (3) शायर तमाम दुनिया से मुख़ातिब है। मुलाहिज़ा हो 11 / (i) और 16 / (i) 'सीने में तुख़्मकारी' (बीजारोपण) का रूपक सम्भव है मीर ने 'ज़हूरी' के उस शेर से हासिल किया हो जो 16 / (iv) की बहस में उल्लिखित हुआ है। ग़ालिब ने भी शेरे-ज़ेरे-बहस से मिलता-जुलता मज़्मून ख़ूब अदा किया है—

बेगानए-वफ़ा है हवाए-चमन हनोज़
वो सब्ज़ संग पर न उगा कोहकन हनोज़

मीर ने तुख़्मकारी (बीजारोपण) का रूपक एक और जगह ख़ूब इस्तेमाल किया है, मुलाहिज़ा हो 19 / (ii)। दिल में बीज बोने का मज़्मून सबसे पहले शायद हाफ़िज़ ने इस्तेमाल किया है, और सच तो ये है कि ख़ूब इस्तेमाल किया है—

सद ज़ूए-आब बस्ता अम अज़ दीदा दर किनार
बर बूए-तुख़्मे-मेह्र कि दर दिल ब कार मत

मी गिरियमो-मुरादम अज़ीं चश्मे-अश्कबार
तुख़्मे-मुहब्बत अस्त कि दर दिल बे कार मत

(अपने पहलू में आँखों से मैंने सैकड़ों नह्रें बना दी हैं, इस तुख़्मे-मुहब्बत के कारण, जो मैं तेरे दिल में बोना चाहता हूँ। मैं रोता हूँ और इन अश्रु-स्रावित नेत्रों का अभीष्ट तुख़्मे-मुहब्बत है जो मैं तेरे दिल में बोना चाहता हूँ।)

उ़र्फ़ी ने इस मज़्मून को नया ही रंग दे दिया है—

नादीदा जमाले-ऊ मेह्रश ज़े दिलम सरज़द
नाकास्ता मी रूयद ईं दाना चुनीं बायद

(उसके हुस्न ने अनदेखे ही मेरे दिल में उसकी मुहब्बत पैदा कर दी। ये दाना तो बोये बग़ैर ही उगता है। दाना हो तो ऐसा हो।)

ये सब शेर ख़ूब हैं, लेकिन मीर की शोरअंगेज़ी और अर्थ-गम्भीरता, दोनों ही अपनी जगह पर किसी से कम नहीं। 'शोरे-ज़मीन' में बीज बोने का रूपक 'सौदा' ने भी बरता है, लेकिन उनके मज़्मून में कोई कैफ़ीयत नहीं—

गर यार के सामने मैं रोया तो क्या
मिज़्गाँ में जो लख़्ते-दिल पिरोया तो क्या

ये दानए-इश्क़ सब्ज़ हो नामालूम
इस शोरे-ज़मीं में तुख़्म बोया तो क्या

'सौदा' के पहले दो मिस्रे बेअसर, बल्कि बेकार हैं।

मीर के शेर में 'तुख़्मे-ख़्वाहिश' की तर्कीब भी ग़ज़ब की है। दिल में ख़्वाहिशें नहीं हैं, अब उसमें ख़्वाहिश बोना चाहते हैं, लेकिन दिल इस क़दर बंजर ज़मीन है कि वहाँ कोई ख़्वाहिश, कोई तमन्ना फल-फूल नहीं सकती। सवाल ये है कि ख़्वाहिश के बीज क्या हैं? यानी वो चीज़ें क्या हैं जो दिल में हों तो ख़्वाहिश उगे। ज़ाहिर है कि वो चीज़ें इश्क़ और उसकी आवश्यकताएँ हैं। या फिर उम्मीदें हैं। अगर इश्क़ और उसकी आवश्यकताएँ हैं तो वो माशूक़ के तीरे-मिज़्गाँ (पलकों के तीर) भी हो सकते हैं, जो दिल में चुभ गये हैं। अगर उम्मीदें हैं तो ये वो उम्मीदें हैं जो इश्क़ से पहले पैदा हुई होंगी। यानी किसी के यहाँ आँख लड़ने, किसी से इश्क़ करने की उम्मीदें, मानो इश्क़ करने का जोश हो, उमंग हो।

'सौदा' की रुबाई के तीसरे मिस्रे में साफ़ कह दिया गया है कि ये दाना हरा नहीं हो सकता। अब आख़िरी मिस्रे में 'शोरे-ज़मीं' कहने की ज़रूरत न थी। दोनों मिस्रे सिर्फ़ इसलिए प्रभावित करते हैं कि उनमें अलग-अलग एक ज़ोर है। मीर का

पूरा शेर असाधारण अर्थवत्ता को धारण करनेवाला है।

16 / (iv) किनायाती अन्दाज़ ने इस शेर में वो बलाग़त पैदा कर दी है कि ज़ोरे-बयान उस पर निसार है। सीने के दाग़ निशाने-इश्क़ है। ये दाग़ या तो उन ज़ख़्मों के हैं जो माशूक़ ने लगाये हैं, या पत्थरों के हैं जो बच्चों ने फेंके हैं, या उन ख़ूनी आँसुओं के हैं जो आँख से टपके हैं। ज़ाहिर है कि इन दाग़ों को धोने का विचार भोंडा है, यानी ये कोई बात नहीं हुई कि पहले तो कोई शख़्स सीने पर दाग़ ख़ाये फिर उनको धोने बैठे। इसलिए दूसरे मिस्रे में दाग़ों को धोने से आशय दरअस्ल आँसू बहाना है। शेर में एक व्यंग्यात्मक तनाव है। आँसू लगातार सीने पर बह रहे हैं और कहनेवाला इस आँसू बहने को (जो ग़म का लक्षण है) दाग़ों को धोने की कोशिश कहता है, यानी ग़म को धोने की कोशिशों की पुनरावृत्ति मानता है। अजीब व्यथा है कि जो क्रिया दुख की अन्तिम सीमा का चिह्न है उसको दुःख से छुटकारा पाने की कोशिश कहा जाय। ये और इसके पहलेवाला शेर 'ज़हूरी' के इस शेर से प्रभावित मालूम होते हैं—

दर ज़मीने-सीना किश्तम तुख़्मे-दाग
दारद अब्रे-दीदा अख़्गर कारिए

(मैंने अपने सीने की ज़मीन में दाग़-ही-दाग़ बोये। मेरी आँखों का बादल चिंगारियाँ-सी बनाने का कार्य कर रहा है।)

लेकिन 'ज़हूरी' के शेर में वो ड्रामाई और व्यंग्यात्मक तनाव नहीं जो मीर के शेरों में है। सम्बोध्य की अस्पष्टता भी मीर के यहाँ ख़ूब है। अगर शायर ख़ुद से मुख़ातिब नहीं है तो उसका मुखातिब कोई नातज्रुबाकार आशिक़ है, और शायर कोई दुनिया देख चुका तज्रुबेकार शख़्स या शायद कोई उपचारक (या शायद ख़ुद माशूक़) है।

[17]

इक वहम-सी रही है अपनी नुमूद तन में
आते हो अब तो आओ फिर हम में क्या रहेगा

अपनी 'नुमूद' (अर्थात् ज़ाहिर होना, मौजूद होना) को जिस्म से अलग माना है, लेकिन उसको जान भी नहीं कहा है; ये अन्दाज़ ख़ूब है। फिर उसे 'वहम' कहकर उत्तरोत्तर लुत्फ़ पैदा किया, कि हमारे वजूद का वहम-सा बाक़ी है, लोगों को बस धोखा होता है कि हम ज़ाहिर और मौजूद हैं। ग़ालिब इस मज़्मून को बहुत आगे ले गये हैं—

हस्ती का एतबार भी ग़म ने मिटा दिया
किससे कहूँ कि दाग़े-जिगर का निशान है

लेकिन 'ग़ालिब' के शेर में 'ग़म ने मिटा दिया' अनावश्यक विस्तार है। मीर का इस्तिफ़हामे-इन्कारी (ऐसा प्रश्न जिससे किसी बात की अस्वीकृति प्रकट हो) बहुत ख़ूब है, और ग़ालिब के यहाँ भी प्रश्नात्मकता असाधारण शक्ति रखती है। मीर के दूसरे मिस्रे में रंजीदगी (खिन्नता) भी है और एक तरह की विमुखता भी; इसके विपरीत ग़ालिब के यहाँ इस बात का दर्द है कि उनकी बात पर कोई यक़ीन नहीं करेगा। मीर के लहजे में एक बेपर्वाई है, मानो इशारा ये है कि अगर तुम न आओगे तो तुम्हारा ही नुक़्सान होगा।

स्थिति-परिस्थिति का सूक्ष्म विवेचन और मज़्मूनआफ़्रीनी का फ़र्क़ देखना हो तो मीर के इस शेर के सामने 'नसीम' देहल्वी का निम्नलिखित शेर रखिए। मीर के यहाँ स्थिति ऐसी है कि पहले मिस्रे में मज़्मून की नवीनता और मौलिकता की तरफ़ ध्यान नहीं जाता। 'नसीम' के यहाँ सिर्फ़ मज़्मूनआफ़्रीनी है।

आ कहीं वादा फ़रामोश कि फ़ुर्सत कम है
दम कोई दम में क़दमबोस क़ज़ा होता है

[18]

कहे हैं मीर को मारा गया शब उसके कूचे में
कहीं वह्शत में शायद बैठे-बैठे उठ गया होगा

इस शेर में एक पूरा अफ़्साना ड्रामाई अन्दाज़ में बयान किया है, और लुत्फ़ ये है कि अफ़्साने का सिर्फ़ एक हिस्सा अल्फ़ाज़ में पेश किया है और बाक़ी सब पाठक की कल्पना पर छोड़ दिया गया है, लेकिन इस तरह कहा है कि तरह-तरह के विवेचनों की तरफ़ दिमाग़ जाने लगता है। मीर ने माशूक़ की गली में ठिकाना बना लिया है, लेकिन उसकी मानसिक स्थिति तल्लीनता की नहीं, बल्कि उन्माद की है, विक्षिप्तता की है। ख़बर आती है कि मीर माशूक़ के कूचे में मारा गया। मुम्किन है माशूक़ की तलवार का निशाना बन गया हो; मुम्किन है कूचेवालों ने पत्थर मार-मार के घायल कर दिया हो। दूसरे मिस्रे में अफ़्सोस के लहजे में कहा गया है कि उसे वह्शत (विक्षिप्तता) तो थी, बैठे-बैठे उठ गया होगा, और जब उठ खड़ा हुआ तो उसकी वह्शत पर ख़फ़ा होकर माशूक़ ने उसे क़त्ल कर दिया, या लोगों ने उसे संगसार (पत्थर मारना) कर दिया। लेकिन दूसरे लहजे में पढ़िए तो दूसरे मिस्रे में एक सन्देहास्पद उम्मीद का भी इज़्हार है, मानो अपने दिल को समझा रहे हों, जिस तरह बुरी ख़बर मिलने पर दिल को समझाते हैं और उस ख़बर को अच्छे अर्थ पहनाने की कोशिश करते हैं। परिणामस्वरूप सन्देहास्पद आशा के साथ कहते हैं कि नहीं, मारा न गया होगा। उसको वह्शत तो थी ही, कहीं उठकर चला गया होगा। चूँकि वो अपनी आम जगह पर, जहाँ अक्सर नज़र आया करता था, आज नज़र नहीं आ रहा है, इसलिए लोगों ने ये ख़बर फैला दी है कि मारा गया। इस मफ़्हूम की दृष्टि से माशूक़ और उसकी गली में रहनेवालों के प्रति सुविचार का भी इज़्हार होता है कि वो लोग ऐसे नहीं हैं, जो मीर को मार डालें। शेर में कई किरदार (पात्र) हैं और हर एक के रूप-स्वरूप अफ़्साने की ज़रूरत की हद तक बिल्कुल स्पष्ट और यथार्थ पर आधारित हैं। मीर, माशूक़, माशूक़ की गली के लोग, वो लोग जो मीर की मौत की ख़बर लाये हैं, और शेर का शायर ख़ुद केन्द्रीय पात्र (यानी मीर) की वह्शत, माशूक़

से उसकी संलग्नता, उसकी बेगुनाही, बेचारगी, ये सब इस ख़ूबी से महज़ इशारों में बयान हुए हैं कि शेर की बलाग़त दुगुनी हो गयी है। ये शेर किनायाती शैली का बेमिसाल नमूना है। शेर का एक ख़ास लुत्फ़ ये है कि यद्यपि उसमें अक्सर किरदार वही हैं जो ग़ज़ल की दुनिया में परम्परागत वजूद रखते हैं। (आशिक़, माशूक़, गली के लोग वग़ैरह), लेकिन उनका वजूद परम्परागत होते हुए भी वास्तविक है, इस्तिआराती नहीं। ऐसे अश्आर की मौजूदगी ग़ज़ल की परम्परा और शेरीआत (काव्यशास्त्र), दोनों के बारे में पुनः नये सिरे से चिन्तन की अपेक्षा करती है, यानी ग़ज़ल की परम्परा का वजूद कितनी सतहों पर मुम्किन है और बड़ा शायर किस-किस तरह उनको बरत सकता है।

[19]

पल में जहाँ को देखते मेरे डुबो चुका
इक वक़्त में ये दीदा भी तूफ़ान रो चुका

मुम्किन नहीं कि गुल करे वैसी शिगुफ़्तगी
इस सरज़मीं में तुख़्मे-मुहब्बत मैं बो चुका

(गुल करना = ज़ाहिर होना)

पाया न दिल बहाया हुआ सैल अश्क का
मैं पंजए-मिज़ह से समन्दर बिलो चुका

हर सुबूह हादसे से ये कहता है आस्माँ
दे जामे-ख़ून मीर को गर मुँह वो धो चुका

19 / (i) मत्ला भरती का है, लेकिन पहले मिस्रे में एक लुत्फ़ ये है कि 'मेरे' का तअल्लुक़ 'देखते' से हो सकता है ('मेरे देखते') और 'जहाँ' से भी ('मेरे जहाँ को')।

19 / (ii) मुलाहिज़ा हो 16 / (iii)। इस मज़्मून को पहले दीवान ही में यूँ कहा है—

अय अब्र इस चमन में न होगा गुले-उमीद
याँ तुख़्मे-यास अश्क को मैं फिर के बो दिया

लेकिन इस शेर में भरती के लफ़्ज़ बहुत हैं, और अनावश्यक विस्तार है। विवेच्य शेर में पुरवक़ार अलमनाकी (एक मर्यादित कष्टकारिता) है, और 'गुल' शब्द का संकेत भी बहुत अर्थपूर्ण है। 'बो चुका' के भी दो अर्थ हैं—एक तो ये कि मैंने बोया और दूसरे ये कि मैं कभी न बोऊँगा। 'इस सरज़मीन में' और 'वैसी शिगुफ़्तगी' का संकेत भी ध्यान देने योग्य है। ये 'सरज़मीन' दुनिया भी हो सकती है, कोई एक

शह्र भी, और किसी नये माशूक़ का दिल भी। 'वैसी शिगुफ़्तगी' में इशारा ये है कि पहले कभी तुख़्मे-मुहब्बत (मुहब्बत का बीज) कहीं बोया था और वो ख़ूब शिगुफ़्ता (खिला, खिलना) हुआ था। इस बार या इस जगह भी शिगुफ़्ता होगा, लेकिन वो बात न होगी। खिले हुए (शिगुफ़्ता) फूल को दिले-ख़ूनीं का भी इस्तिआरा कहते हैं, मानो दिल का फूल शिगुफ़्ता होना दरअस्ल दिल का ख़ूनी होना है। यानी इश्क़ में कामयाबी दरअस्ल यही है कि दिल ख़ून हो जाय, और इस बार दिल के ख़ून होने की सम्भावना नहीं है। (दिल के ख़ून में सने होने की स्थिति और फूल के पूरी तरह खिलने-खुलने से उसका लाल-लाल रंग दिखना, दोनों अपनी समरूपता के कारण शायरी में प्रयोग किये जाते हैं—अनु.)

दिल में तुख़्मे-मुहब्बत बोने का मज़्मून मीर हसन ने भी बरता है, लेकिन उनके यहाँ वो दूरगामी अर्थ-गाम्भीर्य नहीं है, जो मीर के यहाँ है—

बेख़ो-बुनियाद निहाल इश्क़ को बर्बाद दे
आह में तुख़्मे-मुहब्बत दिल में क्यूँ बोने लगा

19 / (iii) मीर को समन्दर और ज़ोर-ज़ोर लहरें मारता दरिया का बिम्ब विशेष रूप से पसन्द था। ये ज़रा अजीब बात है, क्योंकि समन्दर उन्होंने कभी देखा न था और शायद घाघरा से ज़ियादा बड़े पाट का दरिया भी न देखा था। लिहाज़ा ये उनकी कल्पना-शक्ति का कमाल और विपत्तिग्रस्त स्वभाव की ख़ासियत ही है कि उन्होंने ग़ज़लों, मस्नवियों, शिकारनामों, हर विधा में समन्दर और ऊँची लहरों के बिम्ब अन्य शायरों से अधिक प्रस्तुत किये हैं। दूसरे शेर अपने-अपने मौक़े पर बहस में आएँगे। फ़िल्हाल शेरे-ज़ेरे-बहस में 'पंजए-मिज़ह' (पलकों का पंजा) से समन्दर बिलोने, और 'सैले-अश्क' (आँसू के सैलाब) में बहे हुए दिल का रूपक देखिए। आँसुओं के सैल (सैलाब) में दिल बह गया। फिर सैले-अश्क ने समन्दर की शक्ल अख़्तियार कर ली। इस समन्दर में पलकें (मिज़्ह) पंजे की तरह थीं, जिनके ज़रीए दिल को टटोला जा रहा था। पलकों से समन्दर बिलोना अत्यन्त कष्टप्रद भी है और दुःसाध्य भी, और इन्तिहाई दर्जे का निष्फल प्रयास भी। दोनों ने मिलकर तूफ़ाने-अश्क और दिल की बेचारगी और ढूँढ़नेवाले की अनुभवहीन और त्रुटिपूर्ण कोशिश की क्या उम्दा तस्वीर खींच दी है। ऊँची-ऊँची लहरोंवाले दरियाओं के रूपकों के लिए 'दरिया-ए-इश्क़' क़ाबिले-मुलाहिज़ा है। मस्लन् ये अलग-अलग अश्आर देखिए—

आब कैसा कि बह्र था ज़ख़्ख़ार
तुन्दो-मव्वाजो-तीरा-ओ-तहदार
मौज हर इक कमन्दे-शौक़ थी आह
लिपटी उसको बरंग मार सियाह

कशिशे-इश्क़ आख़िर उस मह को
ले गयी खींचती हुई तह को

शेरे-जेरे-बहस में 'बिलोना' एक और लिहाज़ से भी अर्थपूर्ण है। हमारे पौराणिक आख्यानों में समन्दर बिलोने का मक़्सद अमृत हासिल करना था, लेकिन अमृत से पहले ज़हर निकला जिसे शिव जी ने पी लिया। यहाँ अगर समन्दर बिलोने (मन्थन या मथना) का मक़्सद दिल जैसा अमृत पुनः प्राप्त करना मान लिया जाय तो हर हाल में ये अर्थ तो निकलता ही है कि दिल तो नहीं मिला लेकिन ज़ह्र ज़रूर नसीब हुआ।

19 / (iv) 'जामे-ख़ूँ' का रूपक मीर ने कई बार इस्तेमाल किया है—

सहर जामे-ख़ूँ है जो मुँह धो चुकूँ हूँ
ये मफ़्लूक ऐसे के घर मेहमाँ है

(ग़ज़ल दर क़सीदा-ए-आसिफ़ुद्दौला)

न सी चश्मे-तमअ ख़्वाने-फ़लक पर ख़ामदस्ती से
कि जामे-ख़ून दे हैं हर सहर ये अपने मेह्माँ को

(पहला दीवान)

जामे-ख़ूँ बिन नहीं मिलता है हमें सुब्ह को आब
जब से उस चर्ख़े-सियह कासा के मेह्मान हुए

(पहला दीवान)

हर सहर हादसा मेरी ख़ातिर
लें के ख़ूँ का अयाग़ निकले है

(पहला दीवान)

ये रूपक मीर ने 'नज़ीरी' से उधार लिया है—

आमद सहर कि दैरो-हरम रफ़्तो-रू कनन्द
ता बाज़म अज़ नसीब चे ख़ूँ दरसुब् कनन्द

(सुब्ह हुई, लोगों ने दैरो-हरम में झाड़ू-पोंछा लगाना शुरू किया। देखूँ अब मेरी तक़्दीर मेरे सुबू (जाम) में किस तरह का ख़ून भरती है।)

लेकिन सच तो ये है कि शेरे-ज़ेरे-बहस में मीर ने इस रूपक को चार चाँद लगा दिये हैं और 'नज़ीरी' से लाभान्वित होने का इस तरह हक़ अदा कर दिया है कि ये रूपक अब इन्हीं का हो गया है। आस्मान का हादसे को सम्बोधित करना, फिर ये

शर्त कि जब मीर मुँह धो ले तब उसे जामे-ख़ून दिया जाय, शेर को वास्तविकता और भयानकपन दोनों से सुशोभित करता है। फिर आस्मान की बेख़बरी कि अभी मीर ने मुँह धोया कि नहीं इस बात की तरफ़ इशारा करती है कि आस्मान को मीर से एक तरह की बेतअल्लुक़ी और बेख़बरी है, उसको दिलचस्पी सिर्फ़ इस बात से है कि पहली चीज़ जो मीर तक सुब्ह पहुँचे वो जामे-ख़ून हो। बाक़ी मीर के रोज़ो-शब क्या है, इस बात में उसे मतलब नहीं और न मालूमात रखने की ज़रूरत या ख़्वाहिश है। हादसे के हाथ से जामे-ख़ून हासिल होना भी बहुत ख़ूब है। शेर को रोज़मर्रा की ज़िन्दगी से क़रीब करने के लिए, बल्कि हादसे और जामे-ख़ून को आम शबो-रोज़ का हिस्सा बनाने के लिए 'मुँह धो चुका' का टुकड़ा किस क़दर औचित्यपूर्ण और प्रासंगिक है इसको विवेचित करना यहाँ अनावश्यक है। ग़ैर मामूली या ग़ैर आम बात को रोज़मर्रा ज़िन्दगी की सत्ह पर लाने का हुनर जैसा मीर को आता था, वैसा किसी को न आया। मुलाहिज़ा हो 13 / (vi) । कुछ उस्ताद क़िस्म के लोग 'जामे-ख़ून' में ऐलाने-नून[1] को ग़लेत क़रार देंगे। हालाँकि इसे ग़लत कहने की वज्ह कोई नहीं है। ग़ालिब के ज़माने तक तो इसे किसी ने ग़लत नहीं कहा और 'नासिख़' के यहाँ भी इसके उदाहरण मिल जाते हैं कि आज जिन अल्फ़ाज़ को बेअत्फ़-ओ-इज़ाफ़त नूनग़ुन्ना के साथ ही बाँधना सही समझा जाता है, उनको इन्होंने बाऐलाने-नून भी बाँधा है। रशीद हसन ख़ाँ का कहना है कि इंशा ने 'दरिया-ए-लताफ़त' में ये क़ायदा बयान किया है कि अत्फ़ो-इज़ाफ़त के साथ ऐलाने-नून न होना चाहिए, लेकिन इस प्रसिद्ध नियम के बावजूद हमारे तक़रीबन् हर बड़े शायर ने ऐलाने-नून मय अत्फ़ो-इज़ाफ़त से परहेज़ नहीं किया। वज्ह ये है कि ये नियम ही निरर्थक और हमारी ज़बान के मिज़ाज के खिलाफ़ है। इस मस्अले पर थोड़ी-सी बहस रशीद हसन ख़ान ने अपनी किताब 'ज़बान और क़वाइद' में और मैंने 'उरूज़, आहंग और बयान' में दर्ज की है। कहा गया है कि ऐलाने-नून मय अत्फ़ो-इज़ाफ़त इसलिए ग़लत है कि फ़ार्सी में ऐसा नहीं होता। इसी तरह ये भी कहा गया है कि ख़ून, जान, आस्मान वग़ैरह अल्फ़ाज़ अगर बेअत्फ़ो-इज़ाफ़त आयें तो उनमें नून का ऐलान होना चाहिए। अगर पहला नियम (ऐलाने-नून मय अत्फ़ो-इज़ाफ़त नाजायज़ है) निरर्थक है तो दूसरा और भी निरर्थक है, क्योंकि अगर ये अल्फ़ाज़ फ़ार्सी हैं और इनमें नूनग़ुन्ना है तो फिर इनको बाऐलाने-नून बाँधना कैसे ग़लत हुआ?

वस्तुस्थिति ये है कि फ़ार्सी में नूनगुन्ना शब्द के अन्त में यदाकदा ही आता है। यानी फ़ार्सी में 'जान' का उच्चारण 'जुन' या इससे कुछ मिलता-जुलता किया जाता

1. ऐलाने-नून का आशय 'खूँ' न कहकर 'ख़ून' कहना है। उर्दू-वर्णमाला में 'नून' को 'न' तथा 'नूनगुन्ना' वर्ण को अनुनासिक (चन्द्रबिन्दु) के चिह्न-रूप में प्रयोग करते हैं। तात्पर्य यह है कि कुछ उस्ताद क़िस्म के लोग यहाँ 'जामे-ख़ून' को ग़लत मानते हैं, उनके अनुसार यहाँ 'जामे-ख़ूँ' होना सही होता।—अनु.।

है। इसी तरह वहाँ 'ख़ून' को 'ख़ुन' बोलते हैं। लिहाज़ा जो चीज़ ईरानियों के उच्चारण ही में न थी उस पर किसी फ़ार्सी नियम के आरोपण-निधारण का क्या मतलब? 'नज़्म' तबा तबाई ने ग़ालिब के मिस्रे—

बसकि दौड़े है रगे-ताक में ख़ूँ हो-होकर

पर यही एतराज़ किया है कि 'ख़ून' ऐलाने-नून के बग़ैर दुरुस्त नहीं। रशीद हसन ख़ाँ ने मुनीर शिकोहबादी का एक वाक़िआ उद्धृत किया है कि वो अपने—

गुम्बदे-क़ब्रे-दोस्ताँ टूटे
अय ज़मीं तुझपे आस्माँ टूटे

लेकिन वो हाथ भी मलते थे कि मैं इसे दीवान में नहीं रख सकता, क्योंकि 'आस्माँ' में ऐलाने-नून नहीं हुआ। ये दोनों हज़रत फ़ार्सी के बड़े विद्वान् थे। अनवरी का विश्वविख्यात क़सीदा 'बाशुद, जाँ बाशुद' ही पढ़ लेते या और कुछ नहीं तो नज़ीरी का ये शेर ही याद रखते तो उन्हें मुश्किल न होती—

पारा-पारा जिगर तूर ज़े ग़ैरत ख़ूँ शुद
कि कहे बूदम व चूँ कोह शबातम दादन्द

और आख़िरी बात ये कि मुम्किन है फ़ार्सी में कोई नियम हो, लेकिन फ़ार्सी के नियमों का आरोपण उर्दू पर अन्धाधुन्ध करना कहाँ की विद्वता है। हमारे बड़े शायरों ने यही किया है कि नून का ऐलान जहाँ चाहा है किया है, जहाँ नहीं अच्छा लगा वहाँ नहीं किया है और यही उसूल सही है कि इस मुआम्ले में सौन्दर्य बोध और पाठकों-श्रोताओं को अन्धे क़ानूनों पर तर्जीह दी जाय। मीर के विवेच्य शेर में और अश्आर में जो मैंने इस प्रसंग में उद्धृत किये हैं, यही उसूल कारफ़र्मा है।

[20]

मज्लिसे-आफ़ाक़ में परवाना साँ
मीर भी शाम अपनी सहर कर गया

'मज्लिसे-आफ़ाक़' के वाक्यांश ने शेर को वाक़ई आस्मान पर पहुँचा दिया है। परवाना तो आम मज्लिस और महफ़िलों में जलकर ख़ाक होता है, और इस तरह मानो अपनी शाम को सुब्ह करता है, (शाम = जल उठना, सुबह = रोशन होना, बुझ जाना), लेकिन मीर ने जिस महफ़िल में जलकर जान दी वो कायनात की महफ़िल, या कम-से-कम, आस्मानों की महफ़िल थी। अपनी अज़्मत और उसके हवाले से इन्सान की अज़्मत का समर्थन कितनी ख़ूबी से किया है; फिर किनाये कितने अर्थपूर्ण हैं। शाम का अर्थ है—अँधेरा, अर्थात् मायूसी, दुख, रास्ते से दूरी; और सुब्ह है मंज़िल, कामयाबी, आशा और ब्रह्मज्ञान। परवाना जल-बुझता है तो मानो शाम से सहर तक यानी पीड़ा और निराशा से कामयाबी और आशा तथा ब्रह्मज्ञान तक पहुँचता है। फिर शमा पूरी ज़िन्दगी भी है, यानी ज़िन्दगी इस क़दर रंजीदा और दर्दआमेज़ है जैसे शाम। ऐसी शाम की सहर सिर्फ़ ये है कि इन्सान अपने को जलाकर ख़ाक कर दे। मामूली शाम हो तो उसकी सुब्ह भी होगी, लेकिन जब सारी ज़िन्दगी शाम है तो उसकी सहर तो मौत ही होगी। परवाने का रौशन होना सुबह का उदित होना है। बस फ़र्क ये है कि परवाना जिस स्टेज पर अपना काम दिखाता है वो सीमित और पस्त है और मीर का स्टेज (मंच) सारी कायनात है। 'कर गया' में इशारा ये है कि जानबूझकर, इरादा करके ऐसा किया, या मज्बूरन् ज्यूँ त्यूँ करके ऐसा किया। एक ही क्रिया में मज्बूरी भी है और आज़ादी भी। एक अर्थ-दृष्टि ये भी है कि परवाना तो मामूली शम्अ पर निसार होता है। अगर मीर ने भी परवाने की तरह जलकर जान दी तो वो शम्अ जिस पर उसकी जान गयी, शम्अए-हक़ीक़त ही होगी। शम्अए-हक़ीक़त या नूरे-इलाही पर पतिंगे की तरह निसार होने का असर 'मज्लिसे-आफ़ाक़' के वाक्यांश से भी पैदा होता है, क्योंकि क़ुरआन में कहा गया है कि अल्लाह ज़मीनो-आस्मान का नूर है।

[21]

आया जो वाक़िअे में दरपेश आलमे-मर्ग
ये जागना हमारा देखा तो ख़्वाब निकला

'वाक़िअे में' आलमे-मर्ग का पेश आना अर्थपूर्ण है (वृत्तान्त में मृत्यु की स्थिति का आना), क्योंकि इससे आशय ये भी हो सकता है कि यूँ तो आमतौर ऐसा हुआ कि मालूम हुआ मौत की स्थिति है, अर्थात् जिन्दगी ऐसी तंगी से गुज़री थी कि अक्सर लम्हों पर मौत का धोखा हुआ। लेकिन फिर एक बार वाक़ई मौत आयी तो मानो आँखें खुल गयीं। मालूम हुआ यहाँ की ज़िन्दगी महज़ ख़्वाब थी, यानी इसकी अस्लियत कुछ न थी। या लाक्षणिकता में एक ख़्वाब थी, अर्थात् भौतिक जीवन इतना अज्ञानमय था और उसमें सत्य से इतनी विमुखता थी, जैसे वो कोई स्वप्न था या हम वाक़ई स्वप्न देख रहे थे। इस दुनिया में आने से पहले हम परलोक में मौजूद थे और बाहोशो-हवास थे। इस दुनिया में आये तो सो गये, या सो गये तो इस दुनिया में आये। अब जो मरे हैं तो मानो हमारी नींद खुली है। 'दर्द' ने इस मज़्मून को यूँ अदा किया है—

वाए-नादानी कि वक़्ते-मर्ग ये साबित हुआ
ख़्वाब था जो कुछ कि देखा, जो सुना अफ़्साना था

दूसरे मिस्रे की वाक्विदग्धता के बावजूद 'दर्द' का शेर मीर से कमतर है, क्योंकि इनके ('दर्द') यहाँ ज़िन्दगी की बेहक़ीक़ी या उसके व्यर्थ जाने पर एक रंज है जो आदर्शात्मक दृष्टिकोण पर आधारित है। 'वाए-नादानी' का आदर्शवादी रुज्हान स्पष्ट है। इसके विपरीत मीर के यहाँ एक ज्ञानात्मक या गवेषणात्मक शैली है, जिसे सांसारिक कह सकते हैं। 'जागना', 'देखना' और 'ख़्वाब' की रिआयतें भी बहुत ख़ूब हैं। ख़्वाब के बाद आदमी जागता है, यहाँ जागने को देखा जा रहा है और ये जागना ख़्वाब साबित हो रहा है। फिर 'देखा' किस स्थिति में है? ज़ाहिर है कि ख़्वाबे-अदम (परलोक के स्वप्न) में। इस तरह एक ख़्वाब में दूसरे ख़्वाब को ख़्वाब कहा है। इस मज़्मून का एक और गूढ़ आयाम मीर ने यूँ बयान किया है—

चश्मे-दिल खोल उस भी आलम पर
याँ की औक़ात ख़्वाब की-सी है

(पहला दीवान)

'नासिख़' ने इस मज़्मून को सीधे तौर पर मीर से उधार लिया है। उनके यहाँ उपदेशात्मक रंग बहुत गहरा है, इसलिए दूसरे मिस्रे की वाक्शक्ति के बावजूद शेर में कोई ख़ास खूबी नहीं आयी—

होंगी बन्द आँखें तो समझोगे कि बेदारी है ये
देखते हो खोलकर आँखें जो तुम ये ख़्वाब है

मीर के शेर में एक दृष्टिकोण 'वाक़िअे' शब्द से भी पैदा हुआ है। 'वाक़िआ' को 'ख़्वाब' के अर्थ में भी इस्तेमाल करते हैं। ये अर्थ लिया जाय तो पहले मिस्रे का आशय ये होगा कि हमने ख़्वाब में अपना मरना देखा, या ख़्वाब ही में मौत का नज़ारा किया, अभी हम उसकी वास्तविकता से परिचित भी न हुए थे और महज़ मौत का ख़्वाब देख रहे थे, लेकिन वो मंज़र इतना दिलकश और किसी रहस्यमयी ज़िन्दगी की तरह था कि उसके सामने हमारी रोज़मर्रा की, अर्थात् जाग्रत अवस्था की ज़िन्दगी ख़्वाब की तरह बेहक़ीक़त या ख़्वाब की तरह कृत्रिम मालूम होने लगी। 'वाक़िआ' को मौत के अर्थ में भी इस्तेमाल करते हैं।

[22]

जुदा जो पहलू से वो दिलबरे-यगाना हुआ
तपिश की याँ तईं दिल ने कि दर्दे-शाना हुआ

इस शेर में चिकित्साशास्त्र का ज्ञान बड़ी ख़ूबी से पद्यबद्ध हुआ है। दिल की एक बीमारी होती है, जिसका नाम ischamia है। इसमें दिल तक पहुँचनेवाले ख़ून की मात्रा ज़रूरत से कम होती है। नतीजे के तौर पर सीने में बायीं तरफ़ दर्द होने लगता है, जो बाएँ कन्धे (शाना) की तरफ़ बढ़ता है और अक्सर बाजू और कलाई तक पहुँच जाता है। अब देखिए मीर ने दिल की तपिश का ज़िक्र करके दर्दे-शाना और दिल की बीमारी की संगति को औचित्यपूर्ण बना दिया है। फिर पहलू से जुदा होने का ज़िक्र करके दिल की तपिश को भी तर्कसंगत बना दिया है। 'आतिश' ने इन्हीं दोनों क़ाफ़ियों और 'दर्दे-शाना' के मज़्मून की मिट्टी यूँ पलीद की है—

वो नाज़नीं ये नज़ाकत में कुछ यगाना हुआ
जो पहनी फूलों की बद्धी तो दर्दे-शाना हुआ

मज़्मून तो पस्त था ही 'ये' और 'कुछ' दोनों को इतनी दूर-दूर कर दिया और 'था' की जगह रदीफ़ की मज्बूरी के कारण 'हुआ' लिखा तो रही-सही कमी भी पूरी हो गयी। पहले मिस्रे का गद्यरूप इस तरह होगा—'वो नाज़नीन नज़ाकत में ये कुछ यगाना हुआ।' 'ये' कहीं और 'कुछ' कहीं; फिर 'हुआ' से मफ़्हूम ये निकला कि पहले नज़ाकत में यगाना न था, अब हुआ है। मीर के शेर में एक हर्फ़ भी भरती का नहीं, पद्य-सामर्थ्य का तो ज़िक्र ही क्या है। मीर के यहाँ 'ये कुछ' का इस्तेमाल कई शेरों में देखा जा सकता है। ख़ुद मीर ने ये मज़्मून मिर्ज़ा रज़ी दानिश से उठाया है—

देर बरसर आँ ग़ज़ाले-दूर गर्द आमद मेरा
अज़ तपीदन हाए दिल पहलुए-दर्द आमद मेरा

(वो दूर-दूर भागनेवाला ग़ज़ाल मेरे पास बहुत देर में आया और दिल के तड़पने

ने मेरे पहलू में दर्द पैदा कर दिया।)

लेकिन ये बात साफ़ ज़ाहिर है कि मीर ने मज़्मून को कहीं-का-कहीं पहुँचा दिया है, ख़ासकर इस वज्ह से कि मीर ने माशूक़ के पहलू से उठ जाने का ज़िक्र करके दर्दे-शाना (कन्धे का दर्द) का पूरा सुबूत पेश कर दिया और ख़ुद 'दर्दे-शाना' की चिकित्साशास्त्रीय शब्दावली 'पहलू में दर्द', के बयान से बेह्तर है।

[23]

कहाँ आते मयस्सर तुझसे मुझको ख़ुदनुमा इतने
हुआ यूँ इत्तिफ़ाक़ आईना मेरे रू-ब-रू टूटा

(ख़ुदनुमा =मग़रूर)

मुम्ताज़ हुसैन ने अपने लेख 'रिसाला दर मारिफ़त इस्तिआरा' में इस शेर पर उम्दा बहस की है, लेकिन शेर का पाठ (text) सही न होने की वजह से उनके कुछ निष्कर्ष ग़लत हो गये हैं। सही पाठ वही है जो ऊपर दर्ज है और इसमें कोई शुब्हा नहीं कि अगर पाठ-भेदवाला शेर बहुत गूढ़ या क्लिष्ट था तो मौजूदा पाठ में और भी क्लिष्टता आ गयी है। मुम्ताज़ हुसैन ने जो पाठ और उच्चारण अख़्तियार किया है वो मीर के प्रसंग में उपयुक्त भी है। वो पाठ इस प्रकार है—

कहाँ आते मयस्सर मुझको तुझसे ख़ुदनुमा इतने
ब हुस्ने-इत्तिफ़ाक़ आईना तेरे रू-ब-रू टूटा

आसी और फोर्ट विलियम की प्रतियों में ये शेर उसी तरह दर्ज है जैसे कि मैंने ऊपर लिखा है, और 'मज्लिसे-तरक़्क़ी-ए-अदब, लाहौर' के संस्करण में जिस पाठ का प्रकाशन हुआ है, उसमें भी यही रूप है, इसलिए इसको ही प्राथमिकता देना होगा। शेर में एक विशिष्ट गूढ़ कथात्मकता का विवरण है, इसलिए इसको निरर्थक नहीं क़रार दिया जा सकता, लेकिन ये भी सही है कि इसके अर्थ निकालना आसान नहीं और शायद एक ही अर्थ को महत्ता देने पर लोग सहमत भी न हों। बहरहाल मीर के इन दो अश्आर को सामने रखें तो शेरे-ज़ेर-बहस पर कुछ रोशनी पड़ सकती है—

गयी टुकड़े हो दिल की आरसी तो
हुई सद चंद उसकी ख़ुदनुमाई

(तीसरा दीवान)

ये दो सूरतें हैं या मुन्अकस है आलम
या आलम आईना है उस यारे-ख़ुदनुमा का

(चौथा दीवान)

लिहाज़ा शेरे-जेरे-बहस में 'आईना' या तो दिल है, या तमाम आलम। माशूक़ जहाँ हर चीज़ में और हर गुण में अद्वितीय है, उसी तरह ग़ुरूर में भी बेमिसाल है। 'ख़ुदनुमा' का लफ़्ज़ दुहरा लुत्फ़ दे रहा है, क्योंकि वो न सिर्फ़ मग़्रूर है, बल्कि आईने में जल्वाफ़र्मा होकर खुद को ज़ाहिर भी करता है। इत्तिफ़ाक़ कुछ ऐसा हुआ कि जिस वक़्त माशूक़ आईने में जल्वागर था, आईना टूट गया। इस तरह एक आईने के सैकड़ों आईने बन गये और माशूक़ का जल्वा हर आईने में नज़र आने लगा। यानी एक ख़ुदनुमा की जगह बहुत-से ख़ुदनुमा ज़ाहिर हो गये। और आगे भी इत्तिफ़ाक़ ये हुआ कि आईना उस वक़्त टूटा जब शायर (यानी आशिक़) वहाँ मौजूद था, लिहाज़ा उसको एक ख़ुदनुमा माशूक़ की जगह बहुत-से ख़ुदनुमा माशूक़ मिल गये। अब सवाल ये है कि 'आईना' किस चीज़ का इस्तिआरा है ? मुम्किन है ये पूरी कायनात का इस्तिआरा हो (जैसा कि चौथे दीवान के शेर में है)। इस सूरत में आईने का खंड-खंड होना सृष्टि निर्माण के उपरान्त उसमें इन्सान के आविर्भाव का इस्तिआरा है, क्योंकि इन्सान (या उसका अस्तित्व) एक आईना है, जिसमें ईश्वरीय सौन्दर्य या शाश्वत सत्य का प्रतिबिम्बन होता है। या आशिक़ का दिल आईना है, उस आईने में माशूक़ जल्वागर था, लेकिन जब आशिक़ ने वो आईना माशूक़ की ख़िद्मत में पेश किया तो माशूक़ ने अभिमान या बेपर्वाई के कारण उसे आशिक़ के सामने ही चूर-चूर कर दिया। इस तरह आशिक़ का दिल तो जाता रहा, लेकिन उसे एक की जगह अनगिनत ख़ुदनुमा मिल गये। ये भी मुम्किन है कि 'आईना' से सिर्फ़ आईना ही आशय हो, अर्थात् माशूक़ आईना देख रहा था, इत्तिफाक़ से ऐसा हुआ कि आईना टूट गया और ऐसे वक़्त टूटा जब आशिक़ वहाँ मौजूद था, लेकिन ये अर्थ कमतर दर्जे का है; क्योंकि इसमें कोई दार्शनिक या व्यंजनात्मक पक्ष नहीं, बल्कि एक अनुमान-आधारित अवस्था है। कायनात को आईना मानने और उसके टूटने से इन्सान के आविर्भाव का आशय लेने में लुत्फ़ ये भी है कि शायर, इन्साने-अव्वल की हैसियत से हमारे सामने आता है, और अगर 'आईना' को आशिक़ का दिल मान लिया जाय तो उसमें लुत्फ़ ये भी है कि दिल तो बहरहाल आशिक़ के पहलू में रहता है, अगर माशूक़ ने आईनऱ्-ए-दिल को टुकड़े-टुकड़े कर भी दिया तो क्या हुआ। वो टुकड़ा-टुकड़ा दिल फिर भी आशिक़ के पहलू में है और इस तरह एक की जगह अनगिनत माशूक़ से उसका पहलू आबाद है। 'कहाँ' और 'रू-ब-रू' में मुनासबत है। 'इत्तिफ़ाक़' ('जमा होना' के अर्थ में) और 'टूटा' में एक मुनासबत है। ख़ूब शेर कहा है। नाज़ुकख़याली ग़ालिब की-सी है, लेकिन लहजा ग़ालिब की तरह अतीन्द्रिय ज्ञानबोध जैसा नहीं है, बल्कि रोज़मर्रा के लहजे में बात कह दी है। ये लहजा ख़ुद इस शेर का बहुत बड़ा हुस्न है।

[24]

ग़लत है इश्क़ में बूउलहवस अन्देशा राहत का
रिवाज इस मुल्क में है दर्दो-दाग़ो-रंजो-कल्फ़त का

ज़मीं इक सफ़्हए-तस्वीरे-बेहोशाँ से माना है
ये मज्लिस जब से है अच्छा नहीं कुछ रंग सुह्बत का
(माना =समान, तुल्य)

जहाँ जल्वे से उस मह्बूब के यकसर लबालब है
नज़र पैदा कर अव्वल फिर तमाशा देख क़ुद्रत का

क़दम टुक देखकर रख मीर सर दिल से निकालेगा
पलक से शोख़तर काँटा है सहराए-मुहब्बत का

24 / (i) मत्ला ख़ानापूर्ति है, लेकिन दूसरा मिस्रा वाक्विदग्धता से युक्त है और इक़्बाल के मिस्रे की याद दिलाता है—

सोज़ो-साज़ो-दाग़ो-जुस्तजूओ-आर्ज़ू

24. (ii) दुनिया की मह्फ़िल को, जो निहायत रंगारंग और अज़ीमुश्शान है, महज़ एक 'मज्लिस' क़रार देना बहुत ख़ूब है। ज़मीन को अक्सर सफ़्हे (पृष्ठ, पन्ना) से उपमित करते हैं। उसको तरक़्क़ी देकर ऐसा सफ़्हा कहा है जिस पर बेहोश लोगों की तस्वीर बनी हुई है। रूपक बहुत उच्चकोटि का है, और थोड़ा-सा गूढ़ार्थी भी। ज़मीन के रहनेवाले होशो-हवास से वंचित हैं। न सिर्फ़ ये कि वो बेहोश हैं बल्कि वो बेहोश लोगों की तस्वीर की तरह हैं, लेकिन क्यों? अगर वो महज़ बेहोश होते तो हम कह सकते थे कि वो अंजाम से बेख़बर हैं, या ख़ुदा से दूर हैं, या अपनी अस्लियत से नावाक़िफ़ हैं इसलिए वो बेहोश हैं। 'तस्वीर' का लफ़्ज़ इस बात की

तरफ़ इशारा करता है कि ये ज़मीन और इसके रहनेवाले दरअस्ल बेवजूद (अस्तित्वहीन) हैं। तस्वीर पर अस्ल का धोखा हो सकता है, लेकिन ज़ाहिर है कि ये भी ज़ुरूरी नहीं कि तस्वीर की जो अस्ल है, वो ख़ुद साहिबे-वजूद हो, क्योंकि तस्वीर की भी तस्वीर हो सकती है। 'तिलिस्मे-होशरूबा' (तृतीय भाग) में शहज़ादा तूरज तिलिस्मे-हज़ार बुर्ज को फ़तेह करने की मुहिम के दौरान एक ऐसे शह्र में जा निकलता है जहाँ "काग़ज़ के आदमी चलते-फिरते थे, दुकानदार और ख़रीदार सब काग़ज़ के थे... शाम को सब दुकानदार दुकानों पर से गिर पड़े और सभी नगरवासी मुर्दा हो गये। काग़ज़ी तस्वीरें पड़ी थीं, न तन में कोई हरकत, न मुँह से बोलती थी।" सुब्ह को शहज़ादे ने देखा कि 'सब पुतले कारोबार करते फिरते हैं, दुकानदार बैठे हैं... शहज़ादे ने... कहा—"भाइयों! तुम्हें रात को क्या हुआ था जो औंधे मुँह गिर पड़े थे।" पुतले बोले—"अरे मियाँ कुफ़्र न बोलो, सामिरी सामिरी करो, हम तो जैसे दिन को वैसे ही रात को...।" शहज़ादे ने कहा—"अजी रात भर तुम काग़ज़ की तस्वीरें बने रहे, बिल्कुल मुर्दा थे और हमसे कहते हो, कुफ़्र न बोलो!" पुतलों ने कहा—"क्यूँ तूफ़ान बरपा करते हो? तुम झूठ बोल रहे हो। हम तो मुर्दा न थे, तुम आप मरे पड़े रहे।"

कोई ज़ुरूरी नहीं कि तिलिस्मे-हज़ार बुर्ज के एक शहर के इस वृत्तान्त को कोई अतिरिक्त अर्थ पहनाया जाय, लेकिन इतना तो स्वीकार करना ही पड़ेगा कि इस शह्र के लोग दुनियावालों से बहुत समानता रखते हैं। दिन को एक फ़र्ज़ी, कारोबार में मस्रूफ़, रात को मुर्दा, लेकिन दावा ये कि हम ज़िन्दा हैं, बल्कि जो ज़िन्दा थे उनको मरा हुआ समझने की ज़िद। सफ़्हए-तस्वीरे-बेहोशाँ की इससे बेह्तर तस्वीर क्या होगी, और ऐसी मज्लिस का रंग शुरू ही से चिन्ताजनक न होगा तो और क्या होगा। ये नहीं कहा जा सकता कि मीर के शेर ने 'तिलिस्मे-होशरुबा' के इस मज़्मून को प्रभावित किया, या जिस दास्तान से मुहम्मद हुसैन जाह (लेखक / अनुवादक जिल्द हज़ा पृ. 436) ने ये मंज़र ग्रहण किया, (अगर ये उनकी कल्पना नहीं है)उस दास्तान से मीर वाक़िफ़ थे, लेकिन दास्तान का ये मंज़र मीर के शेर की ज़िन्दा तस्वीर ज़रूर मालूम होता है। मुम्किन है मीर ने ये ख़याल मौलाना रूम से उधार लिया हो। मस्नवी (खंड-एक, भाग-दो) में वो कहते हैं कि जो लोग अल्लाह के बजाय किसी और को तलाश करते हैं उनकी मिसाल तस्वीरों की है—

लेक दरवेशे कि तश्ना ग़ैर शुद
ऊ हक़ीरो-अबलओ बेख़ैर शुद
नक़्शे-दरवेश अस्त ऊ नैए-अहले-जाँ
नक़्शे-सग रा तू मयंदाज़ उस्तुख़्वाँ

(लेकिन वो दरवेश जो किसी ग़ैर का प्यासा हुआ, वो निकृष्ट, बेवक़ूफ़ और बेहूदा हुआ। वो अहले-जाँ नहीं, बल्कि दरवेश की तस्वीर है। कुत्ते की तस्वीर को हड्डी न डालो।)

इस क्रम के और शेर भी मस्नवी में इस मक़ाम पर हैं।

24 / (iii) दुनिया का जल्वा-ए-महबूब से यकसर (बिल्कुल, एक सिरे से दूसरे सिरे तक) लबालब होना बहुत ख़ूब है, क्योंकि जल्वा की विशेषता वही है, जो पानी की है। दोनों एक मक़ाम (स्थान) पर ठहरते नहीं। 'तमाशा देख क़ुद्रत का' भी बहुत ख़ूब है, क्योंकि ये वाक्यांश आम तौर पर सनसनीख़ेज़ बातों के दिखाने के मौक़े पर बोला जाता है। दुनिया का जल्वाए-महबूब से लबालब होना कोई सनसनी ख़ेज़ चीज़ नहीं, बल्कि एक रूहानी हक़ीक़त है और एक अज़ीमुश्शान चीज़ है। यहाँ इशारा ये है कि जब तुम्हें ज्ञानात्मक दृष्टि प्राप्त हो जाएगी तो तुमको वो कुछ दिखाई देगा कि उसके सामने दुनिया का जल्वाए-महबूब से लबालब होना महज़ एक सनसनीख़ेज़ बात हो जाएगी। दूसरा मर्म ये है कि सारी दुनिया ही क़ुद्रत का तमाशा है, लेकिन जल्वाए-महबूब से लबालब होने के दृश्य के सामने इस तमाशे की हक़ीक़त नहीं। अस्ल तमाशा तो तब होगा जब तुम दुनिया को ख़ुदा के जल्वे से लबालब देखोगे।

24 / (iv) इस मज़्मून को और जगह भी कहा है—

उस शोख़ की सरतेज़ पलक हैं कि वो काँटा
गड़ जाये अगर आँख में सर दिल से निकाले

(पहला दीवान)

ख़ातिर न जमृअ रक्खो उन पलकों की ख़लिश से
सर दिल से काढ़ते हैं याँ ख़ार रफ़्ता-रफ़्ता

(दूसरा दीवान)

लेकिन ज़ेरे-बहस शेर में ख़ूबी ये है कि तीन तरह के काँटे एक कर दिए हैं। एक तो वही मामूली दिल की ख़लिश, दूसरा माशूक़ की पलकें और तीसरा सहराए-मुहब्बत (मुहब्बत का मरुस्थल या जंगल) का काँटा। तीसरे काँटे के ज़िक्र से उपर्युक्त दोनों शेर ख़ाली हैं, और सबसे ज़ियादा लुत्फ़ इसी पहलू में है कि सहरा-ए-मुहब्बत का दैहिक और ऐन्द्रिक काँटा तल्वे में चुभता है और अप्रत्यक्ष तथा रूहानी हक़ीक़त बनकर दिल में प्रकट होता है। 'क़दम', 'देख', 'सहर' 'दिल', 'पलक', 'शोख़' की रिआयते-लफ़्ज़ी भी ख़ूब है।

लफ़्ज़ 'शोख़' इसलिए भी उम्दा है कि इसमें ये इशारा है कि राहे-मुहब्बत का काँटा कोई शोख़ जानदार है, जो बढ़ते-बढ़ते दिल तक पहुँच जाएगा और दिल के उस सिरे पर प्रकट होगा। पहले मिस्रे में काँटे का ज़िक्र न करके, लेकिन दिल से

उसके सिर निकालने का तज़्किरा करके उम्दा suspence पैदा किया है। (ये ख़याल रहे कि शायरी हमारे यहाँ ज़बानी सुनाने की चीज़ थी। क्लासिकी शायरों को पढ़ने के तरीक़े का पहला उसूल ये है कि कलाम को ज़बानी सुनने की अवस्था महसूस की जाय। लिखे हुए शेर में तो दोनों मिस्रों पर निगाह एक साथ पड़ सकती है, लेकिन अगर शेर सुना जा रहा हो तो अगला मिस्रा (बल्कि अगला लफ़्ज़) क्या होगा, इसके बारे में जिज्ञासा और उत्सुकता रहती है। लिहाज़ा ज़ेरे-बहस शेर में पहले मिस्रे को सुनकर उत्सुकता पैदा होती है। ये आभास भी होता है कि मुम्किन है काँटे की बात हो और जब ये आभास अनुभव में परिवर्तित होता है तो दोहरी ख़ुशी होती है। जामिन अली 'जलाल' ने मुहाविरे के बलबूते पर इस मज़्मून को विस्तृत करना चाहा है, लेकिन उन्हें कोई ख़ास कामयाबी नहीं हुई है—

जिगर की फाँस है मिज़्गाने-यार की उल्फ़त
जो दिल में चुभ के न निकलें वो ख़ार हैं पलकें

[25]

दिल इश्क़ का हमेशा हरीफ़े-नबर्द था
अब जिस जगह कि दाग़ है याँ आगे दर्द था

(आगे = पहले)

इक गर्दे-राह था पए-मंज़िल तमाम राह
किसका ग़ुबार था कि ये दुम्बालागर्द था

(दुम्बालागर्द = पीछे-पीछे आनेवाला)

था पुश्ता रेगे-बादिया इक वक़्त कारवाँ
ये गिर्द-बाद कोई बयाबाँ नवर्द था

(पुश्ता = टीला)

25 / (i) इस ज़मीन में ग़ालिब ने ग़ैरमामूली (असाधारण) ग़ज़ल कही है, लेकिन मीर के इन तीन शेरों के विचारों की गूँज ग़ालिब के यहाँ सुनाई देती है। ख़ासकर ज़ेरे-बहस शेर का दूसरा मिस्रा तो ग़ालिब का कहा मालूम होता है। ग़ालिब ने इस क़ाफ़िये को बाँधा भी इस तरह है कि उनके मज़्मून में मीर का मज़्मून झलक रहा है—

जाती कभी है कश्मकश अन्दोहे-इश्क़ की
दिल भी अगर गया तो वही दिल का दर्द था

ग़ालिब का ख़याल ज़ियादा नाज़ुक है, लेकिन मीर के भी दूसरे मिस्रे की नाटकीयता अपना जवाब आप है। ग़ालिब ने अन्दोहे-इश्क़ (इश्क़ का ग़म या कष्ट) की कश्मकश का ज़िक्र किया है। मीर का मैदान ज़ियादा विस्तृत है। वो दिल और इश्क़ को नबर्दआज़्मा (युद्ध में कुशल) के तौर पर देखते हैं। (क्योंकि 'हरीफ़े-नबर्द' का अर्थ है—युद्ध-क्षेत्र का प्रतिद्वन्द्वी : अनु.)। इश्क़ चाहता है कि दिल को ख़ाक कर डाले, लेकिन दिल भी अपना स्वतन्त्र अस्तित्व रखता है। पहले तो इश्क़ ने दिल

में दर्द पैदा किया और दर्द ने दिल को मिटा डाला, लेकिन दिल के मिटने का मतलब ये नहीं कि वहाँ अब कुछ नहीं। दिल के साथ दर्द तो गया, लेकिन दिल अपना निशान, यानी एक दाग़ छोड़ गया। लिहाज़ा इश्क़ को अपने मक़्सद में पूरी तरह कामयाबी नहीं हुई और नबर्द (युद्ध, लड़ाई, द्वन्द्व) अब भी जारी है। दूसरा पहलू ये है कि इश्क़ ने दिल पर हमेशा सितम तोड़े हैं। पहले तो इश्क़ ने दिल में दर्द पैदा किया। दर्द ने दिल को मिटा डाला, दिल और दर्द दोनों ख़त्म हो गये, लेकिन इश्क़ ने इस पर भी बस न की, बल्कि जिस जगह पर दिल था वहाँ एक दाग़ छोड़ दिया। ये दाग़ ('ग़म' के अर्थ में) दिल के मिटने का भी हो सकता है। दूसरे मिस्रे में सीना-ओ-दिल का ज़िक्र न करना और सिर्फ़ 'जिस जगह' और 'याँ' कहना कमाले-बलाग़त है। दिल की जगह दाग़ रह जाने का मज़्मून ग़ालिब ने भी ख़ूब बाँधा है—

हस्ती का एतबार भी ग़म ने मिटा दिया
किससे कहूँ कि दाग़े-जिगर का निशान है

मीर के ज़ेरे-बहस शेर में 'हरीफ़' को 'साथी' के अर्थ में माने तो मफ़्हूम ये निकलता है कि इश्क़ और दिल दोनों मिलकर हुस्न से द्वन्द्वरत थे। ('हरीफ़' शब्द का एक अर्थ 'रक़ीब' भी होता है, यानी एक प्रेमिका के परस्पर दो प्रेमी—अनु.) दिल को हुस्न ने मिटा दिया तो भी सीने में उसकी जगह दाग़ पैदा हो गया, कि दिल न सही, जंग में काम आने के लिए दाग़ तो मौजूद है। दोनों सूरतों में ये दिलचस्प सवाल पैदा होता है कि जब दाग़ भी न रहेगा तो इश्क़ पर, या आशिक़ पर क्या बीतेगी? दाग़ के बाद कौन-सा जंगी हथियार इस जंग में लाया जाएगा? ज़ाहिर है कि इसका जवाब ये होगा कि या तो जान काम आएगी, या फिर कारोबारे-इश्क़ ही ख़त्म हो जाएगा। वैसे, जान के काम आने का भी नतीजा यही होगा कि कारोबारे-इश्क़ (या इश्क़ो-हुस्न की जंग) ख़त्म हो जाएगा। हर सूरत में नतीजा मौत ही है। ख़ूब शेर कहा है।

25 / (ii) इस शेर का मफ़्हूम बयान करना आसान नहीं, लेकिन पूरी तस्वीर इस क़दर ड्रामाई है कि शेर बड़ी हद तक अर्थ से परे मालूम होता है। 'पए-मंज़िल' के दो अर्थ है—'मंज़िल की तलाश में' और 'मंज़िल के पीछे, यानी मंज़िल के पहले'। दूसरे फ़हूम में ये इशारा है कि मंज़िल तक सारे रास्ते में एक ग़ुबार मँडराता हुआ नज़र आया। यानी मुसाफ़िर को न देखा लेकिन उस ग़ुबार को देखा जो मुसाफ़िर के गुज़रने से पैदा होता है, चूँकि मुसाफ़िर कहीं नज़र न आया, इसलिए सन्देह उत्पन्न हुआ कि मुसाफ़िर शायद है ही नहीं, किसी की ख़ाक है जो मंज़िल की तलाश में सरगर्दां है। ख़ाक में ये दृष्टिकोण भी शामिल है कि इसमें समझ तो होती नहीं, इसलिए अगर वो मंज़िल तक पहुँच भी जाय तो मुम्किन है उसे मालूम ही न हो कि मंज़िल आ

गयी है, और वो मंज़िल के आगे भी सरगर्दां (हैरान, परेशान या राह में भटका हुआ) होती हुई कहीं और जा निकले। अगर 'पए-मंज़िल' का अर्थ 'मंज़िल की तलाश में' माना जाय तो ऊपर बयान किए हुए अर्थ का एक और पहलू नज़र आता है। ग़ुबारे-राह तमाम राह में फैला हुआ था, अर्थात् हर जगह फैला हुआ था, लिहाज़ा मुम्किन है कि वो मंज़िल के आगे निकल गया हो (जैसा कि ऊपर बयान हुआ), लेकिन ये भी मुम्किन है कि मंज़िल ख़ुद आगे बढ़ती जाती हो। मंज़िल की तलाश करने वाला तो ख़ाक हो गया, लेकिन वो ख़ाक भी मंज़िल तक नहीं पहुँच पाती, बल्कि अभी तक तलाश में है। मालूम होता है मंज़िल को ख़ाक से गुरेज़ है, ज्यूँ-ज्यूँ ख़ाक गर्दे-राह की शक्ल में आगे बढ़ती है, मंज़िल भी आगे बढ़ जाती है। इसीलिए दूसरे मिस्रे में ग़ुबार को 'दुम्बालागर्द' यानी 'पीछे-पीछे आनेवाला' कहा गया है। ग़ुबार इतना बदनसीब है कि जितना भी आगे बढ़े, लेकिन मंज़िल के पीछे ही रहता है। एक दृष्टिकोण से देखिए तो शेर का शायर ख़ुद एक मुसाफ़िर है, वो मंज़िल की तरफ़ बढ़ रहा है, लेकिन उसको तमाम राह में एक गर्दे-राह नज़र आती है, ख़ुद मुसाफ़िर नहीं दिखाई देता। गर्दे-राह उसके पीछे-पीछे चल रही है (दुम्बाला गर्द है)। मालूम होता है कि कोई मुसाफ़िर रास्ता भटककर ख़ाक हो गया, और अब उसकी रूह (ख़ाक) उस ग़ुबार की शक्ल में शायर के पीछे-पीछे चल रही है, यानी शायर से रहनुमा का काम ले रही है। जो भी सूरत हो वो शख़्स जिसका ग़ुबार इस तरह राह-ओ-मंज़िल में फैला हुआ है, मामूली शख़्स नहीं हो सकता। दूसरे मिस्रे में इस्तिफ़्हामे-सवाली भी है और इस्तिफ़्हामे-तअज्जुब भी 'गर्दे-राह' की 'गर्द' और 'दुम्बाला गर्द' की 'गर्द' में श्लेष का भी प्रयोग है। पहले मिस्रे में 'राह' की पुनरुक्ति भी उम्दा है। पहली 'राह' सामान्य है और दूसरी विशिष्ट। पहले मिस्रे में 'गर्द' पुल्लिंग मालूम होता है, लेकिन ऐसा नहीं है। शेर का गद्य-रूप यूँ होगा—'इक गर्दे-राह की तरह (जो) तमाम राह मंज़िल के पीछे-पीछे, वो किसका ग़ुबार था कि ये (यानी इस क़दर) दुम्बाला गर्द था।' लफ़्ज़ 'ये' का ज़ोर भी ज़बरदस्त है। ग़ज़ब का शेर कहा है लेकिन फ़ार्सी में मीर इस मज़्मून को उतनी ख़ूबी से न बयान कर सके—

कस चे दानद ग़ुबारे-कीस्त कि मीर
गर्दे-दुम्बाले कारवाँ शुदह अस्त

(अय मीर! किसी को क्या मालूम कि कारवाँ के पीछे जो गर्द बन गया है, वो किसका ग़ुबार है?)

25 / (iii) ऊपर के शेर से इस शेर का सम्बन्ध स्पष्ट है, ख़ासकर इस शेर का दूसरा मिस्रा ऊपरवाले शेर को विस्तृत और स्पष्ट करता हुआ मालूम होता है। ज़ेरे-बहस शेर के पहले मिस्रे में व्याकरण और वाक्य-कौशल के सुन्दर प्रयोग के कारण

दो अर्थ पैदा हो गये हैं। मिस्रे का एक गद्य-रूप यूँ होगा—'रंगे-बादिया का पुश्ता एक वक़्त कारवाँ था।' (मरुस्थल या जंगल की रेत का टीला एक वक़्त कारवाँ था—अनु.)। दूसरा गद्य-रूप यूँ होगा—'कारवाँ एक वक़्त रेगे-बादिया का पुश्ता था।' (कारवाँ एक वक़्त बियाबान के रेत का टीला था)। लिहाज़ा जो आज कारवाँ है वो किसी वक़्त ख़ाक में मिलकर (इस बियाबान में भटक-भटककर या कालान्तर में समय के हाथों मात्र) इस बियाबान में रेत का एक टीला बन जाएगा, या आज जो कारवाँ गुज़र रहा है, वो किसी वक़्त रेत के बियाबान का एक टीला था। जीवन और मृत्यु चक्रीय हैं; एक के गर्भ से एक जन्म लेता है। दूसरे मिस्रे में कल्पना एक अन्य दिशा में जा निकलती है। गिर्दबाद (तूफ़ान, बवंडर) की बेक़रारी और परेशानी देखकर शायर को ख़याल आता है कि ख़ाक में इस क़दर उद्विग्नता और परेशानी कहाँ। यक़ीनन् कोई बियाबाँनवर्द (अर्थात् बियाबाँ को लपेटनेवाला या धारण करनेवाला —अनु) था जो अब ख़ाक होकर गिर्दबाद (तूफ़ान) की शक्ल में तलाशे-मंज़िल या तलाशे-दोस्त में मारा-मारा फिरता है। ख़ूब शेर है। 'पुश्ता' और 'रेगे-बादिया' के दरमियान इज़ाफ़त का लोप है (अर्थात् अप्रत्यक्ष रूप से उपस्थिति है—अनु.)। ये फ़ार्सी में आम है, लेकिन उर्दू में मीर और ग़ालिब के सिवा कम लोगों ने इस्तेमाल किया है। अल्लामा शिब्ली ने मौलाना रूम पर एतराज़ किया है कि उन्होंने कस्रा-ए-इज़ाफ़त जगह-जगह लुप्त कर दी है। शिब्ली ने इसको 'अल बुग्ज़ अल्मुबाहात' (जायज़ चीज़ों में सबसे ज़ियादा नापसन्दीदा अर्थात् ऐसी चीज़ें जो न तो सही हैं, न तो ग़लत ही हैं) कहा है। वो ये भूल गये कि व्याकरण के नियम और सिद्धान्त हवा में नहीं बनते, बल्कि बड़े शायरों की प्रयोग-शैली से निर्धारित-निरूपित किये जाते हैं। अगर कोई आलोचक या काव्यशास्त्री-छन्दशास्त्री अपनी मर्ज़ी से सिद्धान्त बना भी ले तो उनकी कोई हैसियत-अहमियत नहीं होती। जब नासिर, ख़ुसरो, मौलाना रूम, ख़ाक़ानी, अनवरी वग़ैरह बड़े शायरों ने किसी एक बात का निर्वहन यदि किया है तो शिब्ली का उसे 'अल् बुग्ज़ अल्मुबाजात' क़रार देना महज़ पाठशाला-स्तर की बात है। एक चीज़ से दूसरी चीज़ पैदा होती है, ख़ासकर ख़ाक से इन्सान जन्म लेता है और इन्सान फिर ख़ाक हो जाता है। इस मज़्मून को शायद ख़य्याम ने सबसे पहले इस्तेमाल किया और अगर सबसे पहले नहीं तो सबसे ज़ियादा बार यक़ीनन् ख़य्याम ही ने इस्तेमाल किया। एक रूबाई में ख़य्याम ने इन्सान की मिट्टी से जामो-सुबू, बनने का ज़िक्र किया है। निम्नलिखित रूबाइयों में उस मज़्मून का रुख़ बयान हुआ है जो ज़ेरे-बहस शेर से क़रीब है—

जामेस्त कि अक़्ल आफ़्रीं मी ज़नदश
सद बोसा ज़े मेह्र बर जबीं मी ज़नदश

ईं कूज़ागरे-दह्र चुनीं जामे-लतीफ़
मी साज़दो-बाज़ बर ज़मीं मी ज़नदश

(एक जाम है, ऐसा कि अक़्ल उसकी तारीफ़ करती है और मुहब्बत से उसकी पेशानी पर सैकड़ों बोसे (चुम्बन) अंकित करती है। ज़माने का कुम्हार ऐसा लतीफ़ जाम बनाता है और फिर उसे ज़मीन पर पटक देता है।)

चूँ अब्र ब नौरोज़ रुख़े-लाला बेसुस्त
बरख़ेज़ो-बजामे-बादा कुन अज़्म दुरुस्त
कीं सब्ज़ा कि इम्रोज़ तमाशागहे-तुस्त
फ़र्दा अज़ हम ख़ाके-तू बर ख़ाहद रुस्त

(जब बादल ने नये साल में अहिपुष्पों (एक प्रकार का लाल रंग का फूल) का मुँह धो दिया तो उठो और जामे-मय के साथ अपनी नीयत और इरादा पक्का करो, क्योंकि ये हरियाली जो आज तुम्हारी तमाशागाह है कल को तुम्हारी ख़ाक से उगेगी।)

लेकिन ख़य्याम के यहाँ तक़्रीबन् हमेशा एक मायूसी और उस मायूसी से पैदा होनेवाली लज़्ज़त, सहिष्णुता और उपदेशात्मक रूज्हान रखती है। इसके विपरीत मीर के यहाँ तक़्रीबन् हमेशा एक तरह का चिन्तन है, या महज़ मौन साक्षीभाव है और पाठक को आज़ादी है कि वो उससे सबक़ हासिल करें या महज़ एक सलाह मश्विरा समझें या मज़्मून का अर्थ-निर्धारण इश्क़ के अनुभवों और अनुभूतियों के सन्दर्भ से करें।

[26]

आहे-सहर ने सोज़िशे-दिल को मिटा दिया
इस बाद ने हमें तो दिया-सा बुझा दिया

(बाद=हवा)

थी लाग उसकी तेग़ को हमसे सो इश्क़ ने
दोनों को मारिके में गले से मिला दिया

आवारागाने-इश्क़ का पूछा जो मैं निशाँ
मुश्ते-गुबार ले के सबा ने उड़ा दिया

गोया मुहासिबा मुझे देना था इश्क़ का
इस तौर दिल-सी चीज़ को मैंने लगा दिया

उनने तो तेग़ खींची थी पर जी चला के मीर
हमने भी एक दम में तमाशा दिखा दिया

26 / (i) इस ज़मीन में 'जुर्अत' ने भी अच्छी ग़ज़ल कही है, लेकिन चूँकि उनका दिमाग़ मीर के मुक़ाबले में बहुत छोटा था, इसलिए वो सामने के मज़ामीन ('मज़्मून' का बहुवचन; 'सामने के मज़ामीन' का आशय प्रथम दृष्टया या सतही दृष्टि से जो अर्थ-प्राप्ति होती है—अनु.) पर इत्तिफ़ाक़ कर गये। परिणामतः उनका मत्ला है—

कैसा पयाम आके ये तूने सबा दिया
मिस्ले-चराग़ सुब्ह जो दिल को बुझा दिया

'दिया' और 'चराग़' की रिआयत तथा 'सबा' और 'चराग़े-सुब्ह' की मुनासबत 'जुर्रत' के यहाँ मौजूद है, लेकिन मीर ने इन रिआयतों से और ही काम लिया

है। रात भर व्यथा-कथा (आर्तनाद) कहते रहे, लेकिन कुछ न हुआ। सुब्ह की आहों ने ख़ुदा जाने क्या सितम ढाया कि सोज़िशे-दिल (दिल की आग या प्रेम की आग) ही बाक़ी न रही। ऐसा लगता है कि हम चराग़ थे और रात भर जलना ही हमारा मुक़द्दर था, लेकिन 'दिया-सा बुझा' में ये किनाया भी है कि ज़िन्दगी ख़त्म हो गयी। सोज़िशे-दिल इसलिए ख़त्म हुई कि इश्क़ का हौसला न रहा, या शायद इसलिए कि ज़िन्दगी ही बाक़ी न रही। दूसरे अर्थ के परिप्रेक्ष्य में, रात भर जाग कर, व्यथित होकर आर्तनाद करने का आशय तमाम ज़िन्दगी आर्तनाद करना और 'आहे-सहर' का आशय आख़िरी वक़्त की रंजीदगी भी हो सकती है। 'आहे-सहर' को 'बाद' (हवा) से उपमित करना तथा ख़ुद को 'दिया' कहने में दूसरा अर्थ-गाम्भीर्य है, क्योंकि सुब्ह को चराग़ बुझा दिया जाता है और हवा से भी चराग़ बुझ जाता है, जबकि 'जुर्अत' के यहाँ सिर्फ़ इकहरी मुनासबत 'दिया-सा बुझा दिया' में 'दिया' की पुनरुक्ति लुत्फ़ दे रही है।

26 / (ii) 'लाग' के दो अर्थ हैं—'मुहब्बत, तअल्लुक़' और 'दुश्मनी'। ग़ालिब ने दोनों अर्थों से ख़ूब फ़ायदा उठाया है—

लाग हो तो उसको समझें हम लगाव
जब न हो कुछ भी तो धोखा खायें क्या

लेकिन दूसरा अर्थ इतना स्पष्ट है कि व्याख्याकारों ने पहले अर्थ (मुहब्बत, तअल्लुक़) को नज़रअन्दाज़ कर दिया है। मीर ने कमाले-फ़न का इज़्हार करते हुए दोनों अर्थ से बराबर का फ़ायदा उठाया है। 'मुहब्बत, तअल्लुक़' की दृष्टि से अर्थ ये हुआ कि उसकी तलवार (तेग़) को हमसे मुहब्बत थी, इसलिए इश्क़ ने जब मारिका (युद्ध, जंग, लड़ाई) गर्म किया, (यानी जब अपना काम किया) तो हम दोनों चाहनेवालों को गले मिलवा दिया। 'दुश्मनी' शब्दार्थ की दृष्टि से पंक्ति का अर्थ ये हुआ कि उसकी तलवार (तेग़) हमारी दुश्मन थी, लेकिन इश्क़ ने जंग की नौबत न आने दी और हम दोनों को गले मिलवा दिया (यानी हमारी सुल्ह करा दी) 'गले से मिला दिया' का इस्तेमाल भी यहाँ किस क़दर ख़ूबसूरत है। तलवार गले पर पड़ती है और गले को काटती है, इस बात को गले मिलना के भाव में निर्धारित करना आला दर्जे की तबीअत है। फिर अगर 'लाग' का अर्थ 'मुहब्बत' लिया जाय तो दो अर्थ-दृष्टियाँ और भी हैं। एक तो ये कि मुहब्बत और दोस्ती के बहाने गले मिलकर उसकी तलवार ने हमारा गला काटा और दूसरा ये कि इस मुहब्बत का तक़ाज़ा ही ये था कि हमारा गला कटता। क्योंकि आशिक़ के लिए इससे बढ़कर बात क्या होगी कि वो माशूक़ के हाथों मारा जाय। एक बात ये भी है कि तलवार का काम ही गला काटना है। ऐसे में उससे इश्क़ करने का अंजाम और क्या होगा? जैसा कि 'सादी' ने कहा

है—

नैशे-अक़्रब न अज़ पैए-कीन अस्त
मुक़्तज़ाए-तबीअतश ईन अस्त

(बिच्छू का डंक मारना किसी द्वेष अथवा शत्रुता के कारण नहीं, ये तो उसके मिज़ाज के तक़ाज़े के आधार पर है।)

इसी तरह तलवार से इश्क़ करेंगे तो गला कटेगा ही, ख़ूब शेर है। दाग़ ने मीर के मज़्मून को हल्का करके, लेकिन वाक्पटुता के साथ बाँधा है—

इस तरह दुश्मने-जाँ से नहीं मिलता कोई
क्या लिपटकर तेरे ख़ंजर से गुलू मिलता है

26 / (iii) इस क़ाफ़िये में इस मज़्मून को जुर्अत ने भी किसी हद तक बरता है—

क्या दुश्मनी थी तुझको सबा उस गली से जो
अक्सर मेरा ग़ुबार भी तूने उड़ा दिया

लेकिन मीर के शेर में दुनिया ही और है। सबा (पुरवाई की हवा, ठंडी हवा) का मुश्ते-गुबार लेकर उड़ा देना मीर ने एक और जगह भी बाँधा है—

इन्तिहा शौक़ की दिल के जो सबा से पूछी
इक कफ़े-ख़ाक को ले उनने परेशान किया

(तीसरा दीवान)

यहाँ मज़्मून दूसरा है, और सबा से प्रश्न पूछना भी बनावटी लग रहा है। इसके विपरीत ज़ेरे-बहस शेर में प्रश्न पूछना या जिज्ञासा प्रकट करना अर्थपूर्ण है, क्योंकि आवारागाने-इश्क़ का निशान सबा से पूछना, जो गली-गली फिरती है, बहुत औचित्यपूर्ण है। 'जुर्अत' के शेर में मज़्मून का सिर्फ़ एक पहलू है कि सबा को आवारागाने-इश्क़ से कुछ दुश्मनी-सी है, जो वो उनकी ख़ाक को भी बरक़रार नहीं रहने देती। मीर के यहाँ इसके अलावा भी कई पहलू हैं—(1) आवारागाने इश्क़ का अंजाम महज़ एक मुश्ते-ग़ुबार है। (2) आवारागाने-इश्क़ उसी तरह बेनामो-निशान हैं जिस तरह मुश्ते-ग़ुबार बेनामो-निशान होती है। (3) आवारागाने-इश्क़ की हक़ीक़त बस एक मुश्ते-ग़ुबार है। कायनात के विशाल और महान् कारख़ाने में इनकी कोई हैसियत नहीं। (4) आवारागाने-इश्क़ इस तरह आवारा हैं जिस तरह मुश्ते-ग़ुबार होती है; उन्हें कहीं क़रार नहीं। (5) सबा को आवारागाने-इश्क़ की कोई ख़बर नहीं (ख़ाक ख़बर है, यानी बिल्कुल नहीं मालूम)। (6) आवारागाने-इश्क़ पर क्या

बीती, सबा को इससे कोई दिलचस्पी नहीं, वो तो महज़ ख़ाक उड़ाती फिरती है, या वो ख़ुद ही ख़ाक उड़ाती फिरती है उसे दूसरों की ख़ाक से क्या ग़रज़? (7) जब मैंने आवारागाने-इश्क़ का निशान पूछा तो सबा ने मेरे मुँह पर ख़ाक उड़ा दी, मानो ये कहा कि तुम्हारा ये मर्तबा नहीं कि तुम उनके बारे में पूछो। (8) सबा को इस क़दर ग़म है कि वो ख़ाक उड़ा रही है। (9) ये ज़रूरी नहीं कि प्रश्न सबा से किया गया हो, मुम्किन है सवाल किसी और से पूछा हो, या शायर ने अपने-आप से पूछा हो कि वो आवारागाने-इश्क़ कहाँ गये या क्या हुए, और किसी तरफ़ से तो जवाब न मिला, सबा ने मुश्ते-गुबार उड़ाकर जवाब दे दिया। शेर क्या है तराशा हुआ नगीना है।

26 / (iv) 'दिल-सी चीज़' कर बलाग़त क़ाबिले-दाद है। यानी दिल का क़ीमती और मह्बूब चीज़ होना बिल्कुल ज़ाहिर और सर्वमान्य बात है। उसको ज़ाहिर करने के लिए दलील या विस्तृत विवेचना की ज़रूरत नहीं। मुहासबा (हिसाब-किताब) देनेवाला शख़्स या तो वो होता है जिसे कोई हिसाब चुकता करना हो, या वो जिसके हिसाब-किताब की जाँच-पड़ताल हो रही हो। इश्क़ की कुछ अपेक्षाएँ आवश्यकताएँ थीं, उनको पूरा करने के लिए दिल जैसी क़ीमती और मह्बूब चीज़ को मैंने लगा दिया, यानी क़ुरबान कर दिया। ज़ाहिर है सब लोग तो ऐसा करते नहीं, मुझी को ऐसा लगता था कि मैं इश्क़ का मुहासबादार हूँ, या शायद जब इश्क़ मेरा हिसाबे-ज़िन्दगी लेगा तो मैं किसी-न-किसी तरह बक़ायेदार या घालमेल करनेवाला ठहरूँगा, इसलिए मैंने अपना दिल लगा दिया। 'इस तौर' (इस प्रकार से या इस ढंग से) में पुरलुत्फ़ गूढ़ार्थ है; यानी एहसासे-ज़िम्मेदारी के आधार पर ऐसा किया, या दिल पर जुल्म करके ऐसा किया, या ख़ुशी-ख़ुशी ऐसा किया। ज़ाहिर है कि 'इश्क़' का आशय वो शाश्वत सत्य है जो सृजन (सृष्टि या अन्य वस्तुओं) का कारण है और जो इन्सान को इन्सान बनाती है। जैसा कि मीर ने अपनी मस्नवी 'शोलए-इश्क़' में कहा है—

मुहब्बत ने काढ़ा है ज़ुल्मत से नूर
न होती मुहब्बत न होता ज़हुर
मुहब्बत मुसब्बब मुहब्बत सबब
मुहब्बत से आते हैं कारे-अजब

ऐसी हक़ीक़त का मुसाहबा (हिसाब, लेखा-जोखा) देने का एहसास रखेनवाला शख़्स इन्सानियत के मामूली दर्जे पर सफल नहीं हो सकता। शेर में मीर की विशिष्ट और गुरुतर गम्भीरता तथा मौन घनगरज की अनुभूति की जा सकती है। ख़ूब शेर कहा है। 'लगा दिया' का मुहाविरा 'मुहासबा' (हिसाब, लेखा-जोखा) के साथ ख़ूब लुत्फ़ दे रहा है, क्योंकि कारोबार में 'रुपया लगाना' भी बोलते हैं, और

हिसाब का सवाल हल करने को भी 'सवाल लगाना' कहते हैं। 'हिसाब लगाना' भी मुहाविरा है। 'दाँव पर लगाना' भी 'मुहासबा' से सम्बन्ध रखता है।

26 / (v) तलवार के लिए भी 'चलना' और 'चलाना' इस्तेमाल करते हैं। माशूक़ ने तल्वार खींची ही थी कि मैंने तलवार की तरह अपना जी चला दिया। 'जी चलाना' के दो अर्थ हैं—'दिल से चाहना' और 'हिम्मत और बहादुरी दिखाना'। दोनों अर्थ यहाँ बहुत ख़ूब और मुनासिब हैं। 'तेग़' और 'दम' में रिआयत का भी सम्बन्ध है और लुत्फ़ दे रहा है। 'तमाशा' भी तेग़ (तल्वार) खींचने की रिआयत का ही लफ़्ज़ है, क्योंकि तलवार खींचना और लोगों का क़त्ल होना तमाशे की चीज़ें हैं। यानी लोग उन्हें देखने के लिए जमा होते हैं, और मरना ख़ुद भी एक तमाशा है, जैसा कि 'मोमिन' ने कहा है—

किया तुमने क़त्ले-जहाँ इक नज़र में
किसी ने न देखा तमाशा किसी का

'तमाशा दिखा दिया' का आशय ये भी हो सकता है कि हमने हिम्मत और बहादुरी से अपना सर कटाकर एक तमाशा कर दिया कि देखो जान यूँ निसार करते हैं। 'एक दम में' की अर्थ-गूढ़ता अब और ही कुछ हो गयी यानी हमने ज़रा-सी देर में, बस एक लम्हे में, अपने मरने का तमाशा दिखा दिया, कोई टालमटोल न की। या हमने एक लम्हे में तमाशा दिखाया, जबकि माशूक़ का तलवार खींचना लम्बी प्रक्रिया है। मालूम नहीं वो क़त्ल करने को उद्यत हो कि न हो, मालूम नहीं हमें वो इस क़ाबिल समझे कि न समझे; इन सब बातों के तय होने में देर हो सकती, लेकिन हमने तो अपना तमाशा एक दम में बहुत जल्द या अचानक दिखा दिया।

[27]

कुछ गुल से हैं शिगुफ़्ता कुछ सर्व से हैं क़दकश
उसके ख़याल में हम देखें हैं ख़्वाब क्या-क्या

अक्सर लोगों को गुमान है कि क्लिष्ट शेर सिर्फ़ वही होते हैं जिनमें कोई पेचीदा बात कही गयी हो। वस्तुतः क्लिष्टता या गूढ़ता का सम्बन्ध अन्दाज़े-बयान से है, न कि उस बात से जो बयान की जा रही है। ज़ेरे-बहस शेर में 'से' और 'हम देखें हैं' जैसे सादा अल्फ़ाज़ ने पुरलुत्फ़ गूढ़ार्थ पैदा कर दिया है। एक अर्थ तो ये है कि हम उसके ख़याल में गुम हैं और क्या-क्या ख़्वाब देखते हैं। कुछ ख़्वाब गुल की तरह शिगुफ़्ता (खिले हुए) हैं और कुछ ख़्वाब सर्व (एक सीधा और ऊँचा सुन्दर पेड़; इसे 'सरो' भी कहते हैं तथा उर्दू-शायरी में माशूक़ की क़द-काठी की उपमा में प्रयुक्त करते हैं—अनु.) की तरह ऊँचे और सीधे क़दवाले हैं। दूसरा अर्थ है कि कुछ ख़्वाब गुल से (ज़ियादा) शिगुफ़्ता और कुछ ख़्वाब सर्व से (ज़ियादा) ऊँचे हैं और सीधे क़दवाले हैं (यानी 'से' यहाँ समानता के लिए नहीं, बल्कि तुलना के लिए है, जैसे कोई कहे : तुम फ़लाँ से ख़ूबसूरत हो' यानी 'तुम फ़लाँ से ज़ियादा ख़ूबसूरत हो) तीसरा अर्थ ये है कि उसके ख़याल में गुम हम तरह-तरह के ख़्वाब देखते हैं, और उन ख़्वाबों की लज़्ज़त और ख़ुशी के कारण हम कुछ तो (यानी थोड़े-बहुत) गुल की तरह शिगुफ़्ता और कुछ (यानी थोड़े-बहुत) सर्व की तरह ऊँचे और सीधे क़दवाले हो गये हैं। ध्यातव्य हो कि जिस तरह फूल का हुस्न ये है कि वो शिगुफ़्ता हो, उसी तरह सर्व का हुस्न ये है कि वो ऊँचा और सीधे क़द का हो। फिर मुनासिबतों की सुव्यवस्था देखिए—माशूक़ फूल भी है और सर्व भी। यानी चेहरे की खूबसूरती और नज़ाकत तथा तरी-ओ-ताज़गी के आधार पर उसको फूल कहते हैं और क़द की शादाबी और हुस्न के आधार पर उसको सर्व कहते हैं। लिहाज़ा माशूक़ के ख़याल में गुम होकर जो ख़्वाब देखे जाएँ वो गुल और सर्व की तरह या उससे बढ़कर होंगे ही, और ख़्वाब देखनेवाला भी गुल और सर्व के समान होगा। फिर 'ख़याल' और 'ख़्वाब' की मुनासिबत है। ये भी ध्यान रहे कि अरबी में 'ख़याल' का अर्थ 'ख़्वाब'

(Dream) होता है। इसके अलावा लुत्फ़ ये है कि पहले मिस्रे का अन्दाज़ ख़बरिया (सूचनात्मक) है और दूसरे का इंशाइया*। कोई ऐसे शेर कहे तब ख़ुदा-ए-सुखन होने का दावा करे।

* ख़बरिया, अर्थात् सूचनात्मक वाक्य वे होते हैं, जिनके सत्य अथवा असत्य होने का परीक्षण-निर्धारण किया जा सके, जबकि इंशाइया ऐसे वाक्य या शैली को कहते हैं, जिसमें कथन के सत्य-असत्य का फ़ैसला न हो सके।—अनु.

[28]

कब लुत्फ़ ज़बानी कुछ उस ग़ुंचा दहन का था
बरसों मिले पर हम से सर्फ़ा ही सुख़न का था

(सर्फ़ा = कंजूसी)

अस्बाब मुहैया थे सब मरने ही के लेकिन
अब तक न मुए हम जो अन्देशा कफ़न का था

बुल्बुल को मुआ पाया कल फूलों की दुकाँ पर
उस मुर्ग़ के भी जी में क्या शौक़ चमन का था

सब सत्ह है पानी का आईने का-सा तख़्ता
दरिया में कहीं शायद अक्स उसके बदन का था

28 / (i) दोनों मिस्रों के कई पहलू हैं। 'लुत्फ़ ज़बानी' के कई अर्थ हैं। एक तो 'ज़बान का लुत्फ़', यानी 'बातचीत का लुत्फ़' या 'वो लुत्फ़ जो ज़बान के ज़रिये (मस्लन ज़बान को चूसकर) हासिल हो,' फिर 'वो लुत्फ़ जो ज़बानी हासिल हो' यानी 'वो लुत्फ़ जो ज़बानी हो, अमली न हो', या 'वो लुत्फ़ जो सिर्फ़ ज़बान को हासिल हो'। फिर 'लुत्फ़ ज़बानी' को बेइज़ाफ़त (लुत्फ़-ज़बानी) या मय इज़ाफ़त (लुत्फ़े-ज़बानी) पढ़ सकते हैं। 'लुत्फ़' का अर्थ 'मज़ा' और 'मेह्रबानी' दोनों मुनासिब हैं। 'कब' की विशिष्ट अर्थ-गम्भीरता के दृष्टिकोण से मफ़्हूम ये हो सकता है कि क्या उस ग़ुंचा-दहन (कली जैसे सुन्दर और छोटे मुँहवाला) का लुत्फ़ कभी, किसी मौक़े पर, ज़बान से भी था? यानी क्या ये सही नहीं कि वो ज़बान के बजाय बदन का धनी था? ख़ैर हमें क्या मालूम? हम से बरसों मिलते रहने के बावजूद उसने तो बातचीत में भी कंजूसी की। दूसरा मफ़्हूम ये है कि उसने हमें ज़बान (को चूसने) का लुत्फ़ भला कब दिया? तीसरा मफ़्हूम ये है कि उसे हमें ज़बानी लुत्फ़ (यानी

रस्मी लुत्फ़) भला कब दिया? यानी हम तो इस लायक़ भी न समझे गये कि हम पर ज़बान से लुत्फ़ किया जाय। चौथा मफ़्हूम ये है कि माशूक़ के लुत्फ़ दो तरह के हैं; एक तो वो जो ज़बान से प्रदान किये जाते हैं और एक वो जो नज़र से बख़्शे जाते हैं। हम को तो ये मालूम भी न हुआ कि माशूक़ ज़बान के ज़रिये भी लुत्फ़ करता है। हमारी उसकी कोई बात ही न हो पायी। शायद उसने नज़र से लुत्फ़ किए हों, लेकिन ज़बान से हम महरूम रहे। 'ग़ुचा-दहन' में दो तरह की रिआयतें हैं। एक तो सामने की है कि माशूक़ का मुँह ग़ुंचे की तरह नाज़ुक और तंग होता है। दूसरी ये कि ग़ुंचा बोलता नहीं, ख़ामोश रहता है। चूँकि माशूक़ की कमसुख़नी (मितभाषिता) या कम मिलने-जुलने को शायरी का एक मज़्मून माना जाता है इसलिए उसको 'ग़ुंचा-दहन' कहना (यानी ऐसे शख़्स कहना जिसका मुँह ग़ुंचे (कली) की तरह बन्द रहता है) बहुत ख़ूब है। अब दूसरे मिस्रे को देखिए—'बरसों मिले पर' का अर्थ है 'बरसों मिलते रहने पर', लेकिन अगर 'पर' को 'लेकिन' (परन्तु-अनु.) के अर्थ में लिया जाय तो मफ़्हूम बनता है—'बरसो मिले, लेकिन', इन तमाम पहलुओं को सामने रखिए तो शेर का अर्थ ये बनता है कि माशूक़ और हम बरसों मिलते रहे, लेकिन माशूक़ हमसे कभी न खुला, बात करने में कंजूसी ही करता रहा। क्या ख़ूब लुत्फ़ ज़बानी था! या उसकी ज़बान का लुत्फ़ क्या ख़ूब था! या क्या ज़बानी-ज़बानी मेहरबानी थी, कि हमसे कभी खुलकर बात तक न की! या क्या उससे गुफ़्तगू, करने के अलावा और तरह के भी लुत्फ़ थे? हमें क्या मालूम, हम तो बरसों मिले लेकिन हमसे बात तक ढंग से न हुई। या लोग कहते हैं उसकी बातचीत में बड़ा लुत्फ़ है, मालूम नहीं, हमसे तो कभी बात हुई नहीं, या क्या उसकी मेहरबानी कुछ ज़बान से (यानी गुफ़्तगू के ज़रिये) भी होती थी? हमको तो ये भी नहीं मालूम, क्योंकि हमसे तो बात करने में कंजूसी ही की, या उसका ज़बानी लुत्फ़ भी क्या लुत्फ़ था कि उसका भी इज़्हार न हुआ। एक पहलू ये भी है कि 'हमसे सर्फ़ा ही सुख़न का था' का अर्थ ये भी हो सकता है कि बात करने में कंजूसी हमारी तरफ़ से हुई। शायद इसलिए कि हम उसके सामने रौब-ए-हुस्न से, या लिहाज़ से, या उसी में मग्न हो जाने के कारण बात ही न कर पाते थे। कई बरस उससे मिलते गुज़रे, लेकिन बातचीत की नौबत न आयी। आख़िरी बिन्दु ये है कि बरसों मिलने का ज़िक्र शेर को रोज़मर्रा की दुनिया की सत्ह पर ले आता है और मीर के उस विशेष अन्दाज़ को परिलक्षित करता है जब वो इश्क़ की परिघटनाओं और प्रसंगों को रोज़ाना ज़िन्दगी का हिस्सा बनाकर अपनी तरह की वास्तविकता प्रदान करते हैं बल्कि आख़िरी बिन्दु ये है कि अगर 'सर्फ़ा' (कंजूसी) को 'ख़र्च' के अर्थ में लिया जाय तो मफ़्हूम ये निकलता है कि बरसों उससे मिलते रहे, लेकिन सिर्फ़ जमा-ख़र्च हुआ, बातें ख़ूब ख़र्च हुईं, काम कुछ न निकला। ख़ूब शेर कहा है।

28 / (ii) इस मज़्मून को यूँ भी कहा है—

मरते न थे हम इश्क़ के रफ़्ता बेकफ़नी से यानी मीर
देर मयस्सर इस आलम में मरने का अस्बाब हुआ

(चौथा दीवान)

लेकिन इस शेर में 'इस आलम में' काव्य-पूर्ति के लिए है, और ज़ेरे-बहस शेर में 'अन्देशा' के लफ़्ज़ से दो पहलू पैदा हो गये हैं। एक तो 'अन्देशा' 'फ़िक्र' के अर्थ में, अर्थात् हम बेसरो-सामान थे, हमें कफ़न की फ़िक्र थी कि मरे तो कफ़न तो मयस्सर हो। इसलिए मरने में देर की। दूसरा पहलू ये है कि 'अन्देशा' 'ख़ौफ़' के अर्थ में माना जाय तो अर्थ ये निर्धारित होता है कि हमें ख़ौफ़ था लोग हमें कफ़न पहनाएँगे और बाक़ायदा दफ़्न वग़ैरह करेंगे। हम तो चाहते थे कि बेगोरो-कफ़न (बिना क़ब्र और कफ़न) रहें, ताकि हमारी बेकसी दुनिया पर खुले, या ये कि हम बेगोरो-कफ़न रहकर दुनिया को दिखा दें कि मरकर भी हम दुनिया की रस्मों के पाबन्द नहीं हैं। जब लोगों ने हम को बिल्कुल छोड़ दिया, और हमें अन्देशा न रहा कि हमारा कफ़न-दफ़न (कफ़्न-दफ़्न) होगा, तो हम आराम से मर लिए। जो भी मफ़्हूम अख़्तियार किया जाय, पहले मिस्रे में लफ़्ज़ 'अस्बाब' बहुत अर्थपूर्ण और वाक्चातुर्यपूर्ण है। पहले मफ़्हूम के दृष्टिकोण से लुत्फ़ ये है कि मरने के 'अस्बाब' (सामान, सामग्री) मुहैया थे, लेकिन बेसरो-सामानी (ज़िन्दगी के लिए आवश्यक सामानों का अभाव) इस क़दर थी कि कफ़न का इन्तिज़ाम न था। दूसरे मफ़्हूम के दृष्टिकोण से लुत्फ़ ये है कि 'सामान' या 'वजहें' तो मरने की मुहैया थीं, लेकिन हमें वो सामान (यानी कफ़न वग़ैरह) मंज़ूर न था, इसलिए हमने मरना पसन्द न किया।

28 / (iii) इस शेर में एक अफ़्साना जिस ख़ूबी से पद्यबद्ध हुआ है उसकी तारीफ़ बयान से बाहर है। आशिक़ (या इन्सान) की अभावग्रस्तता का पूरा मंज़रनामा इस शेर में मौजूद है। बुल्बुल के मरे (मुए) पाये जाने की वजूह न बयान करके कई किनाये रख दिये हैं। मस्लन् बुल्बुल कमज़ोर या दुर्बल थी क्योंकि क़ैद में थी। किसी तरह क़ैद से आज़ाद हुई, लेकिन इतनी ताक़त न थी कि चमन तक पहुँच सके, इसलिए फूलों की दुकान पर ही जल्वाए-गुल देखने चली। वहाँ पहुँचकर उसने जान दे दी क्योंकि क़ैदख़ाने से दुकान तक पहुँचने की कठिनाई और पीड़ा भी उसे बर्दाश्त न हुई। या शायद बुल्बुल ने गुलचीं (माली) को देखा कि वो सारे फूल तोड़कर दुकान में बेचने के उद्देश्य से लिये जा रहा है। वो बेक़रार होकर उसके पीछे-पीछे चली, और दुकान पर पहुँचकर उसने शोकाधिक्य से दम तोड़ दिया, या मुम्किन है कि वो रोज़ दुकान पर आकर नाला (आर्तनाद) करती रही हो और एक उसी ग़म में उसकी जान चली गयी हो, या मुम्किन है बुल्बुल ने दुकान पर ख़ुद को फूलों के एवज़ बेचना चाहा हो कि फूल न बिके, मैं बिक जाऊँ। चमन तो आबाद रहे। फूलों की दुकान पर

बुल्बुल की मौत का ख़याल ऐसी परवाज़ है जो ग़ालिब की तरह आस्मानगीर नहीं है, लेकिन मौलिकता और विशिष्टता में ग़ालिब से कम नहीं। 'कल' शब्द वाक़िअे के नाटकीय वृत्तान्त और वास्तविकता को दृढ़ता प्रदान करता है, मानो ये अभी कल ही की घटना है, सामने की बात है। रोज़मर्रा की घटनाओं का इशारा देकर मीर ने शेर को आम इन्सानी पीड़ाओं की गम्भीरता प्रदान कर दी है। दूसरे मिस्रे की कथन-शैली भी ख़ूब है। लाजवाब शेर कहा है।

28 (iv) अब्दुस्सलाम नदवी ने 'देहली स्कूल' और 'लखनऊ स्कूल' पर विमर्श करते हुए 'बहर लखनवी' का मिस्रा 'शेरुल हिन्द' में उद्धृत किया है—'नहाता है वो मह दरिया पे कपड़े हूर धोती है।' फिर किसी का ये कथन उल्लिखित किया है कि वाह कैसा माशूक़ है जो धोबी से खड़े घाट कपड़े धुलवाता है। 'सफ़ीर बिलग्रामी' ने ये कथन ग़ालिब का निर्धारित किया है। उनके कथनानुसार ग़ालिब ने 'बहर' का ये मिस्रा उद्धृत करके कहा कि 'ये माशूक़ की तारीफ़ नहीं हुई, बल्कि ऐसा ग़रीब माशूक़ है कि खड़े घाट कपड़े धुलवाता है। मुझे अन्देशा है कि ग़ालिब ने शायद ही लखनऊ और देहली स्कूलों की कोई ऐसी तुलना की हो। इस बात के अलावा भी कि लखनवी शायर का मिस्रा महज़ ख़ुशतबई (हास-परिहास) में और 'कपड़े' और 'धोती' के एक ही परिधि में होने के कारण कहा गया है, बुनियादी बात ये है कि खड़े घाट कपड़े धुलवानेवाला न सही, लेकिन दरिया में नहानेवाला माशूक़ दिल्ली के शायरों के यहाँ भी अक्सर नज़र आता है, और ये रवायत 'आतिश'-ओ-'नासिख़' की क़ायम की हुई नहीं है, बल्कि दिल्ली से शुरू होकर उनसे होती हुई मसूद अख़्तर जमाल की 'सुबहे-बनारस' और 'मख़्दूम' की उस नज़्म तक पहुँचती है जिसमें 'शोलाबदन' लोग 'पानी में नहाने' उतरते हैं। मीर के निम्नलिखित शेर देखिए—

इस्तादा हो दरिया तो ख़तरनाकी बहुत है
आ अपने खुले बालों से ज़ंजीर न कर आब

(तीसरा दीवान)

पास ग़ैरत तुम को नहीं कुछ दरिया पर सुनकर ग़ैर को तुम
घर से उठके चले जाते हो नहाने के भी बहाने से

(पाँचवाँ दीवान)

पाँचवें दीवान के शेर में तो माशूक़ की बेग़ैरती (लज्जाहीनता, बेशर्मी) ऐसी है कि अच्छे अच्छे लम्पट और शोहदा शायर भी शरमा जाएँ। अस्ल बात ये है कि मज़्मून कुछ भी हो तो तर्ज़े-अदा (कथन-शैली या प्रस्तुतीकरण) उसे कहीं-का-कहीं ले जाती है। फलस्वरूप ज़ेरे-बहस शेर का हुस्न देखना हो तो 'आतिश' का

ये शेर सामने रखिए—

तू देखने गया लबे-दरिया जो चाँदनी
इस्तादा तुझ को देख के आबे-रवाँ हुआ

मीर के यहाँ अक्से-बदन से चकित (स्तब्ध) होकर पानी जम जाता है। ज़ाहिर है कि पानी जब जमेगा तो आईने का-सा होगा, और आईने की विशेषता ही विस्मय है। इस तरह विस्मय या अचम्भे की दोहरी प्रभावकारिता (असर डालना) है। फिर अक्से-बदन तो कहीं पड़ा होगा, लेकिन पानी सारे-का-सारा ठहर गया, या जमकर रह गया है। पानी के ठहर जाने में लुत्फ़ ये भी है कि वो गुज़रना नहीं चाहता, बल्कि चाहता है कि ठहरकर माशूक़ के अक्स को अपने अन्दर क़ायम कर ले। 'तख़्ता' कहकर पानी के जमकर सख़्त हो जाने और अपने अन्दर अक्से-बदन को मह्फ़ूज़ कर लेने का इशारा भी कर दिया, और ये विरोधाभास भी स्थापित कर दिया कि माशूक़ का बदन तो नर्मो-नाज़ुक है और पानी उससे नर्मतर है, लेकिन हैरते-हुस्न इस क़दर ज़बरदस्त है कि उसने पानी जैसी चीज़ को भी तख़्ते की तरह सख़्त कर दिया। 'आतिश' के यहाँ 'इस्तादा' (सीधा खड़ा होना या खड़ा होना) का लफ़्ज़ नहीं है (मुलाहिज़ा हो मीर का शेर जो ऊपर दर्ज है) और उसको 'आबे-रवाँ' से दूर रखने की वज्ह से उनकी शैली भी भोंडी हो गयी है। ('सतह' शब्द मीर के ज़माने में पुल्लिग भी था।)

[29]

रहते तो थे मकाँ पे वले आप में न थे
उस बिन हमें हमेशा वतन में सफ़र रहा

'सफ़र दर वतन' सूफ़ियों का पारिभाषिक शब्द पद है। 'मैकश अकबराबादी' ने लिखा है कि ये नक़्शबन्दियों (सूफ़ी सम्प्रदाय की एक शाखा, जैसे साबिरी, क़ादिरी, चिश्ती आदि होती हैं—अनु.) के कलामों में से है जिन पर उनके तरीक़े की बुनियाद है। उनका कहना है कि सिफ़ाते-बशरिया से सिफ़ाते-मलकूती (मनुष्यत्व से देवत्व) की तरफ़ तरक़्क़ी करने को 'सफ़र दर वतन' कहते हैं। ज़ेरे-बहस शेर में मीर ने उसको पारिभाषिक शब्द के रूप में प्रयोग करने के बजाय इस्तिआरे के तौर पर इस्तेमाल करके नया लुत्फ़ पैदा किया। तक़्रीबन् इसी मफ़्हूम में इस इस्तिआरे को मीर ने दोबारा इस्तेमाल किया है—

रहे फिरते दरिया में गिर्दाब से
वतन में भी हैं हम सफ़र में भी हैं

(तीसरा दीवान)

एक जगह पर जैसे भँवर हैं लेकिन चक्कर रहता है
यानी वतन दरिया है उसमें चार तरफ़ हैं सफ़र में अब

(पाँचवाँ दीवान)

मीर के विपरीत 'आतिश' ने पारिभाषिक अर्थ भी ध्यान में रखते हुए ख़ूब शेर निकाला है—

दिन-रात रोज़ो-शब है वतन में सफ़र जिन्हें
वो पुख़्ता मग़्ज़ समझे हैं सौदाए-ख़ाम कूच

काश कि 'आतिश' ने 'दिन-रात' और 'रोज़ो-शब' दोनों लिखकर तक्रारे-

फ़िज़ूल (पुनरुक्ति-दोष) न की होती। मीर के शेर में सूफ़ियाना पहलू नहीं है, लेकिन उनका शेर बेइन्तिहा वाक्विदग्धपूर्ण है और शैली की दृष्टि से भी गम्भीर और प्रभावशाली है। एक अन्य स्थान पर मीर कहते हैं—

रहे न क्यूँ के ये दिल बाख़्ता सदा तनूहा
कि कोई आवे कहाँ मैं तो घर नहीं रखता

(क्यूँ के = क्यूँकर)

इसमें घर न रखने का ज़िक्र है कि घर न होने की वजह से माशूक़ या दोस्त मुझसे मिलने नहीं आ सकते, और मैं दर-ब-दर मारा फिरता हूँ। इसी ख़याल का दूसरा पहलू ज़ेरे-बहस शेर में है कि घर तो रखता हूँ, लेकिन अपने आप में नहीं रहता, क्योंकि माशूक़ पास नहीं। 'घर में रहना' के साथ 'अपने आप में न रहना' का विरोधाभास (contradiction) बहुत ख़ूब है। 'मोमिन' ने इस मज़्मून (यानी घर में होते हुए सफ़र में रहने का मज़्मून) को अपने रंग में बाँधा है; न सूफ़ियाना दूरगामिता है और न इश्क़िया अनुभूतियों की तीव्रता—

एक दम गर्दिशे-अय्याम से आराम नहीं
घर में हैं तो भी हैं दिन-रात सफ़र में फिरते

मज़्मून हल्का हो गया है, लेकिन मोमिन की नाज़ुक ख़याली कारफ़र्मा (कार्यरत) है। गर्दिशे-अय्याम (समय-चक्र) को दिन-रात सफ़र में फिरने से निर्धारित-विवेचित करने का ढंग ख़ूब है। इसके अतिरिक्त लुत्फ़ ये है कि ज़मीन घूमती है, लिहाज़ा हर शख़्स वाक़ई हर वक़्त में है। 'नज़ीरी' ने भी 'सफ़र दर वतन' का मज़्मून एक नये रंग से बाँधा है—

चूँ हुस्ने-तू बकसे-दर जहाँ नमी मानम
ग़रीब दर वतनम बा सफ़र चे कार मरा

(तेरे हुस्न की तरह मैं भी सारी दुनिया में अद्वितीय हूँ। मैं वतन में अजनबी हूँ, मुझे सफ़र की क्या ज़रूरत।)

लेकिन अपने अद्वितीय होने की बात तर्कपूर्ण (युक्ति युक्त) न बना पाने की वजह से मज़्मून का ज़ोर भरपूर न रहा।

ज़ेरे-बहस शेर के मज़्मून का एक और पहलू, प्रथम दीवान ही में मीर ने बड़ी ख़ूबी से कहा है—

कभू आते हैं आप में तुझ बिन
घर में हम मेह्मान होते हैं

[30]

जब से नामूसे-जुनूँ गर्दन बँधा है तब से मीर
जैबे-जाँ वाबस्तए-ज़ंजीर ता दामाँ हुआ

'नामूस' के कई अर्थ हैं। उनमें से निम्नलिखित हमारे मत्लब के हैं—इज़्जत, अस्मत, शोह्रत, बदनामी जंग। 'जैब' ('जेब' भी एक उच्चारण सम्भव है—अनु.) के भी कई अर्थ निर्धारित हैं और उनमें से अग्रलिखित हमारे काम के हैं—गिरेबान, सीना, दिल, ज़िरह। ('ज़िरह' लोहे के तारों से बने कुर्ते या वस्त्र को कहते हैं, जिसे जंग आदि में तल्वारों के वार से बचने के लिए पहना जाता है। इसी शब्द से 'ज़िरह बख़्तर' या 'ज़िरहपोश' आदि शब्द-पद बनते हैं—अनु.) (इस आख़िरी अर्थ में ये शब्द दरअस्ल 'जैबा' है, लेकिन कभी-कभी 'जैब' भी नज़र आया है।) पहले प्रथम पंक्ति को लीजिए—हमारी जान का गिरेबान, यानी दूसरे शब्दों में हमारी जान की जान (क्योंकि 'गिरेबान फँसना' का अर्थ है—'किसी मुश्किल में गिरफ़्तार होना'।) या हमारी जान, जो गिरेबान की तरह चाक-चाक और शिकस्ता है, अब दामन तक ज़ंजीर में बँध गयी है। ('जान का सीना' या 'जान का दिल' मानिए तो उसे रूह की गहराइयों, यानी अस्ली शख़्सियत का इस्तिआरा कह सकते हैं।) 'ज़िरह' के अर्थ में लीजिए तो 'जान की ज़िरह' जिस्म ही हुआ, क्योंकि जिस तरह ज़िरह ऊपरी ज़िस्म की हिफ़ाज़त करती है, यानी उसको ढाँके रहती है, उसी तरह जिस्म भी जान की हिफ़ाजत करता है, यानी उसको छुपाये रहता है। लिहाज़ा इस मिस्रे का अर्थ हुआ कि हमारा जिस्म, या हमारी जान, या हमारा गला, या हमारी रूह की गहराई अब दामन तक जंजीर में बँध गयी है। अब पहले मिस्रे को देखिए ये सूरते-हाल उस वक़्त से है जब से जुनून की इज़्ज़त और आबरू, या उसकी शर्म और अस्मत, या उसकी बदनामी और रुस्वाई, या उसकी जंग हमारी गर्दन में बँध गयी है, यानी जब से हमें ये मर्तबा दिया गया कि हम जुनून के ख़ास-उल-ख़ास, उसकी आबरू हमारे हाथ है, या जब से जुनून के ज़रिये हासिल होनेवाली बदनामी और रुस्वाई हमारे नसीब में आयी है, या हमें जब से ये बदनामी हासिल हुई है कि हम अहले-जुनूँ की (अर्थात्

जुनूनवाले) हैं, या जब से हमारा फ़र्ज ये ठहरा है कि हम जुनूँ की तरफ़ से जंग लड़ें। नामूस के गर्दन में बँधे होने में ये इशारा है कि ये मर्तबा जैसा भी हो, कितना ही मोह्तरम क्यों न हो, है बड़ी दर्दे-सरीवाली (पीड़ादायक, झंझटी) चीज़, और इसका नतीजा ये हुआ है कि हम दामन तक ज़ंजीरों में कस दिये गये हैं, या हमारी जान को ज़ंजीरों में बाँध दिया गया है। ज़ाहिर है, ऐसी हालत में हम जंग क्या करेंगे, या जुनूँ की नामूस की हिफ़ाज़त क्या करेंगे? या अगर ये 'नामूस' रुस्वाई और बदनामी है, तो अब जब हम ज़ंजीरों में जकड़ दिए गये हैं तो उससे आज़ाद क्या होंगे? मुल्के-इश्क़ या आम इन्सानों की दुनिया, दोनों के रस्मोरिवाज की उम्दा तस्वीर है। इसमें एक हल्की-सी तल्ख़ी का इज़्हार भी है और कुछ तम्कनत का और कुछ बेज़ारी का भी। हर सूरते-हाल में एक तरह की मज्बूरी ही है। इन्सान चाहे एक मोह्तरम हस्ती बना दिया जाय, चाहे मुजरिम, चाहे हीरो, रहता वो मज्बूर ही है। हर अमल का अंजाम यही है कि इन्सान पर एक बोझ पड़े। एक मफ़्हूम ये भी हो सकता है कि एक अर्से तक तो हम यूँ ही आवारा फिरते रहे, लेकिन जब से जुनून के नामूस की ज़िम्मेदारी आ पड़ी, हम सारे बदन में ज़ंजीर लपेट कर एक जगह पड़ गये। 'नामूस', 'जुनून', 'गर्दन', 'बँधा', 'जैब', 'जान', 'वाबस्ता', 'ज़ंजीर', 'दामाँ' इन सब अल्फ़ाज़ में मुनासिबत है।

पहले मिस्रे का मज़्मून सालिक यज़दी से उधार लिया गया है—

नंगो-नामूसम जुनूँ दर गर्दनम उफ़्ताद अस्त
नीस्त मज्नूने कि बिसयारम ब ऊ ज़ंजीर रा

(जुनूँ ने मेरा नंगो-नामूस मेरी गर्दन में डाल दिया है। मज्नूँ नहीं है कि मैं ये ज़ंजीर उसको दे डालता।)

लेकिन मीर ने सालिक के ज़रा से ख़याल को कहीं-का-कहीं पहुँचा दिया है। सालिक का शेर मीर के शेर की वजूह से ज़िन्दा है।

[31]

आया है अब्र जब का क़िब्ले से तीरा-तीरा*
मस्ती के ज़ौक़ में है आँखें बहुत ही ख़ीरा

क्या कम है हौलनाकी सहरा-ए-आशिक़ी की
*शेरों को इस जगह पर होता है क़ुशारीरा**

आईने को भी देखो पर टुक इधर भी देखो
हैरान चश्मे-आशिक़ दमके हैं जैसे हीरा

ग़ैरत से मीर साहब सब जज़्ब हो गये थे
निकला न बूँद लोहू सीना जो उनका चीरा

31 / (i) 'अब्रे-क़िब्ला' उस बादल को कहते हैं जो बहुत घना होता है। इस मुनासिबत से मीर ने ये मान लिया है कि बादल क़िब्ले की तरफ़ से आया है। 'जब का' यानी 'पिछला' से वो बादल अभीष्ट है जिसके बाद कोई नहीं आया, यानी वो बादल जो अभी आस्मान पर छाया हुआ है। बादल के कालेपन से हुए अँधियारे का नतीजा ये निकला कि आँखें चकाचौंध हो जाएँ; पुरलुत्फ़ है। इसके अतिरिक्त लुत्फ़ ये कि बादल ख़ाना-ए-काबा से आया है, लेकिन उसका असर ये है कि मयख़्वारी (शराब पीना) का ज़ौक़ पैदा हुआ है, और वो ज़ौक़ भी इस क़दर ज़बरदस्त है कि आँखें चकाचौंध हुई जा रही हैं। नशे के आलम में आँख बन्द हो जाती हैं, यही हाल चकाचौंध होने पर भी होता है, इसलिए आइन्दा होनेवाले नशे के ज़ौक़ में बन्द होती हुई आँखों को चकाचौंध आँखें बताना बहुत ख़ूब है। 'तीरा', 'सियाह' के अर्थ में,

---

* (जब का = पिछला), (ख़ीरा—ढीठ, चौंधियाया हुआ, स्तब्ध), (क़ुशारीरा = जोश या ख़ौफ़ की वजह से रोंगटे खड़े हो जाना, जैसे—ख़ौफ़नाक जानवरों को देखकर होता है, लरज़ना)

और 'मस्ती' में एक मुनासिबत भी है, क्योंकि जो शख़्स बहुत ज़ियादा नशे में हो उसको 'सियहमस्त' कहते हैं।

31 / (ii) दश्ते-इश्क़ (अर्थात् सहरा-ए-आशिक़ी, यानी इश्क़ का जंगल या बियाबान—अनु.) की हौलनाकी (भीषण, भयंकर या ख़ौफ़नाक-अनु.) पर मीर ने कई शेर कहे हैं। विवेच्य शेर जैसा असाधारण बयान तो शेक्सपियर से भी बरसों में एक बार हो पाता। रूपक जितना दुर्लभ है उतना ही हैरतअंगेज़, बिम्बात्मक और भावनात्मक दृष्टिकोण से उतना ही ताक़तवर और उपमा की दृष्टि से उतना ही सही भी है। भावनात्मक दृष्टि से शक्तिशाली और उपमा की दृष्टि से सही न होने के कारण 'कुशारीरा' जैसा दुर्लभ शब्द भी तबाह हो सकता है, इसकी मिसाल भी मीर ही ने मुहैया कर दी है—

काँपता हूँ मैं तो तेरी अबरूओं के ख़म हुए
क़ुशारीरा क्या मुझे तलवार के कुछ डर से है

(पहला दीवान)

इस शेर में 'क़ुशारीरा' का दूसरा अर्थ (लरज़ना) प्रासंगिक या औचित्यपूर्ण है, लेकिन 'क़ुशारीरा' उस लरज़िश को कहते हैं जो बुख़ार वग़ैरह की वज्ह से होती है, न कि लरज़िश जो ख़ौफ़ के कारण होती है। ज़ेरे-बहस शेर में 'क़ुशारीरा' के दोनों अर्थ बहुत हद तक औचित्यपूर्ण हैं। (शेरों (Lions) को थरथरी आ जाती है, जैसा कि इन्सानों को बुख़ार में होता है) ये अर्थ इसलिए उपयुक्त हुए कि सहरा-ए-इश्क़ की हौलनाकी का ज़िक्र तो किया है, लेकिन शेरों के क़ुशारीरा की वज्ह स्पष्ट नहीं की। अगर ये कहते कि शेरों को ख़ौफ़ की वज्ह से क़ुशारीरा हो जाता है तो बात न बनती, और ख़ौफ़ की वज्ह से रोंगटे खड़े हो जाने के रूपक की शिद्दत और अर्थपूर्णता का तो पूछना ही क्या है। इस बहस से ये बात भी साबित होती है कि लफ़्ज़ का महज़ नयापन या उपमा या रूपक की महज़ नवीनता या मौलिकता हर जगह काफ़ी नहीं होती। अर्थपूर्ण होना भी ज़ुरूरी है। 'क़ुशारीरा' मीर ने 'शिकारनामा-ए-दोयम' में भी लिखा है—

न तीरा हो रोज़े गोजनानो-गोर
कि शेरों को भी क़ुशाअरीरा है ज़ोर

31 / (iii) चश्मे-हैराँ (विस्मय-विस्फारित नेत्र) के साथ हीरे की दमक का रूपक मीर ने और जगह भी इस्तेमाल किया है—

जो देखो तो नहीं ये हाल अपना हुस्न से ख़ाली
दमक अल्मास की-सी है हमारी चश्मे-हैराँ में

(तीसरा दीवान)

यूँ ही नज़र चढ़ रहती नहीं कुछ हस्रत में तो चश्मे-सफ़ेद
देखी है हीरे की दमक में उस चश्मे-हैरान के बीच
(पाँचवाँ दीवान)

ज़ेरे-बहस शेर में आईने के ज़िक्र से एक नया लुत्फ़ पैदा हो गया है, क्योंकि आईने को भी हैरान कहते हैं। लिहाज़ा अर्थ ये हुआ कि आईना तो महज़ फ़ौलाद का टुकड़ा है, हमारी आँख तो हैरान भी है। (लिहाज़ा आईने की तरह है) और हीरे की तरह रौशन और क़ीमती भी है। आँखों के दमकने का बिम्ब हमारे ज़माने में 'मुनीर नियाज़ी' ने जिस तरह इस्तेमाल किया है, उसका जवाब मुम्किन नहीं। मुम्किन है उन्होंने मीर से प्रभाव ग्रहण किया हो, लेकिन इंसाफ़ ये है कि वो मीर से बढ़ गये हैं—

मुलायमियत है अँधेरे में उसकी साँसों से
दमक रही हैं वो आँखें हरे नगों की तरह

अव्वलीयत बहरहाल मीर को है। जवाहिरात की तरह दमकती हुई आँखें बोदलेयर के यहाँ भी हैं।

31 / (iv) ग़ैरत की वजह से 'सब जज़्ब हो जाना' (यानी ख़ुश्क हो जाना) बहुत ख़ूब है। जज़्ब तो दरअस्ल ख़ून हुआ है, लेकिन चूँकि ख़ुश्क हो जाने को भी जज़्ब हो जाना कहते हैं, इसलिए मीर ने बात में बात पैदा कर ली। फिर ये भी लुत्फ़ है कि जज़्ब हो जाने का कारण सोज़े-दिल (दिल की तपिश) नहीं, बल्कि ग़ैरत है। ये स्पष्ट नहीं किया कि ग़ैरत की वजह क्या थी, रक़ीबों का बुरा सुलूक या माशूक़ की तरफ़ से रक़ीब पर नवाज़िश (मेह्रबानी या कृपा), या ज़माने की नाक़द्री, या अपनी बदहाली पर अफ़्सोस। लफ़्ज़ 'ग़ैरत' को तन्हा छोड़ देने से इतनी सम्भावनाएँ पैदा हो गयीं। ख़याल रहे कि 'सीना' यहाँ 'दिल' के अर्थ में भी है। यानी ज़र्फ़[1] कहकर मज़्रूफ़[2] आशय लिया है।

---

1. बर्तन, 2. जो वस्तु बर्तन में हो—अनु.

[32]

आँसू तो डर से पी गये लेकिन वो क़त्‌रए-आब
इक आग तन-बदन में हमारे लगा गया

पहले मिस्रे में लुत्फ़ ये है कि जिस डर से आँसुओं को बहने से रोका है, उसकी वज्ह नहीं बयान की। मुम्किन है डर माशूक़ का हो, मुम्किन है दुनियावालों (यानी नसीहत करनेवालों और भला-बुरा या भर्त्सना करनेवालों) का हो, मुम्किन है माशूक़ की रुस्वाई का हो, मुम्किन है ख़ुद अपनी रुस्वाई का ख़ौफ़ हो, मुम्किन है ख़ुद आँसुओं का ख़ौफ़ हो कि पहली बार बह रहे हैं, कभी आँसुओं का बहना देखा नहीं है, ख़ुदा जाने क्या आफ़त ढायें। वज्ह को गूढ़ रखने के कारण मिस्रे में कमाले-बलाग़त पैदा हो गयी है। दूसरे मिस्रे में आँसू का विरोधाभास (Contradiction)'आग' से किस क़दर ख़ूबसूरत है। अगर रो लेते तो शायद दिल को कुछ सन्तोष हो जाता, आँसुओं को ज़ब्त किया तो बेचैनी और बढ़ गयी, यहाँ तक कि ऐसा लगा मानो सारे बदन में आग लग रही है। ग़ालिब का शेर यक़ीनन् मीर से प्रभावित है—

दिल में फिर गिरिया ने इक शोर उठाया ग़ालिब
आह जो क़त्‌रा न निकला था सो तूफ़ाँ निकला

लेकिन ग़ालिब के यहाँ मुराआतुन्नज़ीर, और दूसरे मिस्रे में 'निकला' की गूढ़ार्थता बहुत ख़ूब है। इसके अलावा, ग़ालिब ने सीधे तौर पर आँसू पीने का ज़िक्र नहीं किया है, बल्कि पूरे वृत्तान्त की ओर इतना बलीग़ (जिसमें बलाग़त हो—अनु.) इशारा किया है कि दास्तान ख़ुद-ब-ख़ुद समझ में आ जाती है। मीर के यहाँ एक ख़ूबी ग़ालिब की तरह की है, कि उन्होंने क़त्‌रा-ए-आब को कर्ता के रूप में प्रयुक्त किया है (क़तरा-ए-आब हमारे तन-बदन में इक आग लगा गया)। ग़ालिब के शेर में वो क़त्‌रा तूफ़ान बन जाता है, यानी अपना अमल (क्रिया या कार्य) ख़ुद ही करता है। तअज्जुब और रंज दोनों (ग़ालिब और मीर) के यहाँ बहुत ख़ूब हैं। ग़ालिब ने 'फिर' शब्द रखकर एक मुसल्‌सल अमल की तरफ़ इशारा किया है। मीर का शेर इस ख़ूबी

से ख़ाली है। इसके विपरीत डर की वजह से आँसुओं को पी जाना और ख़ुद डर की वजह गुप्त रखना मीर के शेर की वो ख़ूबी है जो ग़ालिब के यहाँ नहीं। मीर ने अपने मज़्मून को पहले दीवान में पस्त करके बयान किया है—

जो आँसू पी गया मैं आख़िर को मीर उनने
छाती जला जिगर में इक आग जा लगाई

फ़ार्सी में मज़्मून को थोड़ा-सा बदल कर यूँ, कहा है—

दिल के दर सीनए-मन क़त्रए-ख़ूने-बूद अस्त
चूँ बचश्म आमद अज़ू व शेवए-तूफ़ाँ दीदम

(दिल जो कि मेरे सीने में एक क़त्रा-ए-ख़ूँ था, वो जब आँखों तक आया तो मैंने उसमें तूफ़ान के अन्दाज़ देखे।)

इस मज़्मून को वो उर्दू में पहले ही बड़ी ख़ूबी से कह चुके थे—

जिगर ही में इक क़त्राए-ख़ूँ है सिरिश्क
पलक तक गया तो तलातुम किया

(पहला दीवान)

लेकिन डर के कारण आँसू पी जाने का मज़्मून दरअस्ल नेमन ख़ाँ आली का है—

शोरे-महशर शुदो-जाँ सूए-जहाँ गश्त बुलन्द
नालए-रा कि मन अज़ तर्से-तू पिन्हाँ करदम

(वो आर्त्तनाद जिसे मैं तेरे ख़ौफ़ से छुपा गया था, शोरे-महशर बनकर दुनिया के उस पार से बुलन्द हुआ।)

मीर के शेर में शर्म-संकोच की स्थिति अधिक है। ग़ालिब की स्थिति-परिस्थिति नेमत ख़ाँ आली से नज़्दीक है, लेकिन मीर का शेर ज़ाती बयान की हैसियत से ज़ियादा तवज्जोअंगेज़ है।

[33]

नुक्ता मुश्ताक़ो-यार है अपना
शायरी तो शिआर है अपना

बेख़ुदी ले गयी कहाँ मुझको
देर से इन्तिज़ार है अपना

कुछ नहीं हम मिसाल अन्क़ा लेक
शह्र शह्र इश्तिहार है अपना

(इश्तिहार = शोह्रत)

33 / (i) इमरायल क़ैस एक मशहूर शेर में कहता है कि मेरे सामने क़ाफ़ियों की इतनी अधिकता है जैसे किसी शरीर (शरारती) बच्चे के सामने टिड्डियाँ (यानी वो एक को पकड़ता है तो दो भाग निकलती हैं।)। क़ाफ़िया ज़ोरे-बयान का हिस्सा और ज़रीआ होता है। मीर को ज़ोरे-बयान (काव्य-शक्ति या कथन-शैली से काव्य में उत्पन्न प्रभावकारिता—अनु.) के रस्मी हुस्न से उतनी दिलचस्पी नहीं जितनी अर्थ-शक्ति और मार्मिकता से है।

नुक्ता (यानी बारीक बात, ऐसी बात जो लतीफ़ हो, जो आसानी से नज़र न आये) उनका दोस्त है और उनसे मिलने का मुश्ताक़ (उत्सुक या अभिलाषी) रहता है। मीर के नज़दीक शायरी की तारीफ़ ही है कि वो नुक्तावर और नुक्ताआफ़्रीं (मार्मिक या गूढ़-भाव से युक्त) हो। दूसरे मिस्रे में सन्अते-शिबह-इश्तिक़ाक़ ('शायरी' और 'शिआर') (यहाँ सन्अते-शिबह-इश्तिक़ाक़ का सामान्य आशय ऐसे अलंकार-विशेष से है, जिसमें एक शब्द से उसी के समान या उसी से मिलता-जुलता दूसरा शब्द बनाया जाता है—अनु.) भी ख़ूब बँधी है, और लफ़्ज़ 'शिआर' (स्वभाव, आदत, आचरण) से 'अश्आर' की तरफ़ इशारा है।

33 / (ii) मुम्किन है ग़ालिब ने अपना मशहूर शेर मीर के इस शेर से उधार लिया हो—

हम वहाँ हैं जहाँ से हमको भी
कुछ हमारी ख़बर नहीं आती

लेकिन हो सकता है दोनों ने (या कम-से-कम मीर ने) ये ख़याल सत्रहवीं सदी में देहली के मशहूर सूफ़ी हज़रत शाह मुहम्मद फ़रहाद (मृत्यु—1722) के वाक़िअे से ग्रहण किया हो। ज़हूरुलहसन शारिब अपनी किताब 'दिल्ली के बाइस ख़्वाजा' में लिखते हैं कि कुछ समयों में ऐसा होता था कि आप मस्नद पर बैठे कुछ तलाश करने लगते। लोग पूछते-'हज़रत क्या तलाश कर रहे हैं?' तो फ़रमाते कि 'फ़रहाद यहाँ बैठा था, कहाँ गया?' अपने महबूब में तल्लीन और तन्मय होने की ये स्थिति सूफ़ियों की शब्दावली में सिफ़ाते-बशरी के सिफ़ाते-मलकी में परिवर्तित होने से पैदा होती है। (आशय ये है कि जब मानव-गुण देवगुणों की ओर प्रवृत्त होता है, अर्थात् मनुष्यत्व के देवत्व में परिवर्तित होने पर ये स्थिति उत्पन्न होती है—अनु.) (सिफ़ाते-मलकी की तरफ़ प्रवृत्त होने के बारे में मीर का शेर नं.—29 मुलाहिज़ा हो।)

ग़ालिब के शेर में उनका मख़्सूस हाकिमाना लहजा है, लेकिन मीर के यहाँ दरवेशी आनबान भी अपनी मिसाल आप हैं। मीर के लहजे में ज़रा-सी झलक इस बात की भी है कि यद्यपि अपना इन्तिज़ार देर से कर रहे हैं, लेकिन हक़ीकत ये है कि अपनी शख़्सियत या अपनी ख़ुदी (स्वअस्तित्व) के ग़ायब या मिट जाने पर किसी क़िस्म की चिन्ता अथवा सोच नहीं, बल्कि एक तरह की इत्मीनानयुक्त बेपर्वाई है। ग़ालिब का शेर इस मनःस्थिति से ख़ाली है, मीर ने इस मज़्मून को बार-बार पद्यबद्ध किया है—

ख़ुदा जाने हमें इस बेख़ुदी ने किस तरफ़ फेंका
कि मुद्दत हो गयी हम खींचते हैं इन्तिज़ार अपना

(दूसरा दीवान)

हम आप से गये सो इलाही कहाँ गये
मुद्दत हुई कि अपना हमें इन्तिज़ार है

(दूसरा दीवान)

इश्क़ करते हुए थे बेख़ुद मीर
अपना उनको है इन्तिज़ार हनोज़

(चौथा दीवान)

आप को अब कहीं नहीं पाते
बेख़ुदी से गये हैं कीधर हम

(चौथा दीवान)

हम आप से जो गये हैं गये हैं मुद्दत से
इलाही अपना हमें कब तक इन्तिज़ार रहे

(छठवाँ दीवान)

लेकिन ज़ाहिर है कि इनमें से किसी शेर में वो बात नहीं जो ज़ेरे-बहस शेर में है। क्या सूफ़ियाना, क्या आशिक़ाना, क्या आम इन्सानी तल्लीनता, जिस सतह पर देखिए, ये शेर दुनिया की बेहतरीन शायरी में रखने के क़ाबिल है। 'बेख़ुदी' का अस्तित्ववान होना अर्थात् उसका मानवीकरण (Personification) करना किस क़दर उत्कृष्ट है, क्योंकि मुहाविरा इसके साथ है। ये सूरते-हाल ऊपर उल्लिखित शेरों में से पहले शेर (नम्बर एक) में भी है, लेकिन विवेच्य शेर के दूसरे मिस्रे की मन:स्थिति जिसमें उकताहियत, बेपर्वाई, रौब-दाब या आनबान सब एक साथ ज़ाहिर होते हैं, किसी शेर में नहीं। अगर पहले मिस्रे को सवालिया न मानकर इस्तिफ़्हामे-इन्कारी माना जाय तो एक दिलचस्प और अप्रत्याशित अर्थ नि:सृत होता है। (बेख़ुदी मुझे कहाँ ले गयी? यानी बेख़ुदी मुझे नहीं ले गयी।) बेख़ुदी मुझे नहीं ले गयी इसकी वज्ह ये है कि मैं हूँ ही नहीं, देर से अपना इन्तिज़ार कर रहा हूँ। जब मैं होऊँगा तब तो मुझे बेख़ुदी ले जाएगी! मेरे न होने की वज्ह से लोग समझते हैं कि बेख़ुदी मुझे ले गयी है, वाक़िआ ये है कि मैं अभी तक ग़ायब हूँ, या नष्ट-विनष्ट हूँ। जब मौजूद होऊँ तब तो बेख़ुदी का असर मुझ पर हो। फ़ार्सी में इस मज़्मून को मीर ने बहुत पस्त कर दिया है—

यारब कुजा ज़े बेख़ुदी-ए-इश्क़ रफ़्ता ऐम
चश्मम सुफ़ैद शुद ब रहे-इन्तिज़ारे-मन

(या अल्लाह मैं इश्क़ की बेख़ुदी में कहाँ चला गया? अपने ही इन्तिज़ार में मेरी आँखें सफ़ेद हो गयीं।)

33 / (iii) ये शेर सीधे तौर पर 'बेदिल' से उधार लिया हुआ मालूम होता है—

अन्क़ा सरो-बरगेम मपुर्स अज़ फ़ुक़रा हेच
आलम हमा अफ़्सानए-मा दारदो मा हेच

(हम अन्क़ा (एक कल्पित पक्षी; साहित्य के अन्तर्गत इसका प्रयोग अप्राप्य वस्तुओं के सन्दर्भ में किया जाता है) का साज़ो-सामान रखते हैं। फ़क़ीरों के बारे में

कुछ न पूछो। तमाम दुनिया में हमारा अफ़्साना है और हम कुछ भी नहीं।)

दोनों शायरों ने अपनी-अपनी जबान की सम्भावनाओं को ख़ूब बरता है। बेदिल के यहाँ लफ़्ज़ 'हेच' है। (हेच' = कुछ नहीं) अन्क़ा चूँकि वजूद नहीं रखता, इसलिए वो 'कुछ नहीं' है। मीर ने भी इसी तरह 'कुछ नहीं' से फ़ायदा उठाया है। 'कुछ नहीं' यानी 'बेहक़ीक़त' या 'बहुत हक़ीर'। (हक़ीर = तुच्छ बहुत छोटा, क्षुद्र आदि) मीर ने 'मक्रे-शायराना' से भी काम लिया है, 'बेदिल' का शेर ऐसा नही है। अन्क़ा यूँ तो 'कुछ' नहीं है' (यानी वजूद नहीं रखता), लेकिन इन्तिहाई मशहूर परिन्दा है, और शायरी में उसकी ख़ास अहमियत भी है। लिहाज़ा अन्क़ा को 'कुछ नहीं' कहना तार्किक दृष्टि से तो दुरुस्त है, लेकिन काव्यरूढ़ि और काव्य-परम्परा के दृष्टिकोण से दुरुस्त नहीं। यही इस शेर का मक्र है, कि जिस चीज़ को अपने हक़ीर होने के सुबूत में पेश किया, वो बज़ाते-ख़ुद (अपने-आप में) बहुत अहम और तमाम दुनिया में स्वीकार्य हैं। ये ज़रूर है कि 'बेदिल' के यहाँ लफ़्ज़ 'अफ़्साना' में जो अर्थ-संकेत है, वो 'शह्र-शह्र इश्तिहार' में नहीं, सिर्फ़ ये कह सकते हैं कि इश्तिहारी चीज़ें दरअस्ल वैसी नहीं होती जैसी वो ज़ाहिर की जाती हैं, लिहाज़ा 'शह्र-शह्र इश्तिहार', 'बेदिल' के 'अफ़्साना' के इतना भरपूर न सही, लेकिन नामुनासिब भी नहीं है। 'मीर असर' ने भी इस मज़्मून को ख़ूब अदा किया है, लेकिन मीर की-सी तहदारी नहीं है—

मिस्ले-अन्क़ा ये तेरे गुमशुदगाँ
नाम को हैं कहीं निशान नहीं

---

* 'मक्रे-शायराना' का आशय ये होता है कि शायर ये जानते हुए कि फलाँ बात वैसी नहीं है जैसा वो कह रहा है, लेकिन फिर भी कहे कि ऐसा ही है।—अनु.)

[34]

सद शुक्र कि दाग़े-दिल अफ़्सुर्दा हुआ वर्ना
ये शोला भड़कता तो घर-बार जला जाता

'हस्रत मोहानी' ने पहले मिस्रे का आख़िरी लफ़्ज़ 'वर्ना' की जगह 'अपना' उल्लिखित किया है और शेर को 'मीर सोज़' का बताया है और एतराज़ ये किया है कि पहले मिस्रे में वक़्फ़ा (यति, अर्थात् छन्द के बीच में बिना लय भंग हुए ठहराव आना। इसे अक्सर (,) से प्रदर्शित करते हैं—अनु.) 'दाग़े-दिल' के बाद आता है, जबकि बात वहाँ अधूरी रहती है। इस ऐब को उन्होंने 'शिकस्ते-नारवा' नाम दिया है। ('मआइबे-सुख़न,' काव्य-दोष पर आधारित एक पुस्तक) मैंने इस मस्अले पर विस्तृत बहस अपनी किताब 'अरूज़, आहंग और बयान' में दर्ज की है। फ़िलहाल, इतना दोहराना काफ़ी है कि अगर 'शिकस्ते-नारवा' कोई दोष है भी तो वो इस शेर में नहीं है। ('शिकस्ते-नारवा' हिन्दी छन्द-विधान के यति-भंग या छन्द-भंग दोष के अन्तर्गत माना जाएगा—अनु.) 'शिकस्ते-नारवा' ऐब होने के बारे में शक इसलिए हो सकता है कि ईरानी अरूज़ियों (छन्द शास्त्रियों) ने इसका ज़िक्र नहीं किया है। वजूह ये है कि हमारे अरूज़ में (काव्यशास्त्र या छन्दशास्त्र में) यानी अरबी-फ़ार्सी-उर्दू छन्दशास्त्र में) 'वक़्फ़े' (यति) का निर्धारण ही नहीं है। 'शिकस्त नारवा' की बहुत-सी मिसालें 'मोमिन' जैसे शख़्स के यहाँ भी ख़ूब मिलती हैं। इससे मालूम होता है कि कम-से-कम 'मोमिन' के ज़माने तक इसे ऐब (दोष) नहीं मानते थे। 'मोमिन' के ये शेर मुलाहिज़ा हों—

जाव तो जाव सूए-दुश्मन सूए-फ़लक क्यूँ
अय गर्मे-नाला हाए आतिश फ़ुगन गये हो

दोनों मिस्रों में वक़्फ़ा इस तरह पड़ा है कि इज़ाफ़त (जो वाहिद इकाई का हुक्म रखती है, अर्थात् छन्द में एक मात्रा के बराबर महत्त्व रखती है) दो टुकड़े हो गयी है—

दिल ले के वफ़ा कैसी पर क़ौल तो देना था
अय सीमतन आफ़त है तो मुफ़्त बुरी इतनी

दूसरे मिस्रे में वक़्फ़ा (यति) 'है' के बाद पड़ता है, हालाँकि क़ायदा (नियम) 'तो' के बाद का तक़ाज़ा करता है। बहरहाल, अब मीर के शेर के अर्थ-सम्बन्धी पहलुओं पर ग़ौर कीजिए। दाग़े-दिल का अफ़्सुर्दा (ठंडा होना, बुझ जाना; व्यक्ति के सन्दर्भ में प्रयुक्त होने पर खिन्न या उदास का अर्थ समझा जाता है।) होना, यानी इश्क़ का समापन हो जाना (या नष्ट हो जाना), और शोले का भड़कना यानी इश्क़ का बेक़ाबू हो जाना। मायूसी या कमहिम्मती या दुनिया से बेतअल्लुक़ी की वो कौन सी मंज़िल होगी जिस पर पहुँचकर ऐसा शेर ज़बान से निकला होगा, जिसमें शोलए-इश्क़ के सर्द होने पर ख़ुशी का इज़्हार किया जाय। ऐसा शेर कहने के लिए असाधारण साहस की आवश्यकता होती है, लेकिन ये भी मुम्किन है कि ये शेर मौत के बाद की सूरते-हाल बयान कर रहा हो, कि अच्छा हुआ इश्क़ के बेक़ाबू होने के पहले ही मुझे मौत आयी और ये शोला अफ़्सुर्दा हो गया, वर्ना अगर कहीं ये आग भड़क उठती तो मुझे ही क्या मेरे घर-बार को (यानी उन बेगुनाहों को, जिनका इससे कोई तअल्लुक़ न था) भी ख़ाक कर देती। फिर ये भी ग़ौर कीजिए कि पहले मिस्रे में जिस चीज़ को 'दाग़' कहा है (यानी वो चीज़ जो आग बुझ जाने के बाद प्रकट होती है, या वो चीज़ जो आग के दूर होने के बाद दिखाई देती है), उसी को दूसरे मिस्रे में 'शोला' कहा है। यानी इश्क़ की आग एक बार छूकर निकल गयी, दिल पर दाग पड़ गया, लेकिन उस दाग़ में भी इस क़दर गर्मी (तप्त होना) थी कि दाग़ में शोले का-सा रंग था। ख़ूब शेर है। इस मज़्मून को बहुत पस्त करके पहले दीवान में यूँ कहा है—

ग़ाफ़िल न रहियो हर्गिज़ नादान दाग़े-दिल से
भड़केगा जब ये शोला तब घर जला रहेगा

[35]

नैज़ाबाज़ाने-मिज़ह में दिल की हालत क्या कहूँ
एक नाकस्बी सिपाही दखनियों में घिर गया

(नाकस्बी = बेहुनर, अनाड़ी, दखनी = मराठे)

ऐसी उपमा दी गयी है कि अच्छे-अच्छे शायर बरसों तलाश करते रहें तो भी नसीब न हो। मराठे चूँकि लड़ने के फ़न में बहुत ताक़ और दुश्मन के लिए बहुत जाबिर (दुर्द्धर्ष) होते हैं, इसलिए अगर बहुत-से मराठे किसी एक अनाड़ी सिपाही को घेरे तो उसका हश्र ज़ाहिर है। महाराष्ट्र चूँकि दिल्ली के दक्षिण में है इसलिए मराठों को 'दखनी' ('दकनी' या 'दक्खिनी' भी उच्चारण मिलते हैं—अनु.) कहा जाता है। ये उपमा मीर की ख़ास विचार-शैली (या कल्पना-शैली) ज़ाहिर करती है, जिसे मैंने 'ज़मीनी और बेलगाम' कहा है। 'बेलगाम' इसलिए कि मीर नितान्त अप्रत्याशित या दुर्लभ चीज़ों तक जा पहुँचते हैं। उनका ज़ेह्न उन तज्रुबात और ख़यालात को भी पकड़ता है जो नियमबद्ध चिन्तन-प्रणाली की गिरिफ़्त में नहीं आते, और 'ज़मीनी' इसलिए कि वो रोज़मर्रा की ठोस और चाक्षुष चीज़ों को ही काम में लाते हैं, ग़ालिब की तरह सजाने-सँवारने के बाद पेश करने के क़ायल नहीं। ज़ेरे-बहस शेर में मीर ने एक मनोदशा को दूसरी मनोदशा से उपमित किया है, लेकिन दूसरी दशा (अनाड़ी सिपाही की मराठों के दरमियान बेबसी) शरीर-विज्ञान और सत्य घटनाओं पर आधारित है। फिर पहले मिस्रे में इंशाइया अन्दाज़ है और दूसरे मिस्रे में सूचनात्मक, लेकिन उपमा देने का कोई शब्द (वाचक-शब्द)* नहीं, ये इन्तिहाए-बलाग़त है। पहले एक बात को इंशाइया अन्दाज़ में कहा, फिर उसको स्पष्ट करने के लिए एक

---

* हिन्दी काव्य-अलंकार-विधान के अन्तर्गत उपमा एक अर्थालंकार है। उपमा के भी मुख्यत: दो भेद माने जाते हैं—पूर्णोपमा एवं लुप्तोपमा। पूर्णोपमा एवं लुप्तोपमा के भी कई-कई रूप होते हैं; जिसमें लुप्तोपमा के चार प्रकारों में एक 'वाचक लुप्तोपमा' भी है; अर्थात् जब उपमा अलंकार हो किन्तु 'वाचक शब्द' (सम, समान, सदृश, सा, सी, से आदि) न हो। यहाँ फ़ारूक़ी साहब मीर की उसी विशेषता की तरफ़ ध्यानाकृष्ट करा रहे हैं—अनु.

सूचनात्मक वाक्य लिखा जिसमें पहली बात की मिसाल है, लेकिन उपमा को इंगित करनेवाला कोई शब्द (जैसे, गोया, यूँ समझिए वग़ैरह) नहीं लिखा। यानी एक ख़याली तज्रुबे को सीधे तौर पर एक शारीरिक क्रिया से सम्बद्ध कर दिया, दोनों एक-दूसरे को आईना दिखा रहे हैं। ग़ैरमामूली शेर कहा है। ग़ालिब ने इससे मिलता-जुलता मज़्मून इसी तकनीक से बरता है, लेकिन उनके यहाँ ग़ालिबीय अमूर्तता है। ग़ालिब और मीर के शेरों को सामने रखिए तो दोनों शायरों की विचार-शैली फ़ौरन स्पष्ट हो जाएगी। ग़ालिब कहते हैं—

किस दिल पे है अज़्मे-सफ़े-मिज़्गाँ ख़ुद आरा
आईने के पायाब से उतरी हैं सिपाहें

आईने में पायाब (कम गहरा होना, उथला होना; तालाब या नदी जिसे केवल पाँवों से चलकर पार किया जा सके उसे भी पायाब कहते हैं—अनु.) की कल्पना करना और मिज़्गान की सिपाह (पलकों की सेना) को उसे पार करता हुआ दिखाना ग़ैरमामूली (असाधारण) और गूढ़ है, जबकि मीर का बिम्ब भी ग़ैर मामूली है, लेकिन उसकी प्रभावोत्पादकता तात्कालिक और सीधे-सीधे है, क्योंकि उसका ठोस और चाक्षुष वस्तुओं से है। इसके अलावा 'नाकस्बी सिपाही' और 'दखनियों में घिर गया' का ड्रामा और बिम्ब भी मीर के शेर को बुलन्दतर बना रहे हैं।

[36]

हम आजिज़ों का खोना मुश्किल नहीं है ऐसा
कुछ चूँटियों को लेकर पावों तले मल डाला

इस शेर का ग़ैरमामूली हुस्न च्युँटियों को पावों तले मसलने की पूर्वनियोजित (जान-बूझकर) क्रिया में है। च्युँटियाँ पावों के नीचे आकर दबती-मरती ही रहती हैं, लेकिन नन्हें बच्चों के सिवा (जिन्हें नेको-बद की तमीज़ नहीं होती) जान-बूझकर च्युँटियों को मसलकर कोई नहीं मारता। जो शख़्स ऐसा करेगा वो हद दर्जा ज़ालिम, बल्कि बेहिस (संवेदनहीन), अत्याचारी और रक्तपाती होगा। सबसे ज़ियादा दिल हिला देनेवाली अनीतियाँ या अत्याचार वो होते हैं, जो निरुद्देश्य हों। इसलिए आजिज़ और मज्बूर आशिक़ों के क़त्ल को च्युँटियों के मसल डालने से उपमा देना सिर्फ़ इस बात ही को ज़ाहिर नहीं करता कि आशिक़ों का क़त्ल बहुत आसान है, बल्कि इस बात की तरफ़ भी इशारा करता है कि ये क़त्ल नितान्त अनीति और अत्याचार से भरा कार्य होगा। फिर ये कि बेचारी च्युँटियाँ किसी का बुरा नहीं चाहतीं, किसी का बुरा नहीं करतीं, ऐसे बेज़रर (जिससे कोई हानि न पहुँचे) प्राणी को क़त्ल करना किस क़दर ज़ालिमाना और बेफ़ायदा है। इसी तरह आशिक़ तो माशूक़ का भला ही चाहते हैं, उनका नुक़्सान तो करते नहीं, फिर वो माशूक़ के वशीभूत (या अधीन) भी हैं, जिस तरह नन्हीं-नन्हीं च्युँटियाँ इन्सान के वश में होती हैं। इन्सान जब चाहे उनका रास्ता रोक दे, जब चाहे उनको पानी में बहा दे, आग में जला दे। पहले मिस्रे में 'हम' और दूसरे मिस्रे में 'कुछ' जैसे शब्द इस बात की तरफ़ इशारा कर रहे हैं कि व्यक्तिगत तौर पर एक आशिक़ की हैसियत एक च्युँटी से ज़ियादा नहीं। फिर ये ग़ौर कीजिए कि शेर में आशिक़ों का सीधे तौर पर ज़िक्र नहीं है, बल्कि 'आजिज़ों' कहा गया है। इस तरह ये शेर ख़ुदा और उसके बन्दों के बारे में भी हो सकता है। ख़ुदा के सामने बन्दे उतने ही कमज़ोर और बेहक़ीक़त हैं जितना इन्सान के सामने च्युँटी। एक लुत्फ़ ये भी है कि इन्सान को 'आजिज़' (निराश्रय, असहाय, विनम्र, लाचार, ऊबा हुआ, परेशान आदि—अनु.) कहते भी हैं, यानी 'इज्ज करनेवाला' और 'इज्ज़ रखनेवाला'। 'आजिज़' का अर्थ 'मज्बूर' समझना उर्दू के मुहाविरे के अन्तर्गत है।

[37]

जब रात सर पटकने ने तासीर कुछ न की
नाचार मीर मुँडकरी-सी मार सो रहा

(मुँडकरी मारना = हाथों और पाँवों को सीने से लगाकर, सर झुकाकर सिमट रहना, यानी ऐसी शक्ल बन जाना जैसी माँ के पेट में बच्चे की होती है।)

मीर की एक असाधारण विशेषता ये है कि यद्यपि वो भी दर्दे-इश्क़-ओ-हिज्र के बयान में परम्परागत या रूढ़िगत रस-बोध से काम लेते हैं, लेकिन कहीं-कहीं या कभी-कभी बिल्कुल अप्रत्याशित ढंग से नितान्त वास्तविकता (यथार्थ) से काम लेते हैं, और उनकी वास्तविकता भावानात्मक सतह पर होने के अतिरिक्त सामान्य जन-जीवन से भी सम्बन्धित होती है। भावनात्मक स्तर पर वास्तविकता का प्रस्फुटन शेर नं.-33 में देखिए, जिसमें दाग़े-दिल के अफ़्सुर्दा होने का ज़िक्र है। विवेच्य शेर में भावनात्मक स्तर की वास्तविकता को सामान्य जन-जीवन के एक दृश्य के माध्यम से और पक्का कर दिया गया है। आहो-ज़ारी (रोना-धोना, विलाप) में असर न होना, ये एक रस्मी (परम्परागत) बात है। इसका अगला दर्जा (चरण) ये है कि आशिक़ अपना सर फोड़ ले, या जान दे-दे, या दीवाना हो जाय, वग़ैरह। ये सब दर्जे (सोपान) परम्परागत काव्य एवं रस-बोध के हैं। इस शेर में मीर उन तमाम सोपानों को छोड़कर वो बात बयान करते हैं जो वाक़ई ज़िन्दगी (वास्तविक जीवन) में होती है। यानी आशिक़ थक-हार कर सो रहता है। सर पटकने में दो तरह की तासीर की उम्मीद थी, या तो माशूक़ आ जाय, या फिर आशिक़ को किसी तरह सब्र आ जाय। दोनों बातें नहीं हुईं, लेकिन ज़िन्दगी के सब क्रिया-कलाप और अन्य शारीरिक क्रियाएँ जारी रहती हैं। लिहाज़ा आशिक़ घुटनों में सर देकर सो जाने को ही पर्याप्त समझ लेता है। मनोवैज्ञानिकों का कहना है कि मुँडकरी मारकर सोने या लेटने में इन्सान की उस ख़्वाहिश का इशारा है कि वो दोबारा माँ के पेट में वापस जाना चाहता है, जहाँ उसे कोई ख़ौफ़-ओ-ख़तरा न था, किसी तरह की तक्लीफ़ न थी और न कोई मानसिक-

शारीरिक ज़िम्मेदारी थी। ज़ाहिर है मीर को इन बातों की ख़बर न थी। उनके ज़माने में मनोविज्ञान जैसा विषय था ही नहीं, और होता भी तो वो शायद उसमें बहुत ज़ियादा विश्वास न रखते, लेकिन जैसा कि फ्रायड ने कहा है—अन्त:चेतना (अन्तश्चेतना, अन्तर्चेतना) के विवेचन-विश्लेषण का श्रेय वास्तव में शायरों-कवियों (Poets) को ही है। मैंने तो उस विवेचन-विश्लेषण या जाँच-पड़ताल को सिर्फ़ क्रमबद्ध एवं व्यवस्थित ढंग से प्रस्तुत किया। शायरों का ज़ेहन इन्सानी रूह और कायनात के उन राज़ों (रहस्यों) तक सीधे तौर पर पहुँच जाता है जिन तक साइन्स अपनी विवेचना और विश्लेषण इत्यादि के कई चरणों के बाद पहुँचती है। इन सब बातों के अलावा ये भी देखिए कि इतना गहरा और इतनी भावप्रवण वास्तविकता से युक्त मज़्मून बयान करते वक़्त भी मीर रिआयते-लफ़्ज़ी से न चूके। साँप जब कुंडली मार लेता है तो उसको भी मुँडकरी मारना कहते हैं, मीर ने 'मुँडकरी' और 'मार' की इस रिआयत से फ़ायदा उठा लिया है। 'मार' और 'सर पटकने' में भी रिआयत है, क्योंकि साँप जब बड़ी व्याकुलता (या बेचैनी) की स्थिति में होता है तो सर पटकता है। ग़ज़ब का शेर है।

[38]

दिल में रहा न कुछ तो किया हमने ज़ब्ते-शौक़
ये शह्र जब तमाम लुटा तब नसक़ हुआ

(नसक़ होना = इन्तिज़ाम के तहत आना, व्यवस्थित होना)

इन दो मिस्रों में जो बातें बयान हुई है उन्हें मीर ने कई जगह कहा है, और अक्सर नये-नये रंग से कहा है, लेकिन ये शेर ऐसा है कि इस पर वो जितना भी नाज़ करते कम था। दिल से आर्ज़ुओं का निकल जाना या हस्रत का बाक़ी न रहना, यानी जोशो-ख़रोश का ठंडा पड़ जाना या हिम्मत का सर्द पड़ जाना, मीर ने जगह-जगह लिखा है। ज़ेरे-बहस शेर में 'दिल में रहा न कुछ' कहकर तमाम बातों की गुंजाइश पैदा कर दी है। मस्लन् हिम्मत न रही, ताक़ते-बरदाश्त न रही, जवानी का जोश न रहा। सारांशतः ये कि वो तमाम चीज़ें जिनके होने से दिल वाक़ई दिल होता है, ख़त्म हो गयीं, यानी मिट गयीं या ख़र्च हो गयीं। जब ऐसा हो चुका तो हमने भी अपने शौक़ को क़ाबू में किया, यानी उसका इज़्हार करना छोड़ दिया, या शौक़ का ही परित्याग कर दिया, या शौक़ को अपने ऊपर हावी होने से रोका। अब इस वाक़िअे पर दूसरे मिस्रे में जो विचार प्रकट हुए हैं, वो व्यंग्यात्मक, ग़ुरूर, दुःखद अन्त की अनुभूति आदि भावनाओं तथा मनोदशाओं को एक साथ अपने में समेटे हुए हैं। उक्ति-वैचित्र्य, गूढ़-कथन और इस्तिआरा, सब इकट्ठा हो गये हैं। शह्रे-दिल का तूफ़ान (या बवंडर) उस वक़्त ख़त्म हुआ, उस पर क़ानून और व्यवस्था तब स्थापित हुई, जब वो तमाम लुट गया। जब शह्र लुट जाय तो इन्तिज़ाम करने और क़ानून तथा प्रशासनिक व्यवस्था स्थापित करने को बाक़ी ही क्या रहता है लेकिन शह्रे-दिल वो दिल है, जिसको इन्तिज़ाम के तहत लाने के पहले उसको उजाड़ना (यानी उसकी हस्ती को ख़त्म करना) ज़रूरी है। 'लुटा' में ये किनाया भी है कि माशूक़ ने एक-एक करके हर चीज़ छीन ली, लेकिन जब वो सब चीज़ें छिन गयीं तो दिल भी ख़ाली हो गया, और जब दिल ख़ाली हो गया तो जिसके लिए (यानी माशूक़ के लिए) दिल में ये सब तूफ़ान बरपा थे, उससे भी दिलचस्पी बाक़ी न रही। यानी माशूक़ की ख़ातिर

दिल को लुटाया था, लेकिन जब दिल लूट गया तो माशूक़ की तमन्ना क्या करते, ख़ुद-ब-ख़ुद ज़ब्ते-शौक़ हो गया है। अपनी शिकस्त की आवाज़ होना इसी को कहते हैं। लुत्फ़ ये है कि शेर में ख़ुद पर रहम (Self-pity) की प्रवृत्ति की मिलावट (मिश्रण) बिल्कुल नहीं है। ऐसा शेर कहने को वाक़ई जिगर चाहिए। ज़ब्ते-शौक़ को इंतिज़ाम कहना-मानना ऐसा इस्तिआरा है जो 'शह्‌रे-दिल' के बग़ैर न सूझता, लेकिन 'शह्‌रे-दिल' से ज़ब्ते-शौक़ की तरफ़ ज़ेहन का जाना मामूली बात नहीं। 'ज़ब्त' और 'नसक़' में रिआयत भी ख़ूब है।

[39]

क्या तू नुमूद किस की कैसा कमाल तेरा
अय नक़्शे-वहम आया कीधर ख़याल तेरा

तुझ रूए-ख़ुए-फ़िशाँ से अंजुम ही क्या ख़जल हैं
है आफ़्ताब को भी अय माह साल तेरा

(ख़ुएफ़िशाँ = पसीना टपकता हुआ,
अरक़ में लिपटा; साल = ख़लिश, दर्द)

पहला क़दम है इंसाँ पामाले-मर्ग होना
क्या जाने रफ़्ता-रफ़्ता क्या हो मआल तेरा

होगी जो चुल्ल सर मू पिन्हाँ नहीं रहेगी
इक दिन ज़बान होगा एक-एक बाल तेरा

(चुल्ल = बेक़रारी)

39 / (i) शेर में एक गूढ़ मार्मिकता है; बज़ाहिर दोनों मिस्रे अलग-अलग मालूम होते हैं, क्योंकि जिस मौक़े या तज्रुबे के जिस मोड़ पर ये शेर कहा गया है, उसको स्पष्ट नहीं किया। 'नक़्शे-वहम' का आशय ख़ुद शायर भी हो सकता है, तमाम इन्सान भी और आशिक़ का दिल (या उस दिल में हिलोरें लेती मुहब्बत) भी। नक़्शे-वहम को शायद अपने वजूद का धोखा हो गया है, या दिल को ये ख़याल आ गया है कि जो मुहब्बत उसमें जल्वागर है वो हक़ीक़ी और अपनी हद तक स्वच्छन्द और स्वावलम्बी है। शायर कहता है कि तुम को ये क्या ख़याल आया? तुम तो महज़ नक़्शे-वहम हो, तुम्हारा वजूद तो किसी और के वजूद पर आधारित है। तुम ख़ुद कुछ नहीं हो, क्या तुम ये भूल गये कि तुम किसी और की नुमूद हो? [यानी कोई और तुम्हें ज़ाहिर करता है, तो तुम ज़ाहिर होते हो, या तुम्हें मालूम भी है कि तुम किस

चीज़ की नुमूद (आविर्भाव, अस्तित्त्व, प्रकाशित, उगना, निकलना आदि) हो? तुम दरअस्ल फ़रेब की नुमूद हो, या तुम जानते भी हो कि दरअस्ल ये नुमूद किसी और की हैं, ये तुम नहीं हो, बल्कि एक स्वतन्त्र सत्य है, जिसके माध्यम से तुम पहचाने जाते हो, तुम को अपने कमाल पर ग़ुरूर है, कैसे तुम और कैसा तुम्हारा कमाल। कमाल तो बाद की बात है, तुम्हारा वजूद ही संदिग्ध है, तुम महज़ नक़्शे-वहम हो। पहले मिस्रे में तीन जुम्ले समो दिये हैं, और तीनों प्रश्नवाचक हैं। तीनों में अर्थ की भी बहुलता है। (1) 'क्या तू?' यानी तेरी हस्ती ही क्या? या तू क्या चीज़ है? या तू कौन-सी चीज़ है (यानी वजूद रखनेवाली चीज़ है भी कि नहीं?) (2) 'नुमूद किस की?' यानी ये नुमूद किसकी है, या तू किसकी नुमूद है? या वो क्या चीज़ है जिसकी नुमूद मुम्किन है? (3) 'कैसा कमाल तेरा' यानी तेरा क्या कमाल है? या ये कमाल तेरा किस तरह है? या व्यंग्यात्मक लहजे में, वाह कैसा तेरा कमाल है! दूसरा मिस्रा भी इस्तिफ़हामी है। 'आया' को सवालिया (प्रश्नवाचक) भी मान सकते हैं कि 'आया किधर तेरा ख़याल?' इस सूरत में दोनों मिस्रों में क्रिया लुप्त हो जाती है और पूरा शेर मुकम्मल साहित्यिक शैली का बाकमाले नमूना हो जाता है। 'आया' को सवालिया मानने से अर्थ भी बदल जाता है और ये सम्भावना उत्पन्न हो जाती है कि शेर में सज़ा देने के बजाय चेतावनी है, कि अय नक़्शे-वहम तेरा ख़याल किधर है? कुछ तुझे मालूम है कि तू क्या है और किसकी नुमूद है? और तेरा कमाल कैसा है? तू अपने को यूँ ज़ाया मत कर (यानी बेकार मत समझ) तू दरअस्ल किसी और हस्ती की नुमूद है। 'नक़्शे-वहम' के विभिन्न अर्थ इस शेर में उपयुक्त जान पड़ते हैं। (1) वहम का नक़्श (वहम की तस्वीर); (2) वो नक़्श जो वहम हो; (3) वो नक़्श जो वहम ने बनाया हो। 'नुमूद' और 'नक़्श'; 'नक़्श' और 'वहम'; 'वहम' और 'ख़याल'; 'कमाल' और 'नक़्श' की रिआयतें भी बहुत ख़ूब हैं।

39 / (ii) विभिन्न प्रतियों में 'ख़ुए-फ़िशाँ' के स्थान पर 'ख़ूँ फ़िशाँ' है। लेकिन माशूक़ का चेहरा ख़ूँ फ़िशा नहीं होता, जबकि माशूक़ के पसीना युक्त चेह्रे का ज़िक्र अक्सर होता है, और उसकी तारीफ़ भी होती है, जैसा कि ज़ेरे-बहस शेर में है। ('ख़ुए' की मात्रा (वज़्न) 'मय' के बराबर है)। माशूक़ के चेहरे से पसीना टपक रहा है, पसीने की बूँदें इस क़दर रौशन और ख़ूबसूरत हैं कि सितारों को शर्माती हैं। तारे चूँकि झिलमिलाते रहते हैं, इसलिए उनको पलक झपकाता हुआ कहा जाता है। पलक झपकाना, शर्माने की पहचान है। 'साल' का सही अर्थ 'काँटा' है। स्वभावत: उसे ख़लिश, दर्द, बेचैनी के अर्थों में भी लेते हैं। सूरज में इन्तिहा की गर्मी है, उस गर्मी को बेचैनी और व्याकुलता का लक्षण (चिह्न) माना है और ये नतीजा निकाला है कि सूरज भी माशूक़ के रौशन चेह्रे पर पसीने की रौशन बूँदें देखकर उसको दिल दे बैठा है, और इश्क़ की आग में जल रहा है, या अगर आशिक़ नहीं हुआ है तो ईर्ष्या

की आग में जल रहा है। माशूक़ को 'माह' (चाँद) कहकर मुख़ातिब किया है। इस दृष्टि से 'साल' और 'आफ़ताब' की रिआयतें बहुत दिलचस्प हैं। माशूक़ के पसीनायुक्त चेह्‌रे का ज़िक्र सबसे पहले सम्भवतः 'सादी' ने किया है। फलस्वरूप 'गुलिस्ताँ' में शेर है—

बरगुले-सुर्ख़ अज़ नम उफ़्तादा लआली
हम चू अरक़ बर इज़ारे-शाहिदे-ग़ज़बाँ

(सुर्ख़ गुलाब पर शबनम की वज्ह से मोती पड़े हुए हैं, जैसे कि परेशान या अस्त-व्यस्त माशूक़ के चेहरे पर पसीना।)

नवाब मिर्ज़ा शौक़ ने 'बहारे-इश्क़' में 'सादी' का ख़याल सीधे-सीधे उधार ले लिया है—

रुख़ पे गर्मी से वो अर्क़े-कम कम
जिस तरह गुल पे क़त्‌रए-शबनम

'माह' और 'चाँद', 'महीने' की रिआयत सैयद मुहम्मद ख़ाँ 'रिन्द' ने एक शेर में बरती है, यद्यपि कि अर्थ बहुत सरसरी है—

इस महीने में भी महरू से रहा पहलू तिही
ईद का भी चाँद ख़ाली का महीना हो गया

'ख़ाली' एक महीने का नाम है, इस दृष्टि से से 'तिही' (ख़ाली, रिक्त) ख़ूब है, लेकिन ये मज़्मून 'रिन्द' का अपना नहीं है। मुहम्मद अमान निसार बहुत पहले कह गये हैं—

गो ईद को न आये तो बादे-ईद मिलिए
अय रश्के-माह ख़ाली जाता है ये महीना

39 / (iii) आम तौर पर ख़याल है कि दुनिया मुसीबतों का झमेला है, मौत आराम की नींद है और परलोक अस्ल ठिकाना है। मीर ने मौत को थकावट का अन्तराल और अगले सफ़र की पहचान अवश्य कहा है, लेकिन ज़ेरे-बहस शेर में ख़याल बिल्कुल नया और हैरतअंगेज़ है। मौत इन्सान को अपने क़दमों तले पामाल (पद-दलित) करती है। अब अगर अगली ज़िन्दगी मौत के क़दमों तले पामाली से शुरू हो तो ख़ुदा जाने कहाँ ख़त्म होगी और उसमें क्या-क्या मुसीबतें और झेलनी होंगी? क़दमों के नीचे कुचले जाने को इन्सान के सफ़र का 'पहला क़दम' कहना भी ख़ूब है। 'मआल' का अर्थ है 'नतीजा', लेकिन ये लफ़्ज़ आम तौर पर बुरे अर्थों

में प्रयोग होता है, यानी बुरे नतीजे या बुरे अंजाम को 'मआल' कहते हैं। ये कोई नहीं कहता कि 'नेक कामों का मआल जन्नत है' ये ज़ुरूर कहा जाता है कि 'गुनाहों का मआल जहन्नुम है'। लिहाज़ा 'मआल' शब्द भी उस ख़याल को दृढ़ कर रहा है, जो 'पामाले-मर्ग' (मृत्यु के पैरों तले कुचला जाना) से उत्पन्न हुआ है। 'क़दम' और 'रफ़्ता' में रिआयत है। 'पामाल' और 'मआल' में सनुअते-शिबह-इश्तियाक़* देखी जा सकती है।

39 / (iv) 'सर मू', 'ज़बान' और 'बाल' की रिआयत दिलचस्प है। 'चुल्ल' का अर्थ है—'शदीद ख्वाहिश' (तीव्र आकांक्षा) और 'किसी चीज़ की तलब' भी। मुनासिबत ज़ाहिर है। शेर में किससे मुख़ातिब हुआ जा रहा है, ये स्पष्ट न होना भी बहुत ख़ूब है। शायर ख़ुद भी मुख़ातिब हो सकता है, या नासेह (नसीहत करनेवाला) की ज़बान से ये बयान हो सकता है, या मुम्किन है शायर किसी आशिक़ से कह रहा हो। प्रत्येक बाल का ज़बान हो जाना भी ख़ूब है। 'रोआँ-रोआँ दुआ देता है' या 'रोंगटा-रोंगटा छुआ देता' मुहाविरा है इसलिए भी बाल को ज़बान कहने का औचित्य बनता है।

[40]

हाथ दामन में तेरे मारते झुँझला के न हम
अपने जामे में अगरआज गिरेबाँ होता

शेर में कई पहलू हैं, और सब एक-दूसरे से इस तरह सम्बद्ध हैं कि ये शेर अर्थ की असाधारण रचनात्मकता का उदाहरण बन गया है। बज़ाहिर तो ये मक्रे-शायराना है, कि अगर गिरेबान होता तो उसी को फाड़ते, वह्शत से मज्बूर हैं, इसलिए तेरे ही दामन पर हाथ साफ़ कर दिया। ये आन्तरिक ग़ुस्सा (मन या हृदय का क्षोभ) है या किसी को तंग करना, या माशूक़ के साथ जान-बूझकर बेअदबी है। ग़ालिब ने इस बिन्दु को लेकर लाजवाब शेर कहा है—

इज़्ज़ो-नियाज़ से तो न आया वो राह पर
दामन को उसके आज हरीफ़ाना खींचिए

लेकिन ग़ालिब के यहाँ सिर्फ़ एक बिन्दु पर आधारित शोख़ी (चंचलता) है, मीर का अगला दृष्टिकोण ये है कि माशूक़ ही के ज़ुल्मो-सितम (या कम-से-कम उसके इश्क़) की बुनियाद पर वह्शत (जुनून या उन्माद) पैदा हुई थी तो हमने गिरेबान चाक कर दिया था। अब जो फिर वह्शत है तो गिरेबान ढूँढ़ते फिरते हैं, लेकिन गिरेबान कहाँ? मज्बूरन् झुँझलाकर तेरा ही दामन चाक (फाड़ना) करने की कोशिश करते हैं, कि वह्शत तेरी ही वजह से है। या तो इसका इलाज कर या इस वह्शत की मंज़िल मुहैया कर। दामन में हाथ मारने का आशय 'दामनगीर होना' (दामन पकड़ना—अनु.) भी हो सकता है। गिरेबान न होने की वजह ये भी हो सकती है गिरेबान अपने जामे (वस्त्र, कुर्ता आदि) में नहीं है। 'जामे से बाहर होना' का अर्थ है 'बेक़ाबू होना'; यानी गिरेबान बेक़ाबू हो गया है, या तो उस पर हमारा बस नहीं चलता, या वो बेक़ाबू होकर कहीं निकल गया है। 'आतिश' इस क़िस्म के मज़्मून

---

* सनअते-शिबह-इश्तिक़ाक का सामान्य आशय ऐसा अलंकार है जिसमें एक शब्द से दूसरा शब्द बना दिया जाता है। ये देवनागरी लिपि में लिखे शब्दों में कम स्पष्ट होता है, जबकि फ़ार्सी-लिपि में अधिक दृष्टिगोचर होता है।—अनु.

बनाने की बहुत कोशिश करते हैं, लेकिन दिमाग़ छोटा है, इसलिए इतना कहकर रह जाते हैं—

ख़ुशी से अपनी रुस्वाई गवारा हो नहीं सकती
गिरेबाँ फाड़ता है तंग जब दीवाना आता है

[41]

हूँ दाग़े-नाज़ुकी कि क्या था ख़याले-बोस
गुलबर्ग-सा वो होंठ जो था नीलगूँ हुआ

(दाग़ होना = रंजीदा होना; बोस = बोसा)

माशूक़ की नज़ाकत पर बहुत शेर कहे गये हैं, लेकिन महज़ ख़याल के ज़ोर से ज़ख्मी होने की अतिशयोक्ति शायद किसी को न सूझी हो। दूसरा मिस्रा किस प्रकार वृत्तान्त-विवेचक हैं, ये देखा जा सकता है। सुर्ख़ गुलाब की पंखुड़ी जब सूखती है तो वो हल्के बैंगनी रंग की हो जाती है, उसे नीला रंग भी मान सकते हैं। नाज़ुक लोगों के चुटकी ली जाय या कहीं ज़ोर से दबाया जाय तो जो बैंगनी निशान पड़ता है, उसे 'नील' कहते हैं (चोट के हर निशान को 'नील' कहते हैं अगर जिल्द (त्वचा) साबित रहे और ख़ून न बहे।) यहाँ बोस का (चुम्बन का) ख़याल ही माशूक़ के होठों पर नील डालने को काफ़ी था। 'दाग़' और 'नीलगूँ' में मुनासिबत ज़ाहिर है। ग़ालिब ने भी नज़ाकत की अच्छी अतिशयोक्ति प्रस्तुत की है, लेकिन उनके यहाँ बनावट बहुत है, मीर की तरह भावप्रवणता भी नहीं—

शब को किसी के ख़्वाब में आया न हो कहीं
दुखते हैं आज उस बुते-नाज़ुकबदन के पाँव

मीर का तो मिस्रा ऐसा है कि लगता है वाक़ई किसी ने माशूक़ के होंठों पर मुँह रखकर ज़ोर से दबा दिया हो। जिस्म की संवेदनशीलता का एहसास मीर को हमारे तमाम शायरों से ज़ियादा था। 'दाग़ होना' का मुहाविरा भी ख़ूब है, मीर के अलावा किसी ने शायद ही इस्तेमाल किया हो। 'फ़रहंगे-आसफ़िया' और 'प्लेट्स' जैसे शब्द कोश भी इससे ख़ाली हैं। मीर ने इसे एक बार और बरता है—

बुर्क़ा उठते ही चाँद-सा निकला
दाग़ हूँ उसकी बेहिजाबी से

(पहला दीवान)

इस शेर पर बहस उसके मक़ाम पर होगी। अगर ज़ेरे-बहस शेर के बारे में सवाल हो कि माशूक़ की नाज़ुकी रंजीदगी का कारण क्यों है? उसके दो जवाब हैं। पहला तो ये कि इस बात पर रंज है कि माशूक़ को हमने अपने ख़याल के ज़रिये तक्लीफ़ पहुँचायी। दूसरा ये कि जब माशूक़ की नज़ाकत का ये रंग है कि बोसे का ख़याल ही उसके होंठों पर नील डाल देता है, तो फिर उसका हक़ीक़ी बोसा क्या नसीब होगा, ये ख़याल रंजीदा होने का कारण है। बोसे के ख़याल से रंगे-रुख़ बिगड़ने (विकृत होने) का मज़्मून किसी देहलवी शायर ने यूँ पद्यबद्ध किया है। मुम्किन है मीर का ख़याल वहाँ से उधार लिया हो—

वो रुख़्सारे-नाज़ुक कि हो जायें लाल
अगर उन पे बोसे का गुज़रे ख़याल

ये शेर हैदर बख़्श 'हैदरी' ने 'गुलज़ारे-दानिश' (सम्पा.-इबादत बरेलवी, पृ. -254) में दर्ज किया है। इस शेर में माशूक़ की नज़ाकत से ज़ियादा हया का मज़्मून है। मीर का शेर ज़ियादा ऐन्द्रिक संवेदनशीलता लिये हुए है और रंगीन है। 'निज़ामी' ने 'ख़ुस्रो-ओ-शीरीं' में इस मज़्मून का आम पहलू बाँधा है, लकिन उन्होंने दूसरे मिस्रे में अपनी विशेष नाज़ुक ख़याली का भी सुबूत दिया है—

ज़े बस कज़ गाज़ नीलश कशीदे
ज़े बर्गे-गुल बनफ़्शाँ बर दमीदे

(चूँकि उसने (शीरीं के) होंठों को दाँतों से काट-काटकर उन पर नील डाल दिए थे, तो मानो वो बर्गे-गुल (फूल की पंखुड़ी) से बनफ़िशा (एक जड़ी-बूटी जो बर्फ़ानी पहाड़ों या लबे-दरिया पैदा होती है और नज़्ला-जुकाम वग़ैरह में इस्तेमाल की जाती है) उगा रहा था।)

[42]

गुलूगीर ही हो गयी यावागोई
रहा मैं ख़मोशी को आवाज़ करता

(यावागोई = बकवास)

एक मफ़्हूम में ये शेर अभिव्यक्ति की अपूर्णता और आन्तरिक अनुभूतियों को व्यक्त करने के प्रयासों की असफलता का मर्सिया है। दूसरे मफ़्हूम में ये ख़ुद अभिव्यक्ति का मर्सिया है, कि अभिव्यक्ति निष्फल और प्रभावहीन है। 'ख़मोशी' का आशय वो आन्तरिक अनुभूति और भावनाएँ हो सकती हैं जो रूह की गहराइयों में क़ैद हैं, और शायर उसे आवाज़ देना चाहता है, यानी ज़ाहिर करना चाहता है।

मैं इस ख़ामोश तज्रुबे को आवाज़ करने (यानी आवाज़ की शक्ल देने) की कोशिश करता रहा, लेकिन जो कुछ मुँह से निकला वो सब तज्रुबे की शिद्दत और उसके विस्तार तथा पेचीदगी की तुलना में यावागोई था, यानी फ़िज़ूल बकवास था। वो शब्द जो मैं अभिव्यक्ति के लिए प्रयोग कर सका वो इतने शक्तिहीन-बलहीन और अवास्तविक थे कि अनर्गल-प्रलाप (यावागोई) प्रतीत होते थे, लेकिन ज़ियादा बोलने से गला बैठ जाता है, और आवाज़ बन्द हो जाती है। लिहाज़ा मेरी यावागोई ने मेरा गला पकड़ लिया और मैं ख़ामोशी को आवाज़ की शक्ल देने की कोशिश में आख़िरकार आवाज़ ही खो बैठा। दूसरे मफ़्हूम के लिए 'आवाज़ करना' का मुहाविराती अर्थ सामने आता है, यानी—'पुकारना, बुलाना'। मैं जानता था कि इज़्हार बेअसर है, इसलिए मैं ख़ामोशी को पुकारता रहा। यानी मुझे मालूम था कि मैं यावागोई कर रहा हूँ, मेरा इज़्हार कुछ कारगर नहीं हो रहा है, इसलिए मैं ख़ामोशी को पुकारता रहा, यानी कोशिश करता रहा कि ख़ामोशी अख़्तियार करूँ। मेरा शान्त होने का इरादा पूरा तो हुआ, लेकिन यूँ कि मेरी यावागोई ने मुझे गुलू-गिरिफ़्ता कर दिया। इज़्हार (अभिव्यक्ति) का दुखान्त इससे बढ़कर क्या होगा कि इज़्हार की कोशिश का नतीजा ख़ामोशी हो। या फिर ये कि इज़्हार की बेअसरी मालूम हो, लेकिन फिर भी हम

इज़्हार पर मज्बूर हों, और ख़ामोशी अख़्तियार भी करें तो इस चेतना और मीमांसा के कारण नहीं कि हमारा इज़्हार महज़ यावागोई है, बल्कि ख़ुद यावागोई की थकान हमें गुलू-गिरिफ़्ता (गला पकड़ लेना, यानी गला बैठ जाना) कर दे। ग़ालिब ने शायद ऐसे ही मौक़े के लिए कहा था—

ज़ुल्फ़े-ख़याले-नाज़ुको-इज़हार बेक़रार
यारब बयान शानाकशे-गुफ़्तगू न हो

लेकिन ग़ालिब का शेर इस क़दर अमूर्त है कि अभिव्यक्ति का मनुष्यगत दुखान्त संवेदनात्मक स्तर पर प्रकट नहीं होता। मीर का कारोबार संवेदनात्मक या ऐन्द्रिक अनुभूति के स्तर पर है। फिर ग़ालिब अभी इज़्हार पर मज्बूर नहीं हुए हैं, वो दुआ कर रहे हैं कि ज़ुल्फ़े-ख़याल जो ज़ाहिर होने के लिए बेक़रार (यानी 'इज़्हारे-बेक़रार') है, बयान के शाने (शाना = कंघा और शानाकश = कंघा करनेवाला) के ज़रिअे उलझने और टूटने से बच जाय। इसके विपरीत, मीर अगली मंज़िल पर हैं, जहाँ दुआ नाकाम हो चुकी हैं और अब या तो ख़ामोशी को आवाज़ बनाने की कोशिश है, या आवाज़ को ख़ामोश करने की कोशिश है। ग़ालिब ने ये शेर नौउम्री में कहा था, उस वक़्त के लिए यही दुआ मुनासिब थी। मीर का शेर पुख़्तगी-ए-उम्र का है, जब नाकामी मुकम्मल हो चुकी है। ग़ालिब की दुआ में नौजवानी का प्रेम-तत्त्व और आशावादिता है, मीर के निष्कर्ष-निर्णय में पुख़्ता उम्र का एहसासे-शिकस्त है।

[43]

बशरे की अपने रौनक़ अय मीर आरिज़ी है
जब दिल को ख़ूँ किया तो चेह्रे पे रंग आया

ये मीर के उन धोखेबाज़ शेरों में से है जिन्हें मैं उनका ख़ास कमाल कहता हूँ। देखने में तो ऐसे शेर सादा, इकहरे और कभी-कभी बिल्कुल मामूली मालूम होते हैं, लेकिन जब ग़ौर कीजिए तो उनमें कई गुत्थियाँ नज़र आती हैं। मसलन इस शेर में पहला प्रश्न तो ये है कि आशिक़ के चेह्रे पर रौनक़ का क्या औचित्य है? आशिक़ तो ज़र्द-रू (पीलापन लिए मुख) और बेरौनक़ सूरत होता है। मीर ख़ुद ही कह गये हैं—

चाह का दावा सब करते हैं मानिए क्यूँकर बेआसार
अश्क की सुर्ख़ी, ज़र्दी मुँह की, इश्क़ की कुछ तो अलामत हो

(पहला दीवान)

लिहाज़ा या तो ये बात कहनेवाले का इश्क़ सच्चा नहीं है, उसके दिल में इश्क़ का दर्द हक़ीक़त में नहीं है, लिहाज़ा वो अपने चेह्रे की रौनक़ के लिए ये बहाना बनाता है कि ये दरअस्ल दिल का ख़ून है जो चेह्रे पर झलक रहा हैं या फिर दिल को ख़ून करना कमाले-आशिक़ी है। इस कमाल को हासिल करने के बाद चेह्रे का (हर्षातिरेक या गर्व से) दमक उठना लाज़िमी है। अगर दूसरी सूरते-हाल है तो फिर उसे 'आरिज़ी' (अस्थायी, क्षणिक) क्यों कहा? इसके दो जवाब मुम्किन हैं—एक तो ये कि दिल के ख़ून हो जाने के बाद ज़िन्दगी ज़ियादा देर बाक़ी न रहेगी, जब ज़िन्दगी ख़त्म होगी तो चेह्रे की सुर्ख़ी (लालिमा) भी ग़ायब हो जाएगी। दूसरा जवाब ये है कि दिल बार-बार तो ख़ून होने से रहा। इश्क़ की ये शिद्दत और दर्द की ये कैफ़ीयत स्थायी नहीं। कुछ देर बाद दिल फिर अपने हाल पर आ जाएगा और चेह्रे पर वही ज़र्दी वापस आ जाएगी, लेकिन इस बार जो ज़र्दी होगी वो नाकामी और शिकस्त की भी हो सकती है। यानी इस बात की कि इश्क़ का कमाल (जिसकी

पहचान थी दिल का ख़ून हो जाना) अब बाक़ी नहीं रहा, लेकिन 'जब' लफ़्ज़ में एक सम्भावना ये भी है कि ये क्रिया बार-बार होती है। यानी जब-जब दिल को खून करते हैं तब-तब चेह्रा गुलगूँ (गुल के रंग का यानी लाल-अनु.) हो जाता है। 'जब दिल को ख़ून किया' के बजाय 'हम दिल को ख़ूँ किया' कर दीजिए तो ये दृष्टिकोण स्पष्ट हो जाता है। अब चेह्रे की रौनक़ आशिक़ की ख़ुद्दारी का प्राकट्य मालूम होती है। यानी वो ये नहीं पसन्द करता कि उसका चेह्रा ज़र्द और बेरंग हो और लोग उसको दया-दृष्टि (या कृपा-दृष्टि) से देखें। इसलिए वो बार-बार अपने दिल को ख़ून करता है, ताकि लोग इस धोखे में रहें कि उसको कोई ग़म नहीं है, या अगर है भी तो वो उसकी बरदाश्त के बाहर नहीं है। अब सम्बोधन के माध्यम से उत्पन्न होनेवाली अर्थ-सम्भावनाओं पर ध्यान दीजिए। शेर में दो किरदार हैं। एक तो ये बात कहनेवाला (जो आशिक़ है) और दूसरा मीर। आशिक़ के चेह्रे पर सुर्ख़ी देखकर मीर सवाल करते हैं कि हमने तो सुना था इश्क़ में लोगों का रंग उड़ जाता है, लेकिन तुम्हारे चेह्रे पर इतनी रौनक़ क्यूँ है? मुम्किन है मीर (यानी सवाल करनेवाले) को ख़याल हो कि इश्क़ उतनी बड़ी मुश्किल नहीं है जैसी कि लोग समझते हैं। या शायद उसको ख़याल हो कि आशिक़ को पूर्णाकर्षण (प्रेम में) नहीं है, वरना उसके चेह्रे पर रंग क्यूँ होता। इस सवाल के जवाब में कहा जा रहा है कि मियाँ ये रौनक़ तो अस्थायी है, जब दिल को ख़ून किया है तब ये रंग आया है। यानी वो किनाये की ज़बान में कहता है कि मियाँ इश्क़ को खेल न समझो, उसमें दिल ख़ून करते हैं ताकि ज़िन्दगी के आसार पैदा हों। अब यहीं से ये दृष्टिकोण पैदा होता है कि इश्क़ में जिन्दगी के आसार पैदा करने का तरीक़ा सिर्फ़ ये है कि दिल को ख़ून किया जाय, यानी ऐसा काम किया जाय जिसकी वज्ह से ज़िन्दगी ही ख़त्म हो जाती है, या अगर ख़त्म नहीं हो जाती तो ख़त्रे में ज़रूर पड़ जाती है। वैसे ये शेर ख़ुदकलामी (स्वयं से वार्तालाप करना) भी हो सकता है। यानी मीर ने आईने में अपना चेह्रा देखा, उसकी सुर्ख़ी देखकर ख़ुद ही से कहा कि भाई ये सब तो दिल के ख़ून हो जाने का फ़ैज़ है। अपनी मेह्नत ठिकाने लगी, दिल ख़ून हुआ, लेकिन ये सब रौनक़ चन्द रोज़ा है, क्योंकि अब तुम थोड़ी ही देर के मेह्मान हो। अगर ये सवाल उठे कि दिल के ख़ून होने और चेह्रे की सुर्ख़ी में क्या सम्बन्ध?, तो इसका जवाब ये है कि दिल ही के ज़रीए ख़ून सारे बदन में दौड़ता है, अगर दिल ख़ून हो जाय तो सुर्ख़ी का बढ़ना लाज़िमी है, लेकिन इसका एक चिकित्साशास्त्रीय जवाब भी है। सामान्यत: चिकित्सा क्षेत्र में यह मत है कि जिन लोगों को (Hypertension) होता है। (और ये दिल की एक बीमारी है) उनके चेह्रे पर सुर्ख़ी बढ़ जाती है। ऐसे चेह्रे को चिकित्सकीय शब्दावली में Florid (फूल के रंग का) से परिभाषित किया जाता है। अब रिआयत पर ग़ौर कीजिए। 'आरिज़ी' इस अर्थ में कि 'जो स्थायी न हो'। लेकिन 'आरिज़' का अर्थ 'रुख़्सार' (कपोल, गाल)

भी है। लिहाज़ा चेह्रे की सुर्ख़ी को 'आरिज़ी' कहने में एक और लुत्फ़ भी है। शेर काहे को है, निगारख़ाना (जहाँ विभिन्न प्रकार के चित्र या मूर्तियाँ लगी हों।) ख़लीलुर्रहमान आज़मी ने इस मज़्मून को उठाया है, लेकिन उनका पहला मिस्रा पूरी तरह कारगर न हुआ—

लोग क्या ढूँढ़ रहे हैं मेरी पेशानी पर
रंग आता है यहाँ अपना लहू पीने से

[44]

दिल अगर कहता हूँ तो कहता है वो ये दिल है क्या
ऐसे नादाँ दिलरुबा के मिलने का हासिल है क्या

जानना बातिल कसू को ये क़ुसूरे-फ़ह्म है
हक़ अगर समझे तो सबकुछ हक़ है याँ बातिल है क्या

हम तो सौ-सौ बार मर रहते हैं एक-एक आन में
इश्क़ में उसके गुज़रना जान से मुश्किल है क्या

44 / (i) ये शेर अपेक्षाकृत सामान्य है, लेकिन संवाद-सौन्दर्य और वाक्य विन्यास के उत्कृष्ट प्रयोग ने इसमें भी एक बात पैदा कर दी है। पहले मिस्रे में अग्रलिखित सम्भावनाएँ हैं—(1) मैं माशूक़ के सामने 'दिल' लफ़्ज़ कहता हूँ तो अहंकार में या नादानी से पूछता हैं कि 'दिल क्या होता है?' (2) मैं माशूक़ के सामने अपना दिल ले जाता हूँ और कहता हूँ कि देखो मेरा दिल है, तो वो कहता है कि ये दिल है? क्या दिल इसी को कहते हैं? (यानी वो उपेक्षा से कहता है।), (3) मैं माशूक़ से कहता हूँ 'दिल?', यानी पूछता हूँ कि तुम दिल को जानते हो? या तुमने हमारा दिल क्या किया? तो माशूक़ हैरान होकर पूछता है कि दिल क्या चीज़ है? (4) मैं माशूक़ से कहता हूँ 'दिल?' यानी पूछता हूँ कि तुम दिल के बारे में जानते हो?, क्या तुम्हारे पास दिल है? (यानी मेरा दिल है? या क्या तुम दिलवाले हो, या तुम्हारे पहलू में दिल है कि नहीं?) तो माशूक़ कहता है 'दिल? क्या मेरे पास दिल है?' (5) या माशूक़ जवाब में कहता है कि 'ये दिल (यानी तुम्हारा दिल) क्या है, मेरे पास ऐसे-ऐसे बहुत-से दिल हैं। दूसरे मिस्रे में 'के मिलने' के दो मफ़्हूम हैं। एक तो 'मुलाक़ात होना' और दूसरा 'हासिल होना'। और चूँकि पहले मिस्रे में ऐसी कई सम्भावनाएँ हैं कि दिल अभी आशिक़ ही के पास है, इसलिए माशूक़ को 'दिलरुबा' (दिल को उड़ा ले जानेवाला, यानी दिल को अचानक या जबरन ले लेनेवाला—अनु.)

कहना मात्र शब्द पूर्ति नहीं। माशूक़ को 'नादान' कहने में ये पहलू, भी है कि माशूक़ वाक़ई अल्हड़ है और ये भी कि वो नासमझ है, आशिक़ के दिल की क़द्र नहीं जानता।

44 / (ii) ये शेर ज्ञान-ब्रह्मज्ञान की उस स्थिति में प्रस्फुटित हुआ है जहाँ वेदान्त और एकेश्वरवाद की सीमाएँ मिल जाती हैं। वेदान्त के अनुसार ब्रह्म का अस्तित्व अनहद-अनन्त है। वह एक शाश्वत चेतना है तथा उसमें प्रत्येक अस्तित्व और चेतना समाहित है। इस विचार के अनुसार सत्य और असत्य, अस्तित्व और अस्तित्वहीनता (या यथार्थ और मिथ्या), ये सब निरर्थक हैं, क्योंकि ये सब चीज़ें उस शाश्वत चेतना का हिस्सा हैं जो तमाम कायनात पर हावी है। 'आत्मन्' में सबकुछ है, वो हर चीज़ का स्रष्टा है और पालक है। मनुष्य की आत्मा भी उसी का हिस्सा है। एकेश्वरवाद के अनुसार जो भी सांसारिक वस्तुएँ अस्तित्व में हैं वो सब उसी शाश्वत सत्य का अंश हैं। मीर के दूसरे मिस्रे में 'हक अगर समझे' का आशय ये है कि अगर कोई शख़्स हक़ीक़त को समझे। (हक़ = सत्य, यथार्थ, ईश्वर; आदि अर्थों में भी प्रयुक्त होता है—अनु.)। फिर ये भी आशय है कि अगर कोई शख़्स ख़ुदा को समझे (यानी 'हक़' का 'ख़ुदा' अर्थ समझे), लेकिन अगर इस मफ़्हूम को एक और तरफ़ ले जाएँ तो उससे दो और अर्थ प्राप्त होते हैं। उनके अनुसार ये शेर एकेश्वरवाद या वेदान्त का शेर नहीं रह जाता। 'हक़ अगर समझे' यानी अगर कोई शख़्स ख़ुदा मान ले, यानी ये सब तो महज़ मान लेने और समझ लेने की बात है, तुम अगर चाहो तो हर चीज़ को हक़ समझ लो। ऐसी सूरत में कोई भी वस्तु मिथ्या नहीं। श्रद्धा और विश्वास की शक्ति हर वस्तु को ख़ुदा बना देती है। इस मफ्हूम के अनुसार 'हक़' या 'ख़ुदा' इन्सान की सृष्टि (संरचना) है, यानी इन्सान द्वारा निर्मित हैं। इन्सान ख़ुद को कायनात में तन्हा महसूस करता है, इसलिए वो किसी ऐसी हस्ती की तलाश करता है, जिसका रिश्ता सबसे हो और जो ख़ुद इन्सान का भी रिश्ता कायनात से दृढ़ एवं स्थायी कर दे। इसलिए वो ख़ुदा का विचार सृजित करता है और प्रकृति के उपांगों, पेड़-पौधों-पत्थरों, बिल्कुल अमूर्त तत्त्व; किसी-न-किसी चीज़ को ख़ुदा मान लेता है। लिहाज़ा अगर तुम मानना चाहो तो हर चीज़ ख़ुदा है, हर चीज़ हक़ है, मिथ्या कुछ नहीं। इस व्याख्या के अनुसार ये शेर सूफ़ियाना (ब्रह्मज्ञान से सम्बन्धित) नहीं, बल्कि रौशन ख़याल नास्तिकता (Liberal Atheism) का शेर बन जाता है। 'हक़ अगर समझे' की तीसरी व्याख्या ये मुम्किन है कि कोई श्रद्धा-विश्वास झूठ नहीं, सब अपनी-अपनी जगह सच्चे हैं। ये हमारी समझ की कमी है कि किसी को काफ़िर और किसी को मोमिन (इस्लाम धर्म माननेवाला) कहते हैं, सब का रास्ता एक है। अगर तुम्हारी समझ का फेर न हो और तुम सही तरीक़े से समझो तो सब सच है। इस व्याख्या के अनुसार ये शेर रौशन ख़याल इन्सान-दोस्ती (Liberal Humanism) का शेर बन जाता है। रौशनख़याल इन्सान-दोस्ती बुनियादी तौर पर ख़ुदा की मुन्किर है, (उदारवादी

मानववाद सैद्धान्तिक रूप से अनीश्वरवादी है—अनु.) लेकिन हर एक को अपनी श्रद्धा अपना विश्वास रखने का अधिकार देती है। शेर में ये सब बारीकियाँ 'हक़ अगर समझे' की बेपनाह बलाग़त के कारण है। अगर इसका मफ़्हूम ये लिया जाय कि 'अगर तुम वास्तव में ख़ुदा को समझते हो' तो ये शेर सूफ़ियाना और वेदान्ती है। अगर मफ़्हूम ये लिया जाय कि 'अगर तुम हक़ समझ लो' तो ये शेर उदारवादी नास्तिक (Liberal atheist) है, और अगर मफ़्हूम लिया जाय कि 'अगर तुम ठीक से समझो' तो ये शेर उदारवादी मानववाद से युक्त हो जाता है। आख़िरी मफ़्हूम को उदार मानववादी (Liberal humanism) रंग दिये बग़ैर भी अदा कर सकते हैं, यानी ये शेर मैत्रीपूर्ण समानता और विभिन्न धर्मों की सच्चाइयों और मज़्मून से युक्त कहा जा सकता है। यानी कोई ज़ुरूरी नहीं कि मीर को मानववाद (Humanism) से वाक़िफ़ मान लिया जाय (यद्यपि इसकी मिसालें इस्लामी चिन्तन में भी मिलती हैं।) हम ये कह सकते हैं कि ये शेर मानववाद के आम नज़रिये को पेश करता है, जिसकी मान्यता है कि सारे धर्म सच्चे हैं, क्योंकि उनकी वास्तविकता और उनके लक्ष्य एक समान है। बहरहाल, जिस तरह भी देखिए शेर ग़ैरमामूली है।

44 / (iii) 'आन' का अर्थ 'अदा' (नाज़ो-अदा) भी है और 'लम्हा' (क्षण, पल) भी है। एक तरह से देखिए तो ये शेर ख़ुशमिज़ाजी (ज़िन्दादिली, हासप्रियता) का शेर है, जिसमें 'मरने' या 'मर रहने' के मुहाविराती अर्थ (आशिक़ होने) से फ़ायदा उठाया गया है, लेकिन इसी ख़ुशमिज़ाजी के नतीजे में एक विशिष्ट बात भी पैदा होती है, क्योंकि अगर माशूक़ की चाह में जान से गुज़रना मुश्किल नहीं तो मर क्यूँ नहीं जाते? सौ-सौ बार मर रहने से ये साबित होता है कि मरना मुश्किल नहीं, लेकिन मरते फिर भी नहीं। लिहाज़ा या तो मरना बहुत मुश्किल है, या फिर मरना चाहते ही नहीं, बल्कि उसकी एक-एक अदा पर सौ-सौ बार मर मिटने के लुत्फ़ को लगातार उठाना चाहते हैं। अगर सूफ़ियाना रंग में ले जाइए तो 'कुश्तागाने-ख़ंजर तस्लीम' (आशिक़ों को ख़ंजर स्वीकार है) की तरह हर-हर लम्हा मरने और जी उठने की कैफ़ीयत की तरफ़ इशारा मिलता है। मशहूर है अग्रलिखित शेर को सुनने के वक़्त हज़रत क़ुतुबुद्दीन बख़्तियार काकी ने अपनी जान सुपुर्दे-हक़ किया था—

कुश्तगाने-ख़ंजर तस्लीम रा
हर ज़माँ अज़ ग़ैब जाने दीगर अस्त

(वो लोग जो ख़ुदा की मर्ज़ी के सामने सर झुकाने के, ख़ंजर के कुश्ता (मारा हुआ, वध किया हुआ, आशिक़) हैं, उनको हर लम्हा ग़ैब (परोक्ष जगत से नयी जान अता (कृपापूर्वक प्राप्त होना) होती है, यानी वो हर लहज़ा (क्षण) मरते हैं और हर लम्हा जीते हैं।) सच्चा आशिक़ हर लम्हा अपनी जान माशूक़ की ख़िद्मत में पेश करता है और हर लम्हा उसको नयी ज़िन्दगी अता होती है।

[45]

नौबत है अपनी जब से यही कूच का है शोर
बजना सुना नहीं है कभू याँ मक़ाम का

(मक़ाम बजना = क़ाफ़िले के ठहरने का घंटा बजना)

लफ़्ज़ 'यही' का ज़ोर क़ाबिले-दाद है। 'यही' यहाँ पर इस्मे-इशारा (सर्वनाम) का भी काम कर रहा है और हर्फ़े-ताकीद (चेतावनी या किसी बात से आगाह करने का शब्द) का भी और हर्फ़े-हस्र (विशेष बलाघात से युक्त शब्द; यहाँ बलाघात का अर्थ मनोभावों, विचार आदि के महत्त्व को समझाने हेतु उन पर विशेष ज़ोर देने से है। ये विशेष रूप से बोलने पर ही स्पष्ट होता है।—अनु.) का भी (यानी इसके ज़रिअे कूच के शोर की विशिष्टता के जितनी अर्थ-प्रवणता नहीं है। 'यही' में नज़्दीकी का भी इशारा शामिल है, गोया कूच का घंटा बिल्कुल सिर ही पर बज रहा है। ज़ाहिर है कि सिर पर बजने का नतीजा ये भी है कि निश्चिन्तता या फ़ुर्सत हासिल नहीं हो सकती। कूच का ख़याल परेशान करता है और सर पर कूच का शोर किसी काम की तरफ़ प्रवृत्त भी नहीं होने देता। लफ़्ज़ 'नौबत' में भी दो पहलू हैं। 'नौबत' का एक अर्थ है 'ज़माना, अहद' (युग, काल, समय)। लिहाज़ा उस घंटे को भी कहते हैं जो वक़्त के गुज़रने का ऐलान करता है, इसी दृष्टि से 'नौबत' महज़ 'वक़्त' के अर्थ में भी आता है, यानी यहाँ सिर्फ़ कूच का वक़्त है, हमारी नौबत महज़ गुज़रने का ऐलान करती है, शुरू होने का नहीं। किसी की नौबत बजाने का अर्थ 'किसी का तसल्लुत होना' (किसी का अधिकार अथवा क़ब्ज़ा होना) भी होता है। लिहाज़ा ये इशारा भी मौजूद है कि हम अपने वक़्त के हाकिम हैं, इस ज़माने में हमारी हुकूमत है, लेकिन हम वक़्त पर क़ाबू नहीं पा सकते। दूसरे मिस्रे में किनाया भी ख़ूब है। यानी ये नहीं कहा है कि कोई ठहरता नहीं, बल्कि ये कहा है कि यहाँ क़ाफ़िले के क़याम का घंटा बजना हमने कभी सुना नहीं। इसी से ये बात भी निकलती है कि मुम्किन है औरों ने सुना हो और ठहर गये हों, लेकिन हमने सुना नहीं। हमारे लिए कूच और सफ़र ही है, क़याम नहीं है। पूरे शेर में अजब ड्रामाई मनोदशा है। ड्रामाइयत के कारण व्यष्टिगत अनुभव और समष्टिगत अनुभव, दोनों पूरी शिद्दत से सामने आ गये हैं और एक को दूसरे से अलग नहीं किया जा सकता।

[46]

आग खा जाती है ख़ुश्को-तर जो उसके मुँह पड़े
मैं तो जैसे शम्अ अपने ही तईं खाता रहा

मज़्मून बहुत वह्शतनाक है और पहले मिस्रे का बिम्ब बेहद ख़ौफ़नाक है, लेकिन ख़ुद शायर का लहजा किस क़दर उत्कृष्ट और गम्भीर है। तक्लीफ़ या रंज का तनिक भी अंश नहीं, ख़ुद पर तरस खाने की बात तो बहुत दूर की बात है। फिर लुत्फ़ ये है कि ख़ुद को शम्अ से उपमित करके अपनी वक़्अत का तसव्वुर भी क़ायम कर दिया, क्योंकि शम्अ सियाही को दूर करती है, ख़ुद जलती है और घुलती है, लेकिन दूसरों को आराम पहुँचाती है। फिर रौशनी नेकी और पाकीज़गी का प्रतीक है। लिहाज़ा ख़ुद को शम्अ के मानिन्द बताकर अपनी रूहानी श्रेष्ठता का तसव्वुर भी पैदा कर दिया। 'आग खा जाती है' के दृष्टिकोण से 'मुँह पड़े' बहुत मुनासिब है, और 'मुँह पड़े' का मुहाविरा आग की बेरोक-टोक तबाहकारी को बड़ी ख़ूबसूरती से ज़ाहिर करता है। पहले मिस्रे का बिम्ब ऐसा प्रभावशाली है कि नज़रों में जंगल की आग की तस्वीर, या किसी घनी आबादी में मकान और दुकान जलाकर ख़ाक करती हुई किसी बेक़ाबू आग की तस्वीर फिर जाती है। फिर 'ख़ुश्को-तर' कहकर बूढ़े, जवान, लकड़ी, शहतीर और दरख़्त, सब्ज़ाज़ार और सहरा सबकी नुमाइन्दगी कर दी। आग की प्रलयंकरता के मज़्मून के लिए 'मीर सोज़' ने भी ज़ेरे-बहस शेर के पहले मिस्रे से मिलता-जुलता बिम्ब तलाश किया है, लेकिन उनका शेर यकसत्ही है—

जलने से मेरे क्या उसे परवाह जल गया
शोले को कब है ग़म जो पुरकाह जल गया

लेकिन 'मीर सोज़' के यहाँ एक स्थिति विशेष की मनोदशा तो है। 'आतिश' ने मीर का बिम्ब सीधे-सीधे उठाया और 'ख़ुश्को-तर' का पदबन्ध भी ले लिया, लेकिन शेर कहा निहायत ख़ुश्क और बेलुत्फ़—

मोमिनो-काफ़िर का क़ातिल है तेरा हुस्ने-शबाब
आतिशे-अफ़्रोख़्ता यकसाँ है ख़ुश्को-तर के साथ

शेर में ग़ैर ज़ुरूरी अल्फ़ाज़ ने बिम्ब को कमज़ोर कर दिया और मज़्मून जो बँधा वो निहायत ही सामान्य है। मज़्मून आफ़्रीनी हर एक के बस की बात नहीं। मीर को देखिए मज़्मून भी निकाला और दूसरे मिस्रे में 'तो' और 'ही' जैसे नन्हें-मुन्ने लफ़्ज़ों से कितना काम ले लिया। 'आतिश' ने फ़ार्सी अल्फ़ाज़ भर दिए लेकिन 'मोमिनो-काफ़िर' और 'ख़ुश्कोतर' की रिआयत के सिवा कुछ हासिल न किया। अब देखिए अबू तालिब कलीम हम्दानी ने शोले की तबाहकारी के बिम्ब को सैलाब की तबाहकारी (विनाशकारिता) से सम्बद्ध करके क्या उम्दा शेर कहा है। मीर का शेर अन्तर्मन और हृदय की दशा से सम्बन्धित है और कलीम का शेर परजीवी नहीं है, अर्थात् मौलिक है और किसी से प्रेरित-प्रभावित नहीं है, लेकिन दोनों की तुलना बहुत दिलचस्प होगी—

दर रहे-इश्क़े-जहाँ सोज़ चे शाहो-चे गदा
हुक्मे-सैलाब ब वीरानओ-आबाद रवद

(दुनिया को जला देनेवाले इश्क़ की राह में बादशाह क्या और भिखारी क्या? सैलाब का हुक्म तो वीराने और आबादी पर यकसाँ चलता है।)

मीर के यहाँ बिम्बों का वो मिश्रण नहीं है जो कलीम के यहाँ नज़र आता है और जो शेक्सपियर की भी एक विशेषता है, लेकिन मीर ने व्यक्तिगत वृत्तान्त को जिस शिद्दत और तत्काल असरकारिता के साथ पद्यबद्ध किया है, और उनके पहले मिस्रे में जो ज़बरदस्त बिम्ब है, वो कलीम के यहाँ नहीं है। क़ायम चाँदपुरी ने 'ख़ुश्को-तर' को अनिवार्य मानते हुए उम्दा शेर कहा है—

ख़ुश्को-तर फूँकती फिरती है सदा आतिशे-इश्क़
बचियो इस रंज से अय पीरो-जवाँ सुनते हो

दूसरे मिस्रे में सम्बोधन भी ख़ूब है और 'ख़ुश्को-तर' के दृष्टिकोण से 'पीरो-जवाँ' में इस्तिआरा और लफ़्फ़ो-नश्र का लुत्फ़ है। पहले मिस्रे में 'फूँकती फिरती है' भी ख़ूब कहा है, लेकिन मीर के यहाँ ज़ाती तज्रुबे, या कम-से-कम अकेले शायर के बयान का जो पहलू है, वो 'क़ायम' के शेर से बहुत बेह्तर और बुलन्द है। 'क़ायम' के यहाँ मुनादी में लुत्फ़ है, लेकिन थोड़ी-सी कृत्रिमता भी महसूस होती है। शायर (अर्थात् शेर में कही गयी बात को कहनेवाला) की शख़्सियत को स्पष्ट न करने की वजह से क़ायम का पहला मिस्रा तत्काल भावानुभूति के स्तर से गिर गया है। मीर का शेर हर तरह से मुकम्मल है।

[47]

आँखों में अपनी रात को ख़ूनाब था सो था
जी दिल के इज़्तिराब से बेताब था सो था

सावन हरे न भादों में हम सूखे अहले-दर्द
सब्ज़ा हमारी पलकों का सेराब था सो था

(सावन हरे न भादों सूखे = हालत में
कभी कोई तब्दीली नहीं हुई।)

हम ख़ुश्कलब जो रोते रहे जूएँ बह चलीं
पर मीर दश्ते इश्क़ का बेआब था सो था

(जूएँ = जू (चश्मा) अर्थात् पानी
का स्रोत, का बहुवचन)

47 / (i) शेर में अजब अन्दाज़े-बेपर्वाई है। आँखों से ख़ून मिला हुआ पानी बह रहा है, दिल की बेचैनी ने रूह को बेताब कर रखा है, लेकिन शायर न हैरत का इज़्हार करता है, न सद्‌मे का, न अपने हाल पर अफ़्सोस करता है, न इस बात की फ़िक्र करता है कि माशूक़ को उसके हाल की ख़बर कैसे हो। बेपर्वाई, बल्कि बेज़ारी (विमुखता) की स्थिति है, लेकिन इसमें संवेदनहीनता या शर्मिन्दा बेचारगी नहीं, बल्कि एक तरह का रौब-दाब है। हाँ ये सब था तो सही और रहा भी उसी तरह, लेकिन फिर नयी बात क्या हुई ये सब तो चलता ही रहता है। बहुत ख़ूब शेर है, और खासा धोखेबाज़ भी, क्योंकि शेर फ़ौरन् ध्यानाकृष्ट करता है, लेकिन वजह देर में समझ में आती है।

47 / (ii) दो मिस्रों में बज़ाहिर दो बातें कही हैं, लेकिन दरअस्ल उनमें प्रतिकूलता (Contradiction) के बावजूद दलील और दावा का सम्बन्ध है। हमारी पलकें हमेशा तर रहें, ये इस बात का सुबूत है कि हम न भादों में सूखे, न सावन में

हरे हुए। मुहाविरे के शब्दकोशीय अर्थ और इस्तिआराती अर्थ, दोनों से एक साथ फ़ायदा उठाना कोई मीर से सीखे। दावा कर रहे हैं कि हम न भादों में सूखे न सावन में हरे हुए। दलील (तर्क) ये है हम हमेशा हरे रहे। मुहाविरे का शब्दकोशीय अर्थ और इस्तिआराती अर्थ एक साथ प्रयुक्त हो गये, क्योंकि मुहाविरे का अर्थ ही ये है कि हालत में कोई तब्दीली नहीं हुई।

47 / (iii) ख़ुश्कलब लोगों को नहरें (जूएँ) बहाते हुए बयान करना बहुत ख़ूब है। चूँकि आँसू बहाने से प्यास नहीं बुझती इसलिए सहराए-इश्क़ को बेआब कहा, और ख़ुश्कलब रह जाने की दलील भी प्रस्तुत कर दी। 'जूएँ बह चलीं' में ये अर्थ भी है कि ये नहरें बहकर कहीं निकल गयी होंगी और उन्होंने शायद किसी और सहरा को सेराब (सींचना, अभिसिंचित) किया होगा। बड़ी आन्तरिक मनोदशा का शेर कहा है और ख़ूब बनाकर भी कहा है।

सहराए-इश्क़ के बेआब रह जाने का मफ़्हूम ये भी हो सकता है कि उसमें कोई फूल न खिला, उम्मीद की खेती हरी-भरी न हुई, यानी मक़्सदे-दिल न हासिल हुआ। हम रोये और इस क़दर रोये कि नहरें बह चलीं, लेकिन नहरों का जो काम है, यानी खेती को हरा करना, वो हासिल न हुआ।

[48]

वाजिब[1] का हो न मुम्किन[2] मस्दर[3] सिफ़तसना का
क़ुद्रत से उसकी लब पर नाम आवे है ख़ुदा का

हम वह्शियों से मुद्दत मानूस जो रहे हैं
मजनूँ को शोख़ लड़के कहने लगे हैं काका[4]

आलूदा ख़ूँ से नाख़ुन हैं शेर के-से हर सू
जंगल में चल बने तो फूला है ज़ोर ढाका[5]

ये दो ही सूरतें हैं या मुनअकस[6] है आलम[7]
या आलम आईना है उस यारे-ख़ुदनुमा का

सब रोम-रोम तन में ज़र्दी-ए-ग़म भरी है
ख़ाके-जसद है मेरी किस काने-ज़र का ख़ाका

ग़ैरत से तंग आये ग़ैरों से लड़ मरेंगे
आगे भी मीर सैयद करते गये हैं साका[7]

48 / (i) पहले मिस्रे में शब्दों के उलटफेर से बहुत क्लिष्टता आ गयी है, लेकिन मिस्रा इस क़दर रवाँ और लहजा इतना विश्वासपूर्ण है कि क्लिष्टता की तरफ़ ध्यान ही नहीं जाता। जब इसे गद्य में परिवर्तित करने बैठिए तो मुश्किल होती है,

---

1. वाजिब =वो जिसके बग़ैर कोई और चीज़ न हो सके। 2. मुम्किन = वो जिसका वजूद किसी और चीज़ के होने का मोह्ताज हो। 3. मस्दर =शुरू होने की जगह, वो जगह जहाँ से वापसी हो। 4. काका = छोटा लड़का। 5. ढाका = ढाक का पेड़। 6. मुनअकस = वो जिसका अक्स ढाला गया हो (प्रतिबिम्बित) 7. साका करना = अपना युग स्थापित करना, बहादुरी के काम के ज़रिअे ख़ुद को प्रतिष्ठित करना, जंग करना।

क्योंकि ये समझ में नहीं आता कि मिस्रे में दो 'का' क्यूँ हैं? बहरहाल मिस्रे का गद्य-रूप यूँ होगा—'मस्दरसिफ़त (यानी की मसदर की तरह) सना का, (यानी) वाजिब का मुम्किन नहीं हो सकता।' (यानी वाजिब को मुम्किन में तब्दील नहीं कर सकते)। आशय ये है कि जिस तरह तमाम वस्तुओं का मस्दर (यानी शुरू होने की जगह, वो जहाँ से सबको लौटना है, यानी वो जिसके आगे कुछ नहीं, यानी ख़ुदा) वाजिब है, उसी तरह मस्दर की सना (यानी ख़ुदा की तारीफ़) भी वाजिब है (यानी वाजिबुलवुजूद है, उसका वुजूद किसी और वस्तु पर आश्रित-आधारित नहीं), और जब वो वाजिब है तो उसे अल्फ़ाज़ के ज़रिए (जो महज़ मुम्किन है, क्योंकि उनका वुजूद किसी वस्तु पर आधारित है) ज़ाहिर नहीं कर सकते। आसान अर्थ ये हुआ कि ख़ुदा की तारीफ़ नामुम्किन है। 'वाजिब का मुम्किन न हो' का मफ़्हूम ये है कि 'वाजिब का मुम्किन नहीं हो सकता'। यहाँ 'का' बड़े उम्दा ढंग से इस्तेमाल हुआ है। मस्लन् कहते हैं—'आधे का पूरा नहीं हो सकता'। यानी जो आधा है वो पूरा नहीं किया जा सकता, या 'काले का गोरा नहीं हो सकता', यानी जो काला है वो गोरा नहीं हो सकता। दूसरे मिस्रे में कहा है कि अगर हमारे मुँह पर ख़ुदा का नाम आता है, तो ये भी ख़ुदा की क़ुद्रत है। यानी ये ख़ुदा अपनी क़ुद्रत का प्रदर्शन न करे तो इन्सान की क्या मजाल कि वो ख़ुदा का नाम ले सके। 'लब पर नाम आना' का अर्थ 'ज़िक्र करने' के अलावा 'याद करना' भी होता है। अब मफ़्हूम ये निकला कि अगर हम ख़ुदा को याद करते हैं तो ये उसकी क़ुदरत है। 'ख़ुदा की क़ुदरत' के तीन अर्थ हुए। एक तो वही जो ऊपर बयान हुआ, कि ये ख़ुदा की कुदरत का इज़्हार है। दूसरे अर्थ की तरफ़ भी इशारा हो चुका है कि ख़ुदा की मर्ज़ी होती है तो ही हम उसका नाम लब पर ला सकते हैं। तीसरा अर्थ विस्मयादिबोधक है, कि उसका नाम हमारे लब पर आता है, ये उसकी क़ुद्रत है! यानी हम जैसे गूँगे-बहरे भी, या हम जैसे गुनाहगार भी उसको याद कर लेते हैं, उसका ज़िक्र कर लेते हैं, ये ख़ुदा की क़ुदरत नहीं तो और क्या है? पूरे मिस्रे में ये अर्थ भी अप्रत्यक्षतः निहित है कि अगर ख़ुदा का नाम हमारी ज़बान पर ख़ुदा ही की मर्ज़ी से आता है, तो अगर हम उसको याद न करें तो उसमें हमारा क्या गुनाह है? हम्द के शेर में इतने अर्थ समाहित कर देना मीर ही के बस का रोग था। आन्तरिक अर्थ की गम्भीरता के आधार पर पहले मिस्रे का तक्लीफ़देह उलझाव (बल्कि कमज़ोर काव्य-पंक्ति, जो मीर के यहाँ बहुत कम है) गवारा हो जाता है। 'नासिख़' ने मीर के मज़्मून को उलटकर बड़ी धूम से बयान किया है—

याँ कुछ अस्बाब के हम बन्दे ही मोह्ताज नहीं
न ज़बाँ हो तो कहाँ नामे-ख़ुदा पैदा हो

वस्तुतः बात ये है कि शेर अच्छा है, लेकिन मीर जैसी नज़ाकत (subtlety) नहीं।

48 / (ii) शेर में निहित कल्पनाशक्ति निराली है। मीर के अलावा किसी को ऐसी बात न सूझती, और अगर सूझती भी तो इस ख़ूबी और तहदारी के साथ शायद ही अदा हो पाती। दीवानगी की वो मंज़िल है जब मीर और उनकी तरह के दूसरे जंगलवासी अब हर तरफ़ की ख़ाक छान कर शह्र वापस आ चुके हैं। लड़के उन्हें गली-कूचों में आवारा देखते हैं और उनसे मानूस (जिसके प्रति घबराहट या डर ख़त्म होकर उससे मुहब्बत या लगाव हो गया हो—अनु.) हो गये हैं। इस स्थिति में मजनूँ कहीं से आ निकलता है। लड़के चूँकि मीर जैसे वहशियों की दीवानगी से वाक़िफ़ हैं, इसलिए मजनूँ की दीवानगी उन्हें कोई ख़ास आतंकित (डराना, भय) नहीं करती, यानी उन्होंने मीर जैसे दीवाने देखे हैं तो मजनूँ को क्या महत्त्व देंगे? इसलिए वो हिकारत (घृणा) के अन्दाज़ में मजनूँ को 'काका' के नाम से पुकारते हैं, या मुम्किन है एहतरामन् 'काका' कहते हों। एहतरामन् (सम्मानपूर्वक) कहने में एक लुत्फ़ ये भी है कि ये शोख़ लड़के शायद इस बात का एहसास रखते हैं कि बड़ा होकर उन्हें भी जुनून की मंज़िलें तय करनी हैं। इसलिए वो मजनूँ को 'काका' (यानी 'बड़ा भाई') कहते हैं। एक सूरत ये भी हो सकती है कि मीर, और उन जैसे दूसरे दीवाने, शह्र की गलियों में ख़ाक उड़ाते रहने के बाद अब जंगल में जा बसे हैं। फिर मजनूँ, कहीं से घूमता-फिरता शह्र में आ निकलता है। लड़के उसे देखकर बिल्कुल हैरतज़दा नहीं होते, बल्कि मीर वग़ैरह से मानूस रहने के बाद वो मजनूँ को पहचान जाते हैं और उसे 'काका' के नाम से पुकारते हैं। ये भी मुम्किन है कि मजनूँ दरअस्ल शह्र में न आया हुआ हो, लेकिन लड़कों ने किताबों में उसका ज़िक्र पढ़ा तो उन्हें मीर और उनके साथी वहशियों के मुक़ाब्ले में मजनूँ, बहुत ख़ाम और हक़ीर मालूम हुआ। इसलिए वो मजनूँ को 'काका' कहकर पुकारने लगे। या एहतरामन् ऐसा कहने लगे हों (जैसा कि ऊपर ज़िक्र हुआ, 'काका' का एक अर्थ बड़ा भाई भी होता है)। 'काका' का एक अर्थ 'ख़ानाज़ाद ग़ुलाम' या 'बाप का ग़ुलाम' भी होता है। ('ख़ानाज़ाद' का अर्थ—घर में उत्पन्न, घर में उत्पन्न किसी दासी का पुत्र, इस शब्द का प्रयोग कभी-कभी वक्ता स्वयं के लिए भी करता है—अनु.) ज़ाहिर है कि ये अर्थ भी मुनासिब है। 'काका' का अर्थ 'ख़्वाजासरा' (हिजड़ा, महल का रखवाला) या ज़नख़ा (नपुंसक) भी आया है जैसा कि 'तिलिस्म हफ़्त पैकर' के लेखक अहमद हुसैन क़मर (भाग-2, पृ. 227) से ज़ाहिर होता है—"महलाल कूद करके सामने ज़ंगी के आया। आवाज़ दी कि अय क़ौम के क़ाक़ा? मुझ से मुक़ाब्ला कर। औरत पर क्या जाता है?" ज़ाहिर है कि 'काका' का 'ख़्वाजासरा' अर्थ भी ज़ेरे-बहस शेर में मुनासिब है। एक बिन्दु और भी है—'जो' सर्वनाम भी हो सकता है। यानी जो

शोख़ लड़के हम वहशियों से एक मुद्दत तक मानूस रहे हैं, वो मजनूँ, को 'काका' कहने लगे हैं।

48 / (iii) पहले मिस्रे का बिम्ब किस क़दर कथात्मक है और जंगल के दृष्टिकोण से ढाक के लम्बे-लम्बे फूलों को शेर के नाख़ुनों से उपमित करना कितना प्रभावपूर्ण है। 'जंगल' और 'बने' (यानी 'बन' = जंगल) में जो एक उच्चारणगत समानता है उसका भी एक लुत्फ़ है। ढाक के फूलों को शेर के नाख़ूनों (और वो भी ख़ून से लथपथ नाख़ुनों) से उपमित करना अनोखा तो है ही, लेकिन उसके पीछे जंगल की भयावहता और उसके अजीबो-ग़रीब चीज़ों से भरे होने का विचार भी मौजूद है। फूल को शेर के ख़ून से लथपथ नाख़ूनों की तरह देखना और उन नाख़ूनों का हर तरफ़ बिखरा हुआ होना जंगल को एक रहस्यपूर्ण, भययुक्त और नयी दुनिया की शक्ल में देखना है। ये दुनिया शह्र और कारोबारे-शह्र से बिल्कुल अलग है, और ऐसी दुनिया की सैर की दावत देनेवाला शख़्स शह्र की चिर-परिचित दुनिया को कमतर या कम-से-कम ग़ैर दिलचस्प ज़रूर समझता है।

मुहम्मद अमान निसार ने भी ढाक के सुर्ख़ फूलों का मज़्मून बाँधा है, और सच तो ये है कि खूब बाँधा है, लेकिन उन्होंने मज़्मून को सीमित कर दिया है, और मीर के पहले मिस्रे में जो रूपक है, वो मुहम्मद अमान निसार की पहुँच से दूर है—

ख़ूने-जिगर से मिज़्गाँ यूँ सुर्ख़ हो रही हैं
जंगल में जैसे यारो फूला खड़ा हो ढाका

दोनों ग़ज़लें (मीर और अमान निसार की) हमतरह (अर्थात् एक ही ज़मीन की) है, इसलिए मुम्किन है किसी मुशायरे की हों।

48 / (vi) बड़ी बारीक और पेचीदा बात को बड़ी सहजता से अदा किया है। 'ये दो ही सूरतें हैं' कहकर ये स्पष्ट कर दिया है कि विस्तारपूर्वक चिन्तन-मनन के बाद इस नतीजे पर पहुँचे हैं कि भौतिक संसार का अस्तित्व नहीं है, लेकिन ये दुनिया हमें अपने आसपास हर तरफ़ नज़र भी आती है। लिहाज़ा या तो कोई अस्ली और हक़ीक़ी दुनिया है, और ये दुनिया उसका अक्स (प्रतिबिम्ब) है। या फिर कोई यारे-खुदनुमा है, जिसने अपने को ज़ाहिर करना चाहा है, लिहाज़ा उसने एक आईना बनाया है और ख़ुद को उसमें देखता है। वही अक्स हमको भी नज़र आता है। पहली विचारणा का आधार प्लेटो के दृष्टिकोण से सम्बन्धित है (अनुकरण सिद्धान्त)। इसीलिए कुछ लोगों का विचार है कि इस्लामी सूफ़ियाना दर्शन वास्तव में नव प्लेटोवाद था। दूसरी विचारणा में इस मस्अले को हल करने की कोशिश है कि अगर संसार का अस्तित्व मिथ्या भ्रमात्मक है तो ये संसार दृष्टिगोचर क्यूँ है ? इसका जवाब कुछ सूफ़ियों ने ये दिया कि कायनात जिस हद तक वुजूद रखती है, उस हद तक वो

सृष्टिकर्ता के शाश्वत गुणों की प्रशंसा करती है। अगर इस नज़रिये की तमाम बारीकियों पर नज़र न रखी जाय तो इसकी सीमाएँ बहुदेववाद (अनेकेश्वरवाद) से मिलती नज़र आती हैं, इसलिए कुछ लोगों ने शेख़ अकबर वग़ैरह के इन ख़यालात को ग़लत क़रार दिया है। ख़ुदा को 'यारे-ख़ुदनुमा' कहकर मीर ने उस मशहूर कथन की तरफ़ इशारा किया है जिसमें अल्लाह ने कहा है कि मैं एक गुप्त ख़ज़ाना था, मैंने चाहा कि पहचाना जाऊँ इसलिए मैंने आलम की सृष्टि की। अगर 'मुन्अकस' (प्रतिबिम्बित) को 'मुन्अकिस' (प्रतिबिम्ब डालनेवाला) अर्थात् विशेषण को व्यक्तिवाचक संज्ञा मान लिया जाय (जैसा कि कुछ लोगों का ख़याल है) तो मुश्किल ये आ पड़ती है कि वो आलम जिसका अक्स आँख पर पड़ रहा है, कौन-सा है और कहाँ है? अगर ये वही आलम है जो हमारे सामने है तो ये कहने से कि वो हमारी आँख पर मुन्अकस है, कोई बात नहीं बनती, बल्कि दो आलमों का वुजूद लाज़िम आता है। लिहाज़ा यही कहना बेहतर है कि अस्ल आलम कहीं और है और जो आलम हम देख रहे हैं, वो मुन्अकस है, यानी उसका अक्स है जो आदर्श (Ideal) है।

48 / (v) 'ख़ाक:' को कुछ लोग 'ख़ाका' लिखते हैं। मुम्किन है मीर ने भी यूँ ही लिखा हो, इसलिए मैंने 'ख़ाका' तर्जीह दी है, वरना मैं ख़ुद इसका इमला छोटी 'हे' (विसर्ग चिह्न जैसी उच्चारणवाली वर्तनी—अनु.) ही करता हूँ।

'ख़ाक' और 'ख़ाका' की मुनासिबत ज़ाहिर है। 'रोम-रोम तन' की ख़ूबी तारीफ़ से बाहर है। अफ़्सोस है कि बाद के लोगों ने इस तरह मिली-जुली तर्कीबें और वाक्यांश प्रयोग करना बन्द कर दिया। 'बहुत छोटी चीज़' को भी 'ख़ाका' कहते हैं और ऐसी तस्वीर जो मज़ाक़ उड़ाने के लिए बनायी जाय (यानी कार्टून), उसको भी 'ख़ाका' कहते हैं। 'ख़ाका-ए-फ़ीरोज़ा' उस क़ीमती पत्थर को कहते हैं जो खान (खदान) से सही सलामत बरामद हो और अँगूठी वग़ैरह के लिए मुनासिब हो। लिहाज़ा 'ख़ाका' 'छोटी चीज़' और 'ख़ाका-ए- फ़ीरोज़ा' वाले 'ख़ाका' और 'काने-ज़र' (सोने की खदान) की मुनासिबत बहुत ख़ूब है, और ज़र्दी-ए-ग़म के कारण सोने की तरह दमकती लाश, चूँकि सोने की खान के मुक़ाब्ले में बज़ाहिर कम क़ीमत है, इसलिए 'ख़ाके-जसद' (= लाश) को काने-ज़र का कार्टून यानी ख़ाका कहना भी नामुनासिब नहीं। ग़म द्वारा उत्पन्न ज़र्दी (पीलापन) को सोने का रूप या प्रतीक प्रदान करना मीर की कल्पनाशक्ति का अद्ना करिश्मा है। इस प्रतीक को एक जगह और बरता है—

बसाने-ज़र है मेरा जिस्मे-ज़ार सारा ज़र्द
असर तमाम है दिल के गुदाज़ करने को

(पहला दीवान)

ज़फ़र इक़्बाल ने भी लाश और सोने की ज़र्दी का रूपक बाँधा है। निश्चित रूप से उन्होंने इसे मीर ही से लिया होगा, क्योंकि ये मुझे किसी और शायर के यहाँ नज़र नहीं आया—

ता सुबह दमकती रही सोना-सी मेरी लाश
किस ज़हर की ज़र्दी थी 'ज़फ़र' नैशे-नफ़स में

48 / (vi) 'साका' के जितने अर्थ हाशिये में दर्ज किये हैं, सब इस शेर में पूरी तरह कारगर हैं। 'ग़ैरत' और 'ग़ैरों' की रिआयत भी ख़ूब है। 'साका करना' यद्यपि कारे-नुमायाँ (कारनामा) अंजाम देना और अपना युग स्थापित करने के अर्थ में है, लेकिन ये ज़ियादातर 'जंग करना' के अर्थ में बरता जाता है, और इसमें ये संकेत भी अप्रत्यक्षत: निहित होता है कि जंग करनेवाला अपनी बहादुरी का सिक्का तो जमा देगा, लेकिन ख़ुद ज़िन्दा न रहेगा। सैयदों के साका करने को एक ऐतिहासिक और वंश-परम्परा कहकर मीर ने इमाम हुसैन की जंग और शहादत की तरफ़ भी इशारा कर दिया है। लुत्फ़ ये है कि लहजे में किसी क़िस्म का ड्रामा या तनाव नहीं, बल्कि एक शानो-शौकत और उमंग-उत्साह है। अपने बारे में कोई खुशफ़हमी भी नहीं, मालूम है कि अंजाम शिकस्त ही होगा। इस पर कोई हिरास (Fear) या हीरोई तनतना (Heroic Boosting) नहीं, सिर्फ़ इज़्हारे-हक़ीक़त है। ख़ूब शेर कहा है।

[49]

आलम किसू हकीम का बाँधा तिलिस्म है
कुछ हो तो एतबार भी हो कायनात का

पहले मिस्रे में रूपक और इस्तिआरा इस तरह मिल गये हैं और दोनों इस ग़ज़ब के हैं कि आगे कुछ कहने को नहीं रह जाता। ऐसे मिस्रे पर मिस्रा लगाना मीर ही का दिल-गुर्दा था। तिलिस्म की बुनियादी विशेषता ये होती है कि वो जिन चीज़ों के ज़रिअे क़ायम किया जाता है वो बहुत निम्न, बल्कि बेहक़ीक़त होती हैं, लेकिन उनका कुछ सम्बन्ध उन चीज़ों से अवश्य होता है जो तिलिस्म में नज़र आती हैं। 'तिलिस्मे होशरुबा' (भाग—2. लेखक—मु. हुसैन जाह) में इसकी एक मिसाल यूँ है कि एक जादूगरनी तिलिस्म बाँधती है, जिसमें एक लम्बा-चौड़ा बड़ा हरा-भरा बाग़, एक ख़ूबसूरत औरत, एक गाय और नृत्य-गान वग़ैरह है। जब वो तिलिस्म शिकस्त (टूटना) होता है तो कुछ भी बाक़ी नहीं रहता, लेकिन ज़मीन पर चंद लकीरें खिंची हुई दिखाई देती हैं, मिट्टी की एक छोटी-सी गुड़िया है, और आटे की बनी हुई एक बदसूरत सी गाय (पृ.-430)। यानी जादूगरनी ने उन चीज़ों को बनाकर उन पर जादू-मन्त्र (मायावी मन्त्र) पढ़ा और तिलिस्म तैयार किया। पुराने ज़माने में ये ख़याल भी था कि किसी जगह को तिलिस्मबन्द (तिलिस्मयुक्त) करके उसे कुछ आफ़तों से मह्फ़ूज़ कर सकते हैं। मस्लन् कहा जाता था कि किसी हकीम (हकीम का अर्थ चिकित्सक, वैज्ञानिक तथा दार्शनिक होता है। सामान्यत: कह सकते हैं कि जिसे कोई भी हिक्मत आती हो वही हकीम है—अनु.) ने 'शह्रे-मिस्र' को तिलिस्मबन्द कर दिया है, इसलिए दरिया-ए-नील (नील नदी) के मगरमच्छ इस शह्र के रहनेवालों को काटते नहीं। हकीमों के बनाये हुए तिलिस्म आम तौर पर किसी अच्छे मक़्सद के लिए, मस्लन् किसी के इम्तिहान के लिए, या महज़ सृजन-शक्ति प्रदर्शित करने के लिए हुए थे। (अहमद हुसैन क़मर की दास्तान 'तिलिस्मे-ख़याले-सिकन्दरी' इस बात का अपवाद है। इसमें 'ख़याल' नामी हकीम एक ज़बरदस्त तिलिस्म बनाता है और अपनी ताक़त पर इस दर्जा मग़रूर होता है कि ख़ुदाई का दावा कर बैठता है।)

'बोस्ताने-ख़याल' का हकीम क़िस्तासुल हिक्मत कई तिलिस्मों का निर्माता है और उन सबका कोई-न-कोई नेक मक़सद है। इसके विपरीत, जादूगरों के तिलिस्म ऐशो-आराम, शानो-शौकत और हुकूमत तथा इज़्ज़त आदि पाने के लिए होते थे।

अब शेर को देखिए—दुनिया किसी हकीम का बाँधा हुआ तिलिस्म है, इसलिए शायद शैतान-प्रकृति या प्रवृत्ति अथवा अपकारी (malevolent) नहीं है (अहितकारी नहीं है) लेकिन इसमें तरह-तरह के इम्तिहान और इसमें दाख़िल होनेवालों के लिए तरह-तरह की मुश्किलें-दिक़्क़तें ज़रूर होंगी। सब से बढ़कर ये कि तिलिस्म में रहनेवाले और तिलिस्म में दाख़िल होनेवाले, दोनों ही तिलिस्म के बाहरवालों के लिए वुजूद नहीं रखते, और न वो ख़ुद ग़ैरतिलिस्म के वुजूद का एहसास रखते हैं, लिहाज़ा जो लोग उस दुनिया में हैं उन्हें न अपनी ख़बर है और न किसी और की। मीर अपनी अन्तर्दृष्टि या आत्मदृष्टि की उस मंज़िल में हैं जहाँ वो ख़ुद को तिलिस्म और तिलिस्मवालों से अलग देख सकते हैं, और कहते हैं कि अगर कुछ हो तो इस कायनात का एतबार भी हो। इस वक़्त तो सूरत ये है कि हमको कायनात या ब्रह्मांड का बोध दुनिया के ज़रिअे होता है और दुनिया के बारे में मालूम हुआ कि वो महज़ एक तिलिस्म है। लिहाज़ा जिस चीज़ के वुजूद (अस्तित्व) का हवाला महज़ तिलिस्म हो, उसका एतबार क्या करें? एक दृष्टिकोण ये भी है कि यद्यपि हम कायनात का ज्ञान या बोध दुनिया के माध्यम से करते हैं, और इसलिए इसके वजूद पर शक करने में ही सच्चाई प्रतीत होती है, लेकिन इससे ये बात साबित नहीं होती कि कायनात का वुजूद है ही नहीं। मुम्किन है कि कायनात का वजूद स्वतः (By itself) सिद्ध हो, लेकिन हम चूँकि हर शै (वस्तु) को दुनिया के माध्यम से परखते हैं इसलिए इसके बालज़ात वजूद से बेख़बर हैं। इसीलिए मीर ने 'एतबार' शब्द रखा है, यानी हमें एतबार नहीं आता। कायनात हमारे लिए एतबार करने योग्य नहीं। मुम्किन है कि अस्लन् वो मौजूद हो, लेकिन हमें एतबार कैसे आये? अब सवाल ये रहता है कि दुनिया को किसी हकीम का बाँधा हुआ तिलिस्म कहने का औचित्य क्या है? तो इसका जवाब ये है कि दुनिया की हक़ीक़त अगर वाक़ई है तो फिर वो ईश्वर के अस्तित्व की तरह शाश्वत है, या वो स्वयं ईश्वर है। अगर ऐसा नहीं है (और ज़ाहिर है कि ऐसा नहीं है) तो फिर इसे बेवुजूद ही कहना होगा, लेकिन अगर वो बेवुजूद है तो दृष्टिगोचर क्यों है और हमें इसके बेवुजूद होने का एहसास क्यों नहीं होता? लिहाज़ा ये ज़ुरूर किसी तरह का तिलिस्म है। अमीर मीनाई ने मीर का ये इस्तिआरा सीधे-सीधे उठा लिया है, लेकिन मज़्मून को अख़्लाक़ी रंग देकर बात बहुत हल्की कर दी है—

आसाँ नहीं है दाम से दुनिया के छूटना
ये इक बड़े हकीम का बाँधा तिलिस्म है

एक जगह मीर ने आस्मान के लिए 'तिलिस्मे-ग़ुबार' का ग़ैरमामूली इस्तिआरा ईजाद किया है—

लड़ना कावाकी से फ़लक का पेश पा उफ़्तादा है
मीर तिलिस्मे-ग़ुबार जो ये है कुछ इसकी बुनियाद नहीं

(पाँचवा दीवान)

[50]

ख़ूब किया जो अहले-करम के जूद का कुछ न ख़याल किया
हम जो फ़क़ीर हुए तो हमने पहले तर्के-सवाल किया

रौंद के जोर से उनने हमको पाँव-हिनाई अपने किये
ख़ून हमारा बिस्मिलगह में किन रंगों पामाल किया

निकले है गर घास जली भी ख़ाक से उल्फ़त-कुश्तों की
यूँ बालीदा सिपहर फिरे है गोया उनने निहाल किया
(बालीदा = सर उठाये हुए)

मीर सदा बेहाल हो हो मेह्‌रो-वफ़ा सब करते हैं
तुमने इश्क़ किया सो साहब क्या अपना ये हाल किया

50 / (i) शब्दों का विन्यास (अर्थात् क्रम-निर्धारण) ऐसा है कि एक लम्हे को आभास होता है कि यहाँ कही गयी बात में कोई क्रमबद्धता नहीं या औचित्य नहीं समझ में आ रहा। वास्तविकता ये है कि पहले मिस्रे की हैसियत दूसरे मिस्रे पर अप्रत्यक्ष रूप से विचार प्रकट करने की है। (अर्थात् पहला मिस्रा, दूसरे मिस्रे में व्यक्त विचार पर चिन्तन-मनन के बाद एक टिप्पणी है) फ़क़ीरी अख़्तियार करने का मतलब है तअल्लुक़ात (सम्बन्धों) को छोड़ देना, लेकिन फ़क़ीर कभी-कभी सवाल करने पर मज्बूर हो जाता है। (बल्कि आम मुहाविरे में 'फ़क़ीर' का अर्थ ही 'भिखारी' है) (यहाँ 'सवाल' शब्द का अर्थ—इच्छा, आकाँक्षा, प्रार्थना आदि के सन्दर्भ में मुख्य रूप से है—अनु.)। हमने जो सम्बन्ध-परित्याग अर्थात् किसी भी वस्तु के प्रति आकर्षण का परित्याग का संकल्प लिया तो सबसे पहले सवाल ही का त्याग किया। अच्छा ही किया कि उदारमना कृपालुओं और दानवीरों की कृपा और दान को महत्त्व नहीं दिया। यानी हमने ख़ुदा के अलावा किसी और की कृपा को दृष्टिगत नहीं किया, लेकिन सवाल परित्याग करने का मफ़्हूम ये भी हो सकता है कि हमने ख़ुदा के सामने

भी हाथ न फैलाया। दुनिया के करम करनेवालों के सामने हाथ न फैलाने की वज्ह ये हो सकती है कि उनके पास हमें देने के लिए कुछ न था, जिस चीज़ की तलाश में हमने फ़क़ीरी ली थी, वो उनके पास थी ही नहीं। या फिर ये कि सम्बन्ध–परित्याग का आशय हमने ये रखा कि हर चीज़ को त्याग दिया जाय, किसी का भी एहसान क़ुबूल न किया जाय। अब सवाल ये है कि ये शेर किस मौक़े पर कहा गया है। इसके कई जवाब मुम्किन है—(1) दूसरे फ़क़ीरों को दुनिया के करम करनेवालों के हाथों तिरस्कृत-अपमानित होते देखकर। (2) ये देखकर कि जो सवाली हैं वो सही अर्थों में संसार परित्याग का हक़ नहीं अदा कर सकते, क्योंकि माँगनेवाले को न मिले तो वो पाने की तलाश में हैरान–परेशान भटकता रहता है, और अगर मिले तो उसे और अधिक पाने की तमन्ना रहती है। (3) ज़िन्दगी के आख़िरी लम्हे में जब इन्सान अतीत का हिसाब करता है। शेर में एक लुत्फ़ ये भी है कि करम करनेवालों और उनके करम के वुजूद से इन्कार नहीं किया है, बस ये कहा है कि हमने इन बातों को कुछ अहमियत न दी।

50 / (ii) ख़ून के लिए 'किन रंगों' बहुत ख़ूब है। शेर में अर्थ–संकेत ये है कि क़त्ल किये जाने पर कोई शिकायत नहीं है, बल्कि सिर्फ़ इस बात की शिकायत है कि हमारे ख़ून को रौंदकर पामाल (पद–दलित) किया। 'बिस्मिलगह' (बिस्मिलगाह—अर्थात् जिस स्थान पर वध किया जाता हो, मारा–काटा जाता हो—अनु.) शब्द में ये इशारा मौजूद है कि वहाँ और लोग भी क़त्ल हुए होंगे। यानी मेरे ख़ून को ही बतौर ख़ास रौंदा, मुझे ही इस तरह ज़लील करने के क़ाबिल समझा। ख़ून के रौंदे जाने का एहसास इतना शदीद (तीव्र, शिद्दत युक्त) है कि मालूम होता है हम ज़िन्दा ही रौंद डाले गये, इसीलिए पहले मिस्रे में ख़ुद अपने पामाल किये जाने का ज़िक्र है। ये शेर मीर के यहाँ अपने मज़्मून का एक है, क्योंकि आम तौर पर वो इस बात की ज़िद करते हैं कि उन्हें दूसरों से अलग, और 'इम्तियाज़' (बुद्धि–विवेक) के साथ क़त्ल किया जाय। (यानी जिस तरह इस शेर में है, कि क़त्ल किया और फिर बतौर ख़ास पाँव तले रौंद डाला)। कुछ शेरों में इस बात पर शिकवा है कि हमें अलग से न मारा बल्कि दूसरों के साथ ही कुश्ता (क़त्ल) किया। इस तरह ग़ैरों में हमें 'सान' दिया—

हम वे हैं जिनके ख़ूँ से तेरी राह सब है गुल
मत कर ख़राब हमको तू औरों में सान कर

(पहला दीवान)

सान मारा और कुश्तों में मेरे कुश्ते को भी
उस कुशिंदा लड़के ने बेइम्तियाज़ी ख़ूब की

(छठवाँ दीवान)

मुम्किन है इस शेर में भी शिकायत इस वजूह से हो कि ख़ून को पामाल करने का नतीजा बहरहाल ये है कि मेरा ख़ून और लाश औरों में सन गये और कोई इम्तियाज़ (अच्छे-बुरे का विवेक) न रहा, लेकिन ख़ून को पाँव की हिना (मेंहदी) के तौर पर इस्तेमाल करना ख़ुद ही बहुत बड़ा इम्तियाज़ है। लिहाज़ा या तो मीर को ये इम्तियाज़ भी इस बेइम्तियाज़ी के सिले में गवारा नहीं कि उनकी लाश औरों में सन जाय, या फिर ये शेर किसी व्यक्तिगत हादसे की तरफ़ इशारा करता है, यानी मुम्किन है इस शेर में मीर ने लखनऊ और लखनऊवालों की शिकायत की हो, कि उन्होंने जितनी चाहिए उतनी मेरी क़द्र नहीं की। इस स्थिति में ये शेर प्रतीकात्मक (Symbolic) है और मीर के ख़ून से माशूक़ के पाँव-हिनाई होने का आशय ये हो सकता है कि आसिफ़ुद्दौला या सआदत अली ख़ाँ के दरबार की शोभा तो मीर की वजूह से हो गयी, लेकिन ख़ुद मीर की कोई क़द्र वहाँ न हुई। काज़िम अली ख़ाँ ने अपने एक लेख में दावा किया है कि मीर को लखनऊ से कोई शिकायत न थी। उनका कहना है कि मीर जब दरबारे-अवध से सम्बद्ध हो गये तो उन्हें वो इज़्ज़त ओ आराम मिला जो पहले कभी कहीं नसीब न हुआ था। काज़िम अली ख़ाँ का आगे ये भी कहना है कि आसिफ़ुद्दौला की मृत्यु के बाद कोई चार बरस तक मीर की तनख़्वाह बन्द रही और 1212 हिज़री अर्थात् 1801 में इंशा की कोशिश से दोबारा जारी हुई। लिहाज़ा लखनऊ के बारे में अगर मीर के कोई शिकायती शेर हैं तो वो बस उसी ज़माने के हैं। इस दृष्टिकोण के कारण काज़िम अली ख़ाँ सफ़्दर आह के समर्थक हुए कि 'शिकारनामे' के वो मशहूर शेर जिनमें मीर ने मताए-सुख़न (साहित्य रूपी पूँजी, साहित्य-धन अथवा साहित्य का हुनर—अनु.) फेरकर ले चलने और 'बहुत लखनऊ में रहे घर चलो' वाली बात की है, वो अपुष्ट-अप्रमाणिक है। काज़िम अली ख़ाँ कहते हैं कि चौथे दीवान के चन्द शेरों के अलावा कलामे-मीर में लखनऊ की कोई शिकायत नहीं, लिहाज़ा ये बात साबित है कि लखनऊ में मीर बहुत आराम से रहे। मुझे ये मानने में कोई आपत्ति नहीं कि लखनऊ में मीर को बहुत इज़्ज़त-ओ-आराम मिला, लेकिन इससे ये साबित नहीं होता कि वो लखनऊ में ख़ुश भी रहे। शिकारनामे के शेरों को अपुष्ट-अप्रमाणिक मान लिया जाय तो भी ये बात साबित नहीं होती कि चौथे दीवान से बाहर मीर ने लखनऊ की कोई बुराई नहीं की है। ज़ेरे-बहस शेर को प्रतीकात्मक और लखनऊ के शिकवे पर आधारित न भी माना जाय तो अग्रलिखित शेरों की रोशनी में काज़िम अली ख़ाँ का दावा मिथ्या सिद्ध हो जाता है कि चौथे दीवान के उन शेरों के अलावा जो तनख़्वाह बन्दी के ज़माने के हैं, मीर ने लखनऊ की शिकायत नहीं की है—

गो लखनऊ वीराँ हुआ हम और आबादी में जा
मक़्सूम अपना लायेंगे ख़ल्क़े-ख़ुदा मुल्के-ख़ुदा

आबाद उजड़ा लखनऊ चुग़्दों से अब हुआ
मुश्किल है इस ख़राबे में आदम की बूदो-बाश

ये दोनों शेर पाँचवें दीवान के हैं जो 1803 तक तैयार हो चुका था। काज़िम अली ख़ाँ पाँचवें दीवान को 1798 के आसपास का क़रार देते हैं। अगर ये सही है तो यक़ीनन् ये है कि अगर दोनों नहीं तो एक शेर ज़रूर आसिफ़ुद्दौला के ज़माने का और एक सआदत अली ख़ाँ के दौर का होगा। पाँचवें दीवान का निम्नलिखित शेर तो स्पष्ट रूप से आसिफुद्दौला और वज़ीर अली ख़ाँ और अप्रत्यक्ष रूप से इन दोनों के साथ सआदत अली ख़ाँ की भी शिकायत करनेवाला है—

ख़ाली पड़ा है ख़ानए-दौलत वज़ीर का
बावर नहीं तो आसिफ़ आसिफ़ पुकार देख

चूँकि वज़ीर अली ख़ाँ ने बहुत कम दिन हुकूमत की, इसलिए अधिक सम्भावना ये है कि ये शेर आसिफ़ुद्दौला और सआदत अली ख़ाँ के हवाले से है। ख़ुद चौथे दीवान का बड़ा हिस्सा (बल्कि मुम्किन है कि पूरा दीवान) आसिफ़ुद्दौला के युग का है। लिहाज़ा काज़िम अली ख़ाँ का ये दावा भी दुरुस्त नहीं कि चौथे दीवान में लखनऊ की शिकायत पर आधारित अश्आर आसिफ़ुद्दौला की मौत के बाद के हैं। मस्लन् ये शेर लखनऊ आने के थोड़े ही अरसे बाद का मालूम होता है—

लखनऊ दिल्ली से आया याँ भी रहता है उदास
मीर को सरगुश्तगी ने बेदिलो-हैराँ किया

इन वास्तविकताओं के आलोक में इस बात की अधिक सम्भावना नज़र आती है कि शेरे-ज़ेरे-बहस प्रतीकात्मक हो और प्रतीकात्मकता की पृष्ठभूमि में लखनऊ का शिकवा अभीष्ट हो।

50 / (iii) घास की मुनासबत से 'बालीदा' ('उगा हुआ' के अर्थ में) और निहाल ('दरख़्त' के अर्थ में) बहुत ख़ूब है। शेर का व्यंग्यात्मक मज़्मून और उसके इज़्हार का अन्दाज़ जिसमें एक घरेलू शख़्स के ताने का-सा रंग है, दिलचस्प है। फ़र्क़ सिर्फ़ ये है कि बोलने का अन्दाज़ घरेलू शख़्स का है, लेकिन बात शायरी में कही है। मुहब्बत के मारे हुओं की क़ब्र या मिट्टी से जली हुई घास उगने की कल्पना तो ख़ूब है ही, 'उल्फ़तकुश्तों' की तर्कीब भी किस क़दर उम्दा है। अफ़्सोस कि बाद के लोगों ने इस तरह के बदीअ फ़िक़रों (वाक्यांशों) का परित्याग कर दिया। आस्मान बुलन्द होता ही है, इसलिए ये कहना कि वो तनकर, सर उठाकर चलता है, मानो उसने एहसान किया है और उल्फ़तकुश्तों को ख़ुश कर दिया है, अच्छा प्रमाण-प्रस्तुतीकरण है। 'जली' और 'ख़ाक' की रिआयत भी नज़र में रखिए।

50 / (iv) मनोदशा का शेर हो तो ऐसा हो। गुफ़्तगू का लहजा भी किस क़दर वाक्शक्ति से पूर्ण है और बोली की प्राकृतिक धुन से कितना क़रीब है। फिर ये इशारा भी बहुत ख़ूब है इश्क़ में वफ़ा तो सब करते हैं, मीर का रोग मामूली इश्क़ नहीं है जो ख़ास तौर से जवानी आने पर होता है। 'बेहाल रहना' के दृष्टिकोण से 'क्या ये अपना हाल किया' भी बहुत औचित्यपूर्ण है। हस्रत मोहानी ने इस शेर से सीधे-सीधे फ़ायदा लेते हुए कहा है—

इश्क़े-बुताँ को जी का जंजाल कर लिया है
आख़िर ये मैंने अपना क्या हाल कर लिया है

'जी का जंजाल करना' और 'सदा बेहाल रहना' का फ़र्क़ ज़ाहिर है। फिर, मीर के शेर में सम्बोधन की भी सुन्दरता है। हस्रत ख़ुद से मुख़ातिब हैं और झुँझलाते हुए नज़र आते हैं। बुज़ुर्गों ने ठीक कहा है कि— नक्ल रा अक़्ल बायद, अर्थात् 'नक़्ल करने के लिए अक़्ल चाहिए।'

[51]

दिल को कहीं लगने दो मेरे क्या-क्या रंग दिखाऊँगा
चेह्रे से ख़ूँनाब मलूँगा फूलों से गुल खाऊँगा।

(गुल ख़ाना = खुद को दाग़ना)

अहद किये जाऊँ हूँ अब की आख़िर मुझको ग़ैरत है
तू भी मनाने आवेगा तो साथ न तेरे जाऊँगा

झुक के सलाम किसू को करना सजूदा ही हो जाता है
सर जावेगो उसमें मेरा सर न फ़िरो में लाऊँगा

सर ही से सरवाद ये सब है हिज्र की उसके कल्फ़त में
सर को काट के हाथ पे रक्खे आप ही मिलने जाऊँगा

(सरवाद = शेरो-शायरी, अफ़्साना, फ़िज़ूल बातें)

दिल के तईं इस राह में खो अफ़्सोस कुनाँ अब फिरता हूँ
यानी रफ़ीक़-शफ़ीक़ फिर ऐसे मीर कहाँ मैं पाऊँगा।

51 / (i) पुराने ज़माने में दस्तूर था कि अपने इश्क़ को सच्चा साबित करने के लिए, या बाँकपन के इज़्हार, या ख़ुद को तक्लीफ़ के एहसास से परे साबित करने के लिए हाथ या घुटनों को गर्म लोहे या चराग़ की लौ से दाग़ते थे। कभी-कभी जुनून (उन्माद, विक्षिप्तता) का इलाज भी मरीज़ को लोहे से दाग़ कर किया जाता था। मीर ने ख़ुद को दागने के मज़्मून पर कई शेर कहे हैं। बाँकों, शोह्दों के ख़ुद को दाग़ने का ज़िक्र दास्ताने-अमीर हम्ज़ा भाग-दो की दास्तान 'कोचक बाख़्तर', लेखक शेख़ तसद्दुक हुसैन, में इन विभत्स, लेकिन कथात्मक शब्दों में मिलता है—"कहीं दो-चार नंगे लुच्चे अपनी-अपनी चादरों को फाड़े, बड़े-बड़े चराग़ों में मोटी-मोटी बत्तियाँ बनाये और जलाये, हाथों और घुटनों पर रखे गुल खाते। सड़ांध और चिराहिन

गोश्त के जलने की चार तरफ़ फैली हुई है।'' (पृ. 224) इस दास्तान के उद्धरण से ये भी मालूम होता है कि ख़ुद को दाग़ने की क्रिया का पारिभाषिक नाम ही 'गुल खाना' था। बहरहाल अब शेर पर ग़ौर कीजिए। शेर में व्यक्त बात को कहनेवाला इस क़दर अनुभवहीन और सादे स्वभाव का है कि उसे न सिर्फ़ ये तमन्ना है कि उसका दिल कहीं लगे, बल्कि उसको ये ख़ुशफ़ह्मी भी है कि दिल का लगना कोई खेल है, कोई आम बात है; लेकिन इसके विपरीत उसके मंसूबे खेल-तफ़रीह की क़िस्म के नहीं है। उसे चेह्रे पर ख़ून मिलने और फूलों की सुर्ख़ी से ख़ुद को दागने (या फूलों की तरह के सुर्ख़ दाग़ अपने जिस्म पर दाग़ने) का अरमान भी है। लिहाज़ा या तो वो उन चीज़ों के कष्ट और तक्लीफ़ों से वाक़िफ़ नहीं है, और उनको भी खेल ही समझता है। या फिर से मर्तबा-ए-आशिक़ी हासिल करने का इतना शौक़ है कि वो इश्क़ की पीड़ाओं और कष्टों को बड़े ज़ौक़ो-शौक़ से क़ुबूल करता है। 'रंग दिखाऊँगा' के दृष्टिकोण से 'ख़ूँनाब मलना' और फूलों से 'गुल खाना' और ख़ुद 'फूलों' के दृष्टिकोण से 'गुल खाऊँगा' उम्दा रिआयतें हैं। शेर भी बड़ा अजीबो-ग़रीब कहा है। इश्क़ के बारे में इतनी सादालौही (भोला-भालापन, निश्छलता) या इस दर्जा प्रबल आकांक्षा का मज़्मून और कहीं नज़र से नहीं गुज़रा। मिर्ज़ा मुहम्मद तक़ी 'हवस' ने कोशिश की, लेकिन सिर्फ़ ये कहकर रह गये कि अगर शौक़ उस दर्जा रहा तो हम भी कहीं मुग्ध-मग्न आशिक़ होंगे—

गर यही शौक़े-ख़याले-महवशाँ है अय 'हवस'
रफ़्ता-रफ़्ता हम किसी के मुब्तिला हो जायेंगे

ये शेर पढ़कर हल्की-सी मुस्कुराहट पैदा होती है। मीर का शेर पढ़कर डर लगता है, गुमान होता है कि ये बात कहनेवाले को जुनून के पहले ही जुनून हो गया है।

51 / (ii) शेर में बलाग़त ये है कि वो बात जिसकी वज्ह से नाराज़ होकर जा रहे हैं, उसका कोई ज़िक्र नहीं किया है। किनाये ऐसे रख दिये हैं कि मालूम हो जाता है बज़्म में माशूक़ ने या रक़ीब ने, या दरे-यार पर दरबान ने बदसुलूकी या तौहीन की है, और शायद ये पहला वाक़िआ नहीं है। 'आख़िर' का लफ़्ज़ बहुत अर्थपूर्ण है। इसी मज़्मून को चौथे दीवान ही में ज़रा बदलकर बयान किया है—

दर पर से तेरे अबके जाऊँगा तो जाऊँगा
याँ फिर अगर आऊँगा सैयद न कहाऊँगा

दर को मुख्य रूप से उल्लिखित करके बात को ज़रा हल्का कर दिया है, लेकिन अपने सैयद होने पर व्यंग्य बहुत ख़ूब है। 'जुर्अत' ने मज़्मून को बहुत सामान्य ढंग

से प्रस्तुत किया है।

आज इस तरह से झिड़का कि फिर उससे जाकर
कुछ भी ग़ैरत हो जो दिल को तो न ज़िन्हार मिले

51 / (iii) अर्थ ये है कि सर कटता है तो नीचा हो ही जाता है, लिहाज़ा सर नीचा न करने का दावा आप-ही-आप शिकस्त हो जाता है। शेर की गूढ़ार्थता भी ख़ूब है, ये स्पष्ट नहीं किया कि झुक के सलाम करने का तक़ाज़ा माशूक़ की तरफ़ से है या अपने पालनकर्ता या शैख़े-शह्र की तरफ़ से। 'सज्दा ही हो जाता है' से स्पष्ट हुआ कि ये बात कहने वाला दीवाना नहीं है, बल्कि होशियार और शरीअत के तक़ाज़ों से वाक़िफ़ है। मीर कभी-कभी बड़ी होशियारी और अक़्लमंदी की बातें करते हैं। इस सिल्सिले में मार्के का शेर है—

हम मस्त हो भी देखा आख़िर मज़ा नहीं है
हुशियारी के बराबर कोई नशा नहीं है

(दूसरा दीवान)

50 / (iv) 'आसी' और सम्भवत: उनके अनुकरण में कल्ब अली ख़ाँ 'फ़ाइक़' ने 'सरवाह' लिखा है। 'आसी' ने इसका अर्थ 'दर्दे-सर' बताया है, लेकिन ये शब्द मुझे किसी शब्दकोश में तन्हा नहीं मिला। एक कहावत ज़रूर है—'सर से सरवाहा है' या 'सर से सरवाह है', लेकिन इसके अर्थ का 'दर्दे-सर' से कोई सम्बन्ध नहीं। फ़ार्सी में 'सरवा और 'सरवाद' ज़ुरूर है। 'सरवाद' का जो अर्थ फ़ार्सी शब्दकोशों में उल्लिखित है वो बहुत मुनासिब भी है, यद्यपि 'दर्दे-सर' वाले अर्थ की तरह उनके अर्थ की गम्भीरता तत्काल स्पष्ट नहीं होती। सर में सौदा (सौदा = पागलपन, इश्क़) है और उसी के कारण विरह-वेदना है। इस वेदना और कष्ट के नतीजे में सर में शेर-ओ-शायरी, अफ़्साना-ओ-अफ़्सूँ, बल्कि फ़िज़ूल और झूठी बातें पैदा होती हैं। यानी शायरी दरअस्ल सर में पैदा होती है और चूँकि विरह की पीड़ा सर में बहुत है इसलिए हम लगातार इस निरर्थक बकवास पर मज्बूर हैं। अपनी बात कह-कहकर तंग आ गये हैं, अब सोचा है कि न सर होगा न ये लफ़्ज़ीनामा-ओ-पयाम होंगे। सर काटकर हाथ पर रख लूँगा और ख़ुद मिलने जाऊँगा और जो करना-धरना होगा वहीं जाकर कर गुज़रूँगा। अगर 'दर्दे-सर' का अर्थ लिया जाय तो आप ही मिलने जाने का कोई मफ़्हूम नहीं निकलता। अर्थ तो यही है कि अब तक तो शेरो-शायरी और निरर्थक प्रलाप माशूक़ तक भिजवाते थे, उससे कुछ नतीजा न निकला, लेकिन जब तक सर है तब तक शेरगोई भी जारी रहेगी, इसलिए सर काट दूँगा और ख़ुद जाकर जो भुगत सकूँगा भुगतूँगा। ख़ूब शेर कहा है। दूसरे मिस्रे में 'तंग आमद बजंग आमद' (परेशान

आदमी लड़ने पर आमादा हो जाता है।) की कैफ़ीयत है, लेकिन ये जंग ख़ुद अपने ऊपर है, इसलिए ख़ासी भयानक है। 'सर काट के हाथ पर रखे' से जान हथेली पर रखकर ले जाने का ख़याल भी पैदा होता है। सरमद की शहादत के बारे में एक वाक़िआ मशहूर है, उसकी तरफ़ भी ध्यान आकृष्ट होता है। कहा जाता है कि जब सरमद को क़त्ल किया जाने लगा तो उन्होंने ये शेर पढ़ा—

सर जुदा कर्द अज़ तनम शौक़े कि बा मा यार बूद
क़िस्सा कोतह गश्त वर्ना दर्दे-सर बिसियार बूद

(वो शौक़, जो कि हमारा यार था, उसने हमारे तन से हमारा सर जुदा कर दिया। चलो क़िस्सा ही ख़त्म हुआ वरना दर्दे-सर बहुत था।)

कहते हैं कि सर कटने के बाद सरमद अपना सर हाथों में उठाये-उठाये जामा मस्जिद की सीढ़ियों के नीच जहाँ वो दफ़्न हैं, वो वही जगह है जहाँ वो गिरे थे। वाक़िआ सच हो या न हो, लेकिन इसके नाटकीय (Dramatic) होने में तो कोई सन्देह नहीं हो सकता। मीर का मिस्रा भी इसी वाक़िअे की तरह नाटकीय है। अजब नहीं कि मिस्रा कहते वक़्त मीर के ज़ेह्न में शहादते-सरमद की ये कथा रही हो।

एक सम्भावना ये भी है कि मीर ने वाक़ई 'सरवाह' लिखा हो, लेकिन ये सम्भावना नहीं कि इससे उन्होंने 'दर्दे-सर' का आशय लिया हो। तीसरे दीवान का शेर है—

न अफ़्सर नैए-दर्दे-सर नैए-कुलह
कि याँ जैसा सर वैसा सरवाह है

'सर से सरवाहा' या 'सर से सरवाह' का अर्थ बयान किया गया है—सारा साज़ो-सामान सरदार की वजह से होता है। उदाहरणार्थ, अगर मालिक है तो नौकर भी है, ख़ाविन्द है तो बीवी भी है, पगड़ी अगर है तो सर की वजह से है, वग़ैरह-वग़ैरह। मुम्किन है सरवाह का अर्थ 'पगड़ी' हो, जैसा कि 'प्लेट्स' और 'आसफ़िया' से ज्ञात होता है, लेकिन ये अकेला लफ़्ज़ इन शब्दकोशों में नहीं है। बहरहाल, तीसरे दीवान के शेर की हद तक तो 'सरवाह' का अर्थ 'साज़ो-सामान', 'इन्तिज़ाम' वग़ैरह मानना पड़ेगा, क्योंकि इस शेर में ये अर्थ औचित्यपूर्ण लगते हैं, और कहावत भी कमोबेश पूरी पद्यबद्ध हो गयी है, और क़ाफ़िये भी 'गाह,' 'राह' वग़ैरह हैं। 'नूरूललुग़ात' में 'सरवाह' नहीं, लेकिन 'सरवाहा' है, जिसका अर्थ 'सरोसामान' दर्ज है, लेकिन ज़ेरे-बहस शेर में 'सरवाह' का अर्थ 'साज़ो-सामान' वग़ैरह मानने की कोई वजह नहीं। लिहाज़ा यहाँ मैं 'सरवाद' को तर्जीह देता हूँ। इसे फ़ार्सी लफ़्ज़ मानकर शेर के जो अर्थ समझ में आते हैं वो 'सरवाह' के ज़रीअे पैदा होनेवाले अर्थ से कई

गुना बेह्तर भी हैं। मीर को अप्रचलित अरबी–फ़ार्सी अल्फ़ाज इस्तेमाल करने का बहुत शौक़ था, ये हम देख चुके हैं। हम ये भी देख चुके हैं कि उन्होंने उन अल्फ़ाज़ को सही अर्थों में इस्तेमाल किया है, इसलिए कोई वज्ह नहीं कि हम ये मानें कि ज़ेरे-बहस शेर में मीर ने 'सरवाह' लिखा है और इसका अर्थ ग़लत लिया है।

51 / (v) ये शेर भी ग़ैरमामूली मनोदशा से युक्त है। दिल को अलग से एक दोस्त–यार मानकर उसके जाने का मातम करना, और माशूक़ की तलाश के बजाय दिल की तलाश करना बिल्कुल नया मज़्मून है। 'इस राह' की विशेषता स्पष्ट न करने की वज्ह से बलाग़त बढ़ गयी है। ये राहे–इश्क़ भी हो सकती है, माशूक़ की गली भी हो सकती है, राहे–बियाबान भी हो सकती है। 'दिल छोड़ देना' का अर्थ 'हिम्मत हार जाना' है, लिहाज़ा मुम्किन है कि राहे–बियाबाँ में हिम्मत हारकर जी छूट गया है। 'फिरता हूँ' भी बहुत ख़ूब है, क्योंकि इसमें बेमतलब आवारा फिरने का ख़याल है और इस बात का भी कि अब समझ में नहीं आ रहा है कि अगला क़दम क्या हो। इस मज़्मून को दूसरे दीवान में दो बार बयान किया है, लेकिन वो मन:स्थिति हासिल न हुई। शायर ने सत्तर–बहत्तर की उम्र में वो कर लिया जो उसकी जवानी में न बन पड़ा था। दूसरे दीवान के शेर हैं—

ख़ाक याँ छानते ही क्यों न फिरो दिल के लिए
ऐसा पहुँचे हैं बहम फिर कोई ग़मख़्वार कहाँ

रहा था ख़ूँ तईं हमरह आपही ख़ून है हैफ़
रफ़ीक़ तुझ–सा मिलेगा कहाँ दिला मुझको

'दिल' के साथ 'ऐसे' का लफ़्ज़ बड़ा बामुहाविरा है। गुज़रे हुए या साथ छुटे हुए शख़्स के बारे में कहते हैं 'अब ऐसे लोग/दोस्त/मेह्रबान कहाँ मिलेंगे?' यानी ऐसे लोग जैसा कि वो शख़्स था जिसके बारे में बात हो रही है या फिर 'उस जैसे' लोग। अगर 'रफ़ीक़–शफ़ीक़ फिर ऐसा' हते तो मुहाविरे की ख़ूबसूरती न पैदा होती

❑ ❑ ❑